De Trump a Biden

FUNDAÇÃO EDITORA DA UNESP

Presidente do Conselho Curador
Mário Sérgio Vasconcelos

Diretor-Presidente
Jézio Hernani Bomfim Gutierre

Superintendente Administrativo e Financeiro
William de Souza Agostinho

Conselho Editorial Acadêmico
Danilo Rothberg
Luis Fernando Ayerbe
Marcelo Takeshi Yamashita
Maria Cristina Pereira Lima
Milton Terumitsu Sogabe
Newton La Scala Júnior
Pedro Angelo Pagni
Renata Junqueira de Souza
Sandra Aparecida Ferreira
Valéria dos Santos Guimarães

Editores-Adjuntos
Anderson Nobara
Leandro Rodrigues

SEBASTIÃO C. VELASCO E CRUZ
NEUSA MARIA P. BOJIKIAN
(ORGS.)

De Trump a Biden
Partidos, políticas, eleições e perspectivas

© 2021 Editora Unesp

Direitos de publicação reservados à:
Fundação Editora da Unesp (FEU)
Praça da Sé, 108
01001-900 – São Paulo – SP
Tel.: (0xx11) 3242-7171
Fax: (0xx11) 3242-7172
www.editoraunesp.com.br
www.livrariaunesp.com.br
atendimento.editora@unesp.br

Programa de Pós-Graduação em Relações
Internacionais San Tiago Dantas
Praça da Sé, 108 – 3º andar
01001-900 – São Paulo – SP
Tel.: (0xx11) 3101-0027
www.unesp.br/santiagodantassp
www.pucsp.br/santiagodantassp
www.ifch.br/unicamp.br/pos
relinter@reitoria.unesp.br

Dados Internacionais de Catalogação na Publicação (CIP)
de acordo com ISBD

Elaborado por Vagner Rodolfo da Silva – CRB-8/9410

T871	De Trump a Biden: partidos, políticas, eleições e perspectivas / organizado por Sebastião C. Velasco e Cruz, Neusa Maria P. Bojikian. – São Paulo: Editora Unesp, 2021.
	Inclui bibliografia. ISBN: 978-65-5711-085-0
	1. Ciências políticas. 2. Estados Unidos. 3. Trump. 4. Biden. 5. Partidos. 6. Políticas. 7. Eleições. 8. Perspectivas. I. Cruz, Sebastião Carlos Velasco e. II. Bojikian, Neusa Maria Pereira. III. Título.
2021-3047	CDD 320.0973 CDU 32(73)

Índice para catálogo sistemático:

1. Ciências políticas : Estados Unidos 320.0973
2. Ciências políticas : Estados Unidos 32(73)

Esta publicação contou com o apoio da Fundação Ampara à Pesquisa do Estado de São Paulo (Fapesp, processo n.2014/50935-9)

Editora afiliada:

Sumário

Apresentação   7

1 Trump e o Partido Republicano. Antes,
durante... E depois?   11
Sebastião C. Velasco e Cruz

2 O Partido Democrata e seus descontentes   33
Camila Feix Vidal

3 Os juízes de Trump e os desafios ao governo Biden   53
Celly Cook Inatomi

4 A política ambiental norte-americana para a terceira
década do século XXI: limites e possibilidades à luz
da conjuntura e do passado   67
Pedro Henrique Vasques

5 Os "muros" do governo Trump:
exclusão e discriminação na política migratória
dos Estados Unidos de 2017 a 2020   83
William Torres Laureano da Rosa; Gabriel Roberto Dauer

6 A volta dos que não foram:
o governo Trump e Wall Street   107
Filipe Mendonça; Leonardo Ramos

7 Estados Unidos e China na disputa comercial e na
competição tecnológica: de Trump a Biden   127
Neusa Maria P. Bojikian; Rúbia Marcussi Pontes

Sebastião C. Velasco e Cruz e Neusa Maria P. Bojikian (Orgs.)

8 A nova competição estratégica dos Estados Unidos com a China: condicionantes, viabilidade, alternativa 155
Marco Cepik; Pedro Txai Leal Brancher

9 De Trump a Biden: a disputa pela influência dos Estados Unidos nos Bálcãs e no Oriente Médio 175
Gustavo Oliveira Teles de Menezes; Reginaldo Mattar Nasser; Victória Perino Rosa

10 Realidade pós-Trump: vias e barreiras para a reconstrução dos elos transatlânticos 197
Solange Reis

11 Os Estados Unidos da América e a América Latina e o Caribe na era Trump (2017-2021): uma análise sobre a tragédia anunciada 213
Roberto Moll Neto

12 Uma nação fragmentada: o federalismo trumpista em tempos de pandemia 237
Débora Figueiredo Mendonça do Prado

13 Colégio Eleitoral: o arcaísmo não acidental do sistema eleitoral dos Estados Unidos 261
Tatiana Teixeira

14 Estados Unidos 2020: uma eleição não como as outras. Implicações internacionais 279
Sebastião C. Velasco e Cruz

15 O pleito da indefinição: as eleições norte--americanas de 2020, dimensões, significados e perspectivas 291
Rafael R. Ioris

16 A eleição contestada: a disputa presidencial de 2020 e a crise da democracia norte-americana 313
Felipe Loureiro

17 Da eleição contestada à insurreição: a crise de legitimidade dos Estados Unidos no país e no exterior 337
Inderjeet Parmar; Bamo Nouri

Sobre os autores 373

APRESENTAÇÃO

Mesmo lugar, mesmo rito, cenas tão diferentes.

20 de janeiro de 2021 Ausente a multidão usual por força da pandemia, bandeiras – cerca de 200 mil – cobrem o National Mall, representando o povo dos Estados Unidos. Na entrada oeste do Capitólio, onde se realiza a cerimônia, convidados – relativamente poucos – com expressões soturnas.

Igualmente grave é o discurso proferido por Joseph Biden, logo depois de seu juramento. Definindo o ato como celebração, não do início de seu governo, mas da vitória da democracia, a fala do novo mandatário exalta a unidade, por cima das diferenças político-ideológicas, como fundamento da grande nação. "Sem unidade não há paz, apenas amargura e fúria." Mas nem por isso deixa de criticar duramente os opositores. "Nas últimas semanas e meses, aprendemos uma lição dolorosa. Existe a verdade e existem as mentiras.... E cada um de nós tem o dever e a responsabilidade de defender a verdade e derrotar as mentiras." Avançando no espaço estreito entre as duas posições aparentemente contraditórias, reafirma o compromisso generoso de proteger os grupos sociais mais vulneráveis, prometendo restaurar os laços esgarçados com as nações aliadas e a liderança construtiva dos Estados Unidos no mundo. Sentimento idêntico de recomeço perpassa os demais discursos, bem como as canções entoadas na ocasião.

Presença insólita: soldados fardados e fortemente armados, em grande número. E uma ausência notável: a do presidente em final de mandato, que – pela primeira vez em mais de 150 anos – se recusou a assistir à solenidade de posse de seu sucessor. Marcada em todos os detalhes da cerimônia, a lembrança vívida do drama encenado naquele mesmo espaço duas semanas antes.

20 de janeiro de 2017 Populares, aos milhares, agitam-se na praça, muitos deles vestidos com as cores da bandeira norte-americana. Os convidados de honra e seus familiares ocupam inteiramente o terraço e as escadarias. Parecem felizes. Todos sorriem – inclusive os derrotados em uma das eleições mais agressivas no país em muitas décadas.

O espetáculo musical é acanhado, pois o mundo artístico não via motivos para comemorações. Mas o discurso de Trump garante o sucesso do evento. Concluído o agradecimento protocolar a seu antecessor, o magnata nova-iorquino retoma, um a um, todos os temas polêmicos de sua campanha, reafirmando desafiadoramente os compromissos assumidos com seus seguidores. Sua eleição é a vitória do povo contra o sistema corrupto que levou o país à decadência. *Make America Great Again*. Planos complicados são dispensáveis, mas é preciso coragem e determinação para tomar as medidas simples que a crise exige: conter o afluxo de imigrantes indesejáveis; pôr fim à leniência com o crime, que devasta as áreas centrais das metrópoles; equipar as polícias; executar um grande plano de investimento para reconstruir a infraestrutura depauperada da nação; abandonar a ficção dos Estados Unidos como paladino das boas causas, e exigir dos aliados sua devida contribuição nos empreendimentos comuns. *America First*: em todos os temas e em todos os lugares, colocar em primeiro lugar, sempre, o interesse do povo norte-americano.

Espectadores mundo afora acompanham atônitos o desenrolar da peça no Capitólio. Não muito longe dali, policiais reprimem manifestações violentas de protesto contra o novo presidente dos Estados Unidos.

* * *

Nos quatro anos que separam os dois momentos, o país passou por graves turbulências, e o mundo também. Algumas delas causadas por fatores que pouco tinham a ver com a ação do governo; outras decorrentes diretamente de suas políticas. Seja como for, Donald Trump inscreveu o seu nome como um dos presidentes mais disruptivos da história dos Estados Unidos.

Como entender o êxito extraordinário de um personagem tão transgressor e o domínio que exerceu sobre seus pares? Como caracterizar as diretivas de seu governo em suas múltiplas faces? Como interpretar as circunstâncias e os desdobramentos da eleição em que foi derrotado em seu intuito de se manter por mais quatro anos no cargo? Quais as implicações, para os Estados Unidos e para o mundo, da vitória de seu oponente, o democrata Joseph Biden? O que esse processo em seu conjunto nos revela sobre as camadas mais profundas da sociedade norte-americana e sobre o papel dos Estados Unidos no sistema internacional?

Os ensaios reunidos neste livro procuram responder a questões dessa ordem. Escritos com base nas exposições orais preparadas para o seminário que o Instituto Nacional de Ciência e Tecnologia para Estudos sobre os

Estados Unidos (INCT-Ineu) realizou em dezembro de 2020, eles refletem em variada medida os acontecimentos traumáticos que marcaram a transição de governo nos Estados Unidos. Incorporam ainda informações sobre a composição do governo Biden e suas primeiras medidas.

Replicando o formato do seminário que lhe deu origem, o livro está dividido em três partes. A primeira é reservada ao estudo do sistema partidário norte-americano, com foco na organização interna de seus dois grandes partidos. Destacam-se nessa seção a análise das relações tensas entre Donald Trump e o *establishment* do Partido Republicano, e das tendências que disputam a condução política do Partido Democrata. A segunda parte reúne artigos sobre diferentes temas de política governamental (Judiciário, meio ambiente, migrações, comércio internacional; China, Europa, Oriente Médio e América Latina). Sintetizando resultados de pesquisas sobre o governo Trump, esses capítulos avançam conjecturas sobre as mudanças em cada uma dessas esferas na administração democrata de Joseph Biden. A terceira parte é dedicada à conjuntura política em 2020, com ênfase nas respostas desencontradas à pandemia da covid-19 e à natureza crítica da eleição presidencial desse ano. Esse último tema é explorado sob diferentes ângulos em três capítulos do livro, que se encerra com um ensaio interpretativo abrangente, no qual a contestação dos resultados do pleito por Donald Trump e seus partidários aparece como aspecto de uma crise mais geral da sociedade norte-americana.

O INCT-Ineu persegue, desde a sua criação, em 2009, o tríplice objetivo de desenvolver pesquisa de ponta, formar pessoal qualificado e difundir conhecimentos sobre os Estados Unidos. Inteiramente produzido por membros de sua equipe – Inderjeet Parmar, responsável principal pelo último capítulo, é membro do Conselho Consultivo do Instituto –, o livro ora apresentado ao público é uma expressão consequente desse ambicioso cometimento.

1
TRUMP E O PARTIDO REPUBLICANO. ANTES, DURANTE... E DEPOIS?

Sebastião C. Velasco e Cruz[1]

Não existe "depois da Guerra Fria" para mim. Longe de ter terminado, minha guerra fria aumentou em intensidade à medida que setor após setor da vida americana foi cruelmente corrompido pelo éthos liberal. É um éthos que visa simultaneamente o coletivismo político e social, de um lado, e a anarquia moral, do outro. Não pode vencer, mas pode nos tornar todos perdedores. Chegamos, creio eu, a um ponto crítico na história da democracia americana. Agora que a outra "Guerra Fria" acabou, a verdadeira guerra fria começou.

Irving Kristol, "My Cold War", 1 abr. 1993

Apocalypse now

O impensável aconteceu!

Tendo denunciado como fraudulento o resultado da eleição em que saiu derrotado; tendo insistido nessa tese mesmo depois de vê-la repetidamente rejeitada nas mais diversas instâncias judiciais – entre elas a Suprema Corte –, Trump inovou mais uma vez ao convocar uma manifestação multitudinária em frente à Casa Branca no exato momento em que o Congresso se reunia

---

1 A versão original deste artigo foi lida e comentada por Alex Keyssar e Michel Dobry. A eles, meu reconhecimento.

para fazer a contagem oficial dos votos do Colégio Eleitoral e proclamar solenemente o nome do 46º presidente dos Estados Unidos.

Foi em 6 de janeiro de 2021. Na tarde cinzenta desse dia invernal, vinda de todos os cantos do país, a massa ali reunida para ouvir a palavra do líder irrompia em aplausos a cada tirada mais inflamada de seu discurso.

E elas não faltaram. Logo no início – depois de desafiar os cinegrafistas presentes a voltarem suas câmaras para o fundo da praça, a fim de mostrar ao mundo o tamanho do protesto –, Trump relançou o seu desafio.

> Ninguém aqui hoje quer ver a nossa vitória eleitoral roubada pelos assanhados democratas radicais de esquerda. [...] Nós nunca desistiremos. Nunca cederemos. Isso não vai acontecer. Ninguém cede quando há roubo envolvido.

Trump falou por mais de uma hora, e não mudou de assunto. Insistiu infatigavelmente na alegação de fraude eleitoral e desfiou relatos para reforçar a convicção dos convertidos. Entremeando o discurso monocórdio com declarações hiperbólicas sobre seus seguidores ("Com a sua ajuda, nos últimos quatro anos, construímos o maior movimento político da história do nosso país..."). Elogios desmedidos que funcionavam como plataformas para conclamações à luta.

> Algo aqui está errado. Muito errado. Não pode ter acontecido. E nós lutamos. Lutamos como o diabo e, se não lutar como o diabo, você não terá país nenhum.

Por fim, a indicação precisa do que fazer aqui e agora.

> Então nós vamos, vamos pela avenida Pensilvânia, eu adoro a avenida Pensilvânia, e vamos ao Capitólio [...] vamos tentar e dar aos nossos republicanos, aos fracos, pois os fortes não precisam da nossa ajuda, vamos tentar e dar a eles todo o orgulho e a ousadia de que precisam para reaver o nosso país.

Encerrado o ato, Trump regressou à Casa Branca, satisfeito em acompanhar apenas espiritualmente os manifestantes. Aí, então, o insólito, o extraordinário, o inconcebível.

Desde a fala de Biden na tarde daquele dia, muito se disse e se escreveu sobre a caracterização do assalto ao Capitólio e a relação de Trump com esse ato que chocou os Estados Unidos e o mundo. Não vamos nos deter nessa discussão. O que importa para efeitos da análise aqui desenvolvida é a resposta dos republicanos ao evento. Em particular, a insistência de 139 deputados republicanos em impugnar os resultados do voto em diversos estados, e a decisão de oito senadores de fazer o mesmo – apesar do trauma vivido por todos eles algumas horas antes e da repulsa provocada pela profanação daquele recinto quase sagrado.

Apesar dos discursos indignados de vários congressistas republicanos, a atitude exibida no calor dos acontecimentos foi confirmada, cerca de um mês depois, na votação do segundo impeachment de Trump.

Com tudo que o cerca, o episódio de 6 de janeiro suscita as seguintes perguntas, que procurarei responder no presente artigo:

- Como entender que um tipo social com o perfil de Trump, dublê de empresário e *entertainer*, possa ter se reinventado com êxito como candidato republicano à presidência dos Estados Unidos?
- Como se deu o relacionamento de Trump com o partido que o acolheu a partir do momento em que assumiu suas funções como presidente?
- Como se desenham agora – depois da derrota eleitoral e do trauma da invasão do Capitólio – essas relações, e como tenderão a evoluir em curto e médio prazo?

A conquista

Os termos do problema

A primeira dessas perguntas tem sido objeto de intenso debate, e eu mesmo me debrucei sobre ela em minha contribuição para o livro *Trump: primeiro tempo*, que organizamos logo depois das eleições de meio mandato de 2018 (Velasco e Cruz, 2019). Não vou me repetir. Direi apenas que a explicação esboçada nesse ensaio salientava três aspectos.

O primeiro deles consistia nas tendências de longo prazo do movimento conservador, transformado desde meados dos anos 1970 em força hegemônica no Partido Republicano; seu empenho em dividir a sociedade norte-americana em dois blocos hostis, numa estratégia que fazia da política a continuação da guerra por outros meios.

Essa orientação – que sempre esteve presente no movimento e ganhou impulso no início da década de 1990, como o trecho da epígrafe sugere – foi reforçada por mudanças econômicas (concentração na indústria de rádio), tecnológicas (advento da TV a cabo) e regulatórias (desmonte da legislação relativa ao interesse público nos meios de comunicação, que se traduzia em regras sobre a objetividade das informações veiculadas). Conjuntamente, elas estão na origem do fenômeno batizado pelos especialistas da área de *echo chambers* – a divisão do público em subuniversos fechados e autorreferidos no interior dos quais narrativas circulam descontroladamente, livres de qualquer confronto com dados da realidade.

De acordo com o argumento exposto no ensaio anteriormente referido, esses dois elementos atuaram como fortes propulsores da polarização política, que tem marcado a política norte-americana nas últimas décadas.

O elemento conjuntural decisivo na ascensão de Trump foi a crise financeira de 2008, com o seu complemento: a eleição de Barack Obama para a presidência dos Estados Unidos. E sua síntese dialética: a revolta da base republicana, que se expressou no movimento do Tea Party – alavanca de Trump nas primárias do partido e referente privilegiado de seu discurso.

Não há nada de errado na interpretação aqui resumida. Todos os elementos avançados são indispensáveis à compreensão do fenômeno Trump e de seu significado na história política norte-americana. Contudo, quando procuramos entender esse fenômeno, não em sua generalidade, mas neste aspecto particular – a relação de Trump com o Partido Republicano –, como preliminar para uma reflexão de caráter prospectivo, percebemos facilmente que os elementos antes referidos são insuficientes.

Com efeito, Trump não era o único direitista radical na disputa pela candidatura republicana em 2016; nem era o destinatário exclusivo do apoio organizado dos remanescentes do movimento Tea Party. Pelo contrário, seu principal concorrente foi o senador texano Ted Cruz – jovem advogado brilhante, formado nas universidades mais seletas do país, com rico histórico de lutas em defesa de causas sensíveis para o conservadorismo –, que se elegeu em 2010 como o primeiro senador de origem hispânica no Texas, além de integrante do movimento Tea Party. E foi nessa condição que liderou a facção republicana mais radical no Congresso em episódios emblemáticos, como a obstrução da lei orçamentária de 2013, que levou à paralisação de inúmeros serviços públicos federais e desgastou as lideranças de seu partido.

Ted Cruz não foi o único pré-candidato republicano de sólidas credenciais conservadoras e anti-*establisment*. Além dele há de se mencionar ainda o senador pela Flórida Marco Rubio e o neurocirurgião Ben Carson, que se projetou para o público conservador como comentarista contratado da Fox News, e aliava o conservadorismo sem falha na área dos costumes à promessa de atrair o voto da comunidade negra por sua origem étnica.

Como entender, então, que o escolhido entre os pré-candidatos republicanos tenha sido o empresário histriônico, sem qualquer experiência prévia na vida pública (nunca exercera nenhum cargo público, jamais disputara um mandato)?

Para responder a essa indagação precisamos olhar mais de perto como se deu esse processo.

A pré-campanha republicana

O melhor é começar com o choque representado para o Partido Republicano pela vitória de Obama na eleição presidencial de 2012. Falar em choque não é exagero, pois a fragorosa derrota democrata nas eleições de meio mandato dois anos antes (perda de sete cadeiras no Senado, e 63 na Câmara, a maior derrota nesse tipo de pleito desde 1948) alimentava fortes expectativas de sucesso no campo conservador. Evidência disso é o fato de que, já bem avançada a contagem dos votos, os magos do marketing republicanos ainda projetavam uma vitória relativamente folgada de Mitt Romney.

O inesperado fracasso, e as tendências demográficas de longo prazo que pareciam explicá-lo, lançavam os estrategistas republicanos em uma busca angustiante por saídas. E, naquele momento, uma ideia aparentemente óbvia é que o partido não teria muito futuro como partido competitivo se não ampliasse o seu apelo e conseguisse trazer para o seu campo parcelas importantes dos jovens, dos trabalhadores e do público latino – o que parecia possível, dado o conservadorismo social de amplos segmentos do último.

Muito resumidamente, essa é a mensagem contida no *Growth & Opportunity Project*, relatório encomendado por Reince Priebus, presidente do Comitê Nacional Republicano, a uma equipe de assessores para avaliar as razões profundas da derrota eleitoral em 2012. Entregue ao público em março do ano seguinte, o documento em questão não buscava eufemismos para descrever o quadro enfrentado pelo partido.

> Os republicanos perderam o voto popular em cinco das seis últimas eleições presidenciais. Os estados nos quais os nossos candidatos presidenciais costumavam ganhar, como Novo México, Colorado, Iowa, Ohio, Nova Hampshire, Virgínia e Flórida, estão votando cada vez mais nos democratas. Nós estamos perdendo demasiados lugares.

> A percepção pública do partido chegou a níveis baixíssimos. Os eleitores jovens estão cada vez mais irritados com o que o partido representa, e muitas minorias acham equivocadamente que os republicanos não gostam delas nem as querem no país.

Em face desse quadro inquietante, seria imperativo mudar radicalmente de postura.

> O Partido Republicano precisa parar de falar sozinho. [...] Em vez de andar em círculos em um beco sem saída ideológico, nós precisamos de um partido cujo tipo de conservadorismo convide e inspire gente nova a nos visitar. Precisamos continuar sendo a alternativa conservadora dos Estados Unidos ao governo prepotente, ao liberalismo da redistribuição aos extremos, ao mesmo tempo que construímos um caminho de entrada ao nosso partido que os republicanos não tradicionais queiram trilhar.

Para dar consequência prática a essa tese, o documento alinhava uma série de recomendações, das quais as mais importantes do ponto de vista da análise desenvolvida aqui são as seguintes:

6. O Partido Republicano tem de ser o paladino dos que procuram subir a escada econômica da vida. Os norte-americanos de baixa renda são gente trabalhadora que querem vir a ser norte-americanos pelejadores de renda média.

[...] os nossos candidatos e funcionários precisam trabalhar mais falando em termos normais e orientados para as pessoas, e nós precisamos ir às comunidades às quais os republicanos não costumam ir para ouvir e apresentar os nossos argumentos. Precisamos fazer campanha entre os norte-americanos hispânicos, negros, asiáticos e gays e demonstrar que nós também nos preocupamos com eles. (Republican National Committee, [s.d.].)

Não se pode dizer que essas recomendações tenham gerado unanimidade. Pelo contrário, três anos depois da chegada dos novatos levados ao Congresso pela insurgência de suas bases, o Partido Republicano convivia com dissensões ruidosas, que brotaram com intensidade singular em outubro de 2013, durante o episódio do *shut down*, e no começo do ano seguinte, quando os radicais formaram na Câmara, agora sob controle republicano, o *Freedom Caucus*. Mas a visão predominante nos quadros dirigentes do partido continuava sendo informada pelas conclusões daquele relatório, que ganhava grande reforço por coincidir com a voz do bom senso.

Em novembro de 2014, os republicanos confirmam sua ascendência no Congresso – conquistam 9 das 33 cadeiras em disputa no Senado, e mais 13 na Câmara, passando a controlar as duas casas. A essa altura, a rivalidade entre as facções do partido era realimentada pelas especulações sobre quem seria o candidato do partido à sucessão de Obama. A esse respeito, vale a pena ver o que uma observadora avisada dizia sobre o tema.

A dinâmica ressalta as prioridades concorrentes entre os republicanos rumo a 2016. Os líderes do establishment veem os candidatos moderados, como Jeb Bush ou Chris Christie, como a sua melhor chance de ganhar a presidência. Mas os conservadores acreditam que esse tipo de candidato continuaria no caminho de Mitt Romney rumo a uma derrota decepcionante e estão pressionando por bombeiros como Sens, Ted Cruz ou Rand Paul. (Jaffe, 2014.)

Menos de dois meses e meio depois, a relação de forças parecia favorecer o campo moderado. Com efeito, uma pesquisa realizada com eleitores republicanos divulgada em 5 de março de 2015 dava 16% de intenções de voto para Jed Bush, 8% para Chris Christie e 6% para Ted Cruz, conservador radical, chamado de "Lúcifer encarnado" por John Boehner, líder do partido na Câmara à época do *shut down*. O melhor resultado nessa sondagem (18%) foi obtido por Scott Walker, ex-governador de Wisconsin que se notabilizou pelo tratamento brutal que dispensou aos funcionários de seu estado. Merece registro o fato de o nome de Trump aparecer na lista de pré-candidatos possíveis, não chegando a pontuar.

Não por acaso. Já há algum tempo Trump vinha dando sinais de que cogitava entrar na pista – a campanha que sustentou, em 2011, contra Obama com base na falsa denúncia de que sua eleição era ilegal por ter nascido fora do território norte-americano; sua estreia como conferencista no Conservative Political Action Conference (CPAC), meca do movimento conservador norte-americano, no mesmo ano; a informação que circulou na mesma época de que havia investido uma boa soma em pesquisa eleitoral...

Dois meses mais tarde, na sondagem do mesmo instituto (o Quinnipiac University Poll), Trump já aparecia com 5% de apoio entre os eleitores republicanos, a metade do obtido por Jed Bush e os outros quatro que se ombreavam com ele, e apenas um ponto a menos do percentual alcançado por Ted Cruz, que seria o seu principal adversário nas primárias (Malloy, 2015).

E Trump ainda não havia mostrado o seu jogo. Foi apenas em 13 de junho de 2015 que ele entrou oficialmente na disputa, e o fez a seu modo. Na entrevista coletiva que concedeu no recinto da Trump Tower, atacou brutalmente os migrantes mexicanos, chamando-os indiscriminadamente de estupradores, e lançou a promessa que seria um dos carros-chefes de sua campanha presidencial: a construção de um muro na fronteira entre os Estados Unidos e o México.

O efeito não se fez por esperar. Duas semanas e meia depois, a imprensa já noticiava seu avanço nas pesquisas de opinião, fato atribuído por uma ativista do Tea Party aos comentários ofensivos de Trump sobre os mexicanos. Para o entrevistado, os norte-americanos estariam fartos do politicamente correto. "A América está procurando por John Wayne, e Donald Trump está provando ser John Wayne", ele resumia (McLaughlin, 2015).

Generalizações abusivas à parte, o ativista do Tea Party não se equivocava. Decorrida uma semana da publicação da matéria com sua entrevista, o *Business Insider* noticiava que Trump aparecia à frente de Jed Bush nas últimas pesquisas (Donald..., 2015).

Nos meses seguintes Trump consolidou seu favoritismo, como mostra a apresentação sintética que se encontra abaixo.

> No fim de julho de 2015, ele estava na liderança com um percentual próximo de vinte. Por volta do Dia de Ação de Graças de 2016, na véspera do início da temporada das primárias presidenciais, o apoio a Trump, na média do RealClearPolitics das pesquisas da preferência presidencial do Partido Republicano, superava os 35 por cento. (Cook, 2017, p. 86.)

Quando as primárias republicanas foram abertas, em fevereiro de 2016, com Trump confortavelmente posicionado na dianteira, nada mais restava do projeto de renovação anunciado pelo Comitê Nacional do partido dois anos antes (Kilgore, 2016). E ele nunca deixou de ocupar o primeiro lugar, muito distanciado dos demais concorrentes, apesar das derrotas sofridas

Sebastião C. Velasco e Cruz e Neusa Maria P. Bojikian (Orgs.)

para dois deles (Ted Cruz e Marco Rubio) em alguns estados. Na data da convenção republicana, ele contava com 1.441 delegados, contra 551 de seu concorrente mais próximo, o senador Ted Cruz.

Razões imediatas do sucesso de Trump

Um aspecto pouco comentado da disputa que sagrou Trump como candidato à presidência dos Estados Unidos foi o grau surpreendentemente elevado de participação popular nas primárias republicanas. A rigor, em 2016 ela bateu todos os recordes, com 9 milhões de eleitores a mais do que qualquer outra no passado. Algo similar aconteceu nas primárias democratas, em que a disputa entre Hillary Clinton e Bernie Sanders produziu uma mobilização só superada por aquela entre a mesma Hillary Clinton e Barack Obama, oito anos antes. No total, 30 milhões de eleitores votaram nas primárias republicanas (Kilgore, 2016).[2]

A participação nesses pleitos é sempre mais elevada quando a vaga está aberta – *i.e.*, quando não é reclamada por um presidente em busca de reeleição –, mas o interesse excepcional despertado pelas primárias republicanas em 2016 tem tudo a ver com a figura de Donald Trump. O fato de ele aparecer muito à frente de seus concorrentes nas sondagens eleitorais efetuadas antes de oficialmente aberta a disputa já foi mencionado. Resta agregar que seu nome era também o mais rejeitado entre os pré-candidatos republicanos (em janeiro de 2016 ele era a primeira opção para 38% e a última para 23% dos eleitores republicanos) (Rappoport, 2017, p. 137). Vale dizer que Trump provocava reações polarizadas na sociedade, mas também no partido republicano, fato que no decorrer da campanha eleitoral ganharia expressão política no movimento Never Trump, que mobilizou um bom número operadores republicanos, políticos aposentados e personalidades tradicionalmente identificadas com o partido.[3]

Esse movimento, como sabemos, foi malsucedido. No confronto com a oponente democrata, o que acabou pesando mais foi a polarização partidária que há muito vem marcando a sociedade norte-americana: o eleitorado republicano votou maciçamente em Trump, apesar das restrições que muitos faziam às suas propostas e a seu comportamento.

Várias razões foram aventadas para explicar a atração avassaladora de Trump sobre parcelas majoritárias do público republicano.

---

2 A participação nas primárias democrata foi um pouco maior, atingindo 31 milhões de eleitores.

3 Sobre esse movimento, que seria reeditado quatro anos mais tarde sob a bandeira do Projeto Lincoln, cf. Saldin e Teles (220).

1) O fato de Trump ser uma celebridade, presença constante na mídia impressa e televisiva há muito tempo. Essa condição lhe proporcionava uma vantagem importante sobre seus concorrentes, que tinham de se esforçar muito para alcançar um grau de visibilidade comparável. Ela era reforçada pela atenção quase obsessiva que a mídia lhe concedia, com notícias e comentários sobre as suas tiradas, ainda que na maior parte das vezes para condená-las. Inútil. Para efeitos de sua campanha, valia o velho ditado: falem mal, mas falem de mim – alguns estudos estimam que em março de 2016 essa cobertura já tinha se traduzido em cerca de 2 bilhões de dólares de publicidade gratuita para Trump.[4]

2) A mobilização dos setores radicalizados do eleitorado republicano. Expressa no movimento Tea Party, a contestação das elites republicanas traduziu-se com frequência na tentativa de punir os políticos moderados – qualificados por elas de falsos republicanos (RINO, *Republican in name only*) – através do lançamento de nomes alternativos para disputar nas primárias a candidatura aos postos que eles ocupavam. Para esses eleitores, cultivados na cultura política do nós contra eles, hostis à prática da negociação e do compromisso, o estilo confrontador e desabusado de Trump era um atrativo certo.

3) A incapacidade da elite republicana de filtrar no seu campo um candidato forte que as representasse. Esse fator tem um peso muito forte em várias análises. Como regra geral – assim reza o argumento –, o *establishment* partidário prevalece na escolha do candidato à presidência, mesmo que formalmente a decisão caiba aos votantes nas eleições primárias. O peso dos dirigentes – e dos grupos sociais a eles vinculados – se faz sentir na primeira fase da pré--campanha eleitoral, etapa referida pelos analistas como "primárias invisíveis". A unidade da elite partidária em torno de um nome costuma ser suficiente para barrar a ascensão de um *outsider*, ou de um membro relativamente marginal da tribo. A disputa republicana em 2016 foi um ponto fora da curva em grande medida porque esse processo de depuração não operou. Os grupos que tradicionalmente detêm o poder de escolher o candidato do partido estavam divididos entre vários nomes, que – por disputarem o apoio desses mesmos grupos – tendiam a se encarar reciprocamente como principais adversários. A partir de dado momento, com a desistência em série dos pretendentes mais fracos, o inibidor mais forte à oposição da elite partidária a Trump foi o baixo entusiasmo que o nome alternativo despertava – Ted Cruz, um radical provado, como sabemos.

4) O apelo exercido pelo discurso de Trump. Esse aspecto foi aludido no tópico anterior, em conexão com o tema da política migratória. Ao contrário do que imaginava a presidência do Comitê Nacional Republicano, a defesa de medidas draconianas contra migrantes não documentados calava fundo

---

4 Cf. Confessore, N.; Yourish, K., apud Cook, op. cit., p.85.

no público conservador. Mas esse não era o único ponto em que Trump se afastava da visão predominante na elite do partido. Ele rompia o consenso prevalente nesses círculos ao se comprometer com a preservação (e aperfeiçoamento) do sistema de saúde e seguridade social, objeto durante anos de ataque sistemático dos republicanos; ao propor um plano ambicioso de investimentos em infraestrutura; ao defender abertamente o protecionismo comercial, atacando a Organização Mundial do Comércio (OMC) e, de maneira geral, as instituições multilaterais que presidiram a reconstrução da ordem econômica internacional no imediato pós-guerra; ao denunciar o governo Bush e o conjunto da elite política norte-americana pelo desastre da guerra no Iraque, e ao criticar acidamente os parceiros norte-americanos na Organização do Tratado do Atlântico Norte (Otan). Tudo isso embalado em uma retórica generalizante que combinava nacionalismo estreito e populismo econômico.

"America First"; *"Make America Great Again"* – os dois slogans que sintetizavam essas posições eram um anátema para a elite republicana, mas não para seus eleitores cativos.

Com efeito, já há algum tempo as pesquisas de opinião vinham indicando a existência de um claro descolamento entre as ideias econômicas de políticos e publicistas conservadores e as posições expressas por parcelas significativas do eleitorado republicano. O mesmo ocorria em relação a outros temas, como política migratória e política exterior. O entusiasmo com Trump se devia em boa medida ao fato de que ele vocalizava o senso comum difuso desses eleitores que não tinham voz no Partido Republicano (cf. Costa, 2017; Rappoport; Stone, 2017; Abramowitz, 2017; Sides; Tesler; Vavreck, 2018; Ekins, 2017).

Essa relação está longe de ser exaustiva, mas já nos propicia os elementos necessários para fundamentar o argumento que está sendo elaborado aqui. Por um conjunto heterogêneo de fatores, em 2016 produziu-se uma disputa sem precedentes no Partido Republicano, ao cabo da qual se sagrou como vencedor um personagem atípico, que viria a exercer um papel profundamente perturbador na política norte-americana.

O paradoxo dos partidos políticos norte-americanos

Elementos necessários, mas não suficientes. Até o momento o foco da análise foi o processo interno de seleção do candidato republicano à presidência dos Estados Unidos. E, de fato, a consideração do debate político prévio e das circunstâncias da pré-campanha nos permite entender como ela desemboca na vitória de Trump. Mas fica de pé a pergunta sobre as condições de possibilidade desse resultado. Em outros termos, continuamos sem compreender como um partido político solidamente estabelecido pôde ser objeto de uma operação de tomada de controle hostil como o foi em 2016 o Partido Republicano. Para avançar no esclarecimento desse aspecto fundamental do problema, devemos tomar distância dos fatos da conjuntura política e considerar algumas das propriedades estruturais do sistema partidário norte-americano.

* * *

> Quase sempre um insurgente tem mais facilidade para garantir um lugar nas eleições primárias de um dos grandes partidos do que para se dar bem nas eleições gerais como candidato independente ou de um partido novo e vencer tanto as eleições primárias quanto as gerais como candidato de um partido grande do que para ganhar as eleições gerais como candidato de um partido menor. Mas trilhar o caminho do cargo de um partido importante não requer nenhum sacrifício da independência. (Katz; Kolodny, 1994, p. 47.)

Essa observação, que sintetiza o argumento de dois especialistas europeus sobre o sistema partidário norte-americano, nos situa de imediato no cerne da questão.

Os partidos políticos nos Estados Unidos se singularizam no mundo por sua precocidade, pela centralidade de seu papel no desenvolvimento político e por sua longevidade.

As linhas gerais da história são conhecidas. Os partidos políticos não foram previstos nem desejados pelos arquitetos do Estado norte-americano. Pelo contrário, eles tinham uma visão profundamente negativa da luta de "facções" e incluíram inúmeros dispositivos na Constituição para mitigar-lhes os efeitos deletérios. Não obstante, já no final do século XVIII as disputas entre os federalistas e os jeffersonianos haviam extravasado o círculo restrito dos notáveis, dando origem ao partido que governaria os Estados Unidos pelas décadas seguintes (Hofstadter, 1970). Com a extensão do voto a quase toda a população branca adulta, no final da segunda década do século XIX emergiram dois partidos, que desde então passaram a estruturar as escolhas dos integrantes desse que foi o primeiro eleitorado de massa na história do mundo: o Partido Democrata – organização política de caráter nacional que levou Andrew Jackson à presidência em 1829 – e seus opositores, organizados alguns anos depois no Partido Whig, cujo processo de cisão culminaria, em 1854, na criação do Partido Republicano. Daí em diante, os dois alternaram-se na presidência dos Estados Unidos e no controle do Congresso – a última vez que os Estados Unidos elegeram um presidente não democrata e não republicano foi em 1848; e, desde o final da Guerra de Secessão, foi em 1896 a última e única vez em que os dois partidos tiveram menos do que 95% das cadeiras na Câmara de Representantes (Hofstadter, 1970).

Coalizões nacionais concorrentes de grupos locais e estaduais estruturados para controlar o acesso a cargos públicos através do voto, esses partidos mobilizavam intensamente a população politicamente habilitada e desempenharam um papel estruturante na sociedade norte-americana até o último quartel do século XIX (Skowronek, 1982). Nessa época, eles se organizavam como associações voluntárias, altamente descentralizadas – a única expressão nacional das quais era a convenção quadrienal para escolha de candidatos a presidente e vice-presidente [5] –, livres para cuidar de seus interesses sem qualquer regulamentação pública (Rae, 2006; Ware, 2006; Rackaway, 2007a; Avant, 2007; Rackaway, 2007b). O avanço da industrialização, o crescimento urbano e os conflitos sociais que acompanham ambos os processos impulsionaram na dobra do século um forte movimento pela racionalização administrativa e a moralização dos costumes políticos. É nessa época, batizada nos livros de história como Era Progressiva, que se constituem as bases da burocracia pública nos Estados Unidos; é nela também que os partidos passam a ser objeto de regulamentação legal – quase sempre em nível estadual – e começam a assumir o caráter de entes quase públicos.

No dizer de um estudioso, os partidos políticos norte-americanos são talvez os mais sujeitos à regulação estatal em todas as democracias ocidentais. Em certa medida, esse fato explica a duração do duopólio que eles conformam. Sem dúvida, como quer Duverger, o sistema distrital puro que vigora no país desde a sua fundação (quem tem mais votos ganha tudo, independentemente da proporção em que se distribuem os votos) favorece o bipartidarismo. Mas não explica a persistência desses e exatamente desses partidos. Para entender tal resultado, devemos levar em conta também o presidencialismo, e a legislação partidária fortemente enviesada em favor dos dois grandes partidos (Katz; Kolodny, 1994).

Seja como for, além de seu legado histórico, os partidos Republicano e Democrata têm forte implantação na sociedade norte-americana, desfrutam de elevado grau comparativo de identificação dos eleitores (que foi maior no passado remoto, caiu consideravelmente no decurso do século XX, mas voltou a crescer nas últimas décadas) e mantêm laços sólidos com grupos organizados na sociedade – redes extensas *think tank*, associações civis, entidades políticas formalmente autónomas, ou declaradamente parapartidárias. Nesse sentido, seria possível dizer que o Partido Republicano e o Partido Democrata são exemplos de instituições fortes.

No entanto, quando encarados do ponto de vista de sua autonomia organizacional, eles parecem surpreendentemente frágeis. Há quem se questione inclusive se caberia falar, desse ponto de vista, de dois partidos, tal o baixo grau de integração de suas partes (seria mais realista tratá-los como seis organizações distintas, divididas em dois campos – os Comitês

---

5 A primeira Convenção do Partido Democrata data de 1832.

Nacionais Republicanos e Democratas, e os comitês de cada um dos partidos na Câmara e no Senado) (Katz; Kolodny, 1994, p.23). Todas essas entidades portam a bandeira de um ou outro partido, mas cada uma delas dispõe de seu aparato próprio e age com total independência, sem nenhuma obediência devida a um comando centralizado.

E não é só. Ao contrário do tipo ideal micheliano, esses partidos não contam com burocracias permanentes. As atividades meio inerentes a um partido político (gestão, logística, informação, propaganda, assessoria, planejamento político, elaboração de projetos) são desempenhadas por pessoal contratado em bases precárias pelo político a que estão afetas. Em geral muito preparados, esses profissionais não são escolhidos com base apenas em sua competência técnica: eles passam pelo crivo da identidade partidária. Forma-se, assim, um mercado ocupacional segmentado, em que os agentes circulam entre funções diferentes, nas diversas instâncias governativas, e na rede de entidades privadas associadas a esse ou àquele partido (Katz; Kolodny, 1994, p.45 et seq.).

Contudo, o aspecto mais revelador da organização partidária nos Estados Unidos diz respeito à relação entre os partidos e seus integrantes.

Ao contrário do que ocorre na Europa e no que temos intuitivamente como próprio aos partidos, nos Estados Unidos estes não dispõem de mecanismos definidos para a inclusão/exclusão de seus membros ou para deles cobrar obrigações estatutárias – como o pagamento de anuidades, por exemplo.

A condição de democrata ou republicano não é atribuída ao cidadão pelo partido a que se filia, mas por ele mesmo, ao se declarar assim no ato de registrar-se para poder exercer o seu direito de voto. Esse fato tem uma implicação de máxima importância para o problema que estamos a examinar: o partido não exerce controle sobre quem participa da escolha dos seus representantes nas disputas eleitorais.

Esse estado de coisas é fruto indireto do ciclo de reformas aludido pouco atrás. Com efeito, para eliminar a fraude, os progressistas introduziram a cédula única, o voto secreto, o registro público de eleitores e generalizaram, em nível local e estadual, os institutos do *recall* e do referendo. No tocante à presente análise, porém, a principal reforma do período foi a introdução das eleições primárias diretas para escolha de delegados às convenções partidárias.

Até então, eles eram apontados pelos chefes políticos estaduais, que escolhiam entre eles o candidato do partido na Convenção em um processo negociador complexo, alimentado pelos resultados de votações sucessivas.

O objetivo dos reformadores era o de quebrar o controle dos líderes políticos corruptos sobre a seleção de delegados, dando voz nesse processo ao eleitor comum. O resultado alcançado, contudo, ficou aquém do esperado. Embora a prática das primárias tenha se difundido rapidamente, a escolha

Sebastião C. Velasco e Cruz e Neusa Maria P. Bojikian (Orgs.)

do candidato à presidência continuou se dando em convenções fortemente controladas pelos dirigentes dos partidos.

Pois bem, esse padrão muda radicalmente na década de 1970, depois do escândalo da Convenção Democrata de 1968, em Chicago, que proporcionou ao país um espetáculo de caos (no interior do recinto) e de repressão policial desatada (na rua). Desgastado pelos protestos contra a guerra do Vietnã, o presidente Lyndon Johnson desistira de concorrer à reeleição, e fora substituído às pressas por seu vice-presidente, Hubert Humphrey, até então ausente da campanha. A Convenção o escolheu em detrimento do pacifista Eugene McCarthy, que disputava com Robert Kennedy a liderança nas primárias quando este foi assassinado. Humphrey ganhou na Convenção sob apupos dos adversários da guerra, mas foi severamente batido por Nixon na eleição para presidente.

No rescaldo da crise, o Comitê Nacional Democrata formou uma comissão encabeçada pelo senador McGovern e pelo representante Fraser para reformar o processo de decisão sobre as candidaturas do partido. Aprovado pelo Comitê, o relatório da Comissão garantia a participação efetiva do eleitor nos *caucuses* e tornava vinculante o resultado das primárias. O alcance da mudança está bem sintetizado na passagem a seguir.

> As eleições primárias [...] se transformaram. No sistema antigo, os candidatos delas participavam principalmente para demonstrar a sua capacidade de obter votos para os líderes do partido. Algumas primárias nem sequer premiavam os delegados do candidato vencedor. Por isso, os candidatos eram livres para se furtar a algumas ou mesmo a todas elas. No sistema novo ganharam delegados na convenção em relação ao apoio popular. Além disso, o número de primárias aumentou em 1972 e uma vez mais em 1976. O resultado foi nenhum candidato poder obter nomeação sem participar da maioria das primárias ou de todas elas.
>
> Os delegados da convenção escolhidos conforme as novas regras deixaram de ser agentes independentes; na convenção, foram obrigados a votar no candidato que os eleitores os instruíam para apoiar. Consequentemente, a convenção nacional do partido passou a escolher os candidatos quase tão mecanicamente quanto o Colégio Eleitoral escolhe os presidentes. A verdadeira decisão era tomada nas primárias e nas convenções partidárias. (Cohen et al., 2008, p.160.)

Criado pelos democratas, o novo padrão das primárias foi adotado também pelos republicanos e acabou por se generalizar – por mimetismo ou força de lei – por quase todos os estados da federação, inclusive para escolha de candidatos ao Legislativo. Nesse caso, principalmente para lugares vagos (Rayan, 2007), o desafio às pretensões do detentor do cargo é expressão da luta interna que tomou conta do Partido Republicano nos últimos anos.

A universalização das primárias diretas representa, portanto, uma transformação de vulto no funcionamento do sistema partidário norte-americano.

Contudo, só entendemos plenamente o seu significado quando levamos em conta as características estruturais já indicadas desse sistema.

Com efeito, estão credenciados a votar nas primárias todos aqueles que se declaram eleitores do partido em causa. E isso nos estados onde as primárias são "fechadas"; onde são "mistas", votam também os independentes; e, nos estados em que são "abertas", o voto é facultado ao conjunto dos eleitores.

Se considerarmos ainda que as campanhas eleitorais nos Estados Unidos se estruturam em torno de candidatos individuais e que esse padrão – já antigo – foi reforçado com os meios de comunicação de massa, que facilitam o estabelecimento de vínculos diretos entre políticos em disputa por cargos e seus eleitores, concordaremos com o juízo formulado pelos autores que nos deram o mote para esse tópico.

Ironicamente, porém, embora tenham construído para si barreiras virtualmente impenetráveis contra o desafio das agremiações novas, os dois partidos são terrivelmente vulneráveis a ser controlados por dentro. (Katz; Kolodny, 1994, p.47.)

A tomada do Partido Republicano por Donald Trump atesta a verdade dessa assertiva.

Um partido para chamar de seu

Tomada do Partido Republicano. Não há exagero nessa fórmula. Nas últimas décadas, os comitês nacionais dos dois partidos ganharam força e passaram a exercer papel de algum relevo no levantamento de fundos e na preparação de voluntários para a tarefa de cabalar votos. Mas, do ponto de vista organizacional, os partidos continuam operando como suporte para as campanhas personalizadas, cada uma delas com seu comitê e sua estratégia de financiamento própria. A esse respeito, cabe notar ainda que o essencial dos recursos financeiros mobilizados nas eleições norte-americanas é canalizado para os candidatos, não para os órgãos formais do partido.

Sendo a vitória na disputa eleitoral o objetivo precípuo da organização, é natural que durante a campanha eleitoral os seus rumos sejam ditados pelo candidato à presidência. E a supremacia deste se consolida quando ele sai vitorioso do pleito. Embora o titular do Comitê Nacional do partido seja eleito pelos pares, na prática a escolha de seu nome é feita pelo presidente. O qual, no exercício de seus poderes, estabelece a agenda do governo, e pode tomar as medidas necessárias para reorganizar o partido em consonância com os seus objetivos estratégicos.

Presidentes democratas e republicanos, contudo, não se valeram dessa posição privilegiada da mesma forma. Embora tenham assumido também o controle da organização, os primeiros não se esforçaram para fortalecê--la, expandindo suas capacidades. Pelo contrário, de Kennedy a Obama, presidentes democratas negligenciaram o seu partido e tenderam a debilitá-lo. Já os segundos, desde Eisenhower, lançaram-se quase sempre em projetos ambiciosos de construção partidária, envolvendo a expansão da infraestrutura de comunicação, de levantamento e análise de dados; a incorporação e treinamento de novas gerações de ativistas; o desenvolvimento de programas de formação de líderes; a criação de novos instrumentos de captação de recursos financeiros, entre outras frentes de atividade. E isso em todos os níveis de ação partidária – nacional, estadual e local. Essa assimetria é demonstrada em um estudo pioneiro sobre a relação entre os presidentes dos Estados Unidos e seus respectivos partidos, desde meados do século passado (Galvin, 2009).

Em ensaio recente, o autor dessa obra nos fornece um elemento precioso para entender o tipo de relacionamento estabelecido entre Trump e seu partido (no duplo sentido de ser o partido de sua escolha e de ser tratado como sua propriedade).

O argumento de Daniel Galvin é relativamente simples. Os presidentes republicanos que precederam Trump – Eisenhower, Nixon, Reagan, Bush pai e filho – empenharam-se fortemente na tarefa de renovar e revigorar o Partido Republicano, com vistas à sua consolidação como força política hegemônica no país. Com esse propósito, adotaram estratégias inclusivas, que foram bem-sucedidas em seu objetivo específico de ampliar a base do partido, mas tiveram como contrapartida não desejada o aumento de sua heterogeneidade. Dessa forma, ao promoverem esse movimento, tornaram-se em alguma medida vítimas de seu próprio sucesso, pois este se fazia acompanhar da multiplicação de focos de tensões internas, e mesmo de resistência à liderança desses presidentes.

Trump teria seguido um caminho inteiramente distinto. Ele também desenvolveu uma ação persistente visando a reconstruir o Partido Republicano. Mas trocou a estratégia "horizontal" – crescer através da extensão do alcance do partido na sociedade – pela estratégia "vertical" – explorar intensamente o apoio da base preexistente, estabelecendo com ela uma ligação direta e personalizada. Nas palavras do autor,

> Trump... tem aplicado (até agora) predominantemente uma estratégia de mobilização da base. Com isso, quero dizer que as suas prioridades são agitar, energizar e mobilizar os seus apoiadores mais entusiásticos para que se voluntariem na campanha conjunta Trump-RNC e votem no Partido Republicano; convencê-los a recrutar os amigos, familiares e vizinhos para que façam o mesmo; e identificar eleitores de primeira viagem e pouco propensos que já apoiam fortemente o presidente e registrá-los para que votem como republicanos. Sem dúvida, essa abordagem deu novos eleitores ao Partido Republicano. Mas é diferente da estratégia focada no alcance, na construção de coalizões, seguida pelos seus predecessores republicanos. Em vez de se espalhar horizontalmente em busca de novos grupos que ingressem na coalização

do partido, a estratégia de Trump se aprofunda verticalmente para penetrar e aumentar a sua base. Em vez de tentar diversificar o Partido Republicano e estabelecer conexões duráveis com uma gama mais ampla de eleitores, a estratégia de Trump visa aumentar o número de apoiadores com ideias afins que atuam na política eleitoral e partidária. (Galvin, 2020, p.3.)

Essa estratégia teria evitado o efeito colateral antes mencionado e – ao invés de debilitar – teria reforçado o poder de convocação do líder, a um ponto tal que a separação entre o partido e ele próprio ficaria borrada.

À primeira vista, essa tese parece se chocar com outra igualmente presente na literatura, que reúne em seu favor elementos de convicção poderosos. Penso no argumento exposto esquematicamente por Mathew Glasseman e apresentado de forma mais desenvolvida por Paul Pierson e Jacob Hacker.

O elemento comum entre esses autores está no fato de deslocarem o foco da análise das relações intrapartidárias para as políticas governamentais, o que lhes permite mostrar a convergência entre a as medidas efetivas tomadas por Trump e a agenda política da liderança republicana no Congresso – com abandono de itens importantes em sua plataforma eleitoral.

Há diferenças notáveis entre eles, igualmente. Deixando de lado a natureza dos textos respectivos – artigos de opinião em jornal, no caso de Glassman; artigos acadêmicos, no caso de Pierson e Hacker –, o objeto em questão nos seus trabalhos não é exatamente o mesmo. Glassman trata especificamente da relação entre Trump e o Partido Republicano, e é enfático ao definir Trump como o elemento subordinado no par (Glassman, 2019). O problema levantado por Pierson, e retomado mais tarde por ele em parceria com Hacker, é o da peculiaridade do populismo de direita em versão norte-americana, tal como expresso na trajetória de Trump como candidato e como presidente.

A dimensão institucional desempenha um papel decisivo no argumento dos autores. O êxito da candidatura populista de Trump se explica, em grande medida, pelo bipartidarismo e pela força da identidade partidária: embora pesquisas pré-eleitorais indicassem que um percentual significativo deles o considerava despreparado para o exercício da presidência, os eleitores republicanos votaram em peso em Trump. Mas o desenho institucional do sistema político norte-americano – a distribuição de poderes entre o Executivo e o Congresso, e a divisão do Senado em dois blocos coesos – obstava a realização das promessas heterodoxas contidas em sua plataforma.

Trump podia se apresentar como populista, mas o Partido Republicano era o partido dos ricos, comprometido há décadas com políticas que aumentavam o poder econômico e social dos capitalistas na sociedade norte-americana. Na ausência de meios – para não falar em vontade política – para traduzir em políticas efetivas os componentes economicamente heterodoxos de seu discurso programático, Trump abraça a agenda pluto-crática do *establishment* de seu partido (Pierson, 2017; Hacker; Pierson, [s.d.]).

Os autores mencionam a política de remodelagem ultraconservadora do Judiciário norte-americano, mas a tomam como item do programa pluto-crático, embora esse tenha sido o compromisso de campanha que valeu a Trump a adesão entusiástica de religiosos fundamentalistas, ávidos em bus-car na Bíblia motivos para perdoar-lhe os comportamentos mais condená-veis do ponto de vista de sua proclamada moralidade.

E evitam prudentemente áreas de política governamental nas quais a heterodoxia de Trump se expressa com mais clareza – a política econô-mica internacional e a política de Defesa. Com efeito, é difícil sustentar que Trump seguia o roteiro traçado pela liderança plutocrática republicana ao denunciar as organizações multilaterais, ao hostilizar parceiros europeus, ao buscar um acordo sem precedentes com a Coreia do Norte, ou ao trocar afagos com Vladimir Putin.[6]

Seja como for, o argumento é valioso, porque nos mostra que Trump, podendo muito, não podia tudo, e que a relação estabelecida por ele com o Partido Republicano era de ajuste mútuo, não de dominação.

Agora, a contradição entre as duas teses resumidas aqui é enganosa. Em grande medida, é por promover o interesse dos grupos econômica e social-mente dominantes que Trump consegue impor seu mando no partido, sem contestação maior, mesmo quando trata com brutalidade incomum e desrespeito indecoroso figuras icônicas como o senador John McCain, desqualificado por ele como um perdedor (*loser*) – uma das piores ofensas que se pode fazer a um norte-americano – por ter sido preso e torturado pelos vietcongues.

É essa convergência –cujo fundamento é a lealdade cega de parte signifi-cativa do eleitorado republicano à figura de seu líder – que torna possível a utilização de dispositivos coercitivos contra figuras do partido que tenham a ousadia de emitir críticas a seu comportamento (Martin; Haberman, 2019).

Com ou sem Trump? Para onde vai o Partido Republicano?

A lealdade do eleitor republicano será decisiva para o destino de Trump, agora que ele foi desalojado da Casa Branca, banido das redes sociais, e se encontra permanentemente sujeito a processos judiciais, pela forma como conduziu os seus negócios privados e por seus atos como homem público.

---

6 Para uma caracterização convergente, mas algo mais nuançada, do ajuste feito por Trump no governo, cf. Kotz (2018). Para a análise de um *insider* com ênfase nas discrepâncias entre as políticas do governo Trump e o consenso republicano, cf. Osen (2018).

Até o momento em que escrevo (meados de março, 2021), porém, essa lealdade não lhe tem faltado.

É o que revelam as pesquisas de opinião e o que sinaliza o comportamento dos políticos republicanos: o voto das bancadas do partido no processo de impeachment movido contra o ex-presidente pela invasão ao Capitólio; o comportamento sinuoso do poderoso líder republicano no Senado, Mitch McConnell, autor de discurso responsabilizando Trump pelo ataque ao Congresso, mas fiel à maioria de sua bancada ao votar contra o impeachment – depois disso McConnell chegou a ensaiar outros gestos de independência, para logo desmenti-los ao afirmar que apoiaria firmemente Trump se ele se candidatasse a presidente em 2024 (McConnell..., 2021); o empenho dos titulares dos três órgãos dirigentes do partido em nível nacional – o RNC (sigla em inglês do Comitê Nacional Republicano), o NRSC (Comitê Nacional Republicano do Senado) e o NRCC (Comitê Nacional Republicano do Congresso) – nas negociações pelo direito de usar o nome de Trump em campanhas de arrecadação de fundos com vistas às eleições de 2022 (Breuninger, 2021).

Apesar de seu envolvimento nos acontecimentos dramáticos de 6 de janeiro, dois meses depois da inauguração do governo Biden todos os sinais indicam que ascendência de Trump no Partido Republicano continua firme, para desânimo de seus opositores.

Mas será duradoura essa condição?

A definição dos candidatos republicanos às eleições de 2022 e o papel de Trump na condução das campanhas (a importância de seu endosso e o peso de seu nome no angariamento de fundos) responderão a essa pergunta.

Entretanto, podemos aventurar uma conjectura. No ensaio de Hacker e Pierson antes citado, encontramos uma hipótese sociológica sobre a virada populista do Partido Republicano que nos dá uma pista. Em poucas palavras, ela sugere que o discurso populista de direita, com a exploração das clivagens culturais e étnicas que o caracteriza, é a resposta plutocrática ao problema estratégico de como aprovar políticas econômicas e sociais excludentes em um contexto político competitivo, onde quem escolhe o governo é o voto da maioria.

O dilema não é novo e pode ser tido mesmo como inerente ao conservadorismo. Historicamente, ele foi respondido de duas formas canônicas, ambas emuladas presentemente nos Estados Unidos: restrição ao voto e manipulação da agenda política. Para Hacker e Pierson, o Partido Republicano já estava lançado nesse duplo movimento muito antes de se render ao trumpismo. Essa opção está claramente descrita no parágrafo a seguir.

> A geração passada da política norte-americana justifica amplamente os temores daqueles que receiam que a desigualdade em rápido crescimento ponha os partidos conservadores em uma rota perigosa. Retrospectivamente, ela aderiu à economia de

"o vencedor leva tudo" e do aumento das desigualdades políticas. Foi compensada com a abertura de uma caixa de Pandora de ressentimento racial e ultraje antissistema, juntamente com formas cada vez mais agressivas de manipulação eleitoral, desde as manobras raciais rotinizadas até as restrições aos direitos eleitorais concebidas para desencorajar a participação democrática (mas especialmente a do Partido Democrata). À medida que o seu foco econômico se estreitava, convertendo-se em uma fatia cada vez menor do topo, o partido manteve o apoio político de uma base eleitoral procedente cada vez mais da classe operária branca – e cada vez mais mediante a exploração do tribalismo, a demonização dos adversários políticos e os apelos cada vez mais estridentes às lealdades racial, étnica e cultural. (Hacker; Pierson, [s.d.], p. 9.)

Caberia perguntar se o poder de manipulação das elites plutocráticas do Partido Republicano é tão grande quanto dá a entender o argumento de Hacker e Pierson. Afinal de contas, depois de 2012 o *establishment* republicano desenhou uma estratégia político-eleitoral que apontava o caminho oposto ao tribalismo e à exploração dos ressentimentos raciais, como vimos, para escapar à trajetória declinante a que as tendências demográficas pareciam condenar. A xenofobia assumida e a retórica de conotação racista não foram manejadas pelos representantes da elite partidária, mas pelo *outsider* – imediatamente adotado pela maioria do eleitorado republicano, que o consagrou, logo depois, nas primárias.

Essa constatação não refuta a hipótese dos autores, mas sugere a necessidade de qualificá-la. Mesmo que a exploração das clivagens etnoculturais faça parte do repertório republicano, e tenha o efeito apontado, de deslocar a atenção dos conflitos distributivos em uma sociedade crescentemente desigualitária, o sucesso das estratégias que se baseiam nele seria improvável se elas não operassem em terreno fértil. Esse comentário dirige nossa atenção para outros domínios da realidade sociopolítica dos Estados Unidos, e nos leva a contemplar a hipótese, ainda mais perturbadora, de que a forma e a intensidade do conflito nessa sociedade têm a ver com processos que a envolvem como um todo e transcendem às escolhas conscientes dos atores, deste ou daquele lado.

Não temos como sopesar aqui os méritos de cada uma dessas hipóteses. Mas isso não é preciso. Em ambas as linhas de análise, a ascensão de Donald Trump deixa de aparecer como um evento exógeno a desviar o Partido Republicano de seu rumo. Ao contrário, ela surge como a culminação de uma tendência, forma repulsiva que expressa a natureza profunda do processo em desenvolvimento nesse partido, quando plenamente realizado.

Agora, se essa interpretação for correta, a pergunta sobre o que acontecerá com a pessoa de Trump em sua relação com o Partido Republicano talvez não tenha grande importância. Mesmo que Trump desapareça de cena, a sociedade norte-americana continuará sendo longamente atormentada por seu fantasma.

Referências

ABRAMOWITZ, A. I. It Wasn't the Economy, Stupid. Racial Polarization, White Racial Resentment, and the Rise of Trump. In SABATO, L. J.; DONDIK, K.; SKELLEY, G. (Ed.). *Trumped:* The 2016 Election That Broke All the Rules. Lanham/Boulder/New York/London, Rowman & Little Field, 2017. p.202-210.

AVANT, G. R. "Party Organization, National". In SABATO, L.; ERNST, H. R. *Encyclopedia of American Political Parties and Elections.* New York: Facts on File, Inc., 2007.

BREUNINGER, K. GOP Praises Trump After He Urges Republican Donors to Send Money Directly to Him. *CNBC*, 10 mar. 2021.

COHEN, M. et al. *The Party Decides:* Presidential Nominations Before and After the Reform. Chicago/London, Chicago University Press, 2008.

COOK, R. "Presidential Primaries: A Hit at the Ballot Box". In SABATO, L. J.; DONDIK, K.; SKELLEY, G. (Ed.). *Trumped:* The 2016 Election That Broke All the Rules. Lanham/Boulder/New York/London, Rowman & Little Field, 2017. p.83-96.

COSTA, R. Donald Trump and a GOP Primary Like No Other. In: DONDIK, Kyle; SKELLEY, Goeffrey (Ed.). *Trumped:* The 2016 Election That Broke All the Rules. Lanham/Boulder/New York/London, Rowman & Little Field, 2017. p.97-111.

"DONALD Trump Has Surged to the Top of 2 New 2016 Polls". *Business Insider*, 9 jul. 2015.

EKINS, E. The Five Types of Trump Voters. Who They Are and What They Believe. *Democracy Fund Voter Study Group*, 2017.

GALVIN, D. J. *Presidential Party Building: Dwight D. Eisenhower to George W. Bush.* Princeton: Princeton University Press, 2009.

GALVIN, D. J. *Party Domination and Base Mobilization:* Donald Trump and Republican Party Building in a Polarized Era. Northwestern Institute for Policy Research, Working Paper Series 20-18, 5 maio 2020.

GLASSMAN, M.. How Republicans Erased Trumpism. *The New York Times*, 1 fev. 2019.

HACKER, J. S.; PIERSON, P. *Plutocrats with Pitchforks:* The Distinctive Politics of Right-Wing Populism in the United States. Texto não publicado, [s.d.].

HOFSTADTER, R. *The Idea of a Party System:* The Rise of Legitimate Opposition in the United States, 1780-1840. Berkeley: University of California Press, 1970.

JAFFE, A. The GOP's 2006 problem. *CNN*, 29 dez. 2014.

KATZ, R. S.; KOLODNY, R. Party Organization as an Empty Vessel. Parties in American Politics. In: KATZ, R. S.; MAIR, P. *How Parties Organize:* Change and Adaptation in Party Organizations in Western Democracies. London/Thousand Oaks/New Dheli, Sage Publications, 1994. p.23-50.

KILGORE, E. The GOP's '2012 Autopsy Report' Is Now Officially Dead and Buried. *New York Intelligencer*, 9 fev. 2016.

KOTZ, D. M. *The Political Economy of Trump Presidency.* [Self]: Political Economy Workshop of the University of Massachusetts Amherst Economics Department, 10 abr. 2018.

MALLOY, T. Five leaders in 2016 Republican White House race, Quinnipiac University National Poll finds; Rubio, Paul are only republicans even close to Clinton. *Quinnipiac University Poll*, 28 maio 2015.

MARTIN, J.; HABERMAN, M. Fear and Loyalty: How Donald Trump Took Over the Republican Party. *The New York Times*, 21 dez. 2019.

MCCONNELL Says He'll "Absolutely" Support TRUMP If He's 2024 GOP. *Axios*, 26 fev. 2021.

MCLAUGHLIN, S. Donald Trump's comments spark poll surge, put 2016 Republican hopefuls on the spot. *Washington Times*, 2 jul. 2015.

OSEN, H. *Barbarians Inside the Gate: Has Donald Trump Launched a Hostile Takeover of the Republican Party?* G. Graybill Diehm Lecture, 13 mar. 2018.

PIERSON, P. Donald Trump and the strange merger of populism and plutocracy. *The British Journal of Sociology*, v.68, n.1, p.105-119, 2017.

RACKAWAY, C. Party Organization, Local. In SABATO, L.; ERNST, H. R. *Encyclopedia of American Political Parties and Elections*. New York: Facts on File, Inc., 2007a.

RACKAWAY, C. Party Organization, State. In SABATO, L.; ERNST, H. R. *Encyclopedia of American Political Parties and Elections*. New York: Facts on File, Inc., 2007b.

RAE, N. C. "Exceptionalism in the United States". In KATZ, R.; CROTTY, W. (Ed.). *Handbook of Party Politics*. London/Thousand Oaks/New Dheli, Sage Publications, 2006. p.193-203.

RAPPOPORT, R. B.; STONE, W. J. The Sources of Trump's Support. In SABATO, L. J.; DONDIK, K.; SKELLEY, G. (Ed.). *Trumped. The 2016 Election That Broke All the Rules*. Lanham/Boulder/New York/London, Rowman & Little Field, 2017. p.136-151.

RAYAN, J. A. "Primary". In SABATO, L.; ERNST, H. R. *Encyclopedia of American Political Parties and Elections*. New York: Facts on File, Inc., 2007.

REPUBLICAN NATIONAL COMMITTEE. *Growth & Opportunity Project*. Disponível em: www.gop.com.

SALDIN, R. P.; TELES S. M. *Never Trump. The Revolt of the Conservative Elites*. New York: Oxford University Press, 2020.

SIDES, J.; TESLER, Mel; VAVRECK, L. *Identity Crisis. The 2016 Presidential Campaign and the Battle for the Meaning of America*. Princeton/Oxford, Princeton University Press, 2018.

SKOWRONEK, Sn. *Building a New American State: The Expansion of National Administrative Capacities, 1877-1920*. Cambridge, Cambridge University Press, 1982.

VELASCO E CRUZ, S. C. Uma casa dividida. Trump e a transformação da política americana. In *Trump*: Primeiro tempo. Partidos, políticas, eleições e perspectivas. São Paulo: Editora Unesp, 2019. p.11-44.

WARE, A. American Exceptionalism. In KATZ, R.; CROTTY, W. (Ed.). *Handbook of Party Politics*. London/Thousand Oaks/New Dheli, Sage Publications, 2006. p.27-277.

2
O PARTIDO DEMOCRATA E SEUS DESCONTENTES

Camila Feix Vidal

Introdução

Alexandria Ocasio-Cortez, uma das lideranças atuais no atual movimento progressista dentro do Partido Democrata, em entrevista à CNN no início de 2020, argumenta que em nenhum outro país Joe Biden e ela estariam no mesmo partido (Cillizza, 2020).

Essa afirmação é emblemática das disputas internas e ideológicas que o Partido Democrata vivencia atualmente. Numa espécie de guarda-chuva ideológico, diferentes grupos disputam espaço e agendas políticas tensionando o partido e mesmo os eleitores estadunidenses.

Nesse sentido, a eleição de 2020 foi singular. Neste capítulo, buscamos apresentar uma radiografia dessa disputa pela "alma" do Partido Democrata na eleição de 2020 caracterizada pela atuação decisiva de grupos populares impondo agendas e de candidatos considerados progressistas intensificando as disputas intrapartidárias. Nesse sentido, será feita uma exposição sobre os partidos políticos nos Estados Unidos a partir de uma leitura que ilumina o papel que diferentes facções e grupos populares desempenham na sua condução e caracterização ideológica para em seguida analisar alguns desses grupos na eleição de 2020 e seus papéis desempenhados no Partido Democrata nesse mesmo período.

Sebastião C. Velasco e Cruz e Neusa Maria P. Bojikian (Orgs.)

Caracterizando os partidos políticos

Podemos caracterizar partidos políticos como organizações que possuem camadas e coalizões que dão forma a eles num determinado momento histórico. Aqui, partimos do pressuposto de que os partidos nos Estados Unidos são organizações que não se definem unicamente por estruturas formais, fixas ou hierárquicas; mas, ao contrário, definem-se por sua característica descentralizada, não hierárquica, fluida e cujos limites são bastante porosos.

Desse modo, o partido é uma organização composta por diferentes coalizões em diferentes níveis – o chamado Partido Network. Essas coalizões, assim, não se restringem a lideranças formais, podendo envolver qualquer indivíduo ou grupo de indivíduos que mantenham uma relação direta com o partido em questão e que usufrui dele para ganhar espaço na arena política e tentar impor uma determinada agenda baseada nos seus interesses e objetivos.

Resgatando a teoria dos grupos (Bentley, 1908; Herring, 1968; Truman, 1968; Key, 1958), a abordagem denominada Partido Network (que pode ser traduzido como Partido Expandido) dá um tratamento inovador às questões relativas à composição, organização e dinâmicas partidárias e contribui para uma melhor compreensão do fenômeno atual de polarização partidária nos Estados Unidos. De maneira sucinta, essa abordagem redefine o significado de partido ao postulá-lo de maneira mais abrangente e holística – uma aglomeração de diferentes grupos, dos fazem parte líderes partidários, grupos de interesse e ativistas.

Tendo em vista o caráter altamente descentralizado, não hierárquico e crescentemente democratizado, os partidos nos Estados Unidos passam a ser tratados de forma a abarcar no seu conjunto não só as lideranças partidárias, mas a "base" do partido – afinal, é ela que está presente nas primárias e nas convenções nacionais.

Talvez pela primeira vez nos deparamos com um cenário político em que ideologia, partidos e ativistas estão intimamente conectados. E talvez também pela primeira vez somos obrigados a buscar explicações que vão além da estratégia racional e da representação do eleitor mediano. Essa abordagem permite um entendimento mais aprofundado das várias dinâmicas que compõem os partidos. De maneira geral, a Teoria dos Grupos postula que toda atividade política está fundada em grupos que buscam defender seus interesses em contraposição a outros grupos de interesses divergentes.

A Teoria dos Grupos, entretanto, teve proeminência num curto espaço de tempo na Ciência Política estadunidense – a partir de fins da década de 1960, estudos com esse viés passariam a escassear. Porém, recentemente, em função de insuficiências analíticas e empíricas das abordagens então utilizadas no estudo de partidos, em especial a respeito da dificuldade das abordagens vigentes em explicar a crescente polarização partidária e distanciamento em relação ao eleitor "mediano" (Fiorina,1999), a Teoria dos

De Trump a Biden

Grupos foi resgatada através da abordagem do Partido Network. Com um viés mais científico e empírico que a Teoria dos Grupos, essa abordagem ascende na academia com o estudo de Schwartz (1990) sobre a composição e organização do Partido Republicano em nível estadual.

Schwartz (1990) é responsável por um estudo empírico a partir de entrevistas e análise de redes feito em nível estadual a respeito da organização do Partido Republicano, atentando para os diferentes atores e grupos na condução das plataformas, nomeações e eleições internas do partido.

Já Feinstein e Schickler (2008) e Baylor (2013) demonstraram empiricamente a influência e o papel de determinados grupos e ativistas sociais na mudança de posicionamento do Partido Democrata ante o movimento dos *civil rights*, contrariando, assim, a visão *candidate centered* (centrada no candidato), prevalente até então, que condicionava a mudança de posicionamento político do partido a certas lideranças.[1]

Concernente a esse mesmo tópico, Noel (2012) apresenta uma série de evidências a respeito do papel fundamental de determinados *think tanks* e grupos de intelectuais no debate acerca do fim da escravidão no século XIX e do movimento dos *civil rights* no século seguinte.

Bawn et al. (2012), Noel (2012), Masket (2012) e Cohen et al. (2008), por sua vez, atentam para o papel de grupos e ativistas sociais na condução da nomeação de candidatos a eleições nacionais. Da mesma forma, Herrnson (2009) faz um estudo detalhado sobre a atuação e o papel decisivo das diferentes coalizões em eleições partidárias.

Heaney et al. (2012) expõem as redes de relações entre delegados e organizações consideradas tipicamente como "extrapartidárias" nas convenções dos partidos nos Estados Unidos, enfatizando, para isso, a dimensão partidária dessas organizações e, consequentemente, a polarização delas.

Dominguez (2005) e Koger, Masket e Noel (2009) utilizam-se de técnicas de análise de redes para verificar, respectivamente, a relação e a atuação entre determinadas organizações e grupos de interesse referente aos partidos Democrata e Republicano; e a troca de informações entre organizações, *think tanks* e associações com relação aos partidos citados.

Bernstein (2005) se detém nas disputas entre diferentes grupos (facções) na condução da organização e posicionamento dos partidos políticos. De maneira similar, Masket (2007) estuda a influência direta de organizações, grupos e associações na condução da política no Legislativo da Califórnia.

Skinner et al. (2012) analisam o papel dos "comitês 527" na arrecadação e distribuição de orçamento para os partidos Republicano e Democrata, considerado um "braço externo" dos partidos políticos nos Estados Unidos. Por fim, DiSalvo (2012) faz um estudo profundo das facções presentes

---

1 Essa percepção canônica, até então, diz respeito aos estudos de Carmine e Stimson (1986, 1989).

historicamente nos dois principais partidos políticos estadunidenses caracterizando-as como partidos dentro de partidos (ou *parties within parties*).

Assim, o Partido Network percebe o partido de maneira abrangente, fazendo parte dele atores outros que não só os representantes eleitos. Nessa abordagem, o partido é composto tanto por *insiders*, como líderes partidários e representantes eleitos, por exemplo; como por *outsideres*, como grupos de interesse, ativistas, *think tanks*, entre outros.

Assim, "Grupos organizados de demandantes de determinadas políticas são as unidades básicas da nossa teoria dos partidos políticos" (Bawn et al., 2012, p.575, tradução nossa). No momento em que os grupos (sejam eles grupos de interesse, ativistas ou movimentos sociais) adentram o espaço do partido, utilizando-se dele para definir programas de governo e nomeações, por exemplo, já não podem mais ser considerados componentes externos e, portanto, fora da caracterização do partido em questão.

Para Cohen et al. (2008, p.33), "cientistas políticos tradicionalmente tratam os políticos eleitos em separado dos grupos que os apoiam durante a eleição, mas essa separação passa a ser artificial se, como os grupos gostariam de fazer, escolhem políticos dentro do seu próprio grupo". A abordagem do Partido Network ganha espaço na academia a partir desse contexto e atua "contra a maré".

Ao contrário da corrente centrada no candidato e nos políticos formais (ou *candidate centered*), ela atribui centralidade ao partido. Ao contrário de entender o partido como um reflexo de lideranças formais, conceitua-o como um aglomerado de indivíduos e grupos de indivíduos que mantêm relações entre si, portanto engloba um escopo muito maior de atores partidários: o objetivo é estudar o partido, e não os líderes partidários.

Considerados formuladores e demandantes de determinadas agendas políticas, os *intense policy demanders* (IPDs, em tradução literal, fortes demandantes de políticas) e as *informal Party organizations* (IPO, organizações partidárias informais) não atuam externamente ou "do lado de fora" do partido, mas são eles próprios os responsáveis por lhe dar forma e compõem o quadro que molda os partidos. Fazem parte do processo de nomeação, possuem candidatos próprios, participam da construção de plataformas, financiam e divulgam o partido etc.

Para Cohen et al. (2008, p.30), os IPDs podem ser definidos a partir de três características: "Eles são (1) dirigidos por uma demanda ou conjunto de demandas, (2) politicamente ativos em nome das suas demandas, e (3) numerosos o suficiente para serem influentes". Uma organização formal, assim, está geralmente presente, mas não é necessária. Para a abordagem do Partido Network, esses *grupos de indivíduos* são a base do partido, ainda que os líderes partidários sejam os mais visíveis. Os IPDs, assim, "são o coração, a alma e a estrutura dos partidos políticos contemporâneos" (Masket, 2012, p.9).

De Trump a Biden

Da mesma forma, Schwartz (1990), ao analisar o Partido Republicano no estado do Illinois, define sete atores principais na condução e na caracterização do partido: senador do estado, representantes do estado, senador, governador, conselheiro, grupo de interesse, e contribuinte financeiro: "Esse é o núcleo do partido, os atores nos quais as identidades e atividades definem o Partido Republicano" (Schwartz, 1990, p.75).

De fato, conforme estudo desenvolvido por Masket (2007), os IPDs detêm um papel importante não só na condução de políticas partidárias, mas na própria organização e na forma do partido. Quando determinadas regras negam acesso a esses "outsiders" (como o caso da cross-filling[2]), o que se verifica são líderes partidários cada vez menos "partidários". Ou seja, se os indivíduos e grupos formalmente fora do partido político deixam de atuar nele por vontade própria ou por regras institucionais, os legisladores vão preferir apartidarismo e a condução de políticas centristas (Masket, 2007). O estudo, assim, conclui que aqueles que controlam o processo de nomeação dominam e conduzem o partido. Desse modo, "Essas verdadeiras lideranças partidárias – os ativistas, os chefes, os grupos de interesse – determinam a matéria-prima na qual líderes da Câmara reúnem os partidos legislativos" (Masket, 2007, p.495).

Para Koger,

> A característica que define um partido é o comportamento cooperativo, não as posições formais. Atores se unem ao partido quando eles começam a se comunicar com outros membros da rede, desenvolvendo estratégias comuns e coordenando ações para atingir objetivos compartilhados. (Koger; Masket; Noel, 2009, p.29.)

Assim, a abordagem do Partido Network compartilha o pressuposto de que "partidos" são organizações (Schwartz, 1990). Essas organizações, no entanto, não se definem unicamente por estruturas formais, fixas ou hierárquicas, mas, ao contrário, definem-se por sua característica descentralizada, não hierárquica, fluida e com limites bastante porosos.[3] Mais especificamente, essa organização é composta por diferentes coalizões em diferentes níveis ou camadas (multilayered coalitions) (Herrnson, 2009, p.1209). Essas coalizões não se restringem a lideranças formais, mas a qualquer indivíduo ou grupo de indivíduos que mantenha uma relação direta com o partido em questão e que se utiliza dele para ganhar espaço na arena política e impor

---

2 A cross-filling (1914-1959) limitava o processo de nomeação de candidatos aos líderes partidários formais no que diz respeito à legislatura da Califórnia.

3 Nesse ínterim, é importante mencionar que o sistema partidário nos Estados Unidos é bastante diferente do brasileiro. O partido político é uma organização extraconstitucional que não possui estatuto ou associação formal. Além disso, em função do federalismo prevalecente, os partidos são altamente descentralizados.

uma determinada agenda baseada nos seus interesses e objetivos, tais como grupos de ativistas e *think tanks*, por exemplo. Assim,

> [...] partidos não devem ser definidos em termos de estruturas de lideranças. Eles devem ser entendidos como os definimos: uma coalizão de grupos de interesse, líderes de grupos sociais, ativistas e outros demandantes de agendas políticas que trabalham para ganhar controle do governo em nome dos seus próprios objetivos. (Cohen et al., 2008, p.6.)

Para Bawn et al. (2012, p.571),

> Nós propomos uma teoria de partidos políticos na qual grupos de interesse e ativistas são atores-chave, e coalizões de grupos desenvolvem agendas comuns e selecionam candidatos para nomeações partidárias baseados na lealdade com as suas agendas. Essa posição teórica contrasta com as teorias correntes dominantes, nas quais percebem os partidos como controlados por políticos preocupados com as eleições. A diferença é normativamente importante porque partidos dominados por grupos de interesse e ativistas são menos responsivos às preferências do eleitor.

A abordagem do Partido Network, assim, explica a polarização partidária estadunidense e, portanto, a suposta guinada para a esquerda do espectro político ideológico por parte do Partido Democrata a partir da seguinte lógica: os partidos estão mais polarizados ideologicamente porque não são constituídos unicamente de profissionais *office seeking*, mas também de *intense policy demanders* cujo objetivo, como o nome sugere, está na exigência e na imposição de determinadas agendas políticas.

A polarização ocorre, portanto, por uma lealdade extremada a determinadas ideologias, agendas e interesses. Estudos feitos nesse âmbito vêm mostrando que o processo de nomeação é amplamente definido por esses IPDs (Cohen et al., 2008; Bawn et al., 2012; Schwartz, 1990; Noel, 2012; Cohen et al., 2001). Ao invés de líderes formais partidários, as nomeações são feitas em um processo iniciado na primária "invisível"[4] e, posteriormente, nas primárias de fato, tendo como expoentes ativistas sociais, grupos de interesse e organizações diversas que incluem, por exemplo, os controversos grupos 527s.[5] Por participarem do processo de nomeação, esses grupos não só escolhem determinados candidatos, como provêm a eles todo tipo de recurso possível: recursos financeiros, propaganda e *expertise*. A

---

4 As primárias invisíveis podem ser definidas como "uma longa conversa nacional entre os membros de cada coalizão partidária sobre quem pode unir melhor o partido e vencer as próximas eleições presidenciais" (Cohen et al., 2008, p.13-14).

5 Os 527s são considerados braços dos partidos estadunidenses atualmente. Depois da reforma Bipartisan Campaign Reform (BCRA), essas organizações vieram representar um novo veículo para recebimento e distribuição de recursos para campanhas eleitorais.

retribuição, no entanto, é a lealdade a uma determinada agenda. Por atuarem diretamente no processo de nomeação, os IPDs, assim, escolhem candidatos leais às suas agendas políticas, interesses e ideologias.

É importante lembrar que o partido político, nessa abordagem, serve tão somente como um veículo para se atingir um objetivo. Assim, partidos são os meios para se chegar a um determinado fim: a agenda política de um ou mais grupos. Diferentes grupos cooperam entre si desde que a cooperação sirva aos seus interesses. Dificilmente um único grupo vai ter força suficiente para formar um partido ou, se já formado, para comandá-lo sozinho, daí a necessidade de coalizões com outros grupos com agendas similares.

Por fim, esses *intense policy demanders,* ou "grupos populares de resistência" (Frank apud Skocpol; Tervo, 2020) não atuam do lado de fora do partido, mas são os responsáveis por dar forma a ele. Fazem parte do processo de nomeação, possuem candidatos próprios, participam da construção de plataformas, financiam e divulgam o partido.

Algumas fações democratas em perspectiva histórica

A literatura acerca de facções partidárias ainda é escassa e relativamente recente, dada a predominância de leituras institucionalistas no âmbito da Ciência Política. De acordo com Daniel DiSalvo, entretanto, o estudo do partido a partir de grupos (ou facções) é um modo de se compreender como diferentes elementos dentro desse interagem e se organizam. Assim, "facções são uma maneira produtiva de perceber como diferentes elementos dentro do partido – elementos geralmente estudados em separado – interagem e se mobilizam" (DiSalvo, 2012, p.xii). Facções, nesse sentido, são caracterizadas como:

> Redes vagamente organizadas compostas por membros do Congresso, ativistas partidários, grupos de interesse, empreendedores de política e intelectuais. Facções são motores de mudança política que desenvolvem novas ideias, refinam elas em políticas viáveis e as promovem no governo. (DiSalvo, 2012, p.xii.)

Mais especificamente: uma facção partidária possui: 1) consistência ideológica, 2) capacidade organizacional, 3) durabilidade temporal, e 4) atuação que objetiva alterar a agenda, prioridades e reputação dos partidos dentro de um espectro direita × esquerda (DiSalvo, 2012). Para DiSalvo (2012), facções dentro de um partido vão existir quando alguns membros partidários compartilham de uma identidade e agenda comum e cooperam em conjunto. Podem adquirir nomes, criar organizações e movimentos e articular posições que diferem do restante do partido. Essa disputa entre diferentes facções intrapartidárias, assim, pode ser caracterizada como uma disputa pela "alma" do partido.

A atenção para as facções que compõem um partido político questiona o modelo clássico baseado na competição entre os dois partidos principais nos Estados Unidos a partir da escolha racional e do "eleitor mediano", salientando o fenômeno da polarização partidária e destacando o caráter essencialmente contestável da própria noção de democracia. Facções se relacionam com subunidades partidárias consideradas formalmente *outsiders* do partido político unindo e dando propósito para um grupo que atuará dentro do partido. Assim, são instrumentos que coordenam nomeações, fazem parte da base eleitoral e atuam na relação Executivo-Legislativo a partir de uma ou mais agendas e convicções ideológicas, sendo, portanto, "mecanismos para mudança" (DiSalvo, 2012).

Nesse sentido, as facções têm sido historicamente veículos para questionar e disputar espaço dentro do *establishment* partidário. Para DiSalvo, elas podem ser, *grosso modo*, definidas em dois tipos: aquelas que buscam a preservação do partido (a ala *establishment*) e aquelas que buscam mudança (a ala revolucionária). Tipicamente essa última se mobiliza inicialmente no âmbito formalmente externo ao partido político e busca meios de adentrá-lo para impor sua agenda de mudança.

Um exemplo do papel desempenhado por uma facção de mudança no período recente pode ser depreendido da mobilização popular realizada pela Lehigh Valley ROAR.[6] Para Frank (apud Skocpol; Tervo, 2020), essa rede popular de resistência foi bastante influente nas eleições de 2018 recrutando, financiando e treinando voluntários para o registro de eleitores. Como resultado, a Lehigh Valley ROAR elegeu democratas em todos os seus distritos. Para Skocpol e Tervo (2020), o movimento desse grupo popular de resistência logrou eleger democratas comprometidos com uma agenda de mudança e, portanto, contrários ao *mainstream* representado pela ala *establishment* no Partido Democrata. Foi um movimento que se iniciou do lado de fora do partido, mas que o adentrou ao eleger representantes comprometidos com a agenda do grupo e do movimento. Para esses autores, nesse sentido, o ativismo cívico parece ser a característica mais marcante desses grupos e facções que disputam espaço atualmente no âmbito democrata.

Historicamente, importantes facções democratas atuaram para repaginar o partido e redirecioná-lo no espectro ideológico. Entre 1940 e 1960, por exemplo, a Coalizão New Deal, que teve início com a presidência de Franklin Delano Roosevelt, foi responsável por uma nova orientação eleitoral e ideológica do partido. Depois, entre 1960 e 1980, a Aliança Liberal-Labor ascendeu, com o papel do movimento trabalhista e de sindicatos.

---

6 A Lehigh Valley ROAR (Rally of American Resistance) é um grupo de indivíduos que, desde a eleição de Donald Trump em 2016, busca organizar manifestações com o objetivo de resistir à agenda política da direita nos Estados Unidos.

De Trump a Biden

Posteriormente, foi a vez da Coalizão New Democrats, que foi saliente no partido, entre 1990 e 2007, e empurrou o Partido Democrata para a centro--direita do espectro político.

Em 2020, entretanto, o partido parece estar se redefinindo e buscando se aproximar das suas origens rooseveltianas, a partir de grupos e coalizões que operam tanto no âmbito interno do partido (a partir dos representantes eleitos) quanto do âmbito externo (a partir dos IPDs, tais como grupos de interesse, movimentos populares e *think tanks*).

Uma radiografia das disputas intrapartidárias atualmente no Partido Democrata

Uma radiografia hoje do Partido Democrata constataria ao menos cinco grandes grupos (ou facções) que atuam na legenda:
- o New Democrats, que foi dominante na década de 1990 e início dos anos 2000, caracterizado por uma agenda econômica conservadora;
- a coalizão Blue Dog. que defende posições consideradas conservadoras em outras arenas que não só a econômica;
- o Democratic Freedom Caucus, que possui uma agenda libertária;
- o Blue Collar Caucus, caracterizado por uma pauta trabalhista e agenda keynesiana;
- e, por fim, um grupo relativamente recente que congrega o *caucus* Democratic Socialists of America (uma organização liderada por Bernie Sanders no Partido Democrata e que teve recorde de afiliados em 2018) e os grupos de congressistas The Squad (Alexandria Ocasio--Cortez, de Nova York; Rashida Tlaib, de Detroit; Ilhan Omar, de Minnesota; e Ayanna Pressley, de Boston) e Brand New Congress (comitê de ação política formado inicialmente por antigos apoiadores de Bernie Sanders na campanha de 2016).

Esse último grupo é considerado o grande responsável pela suposta guinada à esquerda do Partido Democrata desde 2016, elegendo congressistas cujas pautas estão menos relacionadas ao *establishment* político estadunidense e mais à esquerda do espectro político ideológico. Tal grupo vem conduzindo a legenda para dar conta de pautas que representem os anseios de grande parte da população dos Estados Unidos – sejam pautas trabalhistas e ambientais; sejam questões relacionadas à raça ou mesmo à saúde e à educação pública. De modo mais específico, esse grupo tem como fio condutor a reação contra o trumpismo por parte do Partido Republicano e contra o *establishment* por parte do Partido Democrata. Assim, pretende-se fazer oposição ao trumpismo a partir de um Partido Democrata mais progressista e menos representativo do *establishment*.

Nesse sentido, vários grupos atuaram dentro e fora do Partido Democrata na eleição de 2020 para eleger congressistas progressistas e para frear a reeleição de Donald Trump. Dentre eles, destacam-se os grupos a seguir.

Sunrise Movement

O Sunrise Movement, que ascende em 2017, caracteriza-se como um grupo e um movimento ambiental que defende a adoção do chamado Green New Deal na política – um plano ambiental que objetiva a meta de energia limpa em até dez anos, a geração de empregos e o fim de doações da indústria de combustível fóssil para campanhas políticas.

O grupo apresenta-se, assim, como um movimento jovem que objetiva frear o processo de mudança climática e criar empregos nesse processo. Desse modo, "Nós estamos construindo um exército de jovens para fazer das mudanças climáticas uma prioridade urgente em toda a América, para acabar com a influência corrupta de executivos de combustíveis fósseis nas nossas políticas, e para eleger líderes que se comprometam com a saúde e bem-estar de todas as pessoas" (Sunrise Movement, 2020).

Na eleição de 2020, os integrantes desse grupo atuaram em mais de quatrocentas diferentes localidades nos Estados Unidos, alcançando mais de 8 milhões de eleitores (na sua maioria jovens) com a ajuda de mais de 3.200 voluntários que realizaram cerca de 1 milhão de telefonemas.

Apoiados na "teoria da mudança", esse grupo se desenvolve em 3 áreas (ou estágios de atuação):

> Poder popular: Nós desenvolvemos uma base ativa de apoio popular tendo conversas de pessoa para pessoa com nossa família, amigos, vizinhos e comunidades e atraindo as pessoas para momentos importantes de ação através de uma escalada de protestos morais.
>
> Poder político: Nós ajudamos a catalisar uma importante massa de apoio a funcionários públicos que vão lutar pela nossa visão compartilhada de um futuro justo. Nós votamos contra oficiais corruptos e votamos em lideranças que estão do nosso lado.
>
> O alinhamento das pessoas: Nós ajudamos a construir uma rede extensa de movimentos e grupos unidos pela visão compartilhada de um governo que luta pela dignidade e justiça para todos. (Sunrise Movement, 2020.)

Na eleição de 2020, os integrantes desse grupo apoiaram publicamente políticos que inserem o Green New Deal nas suas agendas, tais como Ed Markey, Ilhan Omar e Alexandria Ocasio-Cortez; e participaram da escrita da Plataforma Democrata no plano de 100% de energia limpa até 2035, com o qual Joe Biden se comprometeu.

Black Lives Matter (BLM)

Fundado em 2013 em resposta ao assassinato do jovem de 17 anos Trayvon Martin, o Black Lives Matter Global Network Foundation, Inc. é uma organização global com sedes nos Estados Unidos, Canadá e Reino Unido que objetiva "a erradicação da supremacia branca e a construção de poder local para intervir em violência cometida pelo estado e vigilantes contra as comunidades negras" (Black Lives Matter, 2020).

Em 2020, nos Estados Unidos, essa organização popular criou o movimento chamado WhatMatters2020 visando atuar diretamente nas eleições desse mesmo ano a partir de maior inserção no Partido Democrata. Para isso, realizaram registros de eleitores; vídeos didáticos sobre a votação; divulgação de candidatos democratas apoiados pelo movimento, como Jamaal Bowman, Cori Bush, Shaula Adams-Stafford e Jose Garza; e promoção de eventos partidários específicos, como as convenções e primárias democratas. Esse grupo atuou também na plataforma nacional democrata pressionando o partido para inserir pontos próprios da agenda do movimento nesse documento. A plataforma, por fim, incluiu o fim da pena de morte e da guerra às drogas, o estabelecimento de padrões nacionais para a polícia, a desmilitarização da política e um maior financiamento para escolas e serviços de saúde para a comunidade pobre (em sua imensa maioria, negra). Para Patrisse Cullors, fundadora do Black Lives Matter e atuante na escrita da plataforma democrata, o Partido Democrata fez mudanças significativas e incluiu tópicos importantes da agenda do movimento na sua plataforma nacional. Assim, argumenta:

> Eu acredito que, comparando a plataforma agora com a de alguns meses atrás, Joe Biden e vários dos seus assessores estão escutando o que indivíduos nas comunidades por todo o país estão realmente dizendo sobre como eles se sentem com relação ao sistema de justiça, o quão quebrado ele está. (Cullors *apud* Farivar, 2020.)

Justice Democrats

Dirigido por Alexandra Rojas, o Justice Democrats é resultado de um comitê de ação política fundado em 2017 por antigos líderes de campanha de Bernie Sanders que usa recurso de doações para recrutar e apoiar democratas progressistas. Com agenda baseada na aplicação do Green New Deal, na saúde pública universal e em reformas institucionais como o fim de doações empresariais para financiamento de campanhas, o Justice Democrats em 2020 apoiou candidatos ao Congresso que se comprometeram publicamente com essa mesma agenda (como Cori Bush, Jamaal Bowman, Ilhan Omar e Alexandria Ocasio-Cortez), além de pautar agendas próprias na plataforma nacional e na campanha de Joe Biden à presidência. Assim, o Justice Democrats

[...] recruta e apoia democratas progressistas por todo o país, começando pelo Congresso. Nós estamos trabalhando para transformar o Partido Democrata enquanto construímos poder independente. Nós fazemos isso ao apoiar concorrentes [progressistas] nas primárias contra incumbentes democratas alheios e ao pressionar o Partido a responder aos nossos problemas. (Justice Democrats, 2020.)

A agenda desse grupo se divide em quatro áreas: Green New Deal, saúde pública universal, "terceira reconstrução" e reforma democrática. De modo mais específico, essas áreas dizem respeito a algumas políticas como: fim da dívida dos estudantes, taxação de grandes fortunas, livre-comércio justo, ampliação de benefícios sociais, programas federais de geração de emprego, universidades públicas e gratuitas, energia limpa, aumento do salário mínimo, saúde pública universal, ações afirmativas para reparações às comunidades negras, reforma judicial e fim da guerra às drogas, fim do lobby das armas, investimento em construção públicas de moradias, proteção e expansão dos direitos LGBTQ+, aplicação do direito reprodutivo, acesso à internet e meios de controle desta, reforma institucional com o fim de financiamento de corporações para campanhas políticas, direitos aos imigrantes, política externa progressiva através da diplomacia e ampliação do direito ao voto. Assim, argumentam:

> Agora é o momento para mais líderes no Partido Democrata que não representam doadores corporativos, mas os eleitores do Partido Democrata: mulheres, pessoas de cor, jovens e classe trabalhadora de todas as origens para ajudar na construção do nosso movimento progressista. (Justice Democrats, 2020.)

Occupy Democrats

Criado em 2012 em alusão ao Occupy Wall Street, esse grupo de resistência popular objetiva redefinir a agenda e os representantes do Partido Democrata a partir de uma atuação mais incisiva na mídia digital.

Inicialmente por uma página na rede social Facebook criada pelos irmãos Rafael e Omar Rivero em 2012, o Occupy Democrats logo desempenharia um papel importante para contrabalançar o peso que páginas em redes sociais e websites conservadores detêm na mídia digital. Em maio de 2020, metade dos vídeos que circulavam na internet mencionando Trump havia sido feita por esse grupo (Corasaniti, 2020).

Com uma agenda trabalhista que defende o aumento do piso salarial, maior geração de emprego, além de acesso à saúde e a uma educação superior pública e universal, o Occupy Democrats lembra a agenda defendida pelo seu antecessor, o Occupy Wall Street. Caracterizam-se, assim, como

De Trump a Biden

[...] uma organização política e website de notícia que fornece um contrapeso ao Republicano "Tea Party". Desde então, ela cresceu na maior e mais ativa comunidade de eleitores democratas no mundo e é a ponta da lança na resistência ao presidente Trump e seus apoiadores radicais. (Occupy Democrats, 2020.)

A estratégia empregada em 2020 se baseou no trabalho de divulgação de vídeos e matérias informativas no seu website que seriam então reproduzidos em grande escala, angariando apoio para a eleição de representantes por parte do Partido Democrata. Assim, como o nome mesmo sugere, a missão desse grupo é "ocupar o Partido Democrata":

> Nossa missão é Ocupar os Democratas em novembro de 2020 e além, votando massivamente em candidatos democratas progressistas dedicados a retroceder a agenda extremista do presidente Trump e fazendo o Congresso trabalhar para a *Main Street* em vez da *Wall Street*. Nós vamos fazer isso através do avanço de uma imponente agenda progressista, incluindo Medicare para todos, taxa de matrícula gratuita em universidades públicas e um salário mínimo de $15 para o trabalhador norte-americano. Nós defendemos o trabalho junto com democratas, não com um terceiro partido, para lutar contra a desigualdade social e econômica e injustiça. (Occupy Democrats, 2020.)

* * *

É inegável que esses grupos, entre outros, mesmo que considerados formalmente *outsiders* do partido político, já que não são representantes eleitos, exercem e exerceram impacto no Partido Democrata na eleição de 2020, seja no apoio a representantes eleitos, seja na cooptação de eleitores, seja na divulgação de propaganda partidária, seja ainda na agenda democrata que contou com a inserção de temas desses grupos na Plataforma Nacional Democrata. Portanto, eles de fato integram a base do partido. Assim, há que se pensar em um movimento progressista em ascendência dentro do Partido Democrata que tem nesses grupos um elo entre o partido e movimentos populares e que nessa eleição de 2020 exerceram um importante papel de liderança partidária.

É importante perceber ainda que esse movimento de grupos de resistência popular que adentram o Partido Democrata encontra eco na sociedade. O número de eleitores democratas que se consideram liberais[7] cresceu cerca de 2% por ano na última década (Saad, 2019). Pela primeira vez, os eleitores democratas identificam-se mais como liberais do que como moderados ou conservadores (Gráfico 2.1).

---

7   Os "liberais" nos Estados Unidos possuem identificação distinta do Brasil. Lá, liberalismo se refere à esquerda do espectro político, em contraposição ao conservadorismo da direita.

Gráfico 2.1 – A maioria dos democratas se identifica como "liberal" pela primeira vez desde 1994 (período que dá início ao estudo)

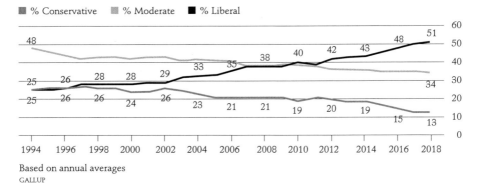

Democrats' Political ideology Since 1994

Based on annual averages
GALLUP

Fonte: Saad (2019).

Para Cillizza (2020), "Não há dúvida de que liberais como AOC [Alexandria Ocasio-Cortez] estão surgindo dentro do Partido. Nós vemos isso não só nas pesquisas sobre identificação ideológica, mas também em como o partido se organizou a partir de uma perspectiva política".

Assim, a disputa atual perceptível no Partido Democrata em torno dos progressistas, de um lado, e daqueles partidários do *establishment*, de outro, pode ser entendida como lutas intrapartidárias desempenhadas por facções, ou "partidos dentro de partidos" (DiSalvo, 2012), que penetram nos partidos, sendo mecanismos para mudança. Para DiSalvo (2012), as facções de mudança geralmente operam do lado de fora do partido, a partir de uma determinada agenda e ideologia, e procuram modos de adentrar o partido para levar essa mesma agenda adiante.

Esse é o caso do Partido Democrata atual, um guarda-chuva ideológico que convive com essas duas grandes facções, com interesses e agendas próprios. Para Galston, membro do Brookings Institute, a mudança operada no Partido Democrata é geracional – enquanto Bill Clinton e a coalizão New Democrats representam o passado, Joe Biden, refletindo o *establishment* partidário, representa o presente, e progressistas como Alexandria Ocasio-Cortez e os grupos populares dos quais ela faz parte, aqui apresentados, representam o futuro do partido:

> A inevitabilidade de transição geracional paira sobre o Partido Democrata, como foi evidente na segunda noite da convenção democrata. O antigo presidente Bill Clinton representou o passado do Partido, a nomeação presidencial de Joe Biden em 2020 representa o presente, e a congressista Alexandria Ocasio-Cortez, seu futuro

possível. Ele [Biden] é o presente do Partido Democrata, não o futuro – é uma autointitulada figura de transição. (Galston, 2020.)

A eleição de Biden pelo Partido Democrata, assim, representaria esse momento de mudança intrapartidária (ele próprio essa figura de transição) entre um partido democrata centrista (tendo, na década de 1990, inclusive defendido pautas consideradas de direita no espectro político) para uma legenda notadamente progressista.

A atuação no Partido Democrata de grupos e indivíduos tradicionalmente considerados de fora do partido político e a tentativa deles de empurrar esse mesmo partido para a esquerda do espectro político – representando, assim, uma parcela da população que não se sente contemplada nem pela ala do *establishment* democrata, nem pelo conservadorismo republicano – são evidência empírica da relevância de se pensar os partidos de modo mais holístico, levando em consideração esses grupos que formalmente atuam "do lado de fora", mas que operam as "ferramentas de mudança" (DiSalvo, 2012) no partido. Nesse sentido, é emblemática a afirmação de Ryterski (2019):

> Bernie Sanders mudou sua filiação para que pudesse concorrer como um democrata. Marianne Williamson mudou sua filiação para poder concorrer como uma democrata. Eu mudei minha filiação para que eu pudesse me infiltrar no Partido Democrata e ver em primeira mão o que os democratas estão fazendo. Sinceramente, eu vejo uma mudança para melhor. O *caucus* progressista dentro do Partido está inspirando-o com novas vozes esperançosas que estão mudando o partido.

Esse tipo de mudança, entretanto, leva tempo. As disputas entre as alas intrapartidárias por vezes se alinham a mudanças geracionais, ainda que possam ser apressadas por conta de eventos críticos, como foi o caso da Grande Depressão, que ampliou o espaço das alas liberais dentro da legenda democrata.

A eleição de Trump pode ter sido esse evento catalisador para as forças progressistas atuais nos Estados Unidos. Ainda assim, não foi emblemático o suficiente para postular o progressista Bernie Sanders como representante democrata às eleições presidenciais. O estudo feito pela CNN (2019), às vésperas das primárias democratas, aponta essa dificuldade. Para os eleitores democratas, Sanders representa a agenda política que a maioria desses eleitores aprova. Ou seja, a agenda política apresentada por Sanders recebe mais aprovação dos eleitores democratas em relação à agenda apresentada por Joe Biden e por Elizabeth Warren. Da mesma forma, a maioria dos eleitores democratas entende que Sanders é quem melhor entende os problemas que acometem a sociedade. Entretanto, para esses mesmos eleitores, é Biden quem tem as melhores chances de derrotar Trump, evidenciando a resistência que ainda se observa na eleição de um candidato considerado o mais progressista no Partido Democrata atual.

Considerações finais

A Grande Depressão do início do século XX foi responsável por uma importante mudança de agenda, de lideranças e de eleitorado do Partido Democrata. Se antes esse partido era considerado conservador e atrelado aos interesses agrários sulistas, a partir da Grande Depressão, e com a figura de Franklin Delano Roosevelt, esse partido passou a desenvolver uma agenda que favorecia a classe trabalhadora e urbana nos Estados Unidos.

As sucessivas vitórias desse partido (e de Roosevelt, que foi eleito por quatro mandatos consecutivos) fizeram com que a oposição, na figura do Partido Republicano, buscasse trilhar um caminho semelhante ao do Partido Democrata, apresentando agendas políticas muito próximas do seu concorrente, a tal ponto de as eleições serem consideradas *"me too politics"* (Schlafly, 1964).

Sem um partido que representasse uma oposição conservadora às políticas cada vez mais liberais de ambos os partidos, coube a indivíduos de fora da arena partidária a organização de um movimento conservador que teria sucesso na captura do Partido Republicano, em 1964, com a candidatura de Barry Goldwater (o "Mr. Conservative") e com a eleição à presidência de Ronald Reagan, em 1980.

A mudança conservadora pela qual o Partido Republicano passou não foi obra, assim, de representantes eleitos conscientemente desse movimento, mas de grupos populares (como a direita cristã, os neoconservadores e os libertários) que trabalharam para inserir suas agendas e seus representantes na política, tendo um partido como veículo para esse fim.

O Partido Democrata atual, nesse sentido, lembra a mudança pela qual passou o Partido Republicano a partir da década de 1960, tornando-o uma espécie de guarda-chuva ideológico caracterizado por grupos populares que operam na base do partido, empurrando-o para os extremos do espectro político ideológico.

A legenda democrata, desse modo, caracteriza-se pela disputa entre grupos tradicionais, de um lado, e de um movimento progressista de grupos de resistência, de outro. Assim, o Partido Democrata hoje vive uma reconfiguração interna a partir de lutas intrapartidárias entre aqueles que buscam a preservação (a ala do *establishment* do partido) e aqueles que buscam mudança (representados pelos progressistas), conforme apontou DiSalvo em 2012.

Nesse sentido, a eleição de Donald Trump em 2016 funcionou como um catalisador para a ascensão desses movimentos progressistas que vão reverberar no partido, unidos pela reação ao trumpismo, por um lado, e pela preponderância do *establishment* no Partido Democrata, por outro. Resta saber se, com a eleição de Biden e a neutralização de Trump, esses grupos progressistas vão continuar mobilizados e ascendentes no Partido Democrata.

Referências

BAYLOR, C. First to the Party: The Group Origins of the Partisan Transformation on Civil rights, 1940-1960. *Studies in American Political Development*, Cambridge University Press, v.27, p.1-31, out. 2013.

BAWN, K. et al. A Theory of Political Parties: Groups, Policy Demands and Nominations in American Politics. *Perspectives on Politics*, v.10, n.3, p.571-597, set. 2012.

BENTLEY, A. F. *The Governmental Process:* A Study of Social Pressures. Chicago: The University of Chicago Press. 1908.

BERNSTEIN, J. *Party Network Research, Factions, and the Next Agenda.* State of the Parties Conference, Ohio, 2005. Disponível em: <https://130.101.217.69/bliss/docs/state-of--the-parties-documents/Bernstein.pdf>. Acesso em: 4 jan. 2014.

BLACK LIVES MATTER. Disponível em: https://blacklivesmatter.com.

CARMINES, E.; STIMSON, J. On the Structure and Sequence of Issue Evolution. *American Political Science Review*, n.80, p.901-920, 1986.

_____. *Issue Evolution*: Race and the Tranformation of American Politics. Princeton: Princeton University Press, 1989.

CILLIZZA, C. Is this Alexandria Ocasio-Cortez's Democratic Party Now? *CNN*, 7 jan. 2020. Disponível em: https://edition.cnn.com/2020/01/07/politics/alexandria-ocasio--cortez-joe-biden/index.html. Acesso em: 7 set. 2020.

CNN. *Rel 14B Embargoed for Release.* [S.l.], 2019. Disponível em: https://cdn.cnn.com/cnn/2019/images/12/19/rel14b.-.2020.pdf. Acesso em: 20 set. 2020.

COHEN, M. et al. *The Party Decides:* Presidential Nominations Before and After Reform. Chicago: The University of Chicago Press, 2008.

COHEN, M. et al. Beating Reform: The Resurgence of Parties in Presidential Nominations, 1980 to 2000. In: AMERICAN POLITICAL SCIENCE ASSOCIATION AND MIDWEST CONVENTION. 2001. Disponível em: https://www.princeton.edu/csdp/events/Zaller021102/Zaller.pdf. Acesso em 20 set. 2015.

CORASANITI, N. How Immigrant Twin Brothers Are Beating Trump's Team on Facebook. *The New York Times*, 18 maio 2020.

DISALVO, D. *Engines of Change:* Party Faction in American Politics (1868-2010). New York: Oxford University Press, 2012.

DOMINGUEZ, C. *Groups and Party Coalitions:* A Network Analysis of Overlapping Donor Lists. Annual Meeting of the American Political Science Association. Washington, D.C., set. 2005. Disponível em: http://home.sandiego.edu/~caseydominguez/groupsPartycoalitions.pdf. Acesso em: 19 dez. 2013.

FARIVAR, M. Black Lives Matter Gains Concessions in DNC Platform. *VOA*, 19 ago. 2020. Disponível em: https://www.voanews.com/2020-usa-votes/black-lives-matter-gains-concessions-dnc-platform. Acesso em: 2 set. 2020.

FEINSTEIN, B.; SCHICKLER, E. Platforms and Partners: The Civil rights Realignment Reconsidered. In: *Studies in American Political Development*, n.22Cambridge University Press, 2008. p.1-31.

FIORINA, M. P. What Happened to the Medium Voter? *MIT Conference on Parties and Congress*, 1999. Disponível em: http://www.stanford.edu/~mfiorina/Fiorina%20Web%20Files/MedianVoterPaper.pdf. Acesso em: 12 jan. 2013.

GALSTON, W. How the Democrats Are Trying to Bridge the Party's Past and Future. *Brookings Institute*. Disponível em: https://www.brookings.edu/blog/fixgov/2020/08/19/how-the-democrats-are-trying-to-bridge-the-Partys-past-and-future/. Acesso em: 8 ago. 2020.

HEANEY, M. et al. Polarized Networks: The Organizational Affiliations of National Party Convention Delegates. *American Behavioral Sciences*, v. 56, n.2, p.1654-1676, 2012.

HERRING, P.. *The Politics of Democracy:* American Parties in Action. New York: W.W. Norton & Company, Inc., 1968.

HERRNSON, P. The Roles of Party Organizations, Party-Connected Committees, and Party Allies in Elections. *The Journal of Politics*, v.71, n.4, p.1207-1224, out. 2009.

JUSTICE DEMOCRATS. *About Justice Democrats*. 2020. Disponível em https://justicedemocrats.com/about/. Acesso em: 19 nov. 2020.

KEY, V. O. *Politics, Parties and Pressure Groups*. New York: Thomas Y. Crowell Company, 1958.

KOGER, G.; MASKET, S.; NOEL, H. Partisan Webs: Information Exchange and Party Networks. *British Journal of Political Science*, v. 39, n.3, p.633-653, 2009.

MASKET, S. *No Middle Ground:* How Informal Party Organizations Control Nominations and Polarize Legislatures. Michigan: The University of Michigan Press, 2012.

MASKET, S. It Takes an Outsider: Extralegislative Organization and Partisanship in California. *American Journal of Political Science*, v.51, n.3, p.482-497, jul. 2007.

NOEL, H. Toward a Network's Theory of Political Parties: A Social Network's Analysis of Internal Party Cleavages in Presidential Nominations. In> AMERICAN POLITICAL PARTIES: PAST, PRESENT AND FUTURE CONFERENCE. Charlotesville, set. 2012. Disponível em: <http://faculty.virginia.edu/jajenkins/Noel.pdf>. Acesso em: 2 fev. 2014.

OCCUPY DEMOCRATS. *About Us. 2020*. Disponível em: https://occupydemocrats.com/about-us/. Acesso em: 19 nov. 2020.

RYTERSKI, L. "Occupy" Democrats to Help Choose the Party's Presidential Nominee. *Homer News*, 16 out. 2019. Disponível em: https://www.homernews.com/opinion/point-of-view-occupy-democrats-to-help-choose-the-Partys-presidential-nominee/. Acesso em: 7 nov. 2020.

SAAD, L. U.S. Still Leans Conservative, but Liberals Keep Recent Gains. *News Gallup*, 8 jan., 2019. Disponível em: https://news.gallup.com/poll/245813/leans-conservative-liberals-keep-recent-gains.aspx. Acesso em: 8 ago. 2021.

SKOCPOL, T.; TERVO, C. *Upending American Politics*. New York: Oxford University Press, 2020.

SCHLAFLY, P. *A Choice Not an Echo*. Alton: Pere Marquette Press, 1964.

SCHWARTZ, M. *The Party Network:* The Robust Organization of Illinois Republicans. Madison: The University of Wisconsin Press, 1990.

SKINNER, R.; MASKET, S.; DULIO, D. 527 Committees and the Political Party Network. American Politics Research, n. 40(1), p.60-84, 2012.

SUNRISE MOVEMENT. *About Sunrise Movement*, 2020. Disponível em: https://www. sunrisemovement.org/about/. Acesso em: 19 nov. 2020.

TRUMAN, D. *The Governmental Process:* Political Interests and Public Opinion. New York: Alfred A. Knopf. 1968.

3
OS JUÍZES DE TRUMP E OS DESAFIOS AO GOVERNO BIDEN[1]

Celly Cook Inatomi

Introdução

A vitória de Joe Biden foi lida por muitos como um basta ao ímpeto conservador e antidemocrático de redefinição da política de direitos civis nos Estados Unidos (Liptak, 2020), ímpeto este que se estabeleceu de modo muito acelerado a partir de 2017 com a vitória de Donald Trump. Se olharmos, contudo, para a atual configuração do Poder Judiciário federal norte-americano, bem como para a nova ordem constitucional que esse Judiciário e o movimento conservador vêm construindo desde muito antes do governo Trump (Tushnet, 2020), é preciso termos um posicionamento mais cauteloso com o entusiasmo.

Ao mesmo tempo que vemos resultados judiciais recentes importantes para a defesa de direitos básicos de cidadania e de democracia, também observamos a substituição a conta-gotas do entendimento progressista de direitos civis (formado a partir dos anos 1960) por um entendimento conservador (que vem se formando institucionalmente desde os anos 1980). Precisamos, portanto, analisar com mais cuidado esse movimento de substituição

---

1 Este artigo é um adensamento empírico de um informe escrito para o Observatótio Político dos Estados Unidos (Opeu) em 23 de dezembro de 2020 (Inatomi, 2020a), de forma a apresentar alguns resultados de uma pesquisa que vem sendo feita para o Instituto Nacional de Ciência e Tecnologia para Estudos sobre os Estados Unidos (INCT-Ineu) desde 2019 sobre as redes associativas e decisões judiciais dos juízes de Donald Trump.

na definição dos direitos civis, que passa não apenas pelas decisões do Judiciário de Trump (e de outros conservadores que o antecederam), mas também por instituições políticas e sociais, como numa rede bem tecida de construção conservadora do direito.

Entre os exemplos de decisões importantes para a defesa da democracia, podemos falar das negativas da Suprema Corte aos pedidos infundados de Trump e de republicanos para anular a vitória de Joe Biden em 2020. Também podemos comentar as decisões em que a Suprema Corte julgou como ilegal a discriminação de homossexuais e transgêneros no ambiente de trabalho, lembrando que, tanto num caso como no outro, as decisões contaram com a participação de juízes conservadores nomeados por Donald Trump.

Embora esse comportamento judicial não seja incomum, isto é, os juízes contrariarem os interesses de quem os indicou (Epstein; Landes; Posner, 2013), é preciso analisar com mais profundidade esses atuais rompantes democráticos do atual Poder Judiciário norte-americano (Inatomi, 2020b). Nos casos citados, por exemplo, é bastante visível a linha de continuidade na interpretação conservadora da Constituição e dos direitos.

Nas recusas da Suprema Corte aos pedidos republicanos para anular a vitória de Joe Biden,[2] os juízes adotaram o mesmo posicionamento que já vinham adotando em casos anteriores. O argumento central é o de que a Suprema Corte não deve intervir no processo eleitoral dos estados, nem mesmo quando estes esvaziam o Voting Rights Act de 1965 ao fazerem políticas claramente partidárias em favor dos republicanos, como é o caso das políticas de redistritamento eleitoral, das leis estaduais que dificultam o registro dos eleitores, e da recusa de alguns estados em modificarem seus procedimentos eleitorais durante a pandemia (Inatomi, 2020c).

E, ao considerar ilegal a discriminação de homossexuais e transgêneros no ambiente de trabalho,[3] observamos que, em nenhum momento da decisão, Neil Gorsuch, juiz conservador indicado por Trump, adotou uma interpretação progressista. Ele foi estritamente textualista em seu voto, não reconhecendo os homossexuais e transgêneros como um grupo social que necessita de ações especiais do Estado para a proteção de seus direitos mais básicos. E ainda deixou claro que sua decisão poderia mudar caso fosse colocado em juízo o conflito com questões religiosas, como a liberdade de consciência dos empregadores (Inatomi, 2020d).

Vê-se, portanto, que o Judiciário conservador deixado por Trump tem e ainda poderá ter impactos significativos na definição dos direitos mais

---

2   Ver a decisão *Kelly, Mike, et al. v. Pennsylvania, et al.*, de 8 de dezembro de 2020, disponível em: https://www.supremecourt.gov/orders/courtorders/120820zr_bq7d.pdf, acesso em: 8 ago. 2021; e *Texas v. Pennsylvania, et al.*, de 11 de dezembro de 2020, disponível em: https://www.supremecourt.gov/orders/courtorders/121120zr_p860.pdf, acesso em: 8 ago. 2021.

3   Ver a decisão *Bostock v. Clayton County, Georgia*, de 8 de outubro de 2019, disponível em: https://www.supremecourt.gov/opinions/19pdf/17-1618_hfci.pdf, acesso em: 8 ago. 2021.

básicos dos cidadãos norte-americanos pelas próximas décadas. E isso se dá não apenas por fatores numéricos, mas principalmente em razão dos valores defendidos por esses juízes.

Numericamente, Trump "tomou" as cortes federais como nunca antes visto na história norte-americana, seja em governos republicanos seja em governos democratas. No total, foram 245 juízes nomeados em apenas um mandato governamental, espalhados por todas as cortes federais do país. São 174 juízes nas cortes federais distritais, 54 nas cortes federais de apelação de circuito, 3 na Suprema Corte (reforçando a maioria conservadora) e 14 em cortes federais especializadas. Nas cortes federais de apelação – que dão a última palavra em cerca de 80% dos casos que entram na justiça federal, e cujos juízes serão objetos de análise neste artigo – os juízes de Trump entraram em onze das treze cortes existentes. Hoje, são sete cortes federais de apelação com maiorias conservadoras, e três delas com essas maiorias bastante desiquilibradas, a ponto de ser difícil Biden revertê-las mesmo cumprindo dois mandatos governamentais (Tobias, 2019; Gramlich, 2021).

Em termos de valores, por sua vez, os juízes escolhidos por Trump têm um passado bastante polêmico com relação à defesa de direitos civis básicos, sobretudo de grupos tidos como minoritários, como mulheres, negros, estrangeiros e LGBT (Mystal, 2019). E, embora se aponte que os juízes federais de apelação são menos propensos a causar dissidências em função de suas preferências e valores pessoais (Epstein; Landes; Posner, 2013), alguns estudos recentes já explicitam que a taxa de dissenso tem aumentado com a presença dos juízes de Trump nos julgamentos (Ruiz et al., 2020).

É bom lembrar que muitos deles já davam demonstrações de seus fortes posicionamentos quando em cargos de juízes em cortes menores, ou quando em cargos políticos e organizações da sociedade civil. Com isso, além de olhar para o que esses juízes vêm decidindo substantivamente, também é importante atentar para os lugares por onde eles passaram, pois, como demonstram os estudos sobre o movimento conservador nos Estados Unidos, diversos desses lugares constituíram redes importantes de construção e sedimentação da política de direitos conservadora (Southworth, 2008; Teles, 2008; Avery; McLaughlin, 2013; Hollis-Brusky, 2015; Skocpol; Williamson, 2016; Hollis-Brusky; Wilson, 2020; Kersch, 2019; Schmidt, 2011a, 2011b, 2015, 2016).

Diante disso, o presente artigo tem dois objetivos bastante simples: 1) identificar os principais lugares por onde os juízes de Trump passaram ao longo de suas trajetórias pessoais e profissionais; e 2) falar sobre a importância desses lugares para o movimento conservador e sua política de direitos. Para isso, trazemos alguns achados empíricos resultantes da análise dos questionários a que os juízes indicados respondem antes de sua sabatina no Comitê Judiciário do Senado. Nesses documentos, os juízes respondem a questões sobre sua vida pregressa, abrangendo sua formação, história profissional e associações com organizações da sociedade civil e com instituições políticas.[4]

A política conservadora de direitos e a rede associativa dos juízes de Trump

Antes de apresentarmos a rede associativa dos juízes de Trump, cabe aqui um breve resgate sobre como o movimento conservador opera institucional e socialmente. Compreender o seu *modus operandi* é essencial para entendermos a importância da rede de instituições e organizações sociais na conquista da legitimidade popular e das instituições estatais para a efetivação de sua política de direitos.

O *modus operandi* do movimento conservador

Thomas Smith, jurista conservador e professor na Faculdade de Direito da Universidade de San Diego, sintetizou em uma frase a atuação do movimento conservador com relação aos valores progressistas: *"Rome wasn't burned in a day"* (Hollis-Brusky, 2015, p. 22). Para ele, os conservadores sempre foram muito meticulosos, articulados e, sobretudo, pacientes, tanto na destruição do mundo progressista quanto na construção do seu "novo" mundo, que une a defesa de um Estado de *laissez-faire* desmedido[5] com a defesa de um Estado cristão (Kersch, 2019).

As políticas e leis progressistas das décadas de 1960 e 1970, assim como as do período do New Deal, não desapareceriam facilmente, muito menos a atmosfera política e social favorável a elas. Logo, o cuidado, a articulação e a paciência foram vistos pelos conservadores como formas de "sobrevivência", que não se restringiram somente à mobilização judicial, mas se ampliaram para a sociedade como um todo, tecendo uma ampla rede de apoio e defesa dos valores conservadores.

Evidentemente, esse *modus operandi* conservador carregava em seu bojo um forte teor estratégico, que se consubstanciou em ganhos incrementais

---

4 Esses questionários são públicos e se encontram disponíveis para consulta no site do Senado norte-americano (disponível em: https://www.judiciary.senate.gov/library?c=all&type=committee_questionnaire; acesso em: 8 ago. 2021). Eles foram analisados com auxílio do software de análise qualitativa Atlas.ti. Cada um dos 54 questionários analisados (referentes aos 54 juízes federais de apelação de Trump) apresenta em média cinquenta páginas de respostas bastante detalhadas sobre a vida pregressa desses juízes. Agradeço à querida Andréia Fressatti Cardoso pela ajuda valiosa com o tratamento dos temas jurídicos e políticos com os quais os juízes de Trump trabalharam ao longo de sua trajetória profissional.

5 A ideia de *"laissez-faire* desmedido" faz referência ao conceito de Estado mínimo extrapolado, que não interfere na vida econômica e privada dos cidadãos. Seria a corrente chamada de "libertária" dentro da economia.

para os conservadores. Assim, mesmo derrotados sucessivas vezes no Judiciário federal norte-americano desde meados dos anos 1950 até os anos 1970, os conservadores mantiveram viva sua estratégia de mobilização judicial, o que lhes possibilitou acumular uma série de votos, que, apesar de vencidos, adensavam e estruturavam institucional e gradativamente seus valores e interesses num linguajar jurídico (Schmidt, 2015).

E o que lhes permitiu fazer isso foi a tática de traduzir a moral conservadora, por vezes racista e discriminatória, para uma linguagem constitucional do liberalismo clássico e do federalismo norte-americano. Assim, não defendem mais abertamente o período de Jim Crow, mas o tomam como um subproduto de escolhas individuais e culturais constitucionalmente protegidas. E abraçam essa linguagem porque ela fornece um modo politicamente aceitável de resistir às políticas progressistas, mudando a discussão, por exemplo, de "supremacia branca × igualdade" para uma questão de "liberdade × igualdade". Para eles, é inaceitável que um governo tente homogeneizar a moralidade de um povo, e a discussão não deve se pautar por temas como o racismo, mas pelas liberdades individuais. A moralidade do Estado deve refletir a moralidade do povo, que, na visão conservadora, preza ao mesmo tempo pelas liberdades individuais e econômicas irrestritas e pelos valores cristãos conservadores de vida (Bork, 1963).

A partir desse recurso de tradução, fizeram todo tipo de torções jurídicas na 14ª Emenda e em outros marcos jurídicos – como a decisão Brown v. Board of Education de 1953, o Civil rights Act de 1964, o Voting Rights Act de 1965, a Faire Housing Act de 1968, e a decisão Roe v. Wade de 1973 –, conseguindo respostas bastante nebulosas da Suprema Corte no que tange aos processos de implementação dessas normativas. Na decisão Brown v. Board of Education, por exemplo, que determinou o fim da segregação racial nas escolas, os conservadores obtiveram autorização para estabelecer os critérios e prazos para o fim da segregação, em nome da autonomia dos estados e localidades. Isso não somente postergou em demasia a dessegregação, como também possibilitou a criação de critérios de admissão escolar bastante draconianos, que acabaram dificultando a entrada de crianças negras nas escolas (Goluboff, 2007).

Isso tudo acabou permitindo que questões extremamente graves, como o racismo, fossem transformadas em puros legalismos técnicos. A ideia aceita e acordada era a de que o governo federal poderia até intervir nas ações dos estados, mas esbarraria na autonomia destes para a implementação de suas normas, e não poderia jamais intervir nas ações dos indivíduos e em suas vidas privadas. E o resultado mais duradouro e atualmente perceptível é que o federalismo norte-americano e a leitura enviesada de algumas liberdades individuais, como a liberdade de expressão, a liberdade religiosa e o direito de consciência, têm sido sobrepostos, gradativamente, aos direitos mais básicos de cidadania de determinados grupos sociais (Schmidt, 2011a, 2011b, 2015, 2016; Mackinnon, 2018; Tushnet, 2020).

Simultaneamente, os conservadores aplicaram o seu *modus operandi* à vida cotidiana, construindo, pelo menos desde meados dos anos 1950, redes de formação, comunicação, propagação e defesa das suas formas de ler o direito, os direitos e o papel do Estado para sua proteção. Para isso, mobilizaram "mentes e corações" em torno da ideia de que tudo parecia "estar do avesso", argumentando que a miséria, o egoísmo excessivo dos homens, o casamento homoafetivo, o aborto e a interferência cada vez mais acentuada do Estado na vida privada das famílias e dos indivíduos são frutos de um histórico de negligência com as origens e com as fundações cristãs do país (Kersch, 2019).

Juntos e espalhados por diversos espaços, eles construíram outra forma de ler a Constituição e os direitos, num movimento "de baixo para cima", ou com muita proximidade com os juristas conservadores, possibilitando a formação de novos membros. Estudantes de Direito em grandes universidades, deslocados por conta da ideologia liberal de seus professores e do ensino que era dado, criaram institutos e grupos de estudos e de discussão sobre a Constituição, que, aos poucos, chamaram professores e se juntaram a organizações da sociedade civil, igrejas, escolas e associações conservadoras que vinham se formando desde meados dos anos 1950 (Avery; McLaughlin, 2013).

Sob a lógica cristã conservadora, fundaram novos cursos de Direito (Hollis-Brusky; Wilson, 2020) e também criaram revistas populares, programas de rádio e de televisão, grupos de discussão de cidadãos sobre a Constituição, documentários, filmes e uma porção de outras formas de comunicar a sua visão de mundo (Kersch, 2019). E, por conta da estrutura de oportunidades políticas que se abriu com o governo de Ronald Reagan no início dos anos 1980, eles conquistaram cargos importantes nas instituições do Estado, em especial no Departamento de Justiça e no Poder Judiciário (Avery; McLaughlin, 2013; Hollis-Brusky, 2015).

Essa rede bem tecida de lugares e cargos acabou constituindo uma espécie de *locus* comum e "obrigatório" de políticos e de juízes conservadores, por onde todos eles passam e sedimentam seus valores juntamente com grupos e organizações sociais. Com os juízes de Trump, isso não foi diferente.

A rede associativa dos juízes de Trump[6]

Os juízes de Trump passaram por lugares e cargos muito comuns aos conservadores, e já estiveram presentes na estrutura das instituições estatais

---

6 O Federal Judicial Center já desenvolveu um amplo catálogo quantitativo de informações acerca da vida pregressa dos juízes federais de Donald Trump, verificando sua formação acadêmica, ligações com organizações da sociedade civil, associações, igrejas, escolas, universidades, partidos, bem como cargos políticos e judiciários por eles já ocupados (Ruiz et al., 2020). Nosso foco é enfatizar alguns dos lugares que mais congregaram esses juízes e comentar, com base na literatura, sobre sua importância para o movimento e para a política de direitos conservadora.

Figura 3.1 – Juízes de Trump por períodos em que ocuparam cargos políticos

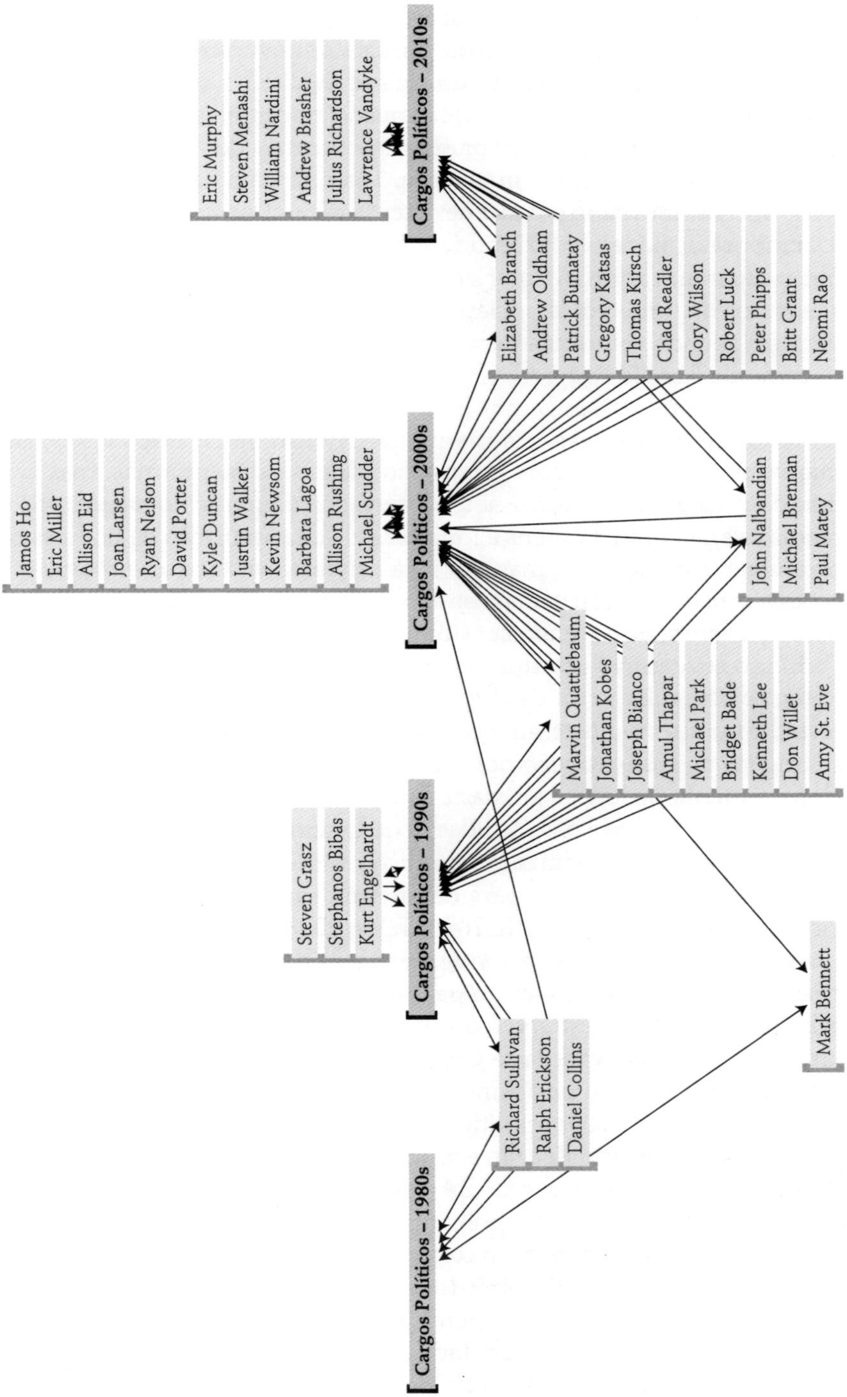

Cargos Políticos – 1980s

Cargos Políticos – 1990s
- Steven Grasz
- Stephanos Bibas
- Kurt Engelhardt

Richard Sullivan, Ralph Erickson, Daniel Collins

Cargos Políticos – 2000s
- James Ho
- Eric Miller
- Allison Eid
- Joan Larsen
- Ryan Nelson
- David Porter
- Kyle Duncan
- Justin Walker
- Kevin Newsom
- Barbara Lagoa
- Allison Rushing
- Michael Scudder

Marvin Quattlebaum, Jonathan Kobes, Joseph Bianco, Amul Thapar, Michael Park, Bridget Bade, Kenneth Lee, Don Willet, Amy St. Eve

John Nalbandian, Michael Brennan, Paul Matey

Cargos Políticos – 2010s
- Eric Murphy
- Steven Menashi
- William Nardini
- Andrew Brasher
- Julius Richardson
- Lawrence Vandyke

Elizabeth Branch, Andrew Oldham, Patrick Bumatay, Gregory Katsas, Thomas Kirsch, Chad Readler, Cory Wilson, Robert Luck, Peter Phipps, Britt Grant, Neomi Rao

Mark Bennett

durante o governo de Ronald Reagan nos anos 1980, de George H. W. Bush nos anos 1990 e, acentuadamente, durante os governos de George W. Bush nos anos 2000 e de Donald Trump a partir de 2017. E isso nos leva a pensar que os integrantes do Judiciário de Donald Trump, apesar do choque numérico inédito, já se encontravam presentes em termos de valores conservadores nas instituições estatais há muito tempo na política norte-americana. Trump teria "apenas" lhes dado o poder de dizer *"the law of the land"* de forma vitalícia.

Embora os juízes de Trump tenham ocupado cargos políticos mais do que ocuparam cargos de juízes em governos anteriores, as duas situações são frutos de uma rede associativa e de vontade política muito fortes, que vêm se fazendo sentir nas instituições estatais desde os anos 1980 com o governo de Ronald Reagan.

Grande parte desses cargos políticos foi exercida no interior do Departamento de Justiça, especialmente na Divisão de Direitos Civis, trabalhando principalmente com o tema dos direitos das minorias, mas não do ponto de vista progressista, e sim conservador. Cuida-se do racismo, de diferenças salariais entre homens e mulheres, de discriminação de homossexuais no ambiente de trabalho, mas não para defender leis federais protetivas nem ações afirmativas, e sim para mostrar o quanto essas medidas apenas aprofundam as diferenças, devendo ser submetidas ao livre-arbítrio dos indivíduos.

E isso teve início em função dos objetivos postos por Edwin Meese, então procurador-geral da República de Reagan, que estava disposto a restaurar o direito norte-americano do ponto de vista conservador sobre as origens da Constituição norte-americana. Para isso, colocou dentro do Departamento de Justiça juristas e estudantes de direito conservadores que estavam se rebelando nas faculdades de Direito pelo país, os quais criaram a mais importante organização jurídica conservadora dos Estados Unidos hoje, a Federalist Society, para debater e propagar suas reivindicações e visão de mundo (Southworth, 2008; Teles, 2008; Avery; McLaughlin, 2013).

A Federalist Society se tornou não só a principal propagadora dos ideais conservadores – promovendo pesquisas e debates em torno do Estado mínimo, do *judicial restraint* (contenção do judiciário) e do originalismo, interpretação conservadora da Constituição – como também passou a substituir o papel exercido pela American Bar Association (ABA) nos processos de indicação judiciais por políticos do Partido Republicano. Essa prática se iniciou com o governo Reagan e se institucionalizou no governo de George W. Bush, que passou a ver a ABA como uma organização extremamente partidarizada e incapaz de indicar profissionais que prezassem pelo que considerava ser a interpretação correta da Constituição, qual seja, o originalismo (Southworth, 2008, p.139-140).

Os juízes de Trump não apenas são associados em peso à Federalist Society, como se formaram em faculdades de Direito (como Harvard, Yale, Chicago e Stanford) que foram primordiais para o nascimento da organização e para o desenvolvimento e sedimentação do pensamento jurídico conservador, seja em sua vertente libertária econômica, seja em sua vertente religiosa, embora sempre posta estrategicamente nos limites da linguagem liberal do direito norte-americano (Teles, 2008; Avery; McLaughlin, 2013; Hollis-Brusky, 2015). Eles participaram dos encontros da associação com assiduidade e rodaram o país dando palestras nas universidades a ela associadas, além de inúmeras entrevistas para rádios locais e canais de TV. E, em grande medida, sua entrada para as instituições políticas, seja como advogados no Departamento de Justiça, seja como *law clerks* (assessores jurídicos) de juízes conservadores, seja como juízes em cortes distritais federais e em outras cortes estaduais, deu-se em função do seu contato com a Federalist Society.

Os ideais e valores propagados pela organização se fizeram sentir também nas atividades dos juízes de Trump como professores em universidades. A maioria deles ocupou cargos de professores em faculdades de Direito pelo país, seja como professores efetivos, visitantes ou de cursos de curta duração. Grande parte dos cursos oferecidos por esses juízes foram em universidades laicas, onde eles procuraram ensinar dois temas centrais: 1) as práticas jurídicas voltadas para o setor econômico; e 2) interpretações constitucionais centradas no originalismo e nos ensinamentos de Antonin Scalia, juiz da Suprema Corte já falecido e verdadeiro ídolo do movimento conservador, que ajudou a fundar faculdades de Direito reconhecidas como cristãs radicais (Hollis-Brusky; Wilson, 2020, p.56).

O contato com a Federalist Society também proporcionou aos juízes de Trump a entrada em grandes firmas privadas de advocacia. A firma que mais se destacou foi a Jones Day, que já esteve envolvida em casos judiciais questionando o Obamacare, defendendo o armamento e, mais recentemente, defendendo Trump e republicanos em suas acusações de fraude eleitoral. Além de ter sido a escola de prática advocatícia dos fundadores da Federalist Society e de Antonin Scalia, a firma acabou se tornando um lugar de trabalho quase que obrigatório para muitos advogados conservadores (Southworth, 2008; Teles, 2008; Avery; McLaughlin, 2013; Hollis-Brusky, 2015), onde eles aprendiam a litigância em torno de questões comerciais e econômicas, geralmente contra as políticas e programas de *welfare*. Para completar, diversos de seus membros ocuparam cargos políticos importantes durante o governo de Donald Trump, especialmente no Departamento de Justiça (Silver-Greenberg; Abrams; Enrich, 2020).

Mas, para além das firmas de advocacia privada, os juízes de Trump também trabalharam em firmas de advocacia de interesse público, que é uma das ligações que mostram o lado religioso conservador dos juízes de Trump, bem como suas relações com os grupos sociais religiosos conservadores. Suas ligações com organizações como a Alliance Defending Freedom, Becket Fund for Religious Liberty, Institute for Justice e Thomas More Law Center lhes renderam a participação em processos judiciais muito

Sebastião C. Velasco e Cruz e Neusa Maria P. Bojikian (Orgs.)

polêmicos, como os casos mais recentes envolvendo "o debate do banheiro" e os mais antigos envolvendo a discriminação de homossexuais.[7] Também se envolveram em casos em que defenderam a criminalização do aborto e da eutanásia, contrapondo o direito ao aborto com o direito de consciência e liberdade religiosa de médicos e profissionais de saúde para se recusar a prestar atendimento às mulheres em quaisquer circunstâncias (Teles, 2008; Southworth, 2008, p.36; Hollis-Brusky; Wilson, 2020, p.24).

A centralidade da Federalist Society, no entanto, parece ter sido possível em função de uma organização prévia da sociedade civil, que possibilitou que os descontentes encontrassem um lugar institucionalizado de expressão, pesquisa e debate, canalizando através dela o tratamento jurídico de suas questões e problemas diários. Nesse sentido, os juízes de Trump fizeram parte de diversas organizações da sociedade civil, especialmente de organizações conservadoras e religiosas, como a Knight of Columbus, uma organização católica que conseguiu unificar os cristãos conservadores em torno de temas como o aborto, família, oposição ao comunismo e defesa da liberdade religiosa. Além das organizações religiosas de caridade, inclusive internacionais, também fizeram parte de organizações como a National Rifle Association, que tem se envolvido em diversos casos judiciais em defesa do armamento da população como um direito constitucional, e a American Civil rights Institute, que trabalha com problemas de discriminação racial, mas sob a chave meritocrática e crítica às políticas de ação afirmativa.

Além dessas organizações, os juízes de Trump também estiveram ligados à estrutura de escolas, em que foram professores e membros diretores. Sua presença nas escolas diz muito sobre os objetivos do movimento conservador, dado que vêm atuando há décadas como verdadeiros "cães de guarda" dos ditos valores tradicionais americanos e dos ditos significados originais da Constituição. Não é por acaso, inclusive, que a educação foi escolhida por eles como um dos palcos principais para a construção da sua política conservadora de direitos, numa tentativa de desconstruir toda e qualquer política que necessite de interferência federal, sobretudo de políticas de acessibilidade e dessegregação, e políticas de banimento dos discursos de ódio, discriminatórios e sexistas nas escolas. Através da educação, os conservadores promoveram uma espécie de alfabetização constitucional da população, incentivando a leitura e o estudo da Constituição desde cedo,

---

7 Os casos do "debate do banheiro" referem-se a diversos casos judiciais de alunos transgêneros que foram obrigados pelos diretores escolares a utilizarem o banheiro conforme o seu sexo biológico. E os casos de discriminação de homossexuais fazem menção a *Masterpiece Cakeshop v. Colorado Civil rights Commission*, de 2018, em que a Suprema Corte considerou que um boleiro não deveria ser obrigado a fazer um bolo para um casal homossexual por conta de sua consciência e crenças cristãs, além de ter considerado o bolo como uma obra de arte, sobre a qual não se poderia fazer nenhum tipo de imposição de valor moral, dado o risco de violar a liberdade de expressão.

por meio da realização de encontros locais e nacionais, e por meio de campanhas de valorização da Constituição (Schmidt, 2011a).

E a última rede associativa que destacamos é a ligação dos juízes com igrejas católicas. Alguns estudos têm mostrado o papel importante que o pensamento católico, assim como a filosofia católica, tem tido na formação do pensamento conservador nos Estados Unidos, permitindo a unificação de diferentes correntes do cristianismo, especialmente em torno de questões como o aborto, o casamento homoafetivo, a liberdade religiosa, o direito de consciência, e a visão de Estado cristão. O pensamento católico estaria ajudando na tradução do linguajar moral conservador, comentado no início do artigo, para a linguagem constitucional, instrumentalizando o direito liberal para fundamentar de forma quase que invisível ou incremental a expansão de valores cristãos sobre o funcionamento das instituições estatais.

Desafios ao governo Biden

No final de 2020, Dana Remus, nomeada por Joe Biden como nova advogada da Casa Branca, escreveu uma carta aos senadores democratas, pedindo-lhes que indicassem candidatos para os (poucos) cargos disponíveis de juízes federais distritais, adicionando a seguinte recomendação: que dessem preferência por indivíduos cujas experiências jurídicas têm sido historicamente sub-representadas no Judiciário federal, como defensores públicos, advogados de direitos civis e assistentes jurídicos (Remus, 2020 *apud* Bendery, 2020).

À primeira vista, o que essa carta propõe é muito pouco diante do que se tornou o Judiciário federal com governo de Donald Trump. Contudo, como apontou Harper Neidig (2020), é importante observar que ela sinaliza o início de uma mudança importante na política democrata de indicações judiciais, que, por sua vez, pode impactar, a (muito) longo prazo, a disputa com os republicanos pela política de direitos na esfera judicial. Com algumas exceções, as indicações judiciais democratas têm, há décadas, priorizado advogados com carreiras brilhantes em grandes firmas de advocacia privadas, o que teria ajudado a cortar os laços do seu corpo de juízes com as causas dos mais vulneráveis e as de direitos civis e de interesse público. Nesse sentido, a recomendação de Biden parece justamente querer refazer esses laços, resgatando "de baixo para cima" o papel social de seus juízes, de forma a recuperar a política de direitos como um campo por excelência daqueles que "lutam por direitos".

Para Neidig, no entanto, a carta de Remus representa uma mudança ainda maior, pois altera a política de indicações judiciais como um todo, tanto de democratas quanto de republicanos. Ele argumenta que ambos os partidos não se preocupavam com os laços sociais de seus juízes, apenas avaliando sua experiência em grandes firmas de advocacia. Como pudemos ver ao longo do artigo, no entanto, os republicanos têm adotado, e já há algum tempo, uma política de indicações judiciais um tanto diferente, preocupando-se, justamente, com os laços sociais (e políticos) dos seus juízes, ainda que esses laços não sejam com as minorias tais como as conhecemos, e sim com a população cristã conservadora e com a elite conservadora. Esses laços sociais possibilitaram aos setores conservadores fortalecer sua própria política de direitos, institucionalizando, mais tarde, sua forma de interpretar a Constituição e as leis. Em outras palavras, para os conservadores, não é apenas a ligação dos indicados com as grandes firmas de advocacia que importa.

A preocupação dos conservadores com as indicações judiciais faz parte de um projeto muito maior e muito mais antigo, que veio sendo gestado fora dos âmbitos estatais e de forma bastante articulada em esferas da sociedade civil, como em universidades, *think tanks*, organizações sociais, igrejas e escolas. A construção dessa rede permitiu aos conservadores avançar gradualmente sobre cargos políticos e judiciais. Seu objetivo central é transformar o direito norte-americano ou resgatar, segundo sua visão, um passado glorioso de uma nação de homens livres.

Joe Biden, com bastante experiência no Comitê Judiciário no Senado, parece compreender muito bem esse processo, e deu um primeiro passo para o retorno dos democratas na disputa pela política de direitos no campo judicial. Essa retomada, no entanto, não é algo que se faz da noite para o dia, até mesmo porque ela depende justamente da construção de laços sociais, culturais e políticos, que são coisas que levam tempo para serem tecidas.

Biden, inclusive, tem apostado não apenas na reconstrução a longo prazo do Judiciário, como também tem estudado a possibilidade de tomar um caminho mais curto, qual seja, o de aumentar o número de juízes da Suprema Corte, estratégia já utilizada outras vezes na história norte--americana (Shear; Hulse, 2021). Embora ainda não saibamos no que isso vai dar, vale lembrar novamente que a correspondência de valores entre presidentes e juízes indicados não é um fato dado, e ainda fica o problema do que fazer com os juízes das cortes federais de apelação, que tem grande poder em dizer o significado do direito.

Diante disso, resta-nos investigar até que ponto esses entendimentos estão sendo empregados e de que maneira eles estão sendo mobilizados nas decisões judiciais tomadas por esses juízes. O que vamos encontrar? Ainda não sabemos, mas será preciso observar essa política de direitos ainda por muitas décadas.

Referências

ACKERMAN, B. *We the People. Vol. 3 – The Civil rights Revolution*. Massachusetts: The Belknap Press of Harvard University Press, 2014.

AVERY, M.; MCLAUGHLIN, D.. *The Federalist Society:* How Conservatives Took the Law Back from Liberals. Nashville: Vanderbilt University Press, 2013.

BENDERY, J. Biden's Team Tells Senate Democrats to Send Him Judicial Nominees ASAP. *Huffpost*, 30 dez. 2020. Disponível em: https://www.huffpost.com/entry/joe--biden-courts-progressive-nominees_n_5fecc527c5b6e7974fd18321?p6x. Acesso em: 8 ago. 2021.

BORK, R. Civil rights – A Challenge. *New Republic*, 31 ago. 1963.

EPSTEIN, L.; LANDES, W. M.; POSNER, R. A. *The Behavior of Federal Judges:* A Theoretical and Empirical Study of Rational Choice. Cambridge, Massachusetts: Harvard University Press, 2013.

GOLUBOFF, R. L. *The Lost Promise of Civil rights*. Massachusetts: Harvard University Press, 2007.

GRABER, M. A. *Dred Scott and the Problem of Constitutional Evil*. New York: Cambridge University Press, 2006.

GRAMLICH, J. How Trump Compares with Other Recent Presidents in Appointing Federal judges. *Pew Research Center*, 13 jan. 2021. Disponível em: https://www.pew-research.org/fact-tank/2021/01/13/how-trump-compares-with-other-recent-presidents-in-appointing-federal-judges/. Acesso em: 8 ago. 2021.

HOLLIS-BRUSKY, A. *Ideas with Consequences:* The Federalist Society and the Conservative Counterrevolution. New York: Oxford University Press, 2015.

HOLLIS-BRUSKY, A.; WILSON, J. C. *Separate but Faithful:* The Christian Right's Radical Struggle to Transform Law and Legal Culture. New York: Oxford University Press, 2020.

INATOMI, C. C. Os juízes de Trump e o projeto conservador de direitos civis. *Informe OPEU*, 23 dez. 2020a. Disponível em: https://www.opeu.org.br/2020/12/23/os-juizes-de-trump-e-o-projeto-conservador-de-direitos-civis/. Acesso em: 8 ago. 2021.

_____. O rompante democrático da Suprema Corte dos EUA. *Informe OPEU*, 14 dez. 2020b. Disponível em: https://www.opeu.org.br/2020/12/14/o-rompante-democratico-da-suprema-corte-dos-eua. Acesso em: 8 ago. 2021.

_____. "Terra de ninguém"? Os direitos de voto nas eleições americanas de 2020. *Panorama EUA*, v.10, n.7, nov. 2020c. Disponível em: https://www.opeu.org.br/wp-content/uploads/2020/11/Panorama-EUA_OPEU_Os-direitos-de-voto-nas--elei%C3%A7%C3%B5es-americanas-de-2020-v10-n7-Nov-2020.pdf. Acesso em: 8 ago. 2021.

_____. O textualismo a favor dos direitos LGBTs nos Estados Unidos de Trump. *Panorama EUA*, v.10, n.3, jul. 2020d. Disponível em: https://www.opeu.org.br/wp-content/uploads/2020/07/Panorama-EUA_OPEU_O-textualismo-a-favor-dos--direitos-LGBTs-v10-n3-Julho-2020.pdf. Acesso em: 8 ago. 2021.

KERSCH, K. I. *Conservatives and the Constitution:* Imagining Constitutional Restoration in the Heyday of American Liberalism. Cambridge: Cambridge University Press, 2019.

LIPTAK, A. Supreme Court Rejects Texas Suit Seeking to Subvert Election. *The New York Times*, 11 dez. 2020. Disponível em: https://www.nytimes.com/2020/12/11/us/politics/supreme-court-election-texas.html. Acesso em: 8 ago. 2021.

MACKINNON, C. A. The First Amendment: An Equality Reading. In: STONE, G. R.; BOLLINGER, L. C. *The Free Speech Century*. New York: Oxford University Press, 2018.

MYSTAL, E. Donald Trump and the Plot to Take Over the Courts. *The Nation*, 15 jul. 2019. Disponível em: https://www.thenation.com/article/society/trump-mcconnel--court-judges-plot/. Acesso em: 8 ago. 2021.

NEIDIG, H. Biden Team Asks Senate Democrats to Recommend Public Defenders, Civil rights Lawyers for the Federal Bench. *The Hill*, 30 dez. 2020. Disponível em: https://thehill.com/regulation/court-battles/532164-biden-team-asks-senate-dems--to-recommend-public-defenders-civil. Acesso em: 8 ago. 2021.

RUIZ, R. R. et al. A Conservative Agenda Unleashed on the Federal Courts. *The New York Times*, 14 mar. 2020. Disponível em: https://www.nytimes.com/2020/03/14/us/trump-appeals-court-judges.html. Acesso em: 8 ago. 2021.

SCHMIDT, C. W. Popular Constitutionalism on the Right: Lessons from the Tea Party. *Denver University Law Review*, v.88, p.523-557, 2011a.

_____. The Tea Party and the Constitution. *Hastings Constitutional Law Quarterly*, v.39, p.193-252, 2011b.

_____. Litigating Against the Civil rights Movement. *University of Colorado Law Review*, v.86, p.1173-1220, 2015.

_____. Beyond Backlash: Conservatism and the Civil rights Movement. *American Journal of Legal History*, v.56, p.179-194, 2016.

SHEAR, M. D.; HULSE, C. Biden Creating Commission to Study Expanding Supreme Court. *The New York Times*, 9 abr. 2021. Disponível em: https://www.nytimes.com/2021/04/09/us/politics/biden-supreme-court-packing.html. Acesso em: 8 ago. 2021.

SILVER-GREENBERG, J.; ABRAMS, R.; ENRICH, D. Growing Discomfort at Law Firms Representing Trump in Election Lawsuits. *The New York Times*, 9 nov. 2020. Disponível em: https://www.nytimes.com/2020/11/09/business/jones-day-trump-election--lawsuits.html. Acesso em: 8 ago. 2021.

SKOCPOL, T.; WILLIAMSON, V.. *The Tea Party and the Remaking of the Republican Conservatism*. New York: Oxford University Press, 2016.

SOUTHWORTH, A. *Lawyers of the Right:* Professionalizing the Conservative Coalition. Chicago/London: The University of Chicago Press, 2008.

TELES, S. M. *The Rise of the Conservative Legal Movement:* the Battle for Control of the Law. Princeton: Princeton University Press, 2008.

TOBIAS, C. President Donald Trump's War on Federal Judicial Diversity. *Wake Forest Law Review*, v.54, 2019, p.530-574. Disponível em: https://scholarship.richmond.edu/cgi/viewcontent.cgi?article=2582&context=law-faculty-publications. Acesso em: 8 ago. 2021.

TUSHNET, M. *Taking Back the Constitution:* Activist Judges and the Next Age of American Law. New Haven/London: Yale University Press, 2020.

4
A POLÍTICA AMBIENTAL NORTE-
-AMERICANA PARA A TERCEIRA
DÉCADA DO SÉCULO **XXI**:
LIMITES E POSSIBILIDADES À LUZ
DA CONJUNTURA E DO PASSADO

Pedro Henrique Vasques

Introdução

O presente texto é resultado parcial de um projeto de pesquisa mais amplo sobre a emergência do ambientalismo contemporâneo nos Estados Unidos, conduzido no âmbito do Grupo de Trabalho sobre Ambiente, Cultura e Sociedade do Instituto Nacional de Ciência e Tecnologia para Estudos sobre os Estados Unidos (INCT-Ineu). Seu objetivo se concentra em fornecer elementos ao leitor para avaliar os caminhos possíveis da política ambiental norte-americana na terceira década do século XXI. Além da bibliografia especializada, os materiais consultados para a produção dessa análise compreendem inúmeros documentos escritos, vídeos e áudios produzidos pelos três poderes em nível federal, bem como por partidos políticos e seus representantes, centros de pesquisa, e organizações e movimentos sociais contrários e a favor da pauta ambiental. A despeito de eventuais menções à dinâmica internacional – *e.g.*, o Acordo de Paris –, as aproximações propostas privilegiam aspectos internos da política estadunidense, sem relacioná-los com suas implicações externas, tampouco com as posições – muitas vezes contraditórias – adotadas pelo país nos espaços de debate internacional. Tarefa essa que, mesmo sendo necessária, demanda outras estratégias de análise e aproximação.

Para realizá-lo, nossa proposta foi conduzir a análise a partir de três olhares, ou pontos de observação. No primeiro e mais imediato, reconstruímos elementos importantes da conjuntura, na qual destacamos duas questões prioritárias, quais sejam, os efeitos da crise sanitária mundial sobre a percepção da agenda ambiental como prioritária para os norte-americanos e a acentuação da polarização política entre 2020 e 2021, em especial, no que diz respeito a temas de interesse ao debate climático ambiental. Tendo em vista a compreensão de que o antiambientalismo recentemente observado possui uma trajetória histórica particular, o segundo momento da análise é voltado para recuperar de forma sintética as dinâmicas de constituição de uma oposição conservadora à agenda sobre meio ambiente a partir da década de 1980. Finalmente, no terceiro estágio, concentramos nossa avaliação no governo Trump, considerando-o a forma mais recente de articulação desse antagonismo conservador, caracterizado pela radicalização de suas propostas. Considerando tais olhares, introduzimos nas considerações finais elementos para pensar – em conjunto com o leitor – a seguinte indagação: afinal, o que é possível de ser feito por Biden e Harris para a promoção da agenda climático-ambiental?

Os limites da política ambiental em meio à polarização política e emergência sanitária

Os anos de 2020 e 2021, pelo menos, ficarão marcados pela pandemia causada pela covid-19. No caso dos Estados Unidos, enquanto o primeiro período foi caracterizado pela atuação caótica de Trump diante da crise sanitária, o segundo, já sob gestão de Biden, tende a explicitar uma significativa alteração dos rumos do enfrentamento da referida emergência e, em geral, das ações do próprio governo federal. Nesse sentido, se o futuro do governo Biden se encontra em aberto, ao menos em um primeiro momento, a pandemia limitou suas possibilidades, assim como o fez ao longo do processo eleitoral em 2020. Sob tal perspectiva, as políticas ambientais, que vinham sendo colocadas como uma prioridade pelo então candidato democrata, não escapam dessa conjuntura atípica. Considerando esse cenário, uma das estratégias possíveis para obter pistas e avaliar o impacto da crise sanitária sobre a agenda de clima e meio ambiente no governo federal trata exatamente de observar a percepção dos estadunidenses a respeito de quais políticas públicas devem ser consideradas como prioritárias pelo Executivo antes e depois da eclosão da pandemia.

Os dados do Gráfico 4.1 explicitam uma significativa mudança na definição de prioridades para a gestão federal por parte da população dos Estados Unidos. As políticas que ganharam mais espaço em 2020, como clima, criminalidade e terrorismo, perdem apelo em meio à crise sanitária, enquanto questões como melhoria do sistema educacional e dos custos relativos à saúde, que já vinham apresentando certo declínio, em 2021,

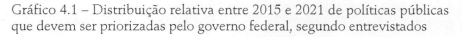

Gráfico 4.1 – Distribuição relativa entre 2015 e 2021 de políticas públicas que devem ser priorizadas pelo governo federal, segundo entrevistados

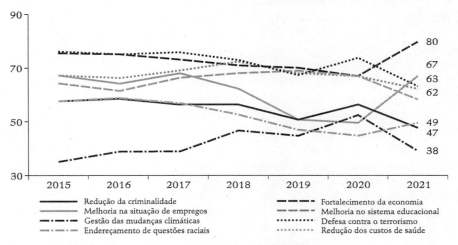

Fonte: elaboração própria, com base nos dados do Pew Research Center.

mantêm essa trajetória. A exceção a esse caso parece ser o tema racial, que ganhou destaque mesmo em meio à pandemia, dadas as articulações sociais no entorno de movimentos, como o do Black Lives Matter. E, revertendo a tendência de queda, emprego e economia despontam como as principais urgências para os norte-americanos. Ainda que esse cenário não estivesse claro ao longo da disputa à presidência, fazendo com que a chapa democrata mantivesse seu foco na agenda ambiental, a preocupação com a economia, junto com questões específicas ligadas à raça e à desigualdade social, deu o tom de como Biden e Harris pretendiam tratar das políticas envolvendo clima e meio ambiente.

Nesse aspecto, se parecia haver um consenso, ainda que limitado, acerca da importância do meio ambiente, a dissonância residia no modo como a gestão deveria ser feita. Para lidar com essa situação, a proposta democrata em 2020 foi tratar o tema junto da agenda econômica, mas, nesse caso, como um ativo para a sua promoção, e não como um ônus, associado à limitação do potencial de desenvolvimento dos indivíduos e do país. Isso porque, durante o ciclo das crises de petróleo da década de 1970, em especial, no curso da gestão de Jimmy Carter (1977-1981), uma das estratégias empregadas pelo governo federal para administrar o problema energético foi associá-lo ao alto consumo dos norte-americanos e à necessidade de freá-lo tendo em vista o esgotamento dos limites ambientais planetários. A partir de então, a política ambiental democrata se concentrou em promover propostas de alteração do modo de vida da população, incidindo sobre as possibilidades de sucesso econômico, em prol de uma coletividade abstrata. Essa abordagem, mais do que uma marca das políticas democratas, será mobilizada pelas frentes de oposição, contrárias ao avanço e promoção da agenda ambiental. É possível observar tentativas para reverter esse quadro durante o governo Obama (2009-2017) (Urpelainen; Van de Graaf, 2017), mas uma proposta ampla, articulada e dotada de protagonismo com a maioria do partido toma forma na campanha eleitoral de Biden em 2020.

Em paralelo à articulação positiva entre economia e meio ambiente, outro eixo de reformulação da abordagem democrata à referida agenda é explicitado na aproximação com os debates sobre justiça e equidade, que estão no nascedouro do ambientalismo contemporâneo (Le Preste, 2001). Essa movimentação se dá tanto nas instituições federais como em uma perspectiva mais ampla, ligada à disputa do direito e das formas jurídicas. No tocante à primeira, ainda que o Office of Environmental Justice (OEJ) tenha sido criado em 1992, no governo de George H. W. Bush (1989-1993), é com Clinton (1993-2001) e Obama que ele é fortalecido. Nesse contexto, a despeito de os últimos presidentes republicanos conservadores terem buscado minar essa agenda no plano institucional, suas ações não foram suficientes para coibir as articulações públicas no entorno do debate sobre justiça ambiental (Turner; Wu, 2002). A identificação de sua importância pelo Partido Democrata se reflete na incorporação do tema na campanha de Biden, tendo Kamala Harris como sua principal promotora. Sobre o segundo aspecto dessa dinâmica, este não se confunde com a mera judicialização das demandas sobre meio ambiente, que acontece já há algumas décadas. Portanto, não se trata de necessariamente recorrer ao Judiciário, mas de uma mudança mais ampla, que passe a levar em consideração dimensões sociais e culturais de grupos minoritários e vulneráveis.

Em linhas gerais, é possível sustentar que as propostas e o governo de Biden indicam uma reformulação importante no discurso (e, possivelmente, nas práticas) dos democratas em relação à agenda climático-ambiental. Contudo, para além da pandemia, e de reorganizar as prioridades de ação do governo federal, indicando potenciais limites para outras políticas públicas, a emergência sanitária também explicitou as clivagens observáveis em um contexto de elevada polarização política. Mesmo considerando que as propostas de uma agenda ambiental economicamente positiva e socialmente justa remanesçam possíveis na conjuntura caracterizada pela covid-19, a estratégia de empregar tais diretrizes também como um estímulo ao arrefecimento de disputas políticas encontra limitada ressonância social. Nas atuais circunstâncias, acredita-se que a tentativa de sinalizar para um futuro governo voltado à união dos norte-americanos, dispensando o modelo trumpista de embates e polêmicas, precisará mobilizar outros elementos em associação à dimensão econômica para obter certo sucesso. Ao menos é o que sugerem os dados do Gráfico 4.2.

Gráfico 4.2 – Distribuição relativa entre 2020 e 2021 de políticas públicas que devem ser priorizadas, segundo democratas e republicanos

2020

	Economia	Empregos	Clima	Relações raciais
Democratas	61	51	78	57
Republicanos	74	45	21	30

2021

	Economia	Empregos	Clima	Relações raciais
Democratas	75	71	59	72
Republicanos	85	63	14	24

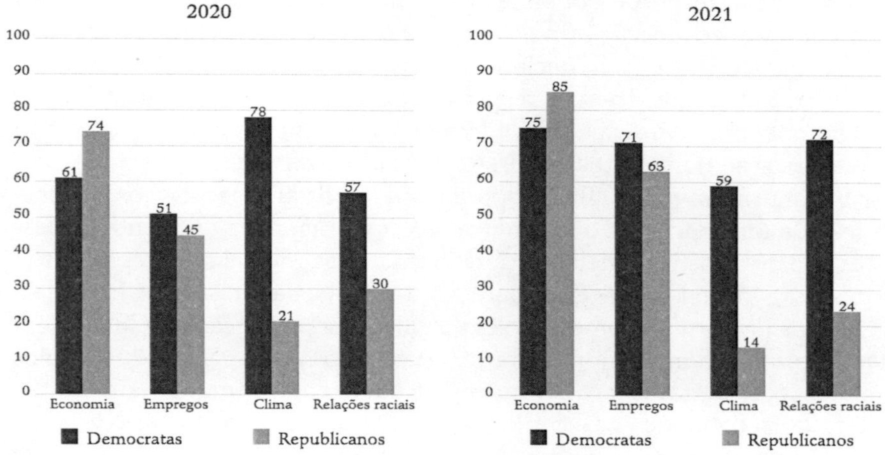

Fonte: elaboração própria, com base nos dados do Pew Research Center.

O Gráfico 4.2 apresenta uma seleção das políticas públicas interessantes à presente análise e, ao mesmo tempo que se limita aos anos de 2020 e 2021, traz mais detalhes ao segmentar as informações entre os entrevistados que se autodeclararam democratas e republicanos. No tocante às duas primeiras prioridades, isto é, economia e emprego, fica evidente um aumento da percepção acerca da sua relevância por parte de ambos os grupos políticos no período analisado, reforçando o Gráfico 4.1, bem como os efeitos da pandemia sobre os norte-americanos. Nesse contexto, há uma diminuição da diferença entre apoiadores dos dois partidos com relação ao primeiro aspecto, enquanto no segundo observa-se um rarefeito aumento que, em geral, demonstra uma certa unidade acerca da importância dos referidos temas na atual conjuntura.

O movimento identificado para os dois primeiros elementos no Gráfico 4.2, no entanto, contrasta com as preocupações climáticas, destacadas por duas razões principais. A primeira trata da profunda clivagem entre os dois grupos políticos que, mesmo que tenha diminuído entre anos analisados, continua a indicar uma provável dificuldade de construir soluções ambientais bipartidárias que passem pela discussão climática. A segunda toca no deslocamento da importância do referido debate para os norte-americanos. Apesar de ser colocada como prioritária para maior parte dos democratas, há uma relativização dessa preocupação em 2021 – que também ocorre em meio aos republicanos. Acredita-se que esta esteja diretamente relacionada com a eclosão da pandemia causada pela covid-19. Finalmente, sobre as questões raciais, o que se observa é um fenômeno ainda mais interessante.

Isto é, mesmo considerando a crise sanitária, dados os episódios de racismo, em especial os associados à violência policial ocorridos em 2020, e que suscitaram intensas respostas por parte de movimentos sociais raciais, houve um aumento da preocupação sobre o tema em meio aos democratas. Esse incremento é contrastado pelo declínio em meio aos republicanos, ampliando a disparidade entre ambos a respeito da priorização dessa questão pelo governo federal. Ou seja, indicando não só uma manutenção do contexto de polarização política, mas, sobretudo, sua intensificação.

Durante a campanha, Biden optou por concentrar seus esforços na construção de uma narrativa que conjugasse economia, meio ambiente e questões raciais a partir do debate sobre justiça. Esse movimento representou uma reorganização da agenda democrata, privilegiando setores mais progressistas do partido, como aqueles vinculados à promoção do Green New Deal, que visa a impulsionar a retomada econômica a partir de estímulos estatais concentrados em setores ligados à agenda climático-ambiental. Contudo, a pandemia e os conflitos sociais experimentados em 2020 contribuíram para complexificação da conjuntura. Isto é, se é possível verificar uma convergência bipartidária em torno da prioridade à economia nacional, as clivagens entre democratas e republicanos em temas como meio ambiente, clima, raça e justiça tendem não só a limitar as chances de êxito de Biden e sua equipe de promoverem a agenda definida em campanha, mas, principalmente, podem induzir o governo federal a buscar outros caminhos para fomentar a recuperação econômica.

Por último, ainda que o aparente aprofundamento da polarização política seja um fato novo, tal distanciamento em si não o é. Tal cenário também está associado a uma trajetória anterior marcada por disputas entre democratas e republicanos no tocante à agenda climático ambiental. Esse contraste vem sendo construído desde a década de 1980, e, para investigar as razões pelas quais os democratas optaram por empreender as mudanças propostas por Biden, apresentamos a seguir uma síntese dessa dinâmica que vem alimentando um crescente sentimento antiambientalista entre os estadunidenses.

A trajetória conservadora rumo à constituição de um campo intelectual e institucional de oposição ao ambientalismo

A emergência do ambientalismo nos Estados Unidos na segunda metade do século XX explicita uma dinâmica singular associada à constituição de novas instituições e regras que não só estavam preocupadas em administrar os estoques de recursos naturais relevantes – uma marca dos processos de gestão da natureza na primeira metade do referido século –, mas que fossem capazes de contribuir para a organização da economia no contexto do pós-guerra, garantindo seu funcionamento equilibrado (Vasques, 2018). Apesar da ausência de clareza acerca da profundidade das mudanças que eram então introduzidas, é na década de 1970 que os principais instrumentos normativos e institucionais são aprovados pelo Legislativo federal norte-americano, abrindo caminho para essa nova razão de gestão dos sujeitos e de seu entorno. Tamanha era a força social e política desse discurso ambiental emergente que a convergência bipartidária nos Estados Unidos se constituiu naquele momento como a única via de resposta institucional possível. Colocar-se em oposição ou questionar os anúncios e riscos de uma possível guerra nuclear, do esgotamento dos recursos naturais ou das consequências nefastas da poluição causada por processos industriais era percebido como impensável.

A era de ouro do ambientalismo nos anos 1970, no entanto, é atravessada pelo ciclo de crises do petróleo. Esses eventos contribuíram para uma substantiva reorientação das prioridades sociais e governamentais. Isto é, o problema da energia e do abastecimento de petróleo e derivados é tornado tema central do debate público. Por outro lado, como mencionamos, a resposta dos ambientalistas e de Carter à crise se concentrou nos aspectos negativos do discurso sobre o meio ambiente, como os desfechos apocalípticos, a escassez e o racionamento. É a partir desses episódios que os fundamentos para a constituição de um campo de oposição começam a ser articulados e a inflexão negativa decorrente da posição adotada pelos democratas contribui para enfraquecer a convergência social e bipartidária formada no final dos anos 1960. Ademais, a melhor compreensão por parte dos norte-americanos sobre as implicações do discurso ambiental para os comportamentos e a economia também foi fator essencial para estimular a emergência desse antagonismo.

Em linhas gerais, é possível dividir a oposição ao ambientalismo nos Estados Unidos em ao menos três períodos. O primeiro, organizado na década de 1980, é fortalecido com a sua adesão pela administração Ronald Reagan (1981-1989) e tem como eixo de confronto argumentos produzidos no entorno da ciência e, principalmente, de natureza econômica (Lash; Gillman; Sheridan, 1984; Kraft; Vig, 1984; Dunlap, 1987; Drake, 2013). O segundo, que ganha forma ao longo dos anos 1990 e é caracterizado por se constituir em antagonismo à orientação anterior, ou seja, distancia-se da economia, esforça-se para marginalizar a ciência – colocando-a sob constante dúvida – e, em seu lugar, passa a disputar o debate público a partir de valores morais. Finalmente, o terceiro e atual estágio do antagonismo ao discurso ambiental é marcado pela eleição de Donald Trump (2017-2021). Nesse momento, é possível observar uma radicalização do discurso moral que é acompanhada por uma importante inversão na qual a crítica ambiental passa a ser percebida como um ativo do discurso conservador e não como um ponto sensível a ser administrado com cuidado. Trataremos de forma sintética os dois primeiros estágios nessa seção, enquanto, na terceira, a administração Trump e a reorganização do discurso conservador serão analisados de forma um pouco mais detida.

Na década de 1980, parte dos setores econômicos e da sociedade norte-americana limitaram o avanço da agenda ambiental, submetendo a aprovação de novas regras a controles prévios de custo-benefício. Essa restrição estimulou respostas que contribuíram para a profissionalização dos movimentos, que passaram a incluir em seus quadros especialistas preparados para debater e fundamentar seus argumentos tecnicamente (Turner; Isenberg, 2018). Sob tal perspectiva, o discurso científico ganha centralidade, ainda que seu manuseio pelas autoridades federais fosse circunstancial (Daynes; Sussman, 2010). Em paralelo, Reagan e partidários de seu governo passam a incidir sobre a disputa com o ambientalismo a partir de argumentos econômicos, subvertendo a lógica da escassez promovida no governo Carter. Alternativamente, recorrem à engenhosidade dos norte-americanos para estimular soluções diversas para o problema energético, propõem a reorganização da política ambiental federal tendo em vista o novo federalismo de Nixon – *i.e.*, reduzindo o papel da União e transferindo mais responsabilidades aos estados –, bem como dando apoio a setores industriais e agrícolas diretamente afetados pelas restrições ambientais.

É preciso ressaltar que a opção inicial dos grupos de oposição de confrontar o discurso ambiental, procurando pautar o debate público a partir de fundamentos econômicos e científicos, configura-se como uma estratégia possível, voltada sobretudo para atender grupos sociais que percebiam tais políticas como um ataque ao seu modo de vida. Nesse contexto, ressalta-se também que as insatisfações dos habitantes do meio rural e do Oeste do Estados Unidos com medidas de gestão dos recursos naturais, como aquelas promovidas nos anos 1930 no âmbito do New Deal, responsáveis por restringir os usos das terras públicas federais, vinham se acumulando. A criação e implementação de políticas ambientais a partir da década de 1970, que vieram acompanhadas de normas mais rígidas sobre questões como uso do solo, recursos hídricos, exploração do carvão, acabam por reforçar o antagonismo histórico que esses sujeitos vinham desempenhando em relação à atuação democrata. Desse modo, não foi muito difícil aos grupos de oposição caracterizar e difundir tais medidas como políticas voltadas à produção de ressentimento. Discurso esse que, rapidamente, ultrapassa as barreiras do Meio-Oeste dos Estados Unidos, passando a incluir grupos sociais precarizados que, em última medida, tiveram suas vidas diretamente afetadas pelas restrições ambientais, por exemplo, com o fechamento de indústrias.

No curso de sua mobilização, o êxito da organização do discurso de oposição em torno do ressentimento tende a suplantar a necessidade de sua conjugação com argumentos técnicos e econômicos. Por meio dessa abordagem, as interferências do governo federal nos Estados seriam tanto ilegítimas do ponto de vista político, já que os tomadores de decisão não conheceriam a realidade local sob a qual as normas incidiriam, como representariam uma violação das liberdades individuais, uma vez que limitariam o acesso às riquezas naturais do país e, logo, a possibilidade de que tais indivíduos prosperassem. Observa-se, então, uma série de ações voltadas à recuperação dos valores caros a esses grupos marginalizados pela política ambiental democrata, propondo quase que um retorno às práticas de gestão dos recursos naturais do início do século XX, na qual a atuação do poder público se limitava a conservar determinados espaços públicos, e a natureza, subordinada às sociedades humanas por um desejo divino, tinha como propósito principal servir ao desenvolvimento coletivo e individual.

Junto da compreensão acerca dos limites dos argumentos econômicos e do sucesso da abordagem valorativa, é possível observar o fortalecimento da convergência entre grupos conservadores e setores da economia norte-americana que, insatisfeitos com a expansão da política ambiental nacional, passaram a apoiar e fortalecer a agenda moral de seus aliados na expectativa de ter seus interesses defendidos. Com o iminente fim da Guerra Fria, essa confluência passa a receber apoio adicional dos *think tanks*, os quais, com a derrocada da União Soviética, buscavam novos campos de atuação. Para parte deles, meio ambiente e, mais adiante, clima, se tornaram seu alvo primário. A partir da premissa de que o ambientalismo representaria um ataque à liberdade individual, à livre iniciativa e ao direito divino à prosperidade, grupos conservadores foram responsáveis pela construção de um campo intelectual de oposição que forneceria subsídios para fundamentação de discursos e práticas tanto para as articulações sociais como para seus representantes alocados em cargos públicos. Um dos momentos centrais que explicitam a consolidação dessa convergência e estratégia é a incorporação com grande destaque da narrativa moral conservadora no Partido Republicano nos anos 1990.

Formulada com o auxílio de núcleos promotores de ideias conservadoras nos Estados Unidos, a orientação dada aos republicanos sempre que fossem tratar de algum tema ambiental era a seguinte: evitar argumentos econômicos, colocar a ciência sob constante dúvida, e centralizar a discussão em torno de valores morais. Um pressuposto importante para compreender as razões que levaram o referido discurso a ser organizado dessa forma reside na percepção dos próprios republicanos e conservadores de que tanto o partido como suas políticas de governo eram vistos por grande parcela dos norte-americanos como antagonistas à agenda ambiental. Tal posicionamento era interpretado pelos membros do partido e seus aliados como um aspecto negativo, que precisava ser administrado com cuidado. A partir dessa abordagem, para os referidos grupos havia a necessidade de se construir uma estratégia de oposição, que defendesse os interesses de seus apoiadores, ao mesmo tempo que não fizesse ataques diretos ao ambientalismo. Por fim, dentre os setores que participaram da construção desse discurso conservador, ressalta-se o religioso. Ainda que se tenha uma visão geral sobre sua importância, são necessárias análises mais detalhadas a respeito de seu papel em tais processos.

Em síntese, é possível sustentar que, ao longo da década de 1990, a oposição conservadora ao ambientalismo nos Estados Unidos ganha força por meio de sua disseminação nas diversas camadas sociais e no interior do Partido Republicano, sendo explicitada de forma articulada por meio de movimentos sociais organizados e a partir de representantes públicos eleitos. Essa dinâmica ocorre em paralelo à consolidação de um campo intelectual e da aproximação de seus promotores com setores da economia estadunidense insatisfeitos com a política ambiental democrata. Seu discurso, portanto, passa a ser protagonizado pelos dois elementos anteriormente destacados, quais sejam, a caracterização da política ambiental democrata como promotora de ressentimento e a defesa dos valores morais conservadores em resposta às restrições e reorientações comportamentais incentivadas pelo ambientalismo. Com isso não se espera defender que o uso de argumentos de econômicos e científicos desapareceram por completo, mas tão somente que tais abordagens – ainda que constantemente mobilizadas – deixaram de ser o eixo principal de organização dos discursos e práticas orientadores de uma atuação antiambiental.

Mesmo considerando que tais narrativas conservadoras possuem apoio popular, os dados anteriormente trabalhados também reforçam que parcela significativa dos norte-americanos se preocupa com a questão ambiental. Como dito, o ponto de dissenso reside na definição das medidas que devem ser adotadas, razão pela qual o discurso conservador pode também ser percebido como uma resposta às políticas promovidas pelos democratas. Estes, por sua vez, foram incapazes de reverter a consolidação das frentes de oposição em direção à recuperação de uma convergência bipartidária. Não só os esforços de Clinton foram incipientes, como também levaram a fracassos com, por exemplo, a indústria do carvão, reforçando o discurso conservador. A campanha presidencial de Al Gore e a nova tentativa de mobilizar a retórica da escassez explicitou seus limites, e a própria dificuldade dos democratas de lidar com a temática a partir de outra perspectiva. Uma demonstração de indícios de modificação desse cenário é vista no governo Obama, apesar de esta haver sido insuficiente para lidar com os limites impostos à agenda ambiental pela atuação republicana conservadora. É nesse quadro que Trump sai vitorioso no processo eleitoral de 2016 e retoma uma proposta antiambiental, de forma semelhante àquilo fora feito por seus antecessores, Reagan e W. Bush (2001-2009).

O governo Trump, a reconfiguração das estratégias republicanas de oposição ao ambientalismo e a resposta democrata

Trump e sua administração foram reiteradamente caracterizados pelos meios midiáticos como pioneiros na intensidade e profundidade dos ataques direcionados à agenda ambiental norte-americana e internacional. Contudo, a despeito de ser possível, de fato, observar particularidades restritas à sua administração, existem mais pontos de aproximação com a trajetória republicana conservadora do que o inverso. Trump foi hábil em mobilizar de forma convergente os dois eixos argumentativos anteriormente mencionados (valores morais e o sentimento de ressentimento). Nesse contexto, ao fazê-lo, o republicano tanto reforçou tal estratégia como produziu tensões no interior dela própria. Isso porque, na medida em que radicalizou a abordagem conservadora, o então presidente propôs uma inversão de um dos principais pressupostos de orientação da formulação do discurso de oposição. Ao invés de seguir a cartilha da década de 1990, encarando o histórico ambiental recente do partido como um elemento depreciativo, devendo, portanto, evitá-lo, Trump exalta-o, colocando a referida trajetória em evidência não como um passivo, mas como um ativo a ser explorado junto ao eleitorado conservador (Turner; Isenberg, 2018).

Inicialmente, essa opção de reorganização da estratégia republicana foi recebida com receio e cautela por vários segmentos sociais e políticos que, mais adiante, apoiariam Trump em seu governo. O fortalecimento de grupos conservadores no interior do partido e o relativo sucesso em implementar os retrocessos normativos contribuíram, entre outros fatores, para a solidificação dessa dinâmica que perpassaria toda a administração. Enquanto recorria ao consolidado campo intelectual conservador para organizar suas ideias, havia poucas dúvidas a respeito da sua proposta de radicalização da estável cartilha republicana. E essa orientação estava evidente, no mínimo, desde sua campanha eleitoral de 2016, quando prometia adotar medidas administrativas e legislativas para reduzir o papel da Environmental Protection Agency (EPA), a agência federal de meio ambiente dos Estados Unidos; abrir novas áreas federais para a exploração de petróleo, gás natural e carvão; paralisar os programas de controle e redução de emissões atmosféricas; e, sobretudo, retirar o país do Acordo de Paris sobre o clima.

No curso da administração Trump, inúmeros retrocessos à agenda ambiental foram promovidos. Todavia, entre as várias possibilidades de incidência, é possível observar uma concentração de esforços em dois setores principais: emissões atmosféricas e produção e geração de energia fóssil ou não renovável, explicitados na Tabela 4.1, a partir das categorias "emissões e poluição do ar" e "perfuração e exploração". A decisão de enfocar esses dois aspectos não ocorreu por acaso e reforça a capacidade de convergência entre a proposta de subversão da cartilha republicana e os eixos sobre os quais ela foi elaborada. O que, em outras palavras, implica dizer que, apesar das tensões internas, a contradição posta pela inversão estimulada por Trump fortaleceu o discurso conservador, ao invés de enfraquecê-lo, distanciando ainda mais as possibilidades de ascensão de um discurso moderado no interior do Partido Republicano. Uma interpretação possível e de caráter mais amplo sobre esse resultado estaria na avaliação de que ele poderia ser percebido como sintoma de um potencial esgarçamento da convergência entre instituições democráticas contemporâneas e dinâmicas neoliberais (Vasques, 2020).

Tabela 4.1 – Categorias de normas ambientais federais completa ou parcialmente revertidas no governo Trump

Categoria de regra revertida	Completo	Parcial	Total
Emissões e poluição do ar	28	2	30
Perfuração e exploração	12	7	19
Infraestrutura e planejamento	14	0	14
Fauna	15	1	16
Poluição hídrica	8	1	9
Substâncias tóxicas e segurança	9	1	10
Outros	12	2	14
Total	98	14	112

Fonte: Popovich, Albeck-Ripka e Pierre-Louis (2020).

Para analisar as razões que levaram à opção de centralizar esforços nos dois setores mencionados, é preciso ir além da sua identificação como questões centrais para a política ambiental estadunidense e internacional. Como vimos na primeira seção, o debate sobre clima – que representa um ponto de contato central entre políticas atmosféricas e geração de energia não renovável – vem produzindo nos últimos anos um profundo distanciamento entre democratas e republicanos. Esses dados explicitam o sucesso da estratégia republicana conservadora de oposição ao ambientalismo – cuja viabilidade também está associada aos limites sociais e políticos do discurso ambiental mobilizado pelos democratas, calcado na escassez. Explorando a temática climática, Trump tanto ganhava constante espaço no debate público como reforçava sua base eleitoral e, simultaneamente, explicitava a dificuldade de os democratas produzirem respostas que mitigassem a polarização política, arregimentando parte dos eleitores republicanos, entre eles os conservadores. Contudo, se esses aspectos eram suficientes para justificar a atuação do Executivo federal, em relação ao Legislativo, os estímulos foram outros.

De Trump a Biden

Tanto no Partido Democrata quanto no Republicano, não há uma indiscutível unidade sobre a forma e o conteúdo das políticas climáticas, ainda que, no caso do primeiro, sua consonância em favor da temática seja substantivamente superior. Isso significa que é possível identificar, em meio a grupos moderados, representantes republicanos a favor de propostas ambientais progressistas. Contudo, quando observamos o Legislativo federal no curso do governo Trump, verificamos um elevado grau de coesão entre os congressistas republicanos em relação à questão climática, em especial, após as tentativas de Obama de implementar uma política de controle de emissões atmosféricas sem o aval das duas casas legislativas. Com o julgamento do caso Massachusetts v. EPA pela Suprema Corte, em 2007, entre outros, foi decidido não só que o Executivo federal detinha competência para editar normas administrativas para tratar das emissões de carbono, como tal questão não era facultativa, sendo, portanto, uma exigência do Clean Air Act. Em 2015, Obama buscou colocar em prática a decisão judicial, e lançou seu Clean Power Plan, combatido tanto no plano judicial quanto no Congresso, sendo que esse último conseguiu aprovar uma resolução de desaprovação – que poderia bloquear a execução do plano de Obama –, obrigando o presidente a vetá-la.

O caso do Clean Power Plan de Obama, que foi atacado e desfeito no governo Trump, reitera a manutenção do discurso ambiental democrata fundado na escassez e explicita a existência de vias alternativas possíveis aos conservadores para obterem suporte para sua agenda. Saudado por apoiadores do ambientalismo, o democrata foi criticado por seus opositores mediante a mobilização de fundamentos e discursos muito similares àqueles empregados contra seus antecessores, Carter e Clinton. Apesar de haver sido vetada pelo Executivo federal, a unidade obtida no Legislativo para a aprovação da resolução foi possível, em larga medida, pela construção de uma narrativa de violação das prerrogativas dos congressistas, que, nesse caso, produziu resultados alinhados com os interesses daqueles insatisfeitos com a nova regulação ambiental. Essa situação se deu de forma tão flagrante que foi capaz de retirar os congressistas de sua inércia, estimulando uma resposta ativa do Legislativo contra uma ação do Executivo. Para compreender a importância dessa questão, é preciso retornar rapidamente à participação histórica do Congresso nas disputas envolvendo clima e meio ambiente.

Após a década de 1970, o Legislativo federal teve raros momentos de convergência bipartidária em favor da agenda ambiental. Mais do que isso, o Congresso vem representando nas últimas décadas um obstáculo para a aprovação de novas normas jurídicas, obrigando que o Executivo federal trate da temática a partir de regulações administrativas. Estas, apesar de serem mais facilmente instituídas – afinal, não dependem de aprovação pelo Legislativo –, também são mais frágeis, podendo ser modificadas por futuras administrações, como ocorreu no caso da passagem de Obama para Trump. Mesmo

79

que avaliações gerais a respeito desse cenário de impasse concluam que o saldo para o progressismo ambiental é positivo, há também o consenso de que o arcabouço normativo existente se tornou insuficiente para lidar com as questões climático-ambientais contemporâneas (Klyza; Sousa, 2013). Nesse contexto, seria necessário, portanto, reverter o impasse entre os congressistas em favor de uma atuação bipartidária proativa a favor do ambientalismo.

Ao retornarmos para o caso do Clean Power Plan, lembramos que, enquanto se alertava para a necessidade de o Executivo trabalhar em favor da reversão da dinâmica de polarização política, construindo um caminho conjunto entre ambos os partidos, o plano de Obama produziu o efeito inverso. Naquela circunstância, os legisladores abandonaram uma conduta reativa em relação a novas propostas normativas e adotaram uma postura proativa contra uma ação do Executivo. Em outras palavras, o fracasso dos democratas para aprovar no Congresso uma legislação climática em 2009 de certa forma se repetiu em 2015, ainda que o plano tenha sido formalmente instituído. De uma ponta a outra – sem, é claro, desconsiderar os importantes avanços conquistados pela administração Obama –, o governo democrata foi incapaz de enfraquecer a influência das narrativas conservadoras sobre instituições e grupos sociais norte-americanos, o que produziu limitações substantivas nas possibilidades de ação por parte do Executivo federal. A solidez das plataformas de oposição – que vêm sendo construídas desde a década de 1980 – diante das narrativas ambientalistas contribuiu para que a estratégia de radicalização e inversão da cartilha republicana perseguida por Trump obtivesse sucessivos êxitos. Conquistas essas que, por outro lado, continuaram limitadas pelo Congresso e, em certa medida, foram revertidas pelo Judiciário.

Na disputa presidencial de 2020, ao apresentar suas propostas, Biden o fez dando centralidade ao alinhamento entre economia, meio ambiente e equidade, recuperando a ideia de um Green New Deal. Organizar a agenda de governo no entorno dos referidos eixos não é uma novidade, ainda que tenha ganhado destaque recentemente. Concebida no interior do Partido Verde norte-americano, essa agenda foi, em certa medida, utilizada como inspiração por Obama e, antes de ser encampada por Biden, voltou a ganhar força em 2018 com a congressista Alexandria Ocasio-Cortez. Mesmo não sendo uma proposta inédita, ela pode vir a representar uma mudança importante na trajetória de formulação do discurso ambientalista democrata. Isso porque, no âmbito da avaliação de suas perspectivas de sucesso, estima-se que ela tenha maiores chances do que suas antecessoras, dada uma série de questões, como o maior apoio dos setores econômicos, um cenário político mais favorável, uma ampliação das bases sociais aliadas junto a minorias etc. E, sobretudo na reformulação do discurso democrata, a narrativa do Green New Deal abre espaço ao protagonismo de uma agenda positiva, sintetizada pelo próprio Biden ao longo da campanha eleitoral: *"When I think about climate change, the word I think of is Jobs"* (Biden Jr., 2020).

Considerações finais

Em um contexto caracterizado pela crise sanitária e pela intensificação da polarização entre democratas e republicanos, Biden acena desde o início de sua campanha eleitoral para um esforço de convergência bipartidária e de união entre os norte-americanos. Esse pleito, reiterado em seu discurso de posse em janeiro de 2021, vem acompanhado de uma proposta de mudança dos discursos e práticas democratas em relação à agenda ambiental – marcados nos últimos anos por narrativas de racionamento e escassez. Essa alteração ganha espaço não por acaso, mas ante a histórica incapacidade do partido e seus representantes de lidarem com os bloqueios colocados pela ascensão do discurso republicano conservador antiambiental. Como vimos, este começa a ser forjado nos anos 1980, atinge um elevado grau de conformação intelectual na década seguinte, e, com Trump, é radicalizado, subvertendo a percepção de que a oposição ao meio ambiente seria um passivo, recolocando-a como um ativo político junto ao eleitorado conservador.

Ao encampar a mudança defendida pelos progressistas de seu partido, Biden, mesmo limitado pela conjuntura, se distancia das narrativas recentes e se associa a um passado remoto – com o New Deal. Faz isso tanto para fundamentar histórica e intelectualmente a viabilidade de sua proposta (Maher, 2008) quanto para remeter a uma memória positiva com a população. Ao se colocar em tal posição, a recém-eleita gestão democrata estimula novos caminhos de atuação, reorganizando o quadro de possibilidades da agenda ambiental norte-americana. E, em paralelo ao que foi feito por Reagan, exorta as virtudes do povo norte-americano, sua engenhosidade e capacidade de produzir soluções alternativas para seus problemas – nesse caso, em favor da promoção da agenda ambiental, que passa a ser discursivamente operada em um eixo positivo. Em tal ótica, a restrição não aparece como um limitador da ação ou como uma censura ao comportamento individual. Ela deixa de ser tratada como um bloqueio que impede a consecução do sonho norte-americano e passa a se endereçar ao futuro e a uma coletividade abstrata, constituindo-se como a melhor via existente para se atingi-lo pela sociedade estadunidense contemporânea. No entanto, seu desafio se complexifica; eis que, ao evocar o New Deal, Biden também fortalece antigos opositores das políticas de bem-estar social, hoje, em parte, aquartelados em movimentos antiambientalistas, limitando o alcance de seu apelo à união.

Referências

BIDEN Jr., J. R. Postagem do Twitter, 14 jul. 2020, 8:47 pm. Disponível em: https://twitter.com/joebiden. Acesso em 1 mar. 2021.

DAYNES, B. W.; SUSSMAN, G. *White House Politics and the Environment*. Texas: Texas A&M University Press, 2010.

DRAKE, B. A. *Loving Nature, Fearing the State. Environmentalism and Antigovernment Politics Before Reagan*. Seattle: University of Washington Press, 2013.

DUNLAP, R. E. Polls, Pollution, and Politics Revisited Public Opinion on the Environment in the Reagan Era. *Environment: Science and Policy for Sustainable Development*, v.29, n.6, 1987.

KLYZA, C. M.; SOUSA, D. J. American Environmental Policy: Beyond Gridlock. In: *American Environmental Policy*. Cambridge: MIT Press, 2013. p.184-186.

Kraft, M. E.; VIG, Norman J. Environmental Policy in the Reagan Presidency. *Political Science Quarterly*, v.99, n.3, p.415-439, 1984.

LASH, J.; Gillman, K.; Sheridan, D. *Season of Spoils:* the Reagan Administration's Attack on the Environment. United States, 1984.

LE PRESTE, P. *Ecopolítica internacional*. São Paulo: Editora Senac, 2001.

MAHER, N. M. *Nature's New Deal:* The Civilian Conservation Corps and the Roots of the American Environmental Movement. New York: Oxford University Press, 2008.

PEW RESEARCH CENTER. Climate, Energy & Environment. [S.l.], 2021. Disponível em: https://www.pewresearch.org/topic/science/science-issues/climate-energy--environment/. Acesso em 1 mar. 2021.

POPOVICH, N.; ALBECK-RIPKA, L.; PIERRE-LOUIS, K. The Trump Administration Rolled Back More Than 100 Environmental Rules. Here's the Full List. *The New York Times*, 2020. Disponível em: https://www.nytimes.com/interactive/2020/climate/trump-environment-rollbacks-list.html. Acesso em: 8 ago. 2021.

TURNER, J. M.; ISENBERG, A. C. *The Republican Reversal:* Conservatives and the Environment from Nixon to Trump. Cambridge, MA: Harvard University Press, 2018.

TURNER, R. L.; WU, D. P. *Environmental Justice and Environmental Racism*: an Annotated Bibliography and General Overview, Focusing on U.S. Literature, 1996-2002. Berkeley, CA: Berkeley Workshop on Environmental Politics, Institute of International Studies, University of California, 2002.

URPELAINEN, J.; VAN DE GRAAF, T. United States non-cooperation and the Paris agreement. *Climate Policy*, p.1-13, 2017.

VASQUES, P. H.. Razão governamental neoliberal sob tensão na pandemia: reflexões sobre as políticas ambientais de Brasil, EUA e União Europeia. *Boletim NEAI – Mundo, Política e Cultura*, n. 2, ago. 2020. Disponível em: https://neai-unesp.org/wp-content/uploads/2020/09/Boletim-NEAI-N.-2-agosto-2020.pdf. Acesso em: 8 ago. 2021

_____. *O governo ambiental no Brasil:* uma análise a partir dos processos de avaliação de impacto ambiental. Campinas, 2018. 325p. Tese (Doutorado) – Instituto de Filosofia e Ciências Humanas, Universidade Estadual de Campinas. Disponível em: http://repositorio.unicamp.br/jspui/handle/REPOSIP/332346. Acesso em: 9 ago. 2021.

5
Os "muros" do governo Trump: exclusão e discriminação na política migratória dos Estados Unidos de 2017 a 2020

William Torres Laureano da Rosa
Gabriel Roberto Dauer

Introdução

"Build the Wall". Essa frase tornou-se comum durante a campanha de Donald Trump à presidência dos Estados Unidos em 2016. Trump prometeu diversas vezes que deportaria milhões de imigrantes indocumentados caso vencesse as eleições e que construiria a *"big, beautiful wall"* (Rodriguez, 2021), em referência ao muro que seria pago pelo México com o objetivo de diminuir o tráfico de drogas e a criminalidade nos Estados Unidos. Muito embora o slogan oficial da campanha fosse *"Make America Great Again"* (Graham, 2020), *"Build the Wall"* tornou-se um grito de guerra constante dos apoiadores de Trump em 2016, mostrando a visão da nova administração com relação às questões migratórias. A administração de Donald Trump foi um período que exacerbou a retórica do migrante inimigo, do migrante ilegal cujo desejo é roubar o emprego dos estadunidenses e destruir o modo de vida próprio dos Estados Unidos – o suposto ideal de nação.[1] Essa retórica, entretanto, não é exclusiva do período Trump. O histórico de

---

1 Nikki Halley, ex-governadora da Carolina do Sul pelo Partido Republicano (2011-2017) e ex-embaixadora dos Estados Unidos nas Nações Unidas (2017-2018), tem sido extremamente crítica em relação ao desmonte de algumas políticas migratórias realizadas por Biden. Segundo ela, com a flexibilização dessas políticas, os Estados Unidos estariam criando uma crise na fronteira, desprezando o estado de direito e insultando os imigrantes que entraram

políticas migratórias nos Estados Unidos, quando reconstruído em profundidade, é marcado por exclusões.

Historicamente, o processo colonizador que ocorreu nos Estados Unidos levou a uma situação de eliminação violenta dos habitantes originários, importação em massa de trabalhadores escravos africanos, aos quais lhes foram negados ou dificultados os direitos de cidadania, excluindo-os efetivamente da construção da nação e recrutamento ativo de imigrantes europeus considerados adequados para colonizar as novas terras. A política migratória dos Estados Unidos elaborou dispositivos próprios para garantir que essas nacionalidades desejadas entrassem no país. Em paralelo, excluiu aquelas pessoas consideradas como indesejadas, dando a sensação de que seria possível, por meio de políticas migratórias, construir um ideal de nação, ao ponto de que essas ideias vieram a fazer parte do inconsciente coletivo (Zolberg, 2008, p.1). Essa situação fez com que mesmo no interior dos partidos houvesse argumentos favoráveis e contrários à imigração, especialmente relacionados com trabalhadores não qualificados e a necessidade de usar mão de obra imigrante para se manter preços competitivos, *vis-à-vis* questões de segurança e a pressão para o fechamento de fronteiras, como observado durante a segunda metade do século XX e início do século XXI (Hollifield; Hunt; Tichenor, 2008, p.68).

Dado esse panorama, este artigo tem como objetivo examinar, ainda que de forma incipiente, as principais medidas de Donald Trump sobre a política migratória em relação aos momentos anteriores. Realizamos também o esforço de pensar a política migratória de Joe Biden, sucessor de Trump que prometeu diversas mudanças na temática que supostamente melhorariam as perspectivas para a proteção dos direitos dos imigrantes.

A discussão está organizada em três seções, além desta introdução e das considerações finais. Na primeira parte, retomamos o histórico da política migratória estadunidense desde o século XV até a atualidade. Em seguida, analisamos as medidas tomadas em matéria migratória durante o governo Trump e, por último, comentamos sobre a retórica e a prática de Biden, em que pesem as promessas durante sua campanha eleitoral, as ações tomadas após ter assumido a presidência dos Estados Unidos e possíveis desafios a serem enfrentados nessa empreitada.

---

legalmente pelos Estados Unidos (Haley, 2020b), ou ainda que a anistia daria um "sinal" ao mundo de que os Estados Unidos estariam premiando aqueles que entrassem de forma irregular (Haley, 2020a).

Breve perspectiva histórica da política migratória estadunidense

Com o início da colonização das Américas, os primeiros colonos de diversas nacionalidades estabeleceram-se sem restrição nas regiões que hoje fazem parte dos Estados Unidos. O primeiro assentamento permanente foi estabelecido pela coroa espanhola em 1565, na Flórida, seguido de assentamentos em partes do Texas e do Novo México. Os britânicos chegaram pela primeira vez em Jamestown, na Virgínia, em 1607, enquanto o primeiro navio com escravos desembarcou nesta região em 1619. A primeira colônia puritana de Plymouth só foi estabelecida em Massachusetts em 1620. Os holandeses estabeleceram em Nova York em 1624, seguidos dos franceses em Louis se iana em 1699. O período até 1874 é marcado por grande imigração de diversas nacionalidades. Mesmo com a independência, esses fluxos migratórios continuaram, com um número grande de alemães que se estabeleceram na Pensilvânia. Isso decorreu do fato de que não havia controle migratório central, cuja competência, nesse período, era prerrogativa dos estados.

Somente a partir do final do século XVIII é que algumas normas iniciam o processo de concentração de competência em matéria migratória no governo federal, como o Alien and Sedition Acts de 1798, que autorizava o presidente dos Estados Unidos a deportar qualquer imigrante considerado perigoso. O tema da segurança, ainda que não seja considerado central no século XIX, deu também origem ao "Steerage Act" (1819), pelo qual se exigia que todos os barcos entregassem no posto de desembarque o manifesto de viagem, documento que contém a lista com os nomes dos passageiros presentes nas embarcações.

Ainda assim, a política migratória dos Estados Unidos neste primeiro período, portanto, caracteriza-se como uma política de "portas abertas", com baixo poder federal para fiscalizar ou mesmo controlar a questão migratória. Essa permissividade da política migratória explica-se pela necessidade de colonos capazes de ocupar um grande território recém-conquistado ou adquirido, com o objetivo de legitimar a expansão e impedir qualquer tentativa de reconquista. Com o fim da Guerra Civil norte-americana, em 1865, há uma alteração do perfil de imigrantes que se direcionam aos Estados Unidos. Pessoas do sul e do leste europeu (Itália, Grécia, Rússia, Polônia, Áustria-Hungria e Bálcãs) e da China começaram a chegar aos Estados Unidos em grande número para, além de aproveitar essas novas oportunidades, trabalhar com ferrovias, siderurgia, petróleo e outras indústrias. Durante as décadas de 1840 até 1860, estima-se que aproximadamente 6,6 milhões de imigrantes chegaram nos Estados Unidos. A tônica do trabalho passa a ganhar importância e influenciará as decisões futuras. A exclusão do processo migratório e de obtenção da cidadania se dava aos povos escravizados originários de regiões africanas e aos seus descendentes.

Sebastião C. Velasco e Cruz e Neusa Maria P. Bojikian (Orgs.)

De 1875 a 1920: as primeiras leis discriminatórias e centralização do controle

A discriminação observada em relação aos africanos e afrodescendentes passou a se tornar o padrão da política migratória dos Estados Unidos, ao mesmo tempo que ocorreu a centralização da competência administrativa do tema migratório junto ao governo federal. Nesta segunda fase das políticas migratórias dos Estados Unidos, diversas leis sobre imigração passaram a impor quotas e outras categorias de proibições para impedir a entrada de determinados grupos de pessoas (como chineses e mexicanos). Neste sentido, em 1875 foram excluídos da possibilidade de entrar nos Estados Unidos criminosos, prostitutas e trabalhadores chineses contratados, ou *coolies*, termo que faz referência a trabalhadores asiáticos que muitas vezes permaneciam sob condições quase análogas à escravidão ou a uma servidão contratada. Mas nenhuma outra exclusão desse período compara-se à discriminação contra imigrantes chineses, considerada como um ponto de inflexão nas políticas migratórias estadunidenses (Lee, 2002; Ngai, 1999).

E, em 1882, o Chinese Exclusion Act tentou suspender a imigração chinesa por dez anos, impedindo que chineses se tornassem cidadãos norte-americanos, e permitiu a deportação sumária de chineses que se encontravam de forma irregular no país. Já no início do século XX, essas e outras leis de exclusão direcionadas a nacionais chineses tornaram-se um sistema não somente de admissão e exclusão dos recém-chegados, mas também uma forma de controle dos indivíduos e das comunidades sino-americanas já estabelecidas nos Estados Unidos. Assim como outras proibições de entrada pelas fronteiras, o Chinese Exclusion Act não conseguiu impedir completamente a entrada no país, nem que esses imigrantes formassem famílias e comunidades. O efeito dessas políticas foi a criação de guetos étnicos específicos onde eles eram confinados (Lee, 2003, p.221).

Para impedir a entrada de imigrantes indesejados, foram criados dois centros de processamento de imigrantes, um em Ellis Island, em Nova York, para imigrantes provenientes dos países europeus, e o outro em Angel Island, para imigrantes asiáticos. Esses imigrantes passavam por exames médicos e psicológicos, além de testes morais e vocacionais antes de receberem uma decisão sobre a entrada ou não no país. Dado o Chinese Exclusion Act, há relatos de imigrantes de origem chinesa que ficaram anos aguardando uma decisão em Angel Island (Jaggers; Gabbard; Jaggers, 2014, p.6).

A avaliação do insucesso dessas políticas, por outro lado, levou a um aumento do papel disciplinador do Estado, voltado para o controle no interior do país, estabelecendo um sistema de prisão e deportação. Segundo Erika Lee, entre 1898 e 1930, 15.672 imigrantes chineses foram presos com base nas leis de exclusão e 10.675 dessas pessoas foram deportadas (Lee, 2003, p.228). Lee mostra ainda que, embora as leis de exclusão não tenham impedido a entrada de chineses nos Estados Unidos, o clima de insegurança e a diminuição dos direitos dessas comunidades fez com que muitos deixassem o país. Os números apresentados pela autora mostram que a população chinesa imigrante caiu de 105.465 pessoas em 1880 para 61.659 em 1920 (Lee, 2003, p.238). O impacto da presença chinesa nos Estados Unidos nesse período foi sentido em diversos setores, inclusive no sistema jurídico, uma vez que muitos desses imigrantes desafiaram essas leis discriminatórias e obtiveram sucesso (Salyer, 1995). O resultado das políticas discriminatórias é cristalizado juridicamente em 1891, no The Immigration Act, que foi criada pelo Bureau of Immigration do Treasury Department, com a expansão da lista de pessoas inadmitidas e que podem ser deportadas se entrarem no país irregularmente.

Essa fase discriminatória permanece como mote das políticas migratórias dos Estados Unidos. Haverá formas e alvos distintos de discriminação, com momentos de expansão de direitos. Os alvos serão alterados, ou mesmo a forma de discriminação, inclusive com ampliação do sistema administrativo federal para processamento de casos e solicitações de imigrações e refúgio, levando ao aparecimento de prisões específicas (como evoluções dos centros de triagem e recepção de imigrantes existentes em Nova York e São Francisco). Isso não impedirá momentos de expansão de direitos, que ocorrerão de forma pendular na próxima fase.

De 1921 a 2000: Movimentos pendulares de expansão e restrições de direitos

O início da década de 1920 vê, em 1924, o surgimento de um novo Immigration Act, com proposta de quotas de 2% por nacionalidade tendo como base a quantidade de imigrantes de cada país nos Estados Unidos (Ngai, 1999) a partir do censo populacional de 1891, o que excluía principalmente os chineses (Jaggers; Gabbard; Jaggers, 2014, p.7). Essa situação mudou, entretanto, com a Segunda Guerra Mundial e a falta de mão de obra masculina no mercado de trabalho. Embora o componente racial nunca tenha desaparecido completamente das políticas migratórias dos Estados Unidos (em especial das discriminações realizadas), o componente laboral ganhou maior destaque e a imigração passou a ser vista como uma forma de repor a mão de obra perdida (Jaggers; Gabbard; Jaggers, 2014, p.7-8). Isso fez com que gradualmente o sistema de quotas com base em país de origem retrocedesse nos anos 1950, até a sua total revogação em 1965 (Hollifield; Hunt; Tichenor, 2008, p.68).

Com o gradual retrocesso do sistema de quotas de origem nacional, a política de imigração dos Estados Unidos liberalizou de forma acentuada a imigração e viu o surgimento de normas mais liberais, como o Immigration Reform and Control Act de 1986 e o Immigration Act de 1990. Nos anos

Sebastião C. Velasco e Cruz e Neusa Maria P. Bojikian (Orgs.)

de 1990, entretanto, o movimento pendular retorna para a limitação do movimento migratório, com a aprovação da Proposition 187 na Califórnia, destinada a limitar o acesso dos imigrantes aos serviços públicos, e o Ilegal Immigration Reform and Immigrant Responsibility Act de 1996, que restringiu o bem-estar social e os direitos dos imigrantes legais e ilegais ao devido processo legal (Hollifield; Hunt; Tichenor, 2008, p.68-69).

No campo do deslocamento forçado, a segunda metade do século XX é o momento de entrada em vigor da Convenção Relativa ao Estatuto dos Refugiados de 1951 e, posteriormente, do seu Protocolo Adicional de 1967, que não só define as bases atuais do direito internacional dos refugiados, pautado na solidariedade internacional e as obrigações dos Estados, como traz as categorias de pessoas que devem ser protegidas internacionalmente. Nesse campo, o Refugee Relief Act de 1953 garantiu admissão emergencial para vítimas de perseguição racial, religiosa ou política de pessoas que deixavam países classificados como comunistas, comunistas-dominados e do Oriente Médio, além de vítimas de desastres naturais, permitindo a entrada de 214 mil refugiados reassentados. O programa foi projetado principalmente para refugiados da União Soviética, da Alemanha Oriental e de outras áreas de expansão comunista na Europa e tinha o ano de 1956 como data final do programa, mas não conseguiu cumprir a sua meta, admitindo somente 189 mil pessoas (Rabben, 2016). Somente em 1980, no final da administração Carter, é que o sistema de refúgio foi realmente normatizado por meio do Refugee Act que instituiu uma quota anual de 50 mil admissões de refugiados. Pessoas oriundas de países considerados "inimigos" dos Estados Unidos (Cuba, URSS) tinham fácil acesso ao país, ao contrário de países "amigáveis" (El Salvador, Guatemala).

Na administração Reagan, o instituto do refúgio foi utilizado como instrumento de política externa no contexto da Guerra Fria (Chimni, 1998): solicitantes de refúgio da América Central não possuíam representação legal, não eram informados de seus direitos, ficavam detidos em *detention facilities* caso entrassem nos Estados Unidos sem documentos, não tinham acesso a material legal, não lhes era permitido ter papel e lápis nos centros de detenção e seus advogados não eram notificados das audiências; autoridades pressionavam as pessoas para "voluntariamente" deixarem o país (Gzesh, 2006). Segundo Linda Rabben, os imigrantes eram tratados pior do que os criminosos, uma vez que muitos não sabiam por que estavam sendo processados, quanto tempo ficariam detidos ou mesmo o que aconteceria quando a detenção acabasse. Ocorriam transferências frequentes para instalações longe das famílias ou advogados, sem atendimento médico, isolados de pessoas da mesma língua e sem recreação (Rabben, 2016, p.199-200).

Do 11 de setembro aos dias atuais: aproximação entre Controle Migratório e Segurança

Se na segunda metade do século XX visualizamos um movimento pendular, alternando momentos de maior garantia de direitos com aqueles de restrições e discriminações, a política migratória dos Estados Unidos sofreu alterações drásticas na sua lógica interna após os ataques terroristas do 11 de Setembro. Esse marco histórico fez com que o governo federal instituísse uma série de medidas de aplicação da lei que visavam pessoas de determinadas nacionalidades em nome da segurança nacional. Uma dessas medidas foi a criação de um sistema de registro especial chamado National Security Entry-Exit Registration System (NSEERS) e um programa de entrevista voluntária, ambos instituídos em 2002. Esses sistemas focaram muçulmanos, árabes e sul-asiáticos nascidos no exterior.

O NSEERS consistia em três fases distintas de registro. A primeira fase ocorria quando o imigrante chegava aos Estados Unidos. Certas pessoas com vistos de negócios ou de estudante eram obrigadas a se submeter à coleta de impressões digitais, fotografia e interrogatório. Caso esses imigrantes permanecessem nos Estados Unidos por mais de trinta dias, os homens com mais de 16 anos de idade provenientes de países específicos (24 dos 25 países da lista eram países árabes ou de religião muçulmana) eram obrigados a se apresentar regularmente a órgãos do governo e a fornecer provas de residência e de emprego ou matrícula em instituição de ensino. Ao sair dos Estados Unidos, eles tinham que registrar sua saída, e esta deveria ocorrer a partir de pontos específicos de fronteira. Mais de 90 mil muçulmanos foram registrados no NSEERS, e milhares foram detidos, interrogados e deportados por não cumprirem os respectivos requisitos. Segundo as informações de ONGs especializadas, esse sistema não produziu um único processo por atos terroristas e, por causa da sua ineficiência, foi suspenso em 2011. Às vésperas da posse de Donald Trump, uma coalizão de membros da sociedade civil conseguiu revogar o arcabouço normativo restante sob a justificativa de que esse registro discriminatório poderia ser facilmente revivido pela nova administração (National..., [s.d.]).

Diversas leis promulgadas nos pós-11 de Setembro tinham como objetivo evitar um novo ataque fiscalizando o processo migratório (em especial a imigração irregular) por entender que havia uma vinculação entre o imigrante (ilegal) e o terrorista. O Enhanced Border Security and Visa Entry Reform Act de 2002 implementou novos procedimentos para a revisão das solicitações de visto e exigiu que os documentos de viagem e outros documentos de entrada nos Estados Unidos fossem legíveis por máquina, por serem mais resistentes a adulterações, e incluíssem identificadores biométricos. O Real ID Act de 2005 solicitava aos estados que exigissem prova de cidadania ou status migratório regular antes de emitir uma nova carteira

Sebastião C. Velasco e Cruz e Neusa Maria P. Bojikian (Orgs.)

de motorista. Esses documentos deveriam ainda ser confeccionadas em um sistema que os tornasse menos passíveis de fraude ou adulteração. A Secure Fence Act de 2006 exigia a construção de aproximadamente 1.300 quilômetros adicionais de cercas ao longo da fronteira com o México.

O que alguns analistas observaram foi que o governo estadunidense permaneceu em conflito com o tema migratório na segunda década do século XXI. Há gastos orçamentários no montante de dezenas de bilhões de dólares desde meados da década de 1980 com o objetivo de acabar com a imigração não autorizada através de medidas de aplicação da lei. Estudos e a prática do campo migratório, entretanto, já nos mostraram que cada nova tentativa de barrar uma rota específica faz com que outras rotas, mais inseguras (e com pagamentos mais caros a coiotes) sejam criadas, aumentando o número de imigrantes indocumentados (Massey; Pren, 2012). Assim, existiam 11,2 milhões de homens, mulheres e crianças imigrantes indocumentados a partir de 2010, representando 28% dos 40,2 milhões de indivíduos nascidos no exterior que vivem no país. Tentativas legislativas para reformar de forma abrangente o sistema de imigração dos Estados Unidos, com alinhamento a realidades econômicas e sociais que impulsionam a imigração, falharam entre 2006 e 2007. Como resultado, muitos governos estaduais e locais estão implementando ou considerando propostas para transformar os policiais em agentes de imigração de fato, com poder para "reprimir" a imigração não autorizada, os imigrantes e aqueles que lhes proporcionam emprego ou moradia.

Como parte dessa repressão contra imigrantes, entre 2005 e 2008 foram construídos cerca de seis grandes centros de detenção gerenciados pela iniciativa privada. O U.S. Immigration and Customs Enforcement (ICE) contratou ainda empresas privadas para construir e expandir ao menos dez desses centros após 2009. Segundo Rabben (2016), no ano de 2012, das 68.795 pessoas que solicitaram proteção internacional nos Estados Unidos, 24.505 foram presas. A autora mostra que, naquele ano, o gasto federal para sustentar o sistema de detenções e deportações já passava da casa dos bilhões ao ano, ao passo que o sistema judicial não avançava na mesma velocidade. Em dezembro de 2015, mais de 400 mil casos estavam pendentes de julgamento, com uma média de espera de 659 dias para alcançar uma decisão. Essas prisões de solicitantes de asilo são chamadas de *administrative detention*, o que garante ao governo que negue a esses imigrantes presos seus direitos constitucionais básicos, como uma representação legal gratuita, ao mesmo tempo que beneficia financeiramente as corporações e localidades onde as prisões existem (Rabben, 2016, p.200). Segundo a autora:

> Embora o ICE tenha promulgado normas de detenção de imigração para cadeias, prisões e instalações privadas, estas diretrizes não são obrigatórias e não têm força de lei. Como resultado, os abusos são comuns e acontecem com impunidade. (Rabben, 2016, p.201-202.)

As políticas securitárias do início do século XXI foram aplicadas independentemente do partido que se encontrava no poder. Durante a administração Obama, por exemplo, cerca de 400 mil imigrantes não documentados foram deportados somente no primeiro ano do seu mandato, dando ao presidente a alcunha de *deporter in chief* por organizações da sociedade civil (Chishti; Pierce; Bolter, 2017). No total, aproximadamente 2 milhões de pessoas não documentadas (entre as quais solicitantes de refúgio) foram deportadas.

O governo de Donald Trump (2016-2020): continuidades e retrocessos

É no interior desse arcabouço legal e referencial que a administração Trump iniciou em 2017 e indicou Stephen Miller como um dos seus conselheiros seniores, além de Jeff Session como *attorney general*, um posto importante na condução da política migratória (Southern Poverty Law Center, 2019). A importância do *attorney general* no tema decorre em especial do fato de que as cortes migratórias estão alocadas na estrutura do Department of Justice, cujo responsável é o *attorney general*. Entre outras situações, ele tem o poder de retirar qualquer caso de qualquer juiz e tomar a decisão para si ou redistribuindo o caso para quem ele tenha interesse. Esse mecanismo, segundo alguns autores, foi utilizado com maior frequência a partir da administração George W. Bush como uma forma de implementar políticas próprias do Poder Executivo, em um mecanismo que lembra as *executive orders* (Shah, 2017).

Stephen Miller e Jeff Session foram influenciados por *think tanks* anti-imigração, como a Federation for American Immigration Reform, a NumbersUSA, e o Center for Immigration Studies. Nos seus primeiros sete dias e com base nas recomendações desses dois atores, Trump promulgou a *executive order* intitulada *Protecting the Nation from Terrorist Attacks by Foreign Nations* (Foerster, 2019), posteriormente nomeada de *Protecting the Nation from Foreign Terrorist Entry into the United States* (*Executive Order 13769*, substituída posteriormente pela *Executive Order 13780*) ou *Muslim Travel Ban*. Por meio dessa medida, Trump baniu a entrada de nacionais do Iraque, Irã, Líbia, Síria, Somália, Sudão e Iêmen por noventa dias.

A ordem executiva também trouxe consequências à entrada de refugiados sírios, suspensa por 120 dias, e aqueles que já estavam a caminho dos Estados Unidos foram detidos nos aeroportos. Embora sob fortes críticas, essa ordem se manteve durante toda a administração Trump e foi revista três vezes.[2] Ao final das revisões, que ocorreu em fevereiro de 2020, estavam

---

2 Cf. Presidential Proclamation 9645, Presidential Proclamation 9723 e Presidential Proclamation 9983.

proibidos de entrar nos Estados Unidos os cidadãos da Coreia do Norte, Síria, Irã, Líbia, Iêmen, Eritreia, Quirguistão, Mianmar, Nigéria, Somália, Sudão, Tanzânia e alguns funcionários do governo da Venezuela. A depender da nacionalidade foram criadas exceções à regra.

A política de banimento da entrada de nacionais de algumas localidades prejudica em muito a cooperação dos Estados Unidos com a proteção internacional de refugiados, em especial o seu acolhimento. Para além das críticas da sociedade civil, que identificou a discriminação contra muçulmanos, a maioria das nacionalidades banidas são aquelas com grande número de refugiados oriundos de países como Síria, Mianmar, Somália e Iêmen (United Nations High Commissioner for Refugees, 2020).

Ainda assim, a administração Trump foi responsável pela política conhecida como *Extreme Vetting*, que são medidas mais drásticas de verificação das solicitações de refúgio, e determinou que solicitações baseadas em violência sexual e baseadas em gênero (VSBG) ou por violência causada por gangues não fossem consideradas na avaliação dos pedidos de refúgio (Benner; Dickerson, 2018). Da mesma forma, Trump realizou o cancelamento do status de proteção temporária. Na prática, o resultado foi a diminuição em 40% da entrada de refugiados no país, em especial de nacionais do Haiti, El Salvador, Nicarágua, Sudão, Nepal e Honduras. Além disso, o *Homeland Security* implementou os *Migrant Protection Protocol* (MPP), que dificultou ou impediu que pessoas buscassem por refúgio e fossem obrigadas a retornar para seus países de origem ou residência habitual. Na prática, essa medida, implementada a partir de 25 de janeiro de 2019 e conhecida como *"Remain in Mexico"*, fez com que quase 60 mil solicitantes de refúgio fossem obrigados a retornar a regiões de violência (Q&A: Trump administration's "remain in Mexico" Program, 2020).

Com relação aos indocumentados, a Executive Order 13768 promoveu a ampliação das hipóteses de retirada compulsória dessas pessoas do país. Crimes comuns e de menor potencial ofensivo, como infrações de trânsito, passaram a ser considerados motivos suficientes para medidas mais drásticas. Da mesma forma, a nova normativa fortaleceu estruturas de fiscalização e de busca de imigrantes indocumentados que cometeram crimes. A postura da administração Trump relativa aos indocumentados ganhou notoriedade já durante a campanha, quando o então candidato dizia que construiria um muro entre os Estados Unidos e o México e prometia que o pagamento pela construção do muro seria realizado pelo governo mexicano. Segundo a justificativa do governo, imigrantes indocumentados seriam responsáveis pela entrada de drogas nos Estados Unidos por meio da fronteira com o México.

Essa medida, entretanto, não surtiu o efeito esperado. Não há consenso sobre o total de muro que foi realmente construído na fronteira sul, especialmente porque os defensores do governo Trump tendem a supervalorizar essa política (cf. Timm, 2021; Rodgers, Balley, 2020). Os números mais recentes, contudo, mostram que, embora a promessa tenha sido de construção de aproximadamente 1.600 quilômetros de muro, aponta-se que durante o mandato de Trump foram construídos em torno de 725 quilômetros, sendo que somente 79 quilômetros são de novas construções, enquanto o restante refere-se a reformas de áreas (Alvarez, 2021). A fronteira com o México tem aproximadamente 3.145 quilômetros de extensão e, antes da administração Trump, já havia aproximadamente 1.046 quilômetros de muro ou outras barreiras construídas.

Também não houve diminuição significativa no número de imigrantes que tentaram atravessar a fronteira, a despeito do muro. Segundo os dados oficiais, tanto do US Department of Homeland Security, quanto do US Customs and Border Protection, houve nos últimos anos da administração Trump, em especial nos momentos anteriores à pandemia de covid-19, um aumento significativo de pessoas que atravessaram a fronteira e foram detidas. O número saltou de cerca de 300 mil pessoas em 2017 para mais de 800 mil pessoas detidas em 2019, muitas das quais eram famílias inteiras.

Ao mesmo tempo, não houve aumento no número de deportações ou de outras medidas. Muito embora se verifique que Trump realizou mudanças legislativas significativas nas hipóteses de deportações expeditas,[3] o número de deportações e de outras medidas de retirada compulsória não sofreu aumento drástico se comparado com os números da administração anterior. Segundo análise do Migration Policy Institute, as ameaças de Trump de que deportaria milhões por meio do aumento do financiamento dos órgãos fiscalizadores geraram reações de atores locais que optaram por se distanciar do governo federal e suas medidas. Para tanto, optaram por implementar políticas de "cidades santuários", ou seja, essas localidades deixaram deliberadamente de cooperar com agentes federais de imigração, com o objetivo de proteger imigrantes que não se enquadram nos perfis prioritários para deportações (Rabben, 2011). Isso teria feito com que o dado de deportações fosse semelhante ao de Obama.

São inúmeras as ações tomadas neste período com o objetivo de impedir ou diminuir o fluxo migratório. Algumas ações contrárias aos direitos de imigrantes e refugiados, entretanto, ganharam maior destaque. Para além da construção do muro, note-se o encerramento de alguns programas criados durante a administração Obama, como o Deferred Action for Childhood Arrivals (Daca) e o Deferred Action for Parents (Dapa), e a separação de famílias na fronteira.

---

3 Todo imigrante pode ser deportado sem julgamento caso seja encontrado por agentes da ICE em qualquer região do país por até dois anos desde a entrada, caso não comprove que tem autorização para permanecer no país. Durante a administração Obama, essa medida só era permitida para aqueles imigrantes que se encontravam dentro do prazo de catorze dias da entrada irregular no país e em até cem milhas da fronteira (aproximadamente 161 quilômetros).

Desde 2001, há um movimento bipartidário de tentativa de aprovar uma legislação mais flexível para a proteção das crianças que entram nos Estados Unidos irregularmente com os seus pais. A versão que ganhou maior popularidade foi o The Development, Relief, and Education for Alien Minors Act, que ficou conhecido como DREAM Act, e as pessoas elegíveis eram chamadas de *dreamers*. Há inúmeras histórias de jovens profissionais que foram para os Estados Unidos em busca de uma vida melhor e que por diversos motivos não obtiveram qualquer status migratório regular (American..., 2017), mas que temem retornar para os seus países de origem ou que, dada a idade com que chegaram nos Estados Unidos, já não tenham nenhuma relação com o país dos seus ascendentes, seja linguística ou culturalmente. As diversas propostas legislativas previam uma forma temporária de autorização de residência que poderia se converter em uma autorização permanente e em um caminho para a cidadania estadunidense. Uma lei que protegesse essas pessoas, entretanto, nunca foi aprovada, independentemente do partido que propusesse.

Contudo, em junho de 2012, a administração Obama promulgou o Daca, baseado no DREAM Act. Por meio desse programa, todos os indivíduos menores de 31 anos que se encontram nos Estados Unidos de forma irregular e que chegaram ao país com menos de 16 anos poderiam requerer uma proteção temporária de dois anos nos quais poderiam trabalhar legalmente (obtendo o *social security*). Essa proteção seria renovável com base em análise caso a caso, mas não permitiria obter qualquer autorização de residência permanente ou a cidadania. Esses indivíduos deveriam ainda provar que permaneceram no país por tempo contínuo desde a chegada, que são estudantes, se formaram ou são veteranos da Guarda Costal ou das Forças Armadas, além de não terem condenação penal contra elas (USCIS, 2021).

Em 2014, Obama tentou ainda expandir a proteção aos pais desses indivíduos (programa Dapa) e retirar algumas das restrições do Daca, como a limitação dos 31 anos. Em 2015, no entanto, uma decisão judicial de um juiz do Texas impediu a expansão, que foi confirmada pela Corte de Apelações. A administração Obama recorreu à Suprema Corte, mas, depois da morte de Antonin Scalia, a Corte chegou a um impasse, e a decisão da Corte de Apelações se manteve (Liptak; Shear, 2016). O programa protegeu 800 mil pessoas, mas esperava-se que outras 5 milhões de pessoas pudessem se beneficiar dele.

Em setembro de 2017, Trump anunciou o fim do programa Daca. Segundo ele e o então *attorney general* Jeff Sessions, essas pessoas eram criminosos que causavam danos aos cidadãos norte-americanos usurpando os empregos de milhões de pessoas (Shear; Davis, 2017). Após longa batalha judicial, em junho de 2020, a Suprema Corte exigiu que a administração Trump mantivesse o programa (DACA, 2020; Rachko Jr., 2020).

Por fim, outra medida que ganhou notoriedade durante a administração Trump foi a separação entre crianças que entraram irregularmente dos seus pais. A partir de fevereiro de 2018, a administração Trump, por meio da política de "tolerância zero", conduzia os pais para prisões federais enquanto aguardavam julgamento e as crianças para abrigos. Em um anúncio realizado em maio de 2018, Jeff Sessions reafirmou a posição da administração Trump indicando que o Justice Department iria processar todos aqueles que tentassem entrar ilegalmente nos Estados Unidos, principalmente os migrantes viajando com crianças:

> "Se você cruzar a fronteira ilegalmente [...] então nós o processaremos", disseram as sessões. "Se você contrabandear um estrangeiro ilegal através da fronteira, então nós o processaremos [...] Se você estiver contrabandeando uma criança, então vamos processá-lo, e essa criança será separada de você, provavelmente, como exigido por lei. Se você não quer que seu filho seja separado, então não os traga através da fronteira de forma ilegal. Não é nossa culpa que alguém faça isso" (Horwitz; Sacchetti, 2018)

Há autores que apontam a situação das "caravanas migrantes", também chamada de *Via Crucis Migrantes*, como o motivo para o recrudescimento da política migratória, resultando nessas políticas discriminatórias apontadas na fala de Sessions (Gandini, 2020). As caravanas ganharam destaques entre o início de 2017 e o final de 2018, quando o movimento perdeu força. Não houve interrupção completa das caravanas, mas novas manifestações desse tipo de movimento migratório voltaram a ter destaque na mídia com a possibilidade de anistia apresentada por Joe Biden (Homel, 2021; Phillips, 2021). Vindas principalmente dos países conhecidos como "Triângulo Norte" (Guatemala, Honduras e El Salvador), centenas de milhares de pessoas se organizaram por meio de redes sociais, com apoio de organizações da sociedade civil, como a Pueblos Sin Fronteras, para, em grupo, chegar até a fronteira do México com os Estados Unidos. Esse tipo de movimento composto por solicitantes de refúgio e migrantes econômicos, muitas vezes contendo narrativas que ficam em uma linha tênue entre a necessidade ou não de proteção internacional, é conhecido como "fluxos mistos" (Derderian; Schockaert, 2009; United Nations High Commissioner for Refugees, 2010). Os grupos que apoiaram essas caravanas foram taxados de criminosos e, em alguns casos, processados por contrabando de pessoas (Torre Cantalapiedra, 2020). Por fim, dado que Sessions determinara que a situação de violência por gangues não deveria ser considerada situação passível de solicitação de refúgio (Benner; Dickerson, 2018), muitos desses indivíduos foram obrigados a permanecer indefinidamente na fronteira com o México ou retornar para os seus países.

Embora inicialmente as crianças fossem para abrigos, há diversas denúncias de que elas estariam indo, na verdade, para verdadeiras prisões. O Conselho de Direitos Humanos da ONU, por sua vez, expediu uma declaração

Sebastião C. Velasco e Cruz e Neusa Maria P. Bojikian (Orgs.)

afirmando que a *executive order* que determinava a separação das famílias levaria à "detenção indefinida de famílias inteiras em violação aos padrões de direitos humanos internacionais" (Mindock, 2018). Mindock (2018) continua relatando que a nota do CDH considerou que "'a detenção de crianças é punitiva, prejudica gravemente seu desenvolvimento e, em alguns casos, pode equivaler à tortura', disseram os especialistas. [...] 'As crianças estão sendo usadas como um impedimento à migração irregular, o que [seria]é inaceitável'". A sociedade civil, da mesma forma, pede que os casos dessas famílias sejam rapidamente analisados, os membros familiares reunidos e compensados pelos Estados Unidos, principalmente porque há relatos de que muitos pais não viam seus filhos há mais de três anos. Enquanto isso, durante o processo movido pela ACLU, foi observado que um programa piloto de separação de famílias foi iniciado em 2017 e que o sistema de documentação e de fiscalização dessas crianças era inadequado, mostrando que haveria mais de 5.500 crianças separadas durante todos esses anos, incluindo crianças menores de 5 anos. A falta de um sistema consistente de informação faz com que a reunião dessas famílias se torne cada vez mais difícil, uma vez que muitos pais foram deportados sem os seus filhos (Levin, 2021).

Dessa forma, as políticas migratórias da administração Trump geraram uma verdadeira crise humanitária na fronteira. Durante os quatro anos de mandato, houve uma verdadeira batalha entre grupos governamentais e organizações da sociedade civil que, muitas vezes, usaram o Judiciário como palco para a disputa entre a hipersecuritização das políticas colocadas em práticas e os padrões de proteção dos direitos humanos. Com a possibilidade de eleição do atual presidente Joe Biden, esses grupos viram no democrata a possibilidade de reverter muitas dessas medidas. A sessão final deste artigo procura, portanto, dar um panorama das propostas apresentadas pelo novo presidente estadunidense e avaliar os seus cem primeiros dias de governo.

Um novo redirecionamento para a política migratória? O governo de Joe Biden (2021-)

Durante as eleições, um dos principais contextos encontrados por Biden foi o da vulnerabilidade pela pandemia, para além das situações anteriores de violência e ausência de assistências e políticas migratórias que defendessem os direitos dos migrantes. Nesse sentido, no início de novembro de 2020 a equipe de Biden e de sua candidata à vice-presidência, Kamala Harris, lançou um site oficial para marcar as medidas a serem tomadas no período de transição do novo governo, caso fosse eleito. A página, disponível tanto em inglês quanto em espanhol, foi uma tentativa de aproximar não somente a figura de Biden e de Harris da população, mas de seus ideais.

De Trump a Biden

Na temática de política externa, duas das quatro seções tratavam de política migratória, quais sejam: i) assegurar nossos valores como uma nação de imigrantes ("Secure our Values as a Nation of Immigrants"); e ii) fortalecer os laços com a América Central ("Strengthen Ties with Central America"). Circunscritos na agenda de política externa, ambos os planos possuem potencial de impacto direto e indireto na vida de migrantes que se encontram ou estão em direção aos Estados Unidos e que, muitas vezes, cruzam pela via terrestre mais de uma fronteira.

O "Secure our Values as a Nation of Immigrants" inicia com críticas contundentes às políticas migratórias, como a prisão de crianças em centros de detenção e a separação de famílias, cujo tom discursivo parte do pressuposto de que os Estados Unidos são uma nação de imigrantes e que Trump teria sido o responsável por violar essa identidade tão fundamental ao país e fonte da "força" dos cidadãos estadunidenses (Biden, 2020a).

> A menos que seus ancestrais fossem nativos dessas terras, ou escravizados à força e trazidos para cá como parte de nosso pecado original enquanto nação, a maioria dos norte-americanos pode traçar a história de sua família até uma escolha – uma escolha de deixar tudo para trás que era familiar em busca de novas oportunidades e uma nova vida. Joe Biden entende que isso é uma fonte irrefutável de nossa força. Gerações de imigrantes chegaram a este país com pouco mais do que as roupas de seus corpos, a esperança em seus corações e o desejo de reivindicarem seu próprio pedaço do Sonho Americano. [...] Os Estados Unidos merecem uma política migratória que reflita os nossos valores mais elevados como nação. (Biden, 2020a.)

Logo, a política migratória de Trump, ao ter violado um dos aspectos que constituem a identidade nacional, também foi responsável por minar a possibilidade de milhões de outras pessoas conquistarem um ideal. A falta de investimento em tecnologia, a insistência na construção do muro na fronteira com o México, a perseguição contra solicitantes de refúgio e a estigmatização dos migrantes como invasores e responsáveis pela insegurança no país são alguns dos elementos que as propostas de Biden visam responder.

Na tentativa de reformar o sistema migratório dos Estados Unidos, o discurso de Biden tangencia questões econômicas, políticas e identitárias às populações migrantes que englobam seis tópicos centrais para desenvolver sua política migratória: a) desfazer os danos causados por Trump e resgatar os valores norte-americanos; b) modernizar o sistema migratório; c) integrar os migrantes nas comunidades do país; d) reafirmar o compromisso dos Estados Unidos com solicitantes de refúgio e refugiados; e) combater as raízes da migração irregular; e f) implementar uma triagem eficaz nas fronteiras.

De maneira não exaustiva, alguns pontos desses tópicos merecem atenção. Em primeiro lugar, a perspectiva adotada no momento eleitoral parte

97

mais de um entendimento de política migratória como uma política garantidora dos direitos das populações migrantes e que responda às suas necessidades de proteção e integração dentro e para além do território estadunidense, como se pode notar na preocupação com os migrantes da América Central.

Conforme a proposta, não se trata apenas de responder aos acontecimentos que ocorrem apenas na fronteira ao sul dos Estados Unidos, mas de estabelecer esforços conjuntos com países como El Salvador, Guatemala e Honduras de modo a construir reformas sólidas que respondam aos principais fatores que impulsionam os deslocamentos forçados nesses países. Países como México e Canadá também são fundamentais na construção e no compartilhamento de capacidades e informações para estabelecer diretrizes regionais para as migrações. Há, portanto, sinais de uma política migratória desenhada mediante uma política externa multilateral e aberta à cooperação com outras nações.

Nessa linha, os cem primeiros dias de mandato compreenderiam diversas ações para a retomada dos valores e da identidade nacional como um país de migração. As medidas apontam na direção de reverter decisões tomadas pelo governo Trump, como: a política de separação de famílias (especialmente de crianças); o *Migrant Protection Protocols*; as quotas de solicitação de asilo, as quais muitas vezes prolongam o tempo de espera do processo; a detenção prolongada; a construção do muro na fronteira com o México; o cumprimento de padrões profissionais de comportamento e a responsabilização por tratamentos degradantes causado pelas autoridades migratórias, como o *Immigration and Customs Enforcement* e o *Customs and Border Protection*.

A revitalização do sistema migratório também adota uma postura em que a pessoa migrante passaria a ser tratada como partícipe das comunidades locais pela sua integração, promoção do empreendedorismo, acesso à instrução da língua e do engajamento civil. Há a declarada intenção de promover os direitos dos migrantes como sujeito de direitos e entendê-los como agentes ativos de suas trajetórias de vida nos Estados Unidos. Em termos de capital humano, Biden prometeu aumentar o número de funcionários responsáveis por lidar com os casos de migração, além de incrementar a taxa anual de aprovação de solicitações de refúgio para 125 mil casos. Já na questão territorial, o objetivo é estabelecer uma triagem nas fronteiras do país sensível ao ponto de desconstruir o viés securitário que estigmatiza os imigrantes e suas comunidades como ameaças à segurança nacional e facilita a execução de políticas anti-imigrantes.

O plano de intensificar os laços da política externa dos Estados Unidos com a América Central demonstra a preocupação de Biden não somente com a retomada da liderança estadunidense em termos globais, mas também na política regional das Américas. No esforço de melhorar a comunicação com países centro-americanos está, novamente, a pauta migratória. Logo no início do texto, é ressaltada a necessidade de construir mecanismos sustentáveis e efetivos para reduzir a migração proveniente da região e responder aos fatores que impulsionam as pessoas a deixarem seus países.

Chama a atenção o entendimento de que uma das condições para recuperar a liderança dos Estados Unidos é o estreitamento das relações com o setor privado, cujo potencial de investimento seria utilizado para a realização de reformas estatais. Não há explicitamente um discurso de privatizar de alguma maneira a política migratória, mas de uma participação do setor privado na estratégia regional para responder aos fatores que forçam as pessoas a se deslocar da América Central.

Na esteira desse processo, os gastos estipulados para a reforma do sistema migratório consideram perspectivas regionais que atingem a marca de 4 bilhões de dólares, bem como a necessidade de realocar orçamento de agências como o Department of Homeland Security, que adota uma perspectiva de securitização da pauta migratória de alcance doméstico e transfronteiriço. "Fortalecer a segurança e estabelecer a confiança no Estado de direito são os pilares para todas as outras reformas necessárias no Triângulo Norte. Melhorar esses pilares é do interesse direto das pessoas em toda a região e nos Estados Unidos" (Biden, 2020b).

As ações adotadas por Biden desde a sua posse

O presidente dos Estados Unidos, Joe Biden, em seu discurso de posse em 20 de janeiro de 2021, buscou destacar a necessidade das cidadãs e dos cidadãos estadunidenses unirem-se e fortalecerem o sentido de nação norte-americana, sem mencionar os migrantes (White House, 2021a). Não obstante, no dia 2 de fevereiro desse ano, Biden deu início à prometida reforma do sistema migratório ao solicitar a revisão do processo de refúgio e o sistema legal migratório (Factbox..., 2021).

No primeiro dia de mandato, Biden revogou o *travel and refugee bans* ou *Muslim ban*, ou seja, a Executive Order 13.769 de Trump[4] (White House, 2021b). Biden também encaminhou três *executive orders* sobre o tema de refúgio na fronteira entre os Estados Unidos e o México, imigração ilegal e reunião familiar. A primeira temática trata especificamente da revisão dos *Migrant Protection Protocols*, a segunda sobre a dificuldade que migrantes mais pobres têm de obter um visto de residência no país e, em relação à reunião familiar, o objetivo é reunir as famílias migrantes que foram separadas no mandato de Trump devido a sua política fronteiriça de tolerância zero.[5]

---

4 *Protecting the Nation from Foreign Terrorist Entry into the United States*, criada em 27 de janeiro de 2017, conforme mencionado anteriormente.

5 As ordens executivas podem ser lidas na íntegra nos respectivos caminhos: i) sobre a temática da migração fronteiriça, ver: https://www.federalregister.gov/documents/2021/02/05/2021-02561/creating-a-comprehensive-regional-framework-to-address-the-causes-of-migration-to--manage-migration; ii) para a questão de imigração ilegal, ver: https://www.federalregister.

Biden encaminhou um projeto de lei para viabilizar a aquisição da cidadania estadunidense em um processo de oito anos, proposta que também estenderia direitos de proteção aos *dreamers* abrangidos pelo programa Daca (White House, 2021b). Contudo, qualquer tentativa de Biden para reformular o sistema migratório enfrentará longas batalhas num Congresso marcado por uma divisão acirrada entre membros do Partido Democrata e do Republicano. Durante a pandemia, Trump determinou outras restrições, como o bloqueio da entrada de trabalhadores estrangeiros e solicitantes de *green cards*, ações criticadas por Biden, mas que ainda não foram revertidas. Biden também determinou a interrupção da construção do muro entre os Estados Unidos e o México, bem como a declaração que autorizava o financiamento das obras (Factbox..., 2021).

Outra importante medida foi a revogação da ordem executiva que desautorizava cidades consideradas "santuários" de advogar pelos direitos de migrantes indocumentados (White House, 2021b), cujas jurisdições se recusavam a cooperar com as autoridades federais de imigração, como a ICE (Tal Kopan, 2018). E, neste último 12 de março, o governo de Biden anunciou que revogará o acordo entre a ICE e o Department of Health and Human Services (HHS) que desencoraja os pais de crianças desacompanhadas de solicitar refúgio (Klein; Sullivan; Sands, 2021). A medida, estabelecida no mandato de Trump, tem resultado na separação de crianças de seus familiares.

As decisões tomadas até agora pelo governo Biden demonstram esforços tanto jurídicos quanto políticos: se em um sentido busca-se avançar na pauta migratória ao assegurar os direitos dos migrantes, também se pretende demonstrar para a sociedade estadunidense os diversos estigmas e preconceitos criados sobre as populações migrantes (terroristas, invasores, responsáveis pelo aumento de desemprego e violência urbana) que não condizem com as suas realidades e o potencial que essas pessoas possuem para alavancar a economia dos Estados Unidos.[6]

Considerações finais

A política migratória dos Estados Unidos apresenta um longo histórico de discriminação, independente do período e do partido no poder. Desde

---

gov/documents/2021/02/05/2021-02563/restoring-faith-in-our-legal-immigration-systems--and-strengthening-integration-and-inclusion-efforts; e iii) em relação à reunião familiar, ver: https://www.federalregister.gov/documents/2021/02/05/2021-02562/establishment-of--interagency-task-force-on-the-reunification-of-families.

6 Em termos linguísticos, a administração Biden também tem buscado modificar a forma de tratamento em relação aos migrantes. Ao invés de utilizar a palavra *alien* (estrangeiro), o governo tem empregado a palavra *noncitizen* (não cidadão) nos textos legais (Center for Immigration Studies, 2021), medida que vai ao encontro de seu plano de resgatar o sentimento da nação estadunidense como uma nação de imigrantes.

que a competência foi legada ao âmbito federal, com a criação de inúmeras estruturas burocráticas responsáveis pelo controle daqueles ao quais são permitidas a entrada e a obtenção de cidadania e daqueles aos quais não se dão tais permissões, sucessivas políticas foram criadas com esse objetivo.

Durante a segunda metade do século XX foi possível observar uma política pendular, com momentos mais propícios ao acolhimento e à garantia de direitos, e outros nos quais se reprime a quantidade e nacionalidade dos imigrantes permitidos a entrar. Essa tensão entre direitos e discriminação é resolvida em certa medida com o processo de securitização da política migratória pós-11 de Setembro. Desde então, há um predomínio de maior controle contra indocumentados, identificando-os como criminosos, traficantes e terroristas, a depender do sabor das narrativas. A criminalização da imigração tornou-se política comum, e mesmo democratas, como a administração Obama, foram responsáveis por inúmeras deportações.

As políticas implementadas pela administração Trump foram além. Durante os quatro anos de mandato, programas permitindo a autorização de residência e de trabalho aos *dreamers* foram cancelados, mães, pais e filhos foram separados nas fronteiras e muitas famílias ainda não conseguiram ser reunidas. A despeito de que algumas políticas possam ter sido meramente simbólicas, como a construção do muro que não ocorreu como prometido, ou mesmo a dificuldade em deportar tal quantidade de imigrantes ilegais, é inegável que foi gerada uma situação de medo entre os imigrantes e forte reação da sociedade civil que utilizou das vias judiciais para impedir que a administração Trump pudesse, de fato, implementar essas políticas. Durante a campanha das eleições de 2020, coube ao então candidato eleito Joe Biden o papel de trazer moderação ao campo das políticas migratórias.

Nota-se que as promessas de Biden, em certa medida, estão sendo cumpridas no escopo geral do que se declarava. Entretanto, há ainda dúvidas sobre a capacidade do atual governo em estabelecer políticas públicas domésticas, regionais e internacionais, bilaterais e multilaterais, que assegurem os direitos dos migrantes em matéria de proteção e integração nas localidades em que se encontram e, muitas vezes, em situação de contínuo deslocamento.

Ademais, presume-se que as decisões serão cautelosas, de difícil negociação no Congresso e interessadas em evitar grandes fluxos migratórios no país mediante cooperação e investimento direto com o México e países centro-americanos. Cabe aguardar se o novo governo atuará no sentido de facilitar a regularização migratória, diminuir a exaustão dos migrantes em suas trajetórias andadas e burocráticas na longa tramitação de seus processos e na garantia de um sistema migratório pautado nas necessidades e nos direitos, com participação ativa de mulheres, homens e crianças migrantes nessa proposta de reforma.

Referências

ALVAREZ, P. Defense Department Slams Brakes on Border Wall as it Reviews Biden Order. *CNN*, 21 jan. 2021. Disponível em: https://www.cnn.com/2021/01/21/politics/border-wall-joe-biden-defense-department/. Acesso em: 20 mar. 2021.

AMERICAN Dreamers. *The New York Times*, 12 jun. 2017. Disponível em: https://www.nytimes.com/interactive/projects/storywall/american-dreamers. Acesso em: 29 mar. 2021.

BENNER, K.; DICKERSON, C. Sessions Says Domestic and Gang Violence Are Not Grounds for Asylum. *The New York Times*, 11 jun. 2018. Disponível em: https://www.nytimes.com/2018/06/11/us/politics/sessions-domestic-violence-asylum.html. Acesso em: 24 mar. 2021.

BIDEN, J. *The Biden Plan for Securing our Values as a Nation of Immigrants*. [S.l.], 2020a. Disponível em: https://joebiden.com/immigration/. Acesso em: 6 abr. 2021.

_____. *The Biden Plan to Build Security and Prosperity in Partnership with the People of Central America*. [S.l.], 2020b. Disponível em: https://joebiden.com/centralamerica/. Acesso em: 6 abr. 2021.

CENTER FOR IMMIGRATION STUDIES (Ed.). Circuit Judges Get into Spat Over the Term 'Alien': judge humpty dumpty follows the biden administration through the looking glass. *Judge Humpty Dumpty follows the Biden administration through the looking glass*, 2021. Disponível em: https://cis.org/Arthur/Circuit-Judges-Get-Spat-Over--Term-Alien. Acesso em: 6 set. 2021.

CHIMNI, B. S. The Geopolitics of Refugee Studies: A View from the South. *Journal of Refugee Studies*, v.11, n.4, p.25, 1998.

CHISHTI, M.; PIERCE, S.; BOLTER, J. The Obama Record on Deportations: Deporter in Chief or Not? *Migrationpolicy.org*, 25 jan. 2017. Disponível em: https://www.migrationpolicy.org/article/obama-record-deportations-deporter-chief-or-not. Acesso em: 4 abr. 2021.

DACA. Judge Orders Trump to Restore Undocumented Immigrants Scheme. *BBC News*, 5 dez. 2020. Disponível em: https://www.bbc.com/news/world-us--canada-55200208. Acesso em: 29 mar. 2021.

DERDERIAN, K.; SCHOCKAERT, L. Responding to "Mixed" Migration Flows: A Humanitarian Perspective. *SUR: Revista Internacional de Direitos Humanos*, v.6, n.10, p.105-116, jun. 2009.

FACTBOX: What Has Biden Done so Far to Roll Back Trump's Immigration Policies? *Reuters*, 2 fev. 2021. Disponível em: https://www.reuters.com/article/us-usa-biden--immigration-factbox-idUSKBN2A231M. Acesso em: 6 abr. 2021.

FOERSTER, A. Solidarity or Sanctuary? A Global Strategy for Migrant Rights. *Humanity & Society*, v.43, n.1, p.19-42, 1 fev. 2019. Disponível em: https://doi.org/10.1177/0160597618817456. Acesso em: 9 ago. 2021.

GANDINI, L. Caravanas migrantes: de respuestas institucionales diferenciadas a la reorientación de la política migratoria. *REMHU: Revista Interdisciplinar da Mobilidade Humana*, v.28, n.60, p.51-69, set. 2020. Disponível em: https://doi.org/10.1590/1980-85852503880006004. Acesso em: 9 ago. 2021.

GRAHAM, D. A. Trump's New Campaign Slogan is a Confession of Failure. *The Atlantic*, 26 maio 2020. Disponível em: https://www.theatlantic.com/ideas/archive/2020/05/transition-to-greatness-is-a-confession-of-failure/612073/. Acesso em: 28 mar. 2021.

GZESH, S. Central Americans and Asylum Policy in the Reagan Era. *Migrationpolicy.org*, 1 abr. 2006. Disponível em: https://www.migrationpolicy.org/article/central-americans-and-asylum-policy-reagan-era. Acesso em: 4 abr. 2021.

HALEY, N. Biden has Promised to Reverse the Trump Admin's Immigration Policies... 1 dez. 2020a. @NikkiHaley. [Tweet]. Disponível em: https://twitter.com/NikkiHaley/status/1333887220265193476. Acesso em: 28 mar. 2021.

_____. Biden's Immigration Policies Will Create Another Border Crisis That Will Undermine the Rule of Law... 1 dez. 2020b. @NikkiHaley. [Tweet]. Disponível em: https://twitter.com/NikkiHaley/status/1333887940297191424. Acesso em: 28 mar. 2021.

HIROTA, H. "The Moment of Transition: State Officials, the Federal Government, and the Formation of American Immigration Policy". *Journal of American History*, v.99, n.4, p.1092-1108, mar. 2013.

HOLLIFIELD, J. F.; HUNT, V. F.; TICHENOR, D. J. The Liberal Paradox: Immigrants, Markets and Rights in the United States. *SMU Law Review*, v.61, n.1, p.67-98, 2008.

HOMEL, J. A. Incoming Biden Administration to Migrant Caravan: Don't Come, You Won't Get in Immediately. *NBC News*, 17 jan. 2021. Disponível em: https://www.nbcnews.com/politics/immigration/incoming-biden-administration-migrant-caravan-don-t-come-you-won-n1254550. Acesso em: 4 abr. 2021.

HORWITZ, S.; SACCHETTI, M. Sessions Vows to Prosecute All Illegal Border Crossers and Separate Children from Their Parents. *Washington Post*, 7 maio 2018. Disponível em: https://www.washingtonpost.com/world/national-security/sessions-says-justice-dept-will-prosecute-every-person-who-crosses-border--unlawfully/2018/05/07/e1312b7e-5216-11e8-9c91-7dab596e8252_story.html. Acesso em: 4 abr. 2021.

JAGGERS, J.; GABBARD, W. J.; JAGGERS, S. J. The Devolution of U.S. Immigration Policy: An Examination of the History and Future of Immigration Policy. *Journal of Policy Practice*, v.13, n.1, p.3-15, 2 jan. 2014. Disponível em: https://doi.org/10.1080/15588742.2013.855695. Acesso em: 9 ago. 2021.

KLEIN, B.; SULLIVAN, K.; SANDS, G. Biden Administration Rescinds Trump-era Immigration Policy to Alleviate Surge of Unaccompanied Minors. *CNN*, 12 mar. 2021. Disponível em: https://edition.cnn.com/2021/03/12/politics/biden-rescinds-trump--immigration-migrants-minors/index.html. Acesso em: 6 abr. 2021.

LEE, E. *At America's Gates:* Chinese Immigration during the Exclusion Era, 1882-1943. North Carolina: The University of North Carolina Press, 2003.

Sebastião C. Velasco e Cruz e Neusa Maria P. Bojikian (Orgs.)

LEVIN, S. "We Tortured Families": The Lingering Damage of Trump's Separation Policy. *The Guardian*, 4 jan. 2021. Disponível em: http://www.theguardian.com/us--news/2021/jan/04/trump-administration-family-separation-immigrants-joe-biden. Acesso em: 4 abr. 2021.

LIPTAK, A.; SHEAR, M. D. Supreme Court Tie Blocks Obama Immigration Plan. *The New York Times*, 23 jun. 2016. Disponível em: https://www.nytimes.com/2016/06/24/us/supreme-court-immigration-obama-dapa.html. Acesso em: 29 mar. 2021.

MASSEY, D. S; PREN, K. A. Unintended Consequences of US Immigration Policy: Explaining the Post-1965 Surge from Latin America. *Population and Development Review*, v.38, n.1, p.1-29, 2012.

MINDOCK, C. UN says Trump Separation of Migrant Children from Parents "May Amount to Torture". *The Independent*, 22 jun. 2018. Disponível em: https://www.independent.co.uk/news/world/americas/us-politics/un-trump-children-family-torture-separation--border-mexico-border-ice-detention-a8411676.html. Acesso em: 4 abr. 2021.

NATIONAL Security Entry-Exit Registration System (NSEERS) Freedom of Information Act (FOIA) Request. Center for Constitutional Rights, [s.d.]. Disponível em: https://ccrjustice.org/home/what-we-do/our-cases/national-security-entry-exit-registration-system-nseers-freedom. Acesso em: 9 ago. 2021.

NGAI, M. M. The Architecture of Race in American Immigration Law: A Reexamination of the Immigration Act of 1924. *The Journal of American History*, v.86, n.1, p.67-92, 1999. Disponível em: https://doi.org/10.2307/2567407. Acesso em: 9 ago. 2021.

PHILLIPS, T. Migrant Caravan Trekking North to US Border Clashes with Guatemalan Troops. *The Guardian*, 17 jan. 2021. Disponível em: http://www.theguardian.com/world/2021/jan/17/migrant-caravan-trekking-north-us-border-clash-guatemala--troops. Acesso em: 4 abr. 2021.

Q&A. Trump Administration's "Remain In Mexico" Program. *Human Rights Watch*, 29 jan. 2020. Disponível em: https://www.hrw.org/news/2020/01/29/qa-trump-administrations-remain-mexico-program. Acesso em: 6 abr. 2021.

RABBEN, L. *Give Refuge to the Stranger:* the Past, Present, and Future of Sanctuary. Walnut Creek: Left Coast Press, 2011.

_____. *Sanctuary and Asylum:* a Social and Political History. Seattle: University of Washington Press, 2016.

RACHKO JR, T. J. US Supreme Court Allows Dreamers "To Breathe Again". *Human Rights Watch*, 19 jun. 2020. Disponível em: https://www.hrw.org/news/2020/06/19/us-supreme-court-allows-dreamers-breathe-again. Acesso em: 29 mar. 2021.

RODGERS, L.; BALLEY, D. Trump Wall: How Much Has He Actually Built? *BBC News*, 31 out. 2020. Disponível em: https://www.bbc.com/news/world-us-canada-46824649. Acesso em: 19 mar. 2021.

RODRIGUEZ, S. Trump's Partially Built "Big, Beautiful Wall". *Politico*, 12 jan. 2021. Disponível em: https://www.politico.com/news/2021/01/12/trump-border-wall-partially-built-458255. Acesso em: 28 mar. 2021.

SALYER, L. E. *Laws Harsh as Tigers:* Chinese Immigrants and the Shaping of Modern Immigration Law Studies in Legal History. North Carolina: The University of North Carolina Press, 1995.

SHAH, B. The Attorney General's Disruptive Immigration Power. *Iowa Law Review*, v.102, p.37, 2017.

SHEAR, M. D.; DAVIS, J. H. Trump Moves to End DACA and Calls on Congress to Act. *The New York Times*, 5 set. 2017. Disponível em: https://www.nytimes.com/2017/09/05/us/politics/trump-daca-dreamers-immigration.html. Acesso em: 29 mar. 2021.

SOUTHERN POVERTY LAW CENTER. The Attorney General's Judges: How the U.S. Immigration Courts Became a Deportation Tool. *Southern Poverty Law Center*, 25 jun. 2019 Disponível em: https://www.splcenter.org/20190625/attorney-generals-judges--how-us-immigration-courts-became-deportation-tool. Acesso em: 24 mar. 2021.

TAL KOPAN. What Are Sanctuary Cities, and Can They be Defunded? *CNN*, 26 mar. 2018. Disponível em: https://edition.cnn.com/2017/01/25/politics/sanctuary-cities--explained/index.html. Acesso em: 6 abr. 2021.

TIMM, J. C. Fact Check: Mexico Never Paid for it. But What about Trump's Other Border Wall Promises?. *NBC News*, 12 jan. 2021. Disponível em: https://www.nbcnews.com/politics/donald-trump/fact-check-mexico-never-paid-it-what-about-trump-s--n1253983. Acesso em: 15 mar. 2021.

TORRE CANTALAPIEDRA, E. *Coyotes* or Defenders of Migrants? Criminalization of Pro--migrants Activism in Caravan Times. *REMHU: Revista Interdisciplinar da Mobilidade Humana*, v.28, n.58, p.51-67, abr. 2020. Disponível em: https://doi.org/10.1590/1980-85852503880005804. Acesso em: 9 ago. 2021.

UNITED NATIONS HIGH COMMISSIONER FOR REFUGEES. *Regional Conference on Refugee Protection and International Migration:* Mixed Movements and Irregular Migration from the East and Horn of Africa and Great Lakes Region to Southern Africa. Dar es Salaam, set. 2010. Disponível em: https://www.unhcr.org/4d5256469.pdf. Acesso em: 4 abr. 2021.

_____. UNHCR Global Trends 2019. *UNHCR*, 2020. Disponível em: https://www.unhcr.org/statistics/unhcrstats/5ee200e37/unhcr-global-trends-2019.html. Acesso em: 23 mar. 2021.

USCIS. *Consideration of Deferred Action for Childhood Arrivals (DACA)*. [S.l.], 4 fev. 2021. Disponível em: https://www.uscis.gov/humanitarian/consideration-of-deferred--action-for-childhood-arrivals-daca. Acesso em: 29 mar. 2021.

WHITE HOUSE. *Inaugural Address by President Joseph R. Biden, Jr. 2020*. [S.l.], 2021a. Disponível em: https://www.whitehouse.gov/briefing-room/speeches--remarks/2021/01/20/inaugural-address-by-president-joseph-r-biden-jr/. Acesso em: 6 abr. 2021.

_____. *Fact Sheet: President Biden Sends Immigration Bill to Congress as Part of His Commitment to Modernize Our Immigration System*. [S.l.], 2021b. Disponível em: https://

www.whitehouse.gov/briefing-room/statements-releases/2021/01/20/fact-sheet--president-biden-sends-immigration-bill-to-congress-as-part-of-his-commitment-to--modernize-our-immigration-system/. Acesso em: 6 abr. 2021.

ZOLBERG, A. R. *A Nation by Design:* Immigration Policy in the Fashioning of America. 1.ed. New York: Russell Sage Foundation, 2008.

6
A VOLTA DOS QUE NÃO FORAM: O GOVERNO TRUMP E WALL STREET

Filipe Mendonça
Leonardo Ramos

O objetivo principal deste capítulo é compreender a relação entre a crise de 2008 e as políticas pró-Wall Street de Donald Trump. Parte-se da hipótese de que as reformas financeiras propostas (e aprovadas) pelo governo Obama demonstravam certo interesse de forças sociais no ajuste do papel regulador do Estado. Não obstante, mesmo sem ser o candidato preferido em 2016 pelos principais doadores de campanha, Donald Trump, uma vez eleito, assume uma agenda favorável aos interesses da ala financista do país, característica intrínseca ao capitalismo estadunidense desde a década de 1970.

Diante disso, embora contraintuitivo – dado o discurso anti-Wall Street presente na gênese do trumpismo –, entendemos que este mesmo trumpismo também pode ser entendido como uma estratégia de reação de Wall Street às políticas de Obama de ajustes regulatórios pós-crise de 2008. Isso mostra, entre outras coisas, a resiliência do capital financeiro norte-americano, pois, mesmo com as mudanças no comando do Executivo norte-americano, os interesses de Wall Street não são ignorados.

Para fazer isso, este capítulo está dividido em quatro seções: na primeira delas, intitulado "A crise de 2008, a eleição de Barack Obama e a Lei Dodd-Frank", partimos da crise do *subprime* para entender o programa regulador do presidente democrata e seu legado; a segunda seção, intitulada "Trump e as 'astúcias da natureza'; ou sobre como Trump lidou com o legado da regulamentação financeira", falamos sobre a relação entre Trump e Wall Street

Sebastião C. Velasco e Cruz e Neusa Maria P. Bojikian (Orgs.)

na campanha de 2016; na terceira seção, intitulada *"'Wall Street's back, baby'"*, falamos sobre as medidas pró-Wall Street adotadas pelo governo. Por fim, na seção "O legado trumpista e os desafios de Biden" fazemos uma reflexão sobre a relação entre o trumpismo e o neoliberalismo e as possibilidades postas diante do atual governo Biden.

A crise de 2008, a eleição de Barack Obama e a Lei Dodd-Frank

A história das instituições econômicas internacionais pós-Bretton Woods, com todas suas variações neoliberais, é marcada por sucessivas crises. Após a elevação da taxa de juros por parte do governo norte-americano em 1979, o que Maria da Conceição Tavares (Tavares; Fiori, 1997) denominou "a retomada da hegemonia norte-americana", assistimos: em 1982, às crises de dívida externa na América Latina, com especial destaque para a moratória mexicana; em 1989-1991, à crise do sistema de poupança e empréstimo nos Estados Unidos; em 1990, à bolha especulativa japonesa; em 1994-1995, à crise econômica do México; em 1997-1998, a desvalorizações e crise bancária em vários países da Ásia; em 1998, à inadimplência russa; em 2001-2002, à quebra do sistema bancário argentino; e, finalmente, em 2008-2009, à crise do *subprime*.

A crise de 2008, não obstante, reascendeu um debate já antigo de mudança de regime, e até mesmo trouxe de volta algumas das características existentes em Bretton Woods, fazendo com que se questionasse as políticas até então implementadas para a regulação do sistema financeiro internacional (Helleiner, 2014). Com a aprovação da Lei Dodd-Frank de Proteção ao Consumidor e Reforma de Wall Street em 2010, o governo Obama apresentou as principais medidas adotadas para a regulação do sistema financeiro norte-americano. Tal lei buscava estabelecer um controle estatal mais substantivo sobre as ações dos atores financeiros, de forma a conter ações e negócios muito arriscados bem como o endividamento excessivo. Em última instância, pode-se dizer que a lei tinha como objetivo central garantir a estabilidade econômica dos Estados Unidos e a transparência do setor financeiro norte-americano, evitando assim o aparecimento de uma nova bolha especulativa.

Embora iniciada nos Estados Unidos, a crise do *subprime* ganha um caráter global, com dimensão e efeitos significativos por se tratar de uma crise que emerge no centro do sistema financeiro internacional. As alterações decorrentes da crise foram percebidas em todo o sistema financeiro internacional ao afetar o mercado interbancário e ao restringir a liquidez internacional (Menezes; Ramos, 2018). O mercado *subprime* norte-americano, ao conceder empréstimos imobiliários de alto risco, atingiu cifras da ordem de

US$ 1,5 trilhão. Multiplicado pelos processos de securitização e aliado a uma persistente negligência regulatória, o castelo de cartas desmoronou, com desdobramentos em cascata, atingindo toda a economia global (Panitch, 2012). Embora seja importante ter em mente que as crises financeiras são típicas da nova ordem econômica mundial dominada pelo capital financeiro (Gowan, 1999), a novidade desta crise em particular foi o seu epicentro.

Dada a sua magnitude, a crise financeira capturou a pauta da corrida presidencial de 2008 e chacoalhou as campanhas do democrata Barack Obama e do republicano John McCain, que precisavam demonstrar suas estratégias para lidar com ela. Este cenário mostrou-se menos favorável ao candidato republicano: com um largo currículo como soldado, o então senador do Arizona era considerado um candidato "forte" em temas como segurança nacional e política externa. Ademais, a campanha de McCain foi marcada pela postura paradoxal de ter que defender o governo Bush e, ao mesmo tempo, criticar as causas da crise sistêmica. McCain chegou a suspender sua campanha para voltar ao congresso e auxiliar na aprovação de um pacote emergencial.

O Troubled Asset Relief Program (TARP), conhecido como plano Paulson, foi aprovado em outubro de 2008 pelo Congresso dos Estados Unidos, sem o protagonismo de McCain. O objetivo era retomar a capitalização dos bancos e instituições financeiras evitando uma recessão ainda mais profunda na economia. O plano previa um fundo de US$ 700 bilhões para a aquisição pelo governo dos ativos tóxicos das instituições financeiras em dificuldade e US$ 100 bilhões em benefícios fiscais para a classe média e empresas (Inforpress, 2008). Apesar da aprovação, "o efeito sobre a confiança da sociedade foi muito pequeno" (Carvalho, 2008, p. 20). A venda dos ativos a preços baixos se manteve, os empréstimos continuaram paralisados e a economia estadunidense se manteve na crise, com outras instituições sendo afetadas por ela – como bancos de investimento, seguradoras e instituições financeiras não bancárias, como *hedge funds*. Desta forma, "O Fed e o Tesouro americano tiveram de estender a diversas dessas instituições o acesso às operações de redesconto – com a aceitação de títulos lastreados em crédito hipotecário – e a criação de linhas de crédito aos *money market mutual funds* [fundos mútuos do mercado monetário]" (Farhi; Cintra, 2009, p.62). Segundo os autores, além dos recursos públicos à economia, foi necessária a injeção de grandes volumes de capital público nos bancos além de garantias para emissões de novas dívidas (Farhi; Cintra, 2009, p.62-63).

A crise teve um impacto importante nas análises sobre a questão da estabilidade do sistema financeiro e na necessidade de reformas do sistema. Como ressalta Wade, "dentre as muitas vítimas da crise está o modelo global dominante da arquitetura financeira das últimas duas décadas, cuja credibilidade vem sendo seriamente danificada" (Wade, 2008). Nesse contexto, as discussões sobre a reforma nas regras existentes de supervisão e regulação do sistema financeiro se intensificaram. Na época, o presidente do FED, Ben Bernanke, comentou a necessidade de considerar os "potenciais riscos sistêmicos e pontos de fragilidade" do sistema (Bernanke, 2008).

Isso posto, a crise financeira foi um pilar importante que consolidou a vitória de Barack Obama na corrida. Segundo Michael Hawes (2008), o ponto de inflexão nas eleições de 2008 foi o colapso de uma série de grandes instituições financeiras, um declínio dramático no valor das ações e uma crise financeira global de proporções históricas. Diante disso, a reforma econômica rapidamente se tornou a questão principal da campanha (e da vitória) de Obama. "Isso é o que acontece quando você vê sete anos de renda caindo para o trabalhador médio enquanto Wall Street enriquece rapidamente e, mesmo assim, declara – como o senador McCain fez no início deste ano – que fizemos um grande progresso economicamente com George Bush", disse Obama no auge da corrida (Horsley, 2008). Como ficou demonstrado mais tarde, Obama vencera a corrida eleitoral de 2008 com folga, com pesquisas mostrando que a economia era um grande problema para os eleitores.

Já no seu primeiro ano de governo, com certo arrefecimento da crise, um novo cenário se consolidando, interferindo nas medidas aprovadas pelo Congresso sobre a reforma, o discurso aguerrido de Obama dá lugar a um discurso mais conciliador (Panitch, 2014, p.145). Segundo Farhi (2010, p.17),

> À medida que a forte recuperação dos preços dos ativos, a partir do segundo trimestre de 2009, e dos lucros da maior parte das instituições financeiras fomentou a percepção dos participantes dos mercados financeiros do retorno ao *business as usual*, as convicções neoliberais voltaram a se afirmar.

Em consequência, nota-se um fortalecimento das forças sociais contrárias às reformas da supervisão e regulação financeira, com as atenções voltando-se "para os desequilíbrios fiscais e os estoques de dívida pública, numa dinâmica perversa em que as expectativas privadas e a supremacia dos mercados tendem a transformar uma crise financeira privada em uma crise financeira pública" (Farhi, 2010, p. 17).

Tal mudança de percepção foi fundamental para compreender o que Panitch (2014) chamou de "fracasso da esquerda" estadunidense no enfrentamento das raízes da crise financeira. Para o referido autor, "a resistência política à crise financeira foi em grande parte espontânea e esporádica, e quase totalmente defensiva", e conclui que "a notável 'flexibilidade' que o estado dos Estados Unidos teve em termos de resolução da crise está diretamente relacionada às fraquezas básicas da esquerda" (Panitch, 2014, p.147). Diante dessas contradições, em dezembro de 2009, o governo Obama apresentou ao Congresso a proposta da reforma do sistema financeiro norte-americano – considerada pela imprensa "a maior reforma financeira proposta nos Estados Unidos desde 1930" (Drawbaugh, 2009). Segundo análise do *New York Times*: "o projeto de lei marca o fim de mais de uma geração em que a postura predominante de Washington em relação ao setor financeiro foi amplamente de aplausos, sem intervenção, evidenciada pela desregulamentação constante" (Cox; Arnold, 2011). A Lei Dodd-Frank de Proteção ao Consumidor e Reforma de Wall Street (Dodd-Frank Wall Street Reform and Comsumer Protection Act) foi aprovada no Senado em 15 de julho de 2010 e assinada no dia 21 de julho de 2010 pelo presidente Barack Obama.

Objetivando impor limites à capacidade dos bancos de fazerem investimentos especulativos arriscados, a lei dizia oferecer mais poder aos reguladores, protegendo o consumidor ao limitar as operações financeiras de risco. Em geral, a nova lei buscava reduzir a possibilidade de um novo cenário de desvalorização dos ativos e crise no sistema. Conforme destacado pelo governo norte-americano, a reforma financeira "restringirá o crescimento das maiores firmas financeiras; restringir as atividades financeiras mais arriscadas; e criar um mecanismo para o governo fechar empresas financeiras em dificuldades sem precipitar um pânico financeiro que deixe os contribuintes e as pequenas empresas com a corda no pescoço" (White House, 2011).[1]

Desta forma, com a lei, a ideia sempre foi evitar a repetição de uma nova crise como a de 2008 por meio do estabelecimento de padrões mais rígidos para as empresas financeiras. Além disso, os fundos privados de capital passaram a ser registrados na Securities and Exchange Comission ("Financial Stability Act of 2010"). Outra medida adotada pela lei foi a eliminação da Agência de Supervisão de Instituições de Poupança (Office of Thrift Supervision, OTS), que permitia que algumas instituições ficassem de fora das regulamentações do Fed.

A Lei Dodd-Frank de 2010 foi um marco regulatório importante durante a administração Obama. Contudo, em última instância, trata-se de uma legislação que serviu para salvar o regime neoliberal e, justamente por isso, ignorou as raízes do problema. Segundo Smemo (2019, p.65), "a Dodd--Frank e o programa de recuperação do governo Obama funcionaram no curto prazo. A gestão da crise por Obama alcançou um feito notável ao restaurar a legitimidade do regime neoliberal e seu modo de acumulação". Na mesma linha, Nancy Fraser (2018, p. 43) afirmou que "Barack Obama poderia ter aproveitado a oportunidade para mobilizar apoio em massa para uma grande mudança do neoliberalismo, mesmo em face da oposição do Congresso. Em vez disso, ele confiou a economia às próprias forças de Wall Street que quase a destruíram".

---

1 Em suma, a lei buscou aumentar o controle sobre instituições financeiras que deveriam atender a padrões mais elevados e a exigências mais severas de capital e liquidez. Para isso, a nova autoridade do Fed foi complementada pela criação de um conselho regulador de supervisão, nomeado pelo órgão de "Financial Institution Supervision Group" (White House, 2011).

De todo modo, esta fissura representada pela crise de 2008 e a solução paliativa proposta por Obama estão na raiz de um outro evento que se revelou mais perturbador na sociedade norte-americana. Referimo-nos à mobilização da extrema direita representada por Donald J. Trump. Com uma retórica contra o neoliberalismo, Trump seguiu arrebanhando multidões dentro e fora do *establishment*, até chegar à presidência e passar a jogar a favor dos agentes de Wall Street. Isso teria consequências diretas para a Lei Dodd-Frank e para a regulamentação financeira nos Estados Unidos.

Trump e as "astúcias da natureza"; ou sobre como Trump lidou com o legado da regulamentação financeira

A reforma financeira proposta e aprovada pelo governo Obama foi resultado de uma frágil correlação de forças que tornou possível certo fortalecimento da regulação do sistema financeiro através da criação de novas atribuições e do fortalecimento do Fed. Diante disso, embora contraintuitivo – dado o discurso anti-Wall Street presente na gênese do trumpismo –, entendemos que este mesmo trumpismo também deve ser entendido como uma estratégia de reação de Wall Street às políticas de Obama de ajustes regulatórios pós-crise de 2008.

Como vimos, a Lei Dodd-Frank de 2010 foi um marco regulatório importante durante a administração Obama. Em 2015, os mecanismos de regulação financeira criados na administração Obama eram objeto de inúmeras críticas, principalmente por parte dos setores ligados a Wall Street (Maia, 2018). Essa situação ganhou corpo em 2016, na corrida presidencial, sendo um dos temas mais ou menos consensuais entre os candidatos republicanos. A plataforma do Partido Republicano, adotada na convenção de julho que indicou Trump, envolvia a revogação da lei, além da extinção do Consumer Financial Protection Bureau. "Temos que nos livrar da Dodd-Frank. Os bancos não estão emprestando dinheiro para as pessoas que precisam [...]. Os reguladores estão administrando os bancos", afirmou Trump numa entrevista à *Fox News* em 2015 (Borak; Williams, 2016).

Neste contexto, a chegada de Trump ao Partido Republicano não deixa de ser reflexo de uma mudança na correlação de forças sociais dentro dos Estados Unidos (MacWilliams, 2016). Após uma grave crise gerada no coração de Wall Street e superado o frenesi em torno dos culpados, Donald Trump prometia retornar as coisas para o seu "curso normal" embora a campanha fosse crítica às "elites no poder", ao *deep state* e ao *establishment*.

O discurso, entretanto, era dúbio. O mote nacionalista *"America First"*, tão presente na campanha trumpista, apontava para uma direção contrária aos interesses de Wall Street – que são altamente conectados com a economia global. Segundo Kelleher (2019), "Trump foi o candidato presidencial mais anti-Wall Street desde FDR na década de 1930". Além disso, é bem verdade que a maior parte dos bilionários norte-americanos apoiaram a candidata Hilary Clinton, "possuidora de laços históricos com o mercado financeiro" (Haeming et al., 2018). Ao mesmo tempo, as relações umbilicais de Trump com Wall Street faziam com que as ameaças feitas ao coração do sistema financeiro estadunidense fossem pouco críveis. No embate com Hillary Clinton, Trump "tentou atingi-la pela proximidade com o núcleo duro do poder financeiro" (Haeming et al., 2018) e, ao mesmo tempo, se colocava como um *businessman*, como um homem de negócios.

Um dos principais exemplos desta contradição no discurso diz respeito à própria Lei Dodd-Frank. Em entrevista à *Fox News*, Donald Trump reverberou interesses da ala financista estadunidense ao afirmar ser necessário o fim dessa lei (Borak; Williams, 2016). Em outra entrevista, dessa vez para a CNBC, Trump afirmou o seguinte: "Acho que, absolutamente, a Dodd-Frank tem que ser eliminada ou muito alterada". Já Hillary caminhava em direção oposta. "Como presidente, eu não apenas vetaria qualquer legislação que enfraquecesse a reforma financeira, mas também lutaria por novas regras duras, fiscalização mais forte e mais responsabilidade que vão muito além de Dodd-Frank", afirmou ao jornal *The New York Times* (Borak; Williams, 2016). Em resposta, Trump tuitou em 28 de julho de 2016 que "Hillary nunca reformará Wall Street. Ela é propriedade de Wall Street!".

De fato, o discurso dúbio assustou parte de Wall Street e ajudou a consolidar Hillary Clinton como a candidata do "*establishment* financista". Cohan (2016) chegou a formular o problema nos seguintes termos: "O dólar está prestes a enfrentar um teste sério. Os investidores globais continuarão a colocar seu dinheiro em um país cujo líder provoca ruidosamente o Reino Eremita com ameaças de 'fogo e fúria', ou eles encontrarão refúgio financeiro em outro lugar?". Em outras palavras, o autor afirma que o comportamento errático de Donald Trump minaria a segurança do dólar de modo inédito desde a Segunda Guerra Mundial. Entretanto, isso não se converteu em graves ameaças à campanha trumpista, como vimos. Os ataques ao *deep state* e a Wall Street funcionavam como um componente discursivo poderoso na retórica trumpista, sendo peça fundamental na conquista dos votos dos derrotados pela globalização neoliberal.

De todo modo, as diferenças não ficaram contidas no campo retórico, pois refletiram de forma poderosa nas doações de campanha. Segundo Narayanswamy, Cameron e Gold (2021), a campanha de Clinton arrecadou coletivamente aproximadamente US$ 1,4 bilhão na eleição de 2016, enquanto a campanha de Trump arrecadou aproximadamente US$ 957 milhões (ver Gráfico 6.1). Hillary Clinton, portanto, arrecadou 68% a mais: "Nenhum candidato na era moderna superou tal desvantagem de recursos de campanha e foi eleito presidente", afirmam Sabato, Kondik e Skelley (2017, p.196).

Gráfico 6.1 – Dinheiro arrecadado nas campanhas de 2016 de Hillary Clinton e Donald Trump-

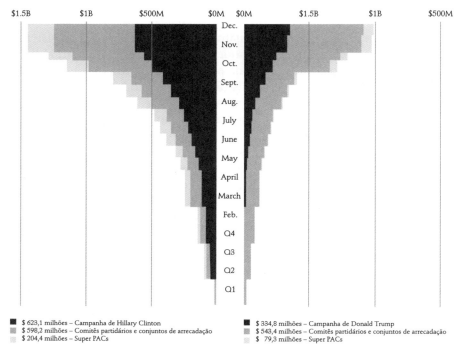

- $ 623,1 milhões – Campanha de Hillary Clinton
- $ 598,2 milhões – Comitês partidários e conjuntos de arrecadação
- $ 204,4 milhões – Super PACs

- $ 334,8 milhões – Campanha de Donald Trump
- $ 543,4 milhões – Comitês partidários e conjuntos de arrecadação
- $ 79,3 milhões – Super PACs

Fonte: Narayanswamy, Cameron e Gold (2021).

Por outro lado, é importante destacar que "as promessas iniciais [do então candidato Donald Trump] de revisão do Dodd-Frank Act, de implementação de políticas de desregulamentação financeira e de redução de impostos às camadas mais ricas foram bem-vistos por setores mais conservadores da elite financeira americana" (Haeming et al., 2018). Segundo Christopher Whalen, "talvez a maior mudança para todas as empresas e profissionais de serviços financeiros em 2017 é que a narrativa política em relação à regulamentação financeira mudou de um foco punitivo e antinegócios para uma agenda mais tradicionalmente conservadora, focada no crescimento e empregos" (Brabazon; Redhead; Chivaura, 2018).

Isso mostra, entre outras coisas, a resiliência do capital financeiro norte-americano. Ou seja, mesmo com as mudanças no comando do Executivo norte-americano, os interesses de Wall Street não são ignorados. Depois de confirmada a vitória de Donald Trump, Lloyd Blankfein, o presidente e CEO da Goldman Sachs e importante doador da campanha de Hillary Clinton, afirmou que a política econômica de Trump era *"very asset and market--friendly"*. Segundo William Cohan (2016), "depois de definhar por anos no rescaldo da crise financeira, as ações dos bancos de Wall Street estão em alta desde a eleição de Trump: O JP Morgan Chase está negociando em alta recorde enquanto a Goldman Sachs e Morgan Stanley estão negociando em sua maior alta em 52 semanas". Bill Ackman, o bilionário apoiador de Hillary Clinton, foi outro dos que adaptaram o discurso rapidamente:

> Os Estados Unidos são o maior negócio do mundo e há muito tempo que não é administrado. Agora temos um empresário como presidente e ele tem poder porque os republicanos controlam o Congresso. Ele vai lançar um grande programa de infraestrutura. Vai reduzir os impostos corporativos a um nível razoável e se livrar das lacunas. Fará muito pois nada foi feito em um longo período de tempo. E, se você é um investidor ativista, quer que alguém entre, assuma e faça as coisas que precisam ser feitas. (Cohan, 2016.)

A mudança de posição de lideranças de Wall Street, antes céticas em relação à candidatura de Donald Trump, mas depois adeptas ou "recém-convertidas" ao trumpismo, mostra a natureza bipartidária (ou, em outros termos, "suprapartidária") de Wall Street. De Nixon a Trump, o capital financeiro sempre esteve no núcleo duro do poder norte-americano. Wall Street não atua, portanto, apenas no curto prazo: o capital financeiro, materializado, entre outras coisas, na força do dólar, é um pilar de sustentação não só do sistema político norte-americano contemporâneo, mas do próprio exercício do poder hegemônico dos Estados Unidos no mundo. Há, portanto, limites nos voluntarismos dos representantes do Poder Executivo.

A retórica anti-Wall Street pode até encontrar lugar nos discursos inflamados de campanha, como ocorreu, cada um com suas especificidades, na campanha de Donald Trump, nos discursos de Bernie Sanders ou em movimentos sociais como o Occupy Wall Street. Porém, uma vez eleito, as forças de acomodação são grandes demais até mesmo para a volúpia de uma figura exótica como Donald Trump.

"Wall Street's back, baby"

Ao discorrer sobre a mudança da relação entre Donald Trump e Wall Street, conflituosa na campanha e consensual nos primeiros anos de governo, Cohan (2016) chegou a falar em "paixão repentina" e concluiu que, com a eleição do republicano, "Wall Street's back, baby". "Logo após a vitória de Trump" afirma Haeming et al. (2018), "Wall Street nutriu expectativas em torno do avanço de reformas fiscais, do aumento de investimentos e uma legislação mais branda que potencialmente beneficiariam o setor financeiro". Ao mesmo tempo, os interesses de Wall Street sempre se fazem representar independentemente do partido no poder. Wall Street, portanto, está de volta, mas sem nunca ter ido.

Donald Trump atuou, assim, para acomodar os interesses do capital financeiro em seu governo. De acordo com Bojikian (2021), "a suposição do governo Trump é de que justamente a Lei Dodd-Frank teria subtraído a responsabilidade pública dentro das agências reguladoras e desracionalizado a estrutura regulatória financeira federal". Uma vez no cargo, a administração Trump começou a desmontar os pilares centrais da reforma financeira capitaneada por Barack Obama, incluindo, segundo Kelleher (2019), os seguintes pontos: 1) permissão para mais negociações de derivativos não regulamentados; 2) reversão de proteções do consumidor e do investidor; 3) redução da regulamentação para bancos; 4) neutralização da regulamentação de instituições não bancárias sistemicamente significativas e do sistema bancário paralelo; 5) corte de fundos para monitoramento do setor financeiro. Sem o apoio majoritário no congresso, Trump usou duas estratégias principais na implementação de sua política de desregulamentação. A primeira foi o uso de ordens executivas, e a segunda foi a nomeação de "*watchdogs*" em posições importantes do sistema regulador estadunidense. Sobre a primeira estratégia, nos primeiros cem dias de governo, Trump assinou uma série de textos visando atacar as agências regulatórias criadas no bojo da crise de 2008 (Tabela 6.1).

Tabela 6.1 – Decisões administrativas de Donald Trump referentes as agências regulatórias nos cem primeiros dias de governo

Decisão	Principais características
"Regulatory Freeze Pending Review"	Trata-se de um memorando para as agências do Executivo, assinado em 20 de janeiro de 2017. Neste memorando, sob a direção do presidente Donald Trump, instruem-se as agências federais a congelar todos os regulamentos pendentes, uma ação que incluía várias iniciativas significativas de trabalho e emprego realizadas sob o governo Obama.
Ordem Executiva 13771 ("Reducing Regulation and Controlling Regulatory Costs")	Trata-se de uma ordem executiva assinada pelo presidente dos Estados Unidos, Donald Trump, em 30 de janeiro de 2017. Neste texto, Trump instruía as agências a revogar dois regulamentos existentes para cada novo regulamento e a fazê-lo de forma que o custo total dos regulamentos não aumente.

Decisão	Principais características
Ordem Executiva 13772 **("Core Principles for** **Regulating the United** **States Financial System")**	Trata-se de ordem executiva de 3 de fevereiro de 2017 em que se estabelecem como princípios para a regulação financeira dos Estados Unidos os seguintes itens: (a) capacitar os norte-americanos a tomar decisões financeiras independentes e escolhas informadas no mercado, economizar para a aposentadoria e criar riqueza individual; (b) impedir resgates financiados pelos contribuintes; (c) fomentar o crescimento econômico e mercados financeiros vibrantes por meio de uma análise de impacto regulatório mais rigorosa que lide com riscos sistêmicos e falhas de mercado, como risco moral e assimetria de informação; (d) permitir que as empresas norte-americanas sejam competitivas com empresas estrangeiras nos mercados interno e externo; (e) promover os interesses norte-americanos nas negociações e reuniões internacionais de regulamentação financeira; (f) tornar a regulamentação eficiente, eficaz e adequadamente adaptada; e (g) restaurar a responsabilidade pública dentro das agências reguladoras financeiras federais e racionalizar a estrutura regulatória financeira federal.
Ordem Executiva 13777 **("Enforcing the Regulatory** **Reform Agenda")**	Trata-se de uma ordem executiva de 1º de março de 2017 em que estabelece uma força-tarefa encarregada de avaliar os regulamentos existentes e fazer recomendações ao chefe da agência em relação a revogação, substituição ou modificação.

Fonte: elaborado pelos autores.

Outra iniciativa importante, ainda no âmbito do Executivo, foi a produção de uma série de relatórios produzidas pelo Departamento do Tesouro que visavam, segundo Bojikian (2021), recomendar e promover a desregulamentações, além de propor estratégias para atingir esse objetivo. Bojikian cita seis relatórios importantes: a) o *Relatório sobre bancos e cooperativas de crédito (junho 2017)*, que recomendou a alteração da Dodd-Frank, além de criticar a ausência de coordenação da estrutura organizacional relativa ao marco regulatório financeiro do país; b) o *Relatório sobre mercado de capitais (outubro 2017)*, que recomendou a modernização e racionalização da estrutura regulatória federal, visando a desregulamentação; c) O *Relatório sobre gestão de ativos e seguros (outubro 2017)*, que recomendou a desregulamentação no setor de gestão de ativos; d) o *Relatório sobre instituições financeiras não bancárias, tecnológicas e de inovação (julho 2018)*, que recomendou uma maior coordenação da estrutura regulatória no setor; e) o *Relatório sobre as designações do Conselho de Supervisão de Estabilidade Financeira (novembro 2017)"*, que propôs a revisão do conselho; f) o *Relatório sobre a reforma da autoridade de liquidação ordenada e falência (fevereiro 2018)*, que propôs a revisão do regime de autoridade de liquidação Ordenada (OLA), criado com base na Lei Dodd--Frank (Bojikian, 2021).

Já no Legislativo, o principal ataque à Lei Dodd-Frank veio do parlamentar Jeb Hensarling, do Texas, que, com apoio do Executivo, apresentou a proposta intitulada Financial Choice Act. Introduzida em 2017, o projeto de lei chegou a ser aprovado na Câmara, mas parou no Senado. Segundo Bennett (2017), o Choice Act não revogaria completamente o Dodd-Frank, mas mudaria aquelas disposições das quais o setor bancário particularmente não gosta: "Autoridade de 'liquidação ordenada' dos reguladores para liquidação de bancos em dificuldades, um sistema de 'teste de estresse' que os bancos consideram opaco e oneroso, e a discrição do governo em decidir quais instituições justificam um escrutínio intensificado, entre outros dispositivos". Jeb Hensarling também é membro do *banking caucus*, composto por um grupo de legisladores com fortes laços com Wall Street.

Em 2018, outro esforço legislativo ganhou corpo: a lei intitulada "Economic Growth, Regulatory Relief, and Consumer Protection Act", aprovada em 2018. A lei foi aprovada com o apoio de 33 deputados democratas, mostrando o caráter bipartidário desse esforço legislativo. Em linhas gerais, a lei de 2018 facilitou os requisitos de relatórios de dados de empréstimos hipotecários para a esmagadora maioria dos bancos.

Outra estratégia largamente utilizada por Trump foi a nomeação de *watchdogs* em agências reguladoras, em especial no Financial Stability Oversight Council (FSOC). Criado no âmbito da Lei Dodd-Frank, esse conselho teria por objetivo principal monitorar os fundos de *hedge*, firmas e seguradoras. Mas, uma vez eleito, Trump reduziu o poder de ação da comissão. Em conformidade com tais políticas de Trump, na impossibilidade de passar certas reformas no Congresso, nota-se também um engajamento, por parte de Wall Street, para ocupar posições importantes nas principais instituições de regulação. Tal engajamento revelou impactos significativos: "Desde que funcionários escolhidos pelo presidente Donald Trump assumiram as rédeas, o grupo tem se concentrado em tornar mais fácil para as empresas escapar das garras do governo do que examinar se outras empresas devem ser investigadas" (Hamilton, 2018)

Outro exemplo foi a nomeação de Steven Mnuchin como secretário do Tesouro. Sobre isso, a deputada democrata Maxine Waters, da Califórnia, membro do Comitê sobre Serviços Financeiros, afirmou que:

> Donald Trump fez uma campanha ancorado na retórica anti-Wall Street, mas
> nomear um ex-gerente de fundos de hedge, executivo do Goldman Sachs e CEO do

banco como secretário do Tesouro mostra sua verdadeira face. O Sr. Mnuchin é um *insider* de Wall Street com ligações com grandes bancos que têm um passado preocupante, pois colocam os lucros à frente dos consumidores e contribuintes. Na verdade, grupos de habitação legítimos alegaram que o antigo banco do Sr. Mnuchin, o OneWest, discriminou rotineiramente proprietários de casas minoritárias durante a crise de execução hipotecária. Este é um homem que ficou rico com a crise de execução hipotecária – não muito diferente do próprio Sr. Trump – e agora supervisionará áreas significativas de nosso sistema regulatório financeiro.

Além de Steven Mnuchin, Trump nomeou o advogado de Wall Street e conselheiro do Goldman Sachs Jay Clayton como chefe da Securities and Exchange Commission (SEC), um importante regulador de bancos e de Wall Street. Outro exemplo foi Randal Quarles, nomeado vice-presidente para supervisão do Federal Reserve.

O padrão de Trump de nomear indivíduos para administrar agências com missões às quais se opõem ameaça a estrutura de nosso governo e ignora as necessidades da Main Street. A ideologia desregulatória do Sr. Quarles e a lealdade a Wall Street são inconsistentes com os interesses dos trabalhadores americanos e podem deixá-los vulneráveis às mesmas práticas financeiras predatórias que levaram à crise financeira de 2008. Esta nomeação mostra ao povo americano que Trump e seu gabinete de banqueiros e bilionários têm toda a intenção de se curvar aos piores impulsos de Wall Street.

Em última instância, o que se percebe é exatamente a volta dos que não foram. Mesmo que em um primeiro momento mais favoráveis à candidata democrata, em pouco tempo Wall Street se adaptou – e muito bem – ao governo Trump. Neste caso, mesmo que em um sentido distinto, nota-se a partir dessas mudanças, que vão dos discursos ambivalentes de Donald Trump ao comportamento e alinhamento político de Wall Street, o que Gramsci, fazendo alusão a Vico, chamava de "astúcias da natureza". Ou seja, "um impulso social, que visa a um determinado fim, e termina por realizar o seu contrário" (Gramsci, 2002, v.6, p.202, nota 168). Com Trump, os interesses do setor financeiro norte-americano representado por Wall Street foram significativamente atendidos.

O legado trumpista e os desafios de Biden

A economia política do trumpismo foi repleta de contradições: Trump emerge politicamente, por um lado, com um discurso hostil a setores--chave da elite estadunidense, particularmente aqueles vinculados ao capital financeiro/indústria financeira; não obstante, seu governo não apresentou qualquer crítica substantiva às estratégias de reconstrução da hegemonia estabelecidas a partir dos 1970. Ou seja, não houve uma crítica propriamente dita ao projeto de classe associado à emergência do neoliberalismo, nem às consequências de sua adjetivação recente como neoliberalismo predatório – pelo contrário, há políticas concretas de manutenção e reforço do papel das elites financeiras na condução política nos Estados Unidos.

O setor financeiro é um aspecto central na estratégia de classe do neoliberalismo (Moraes, 2001). Com a emergência do neoliberalismo predatório, sua importância se apresenta de forma singular. O endividamento crescente é um elemento constitutivo desse processo, assim como a defesa dos "super-ricos". No governo Trump, esse "setor" recebeu destaque na composição do governo trumpista (ver Figura 2.). Para Milanovic (2020), "Ao introduzir regras econômicas na política, os neoliberais causaram um enorme dano à 'publicidade' da tomada de decisões e à democracia". Neste sentido, Donald Trump levou ao limite a tendência, já que a riqueza líquida total do gabinete de Trump chegou a U$ 2,3 trilhões, enquanto a do gabinete de George W. Bush era de U$ 351,5 milhões e a do gabinete de Barack Obama de U$ 67,2 milhões. Mesmo com oscilações constantes na composição do governo, com ascensão e queda de secretários e assessores, vale destacar a presença constante de super-ricos no governo Trump, como Betsy DeVos (U$ 1,1 bi), Rex Tillerson (U$ 294,5 mi), Wilbur Ross (U$ 506,5 mi) e Steve Mnuchin (U$ 252 mi).

Figura 6.2 – Era de ouro dos super-ricos

Golden Age for the Super Wealthy

Net worth of Americans on the Bloomberg Billionaires Index

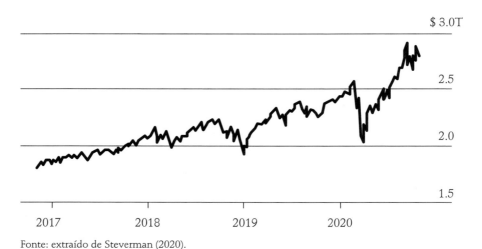

Fonte: extraído de Steverman (2020).

Vale resgatar a constatação de Steverman (2020): "quatro anos atrás, a América elegeu seu primeiro presidente bilionário. Desde então, as cerca de 200 pessoas mais ricas do país – uma corte que representa 0,00006% da população – aumentaram sua riqueza combinada em espantosos US$ 1 trilhão". A pandemia agravou ainda mais essa tendência, além de intensificar o déficit fiscal e a dívida pública.

Já no cenário internacional, quatro anos de Donald Trump prejudicaram a credibilidade e a liderança dos Estados Unidos em todo o mundo. Embora Wall Street tenha demonstrado resiliência durante o governo Trump, a política *America First* e o abandono das instituições multilaterais enfraqueceram a liderança norte-americana na ordem internacional liberal, bem como encorajaram os mais poderosos desafiadores dessa ordem, como a Rússia e a China.

Nesse sentido, pensando em um mundo pós-Trump, podemos destacar pelo menos três aspectos principais aos quais o governo Biden deve dar atenção especial. O primeiro aspecto diz respeito às tensões entre o nacional e o internacional. Como sabemos, o democrata enfrentará desafios domésticos enormes que passam, entre outros pontos, por uma enorme crise fiscal, uma crise sanitária sem precedentes e uma polarização política que, não raro, converte-se em atos violentos. Isso tudo acontece enquanto a liderança dos Estados Unidos no mundo sofre enormes questionamentos em múltiplas frentes, passando pelas instituições internacionais, pela força gravitacional da China nos processos de reconstrução econômica, pela geopolítica da vacina etc.

O segundo aspecto diz respeito às tensões com a Ásia e a Europa. Em linhas gerais, a política econômica internacional de Biden carrega do trumpismo uma aversão às negociações comerciais tradicionais. Ademais, o programa estabelece como meta a recolocação da liderança dos Estados Unidos na região do Indo-Pacífico. Essa situação posiciona, por exemplo, Estados Unidos e China em rota de colisão. Embora o tom das negociações comerciais deva mudar, a essência do problema permanece. Como Wall Street reagirá a esse movimento?

O terceiro aspecto está relacionado com as tensões no G2. Segundo Goodman (2021), consultores de alto escalão do governo Biden, como Jake Sullivan e o coordenador para a região do Indo-Pacífico Kurt Campbell, não há ilusões sobre o desafio que Pequim representa para os interesses dos Estados Unidos. Para o autor, "Biden também se sentirá compelido a se envolver com Pequim para enfrentar os desafios globais em que a China é parte do problema, ou da solução, ou ambos". A lista de assuntos é extensa: pandemia, mudanças climáticas, proliferação nuclear, Taiwan, abertura de mercado, finanças e guerras comerciais etc.

As contradições atuais entre estrutura e superestrutura apresentam sérios limites à liderança dos Estados Unidos. Se a crise financeira de 2007-2008 pode ser vista como o ápice dos processos orgânicos que, naquela época, atingiram o epicentro do capitalismo, resta saber como o legado do governo Trump, a atual pandemia da covid-19 e o governo Biden se combinarão nos próximos anos.

Referências

BALLHAUS, R.; MCGILL, Brian. The Million-Dollar Donors: A Look at Who Is Bankrolling the 2016 General Election. *The Wall Street Journal*, 2 nov. 2016. Disponível em: https://www.wsj.com/graphics/elections/2016/million-donors/. Acesso em: 11 ago. 2021.

BBC NEWS. Sweeping US Financial reform passed by Senate. *BBC News*, 15 jul. 2010. Disponível em: http://www.bbc.co.uk/news/business-10654128. Acesso em: 11 ago. 2021.

BENNETT, J. Trump, Wall Street and the "Banking Caucus" Ready to Rip Apart Dodd--Frank. *The Center for Public Integrity*, 1 fev. 2017. Disponível em: https://publicintegrity.org/inequality-poverty-opportunity/trump-wall-street-and-the-banking-caucus--ready-to-rip-apart-dodd-frank/. Acesso em: 10 ago. 2021.

BERNANKE, B. S. Clearinghouses, Financial Stability, and Financial Reform. Speech at the 2011 Financial Markets Conference, Stone Mountain, Georgia. Federal Reserve, April 4, 2011.

BOJIKIAN, N. M. P. O governo Trump e sua promessa de "fazer um grande ato" na lei de reforma financeira Dodd-Frank: até onde se foi? In: *A Economia Política do Governo Trump*. Curitiba: Appris, 2021. p.197-224.

BORAK, D.; WILLIAMS, H. Where They Stand on Wall Street. *Wall Street Journal*, 25 out. 2016. Disponível em: http://graphics.wsj.com/elections/2016/where-do-clinton-and--trump-stand-on-wall-street/. Acesso em: 10 ago. 2021.

BRABASON, T. REDHEAD, S.; CHIVAURA, R. S. *Trump Studies*: An Intellectual Guide to Why Citizens Vote Against Their Interests. Bingley: Emerald Publishing Limited, 2018.

BRESSER-PEREIRA, L. C. A crise financeira global e depois: um novo capitalismo? *Novos Estudos*, n.86, p.51-72, mar. 2010.

_____. Crise e recuperação da confiança. In: *Dossiê da crise*. [S.l.]: Associação Keynesiana Brasileira, nov. 2008. p.5-8.

CÂMARA dos EUA aprova reforma do sistema financeiro, *G1/Reuters*, 30 jun. 2010. Disponível em: http://g1.globo.com/economia-e-negocios/noticia/20106/camara-dos--eua-aprova-reforma-financiera.html. Acesso em: 1 maio 2021.

CARVALHO, F. C. A crise econômica internacional em 2010: uma avaliação a meio do caminho. In: *Dossiê da crise II*. [S.l.]: Associação Keynesiana Brasileira, ago. 2010. p.13-16. Disponível em: www.ppge.ufrgs.br/akb. Acesso em: 1 maio 2021.

_____. Entendendo a recente crise financeira global. In: *Dossiê da Crise*. [S.l.]: Associação Keynesiana Brasileira, nov. 2008. p.16-23. Disponível em: www.ppge.ufrgs.br/akb. Acesso em: 1 maio 2021.

COHAN, W. D. Why Wall Street Is Suddenly in Love with Trump. *Politico Magazine*, nov. 2016. Disponível em: https://www.politico.com/magazine/story/2016/11/wall--street-donald-trump-2016-214452/. Acesso em: 10 ago. 2021.

CONGRESSO aprova Plano Paulson por larga maioria, lei segue agora para a assinatura de George W. Bush. *Inforpress*, 10 set. 2008.

CORDEIRO, F. C. O FMI, a política interna dos EUA e a crise da dívida dos anos 80. São Paulo, 2010. Tese (Doutorado em Ciência Política), – Universidade de São Paulo.

COX, R.; ARNOLD, W. Banking Reforms Without Leaders. *The New York Times*, 23 mar. 2011. Disponível em: http://www.nytimes.com/2011/03/24/business/24views.html. Acesso em: 10 ago. 2021.

CRISE em Lehman Brothers, Merrill Lynch e AIG abala mercados pelo mundo. *Folha de S.Paulo*, 15 set. 2008. Disponível em: http://www1.folha.uol.com.br/folha/dinheiro/ult91u444969.shtml. Acesso em: 11 ago. 2021.

DODD-FRANK Wall Street Reform and Consumer Protection Act. Rep. Barney Frank. 2 dez. 2009, 11th Congress 2009-2010. Disponível em: http://www.govtrack.us/congress/bill.xpd?bill=h111-4173. Acesso em: 11 ago. 2021.

DRAWBAUGH, K. Obama Urges Biggest Financial Reforms since 1930s. *Financial Post*, 17 jun. 2009. Disponível em: http://www.financialpost.com/Obama+urges+biggest+financial+reforms+since+1930s/1704949/story.html. Acesso em: 1 maio 2021.

DUMÉNIL, G.; LÉVY, D. *A crise do neoliberalismo*. São Paulo: Boitempo, 2014.

ECONOMIC Report of the President. Transmited to the Congress, fev. 2010. Washington: United States Government Printing Office, 2010.

EICHENGREEN, B. *A globalização do capital*: uma história do sistema monetário internacional. Trad. Sérgio Blum. São Paulo; Editora 34, 2000.

FARHI, M. *"Double Dip*: a recuperação econômica em questão". In: *Dossiê da crise II*. [S.l.]: Associação Keynesiana Brasileira, ago. 2010. p.16-20. Disponível em: www.ppge. ufrgs.br/akb. Acesso em: 1 maio 2021.

_____. Crise financeira internacional, contágio e possíveis respostas regulatórias. In: *Cúpula BRIC de Think tanks:* o papel dos BRIC na Transformação global no pós-crise. [S.l.], 14 e 15 abr. 2010, cap. IV, p.57-76. Disponível em: http://www.ipea.gov.br/bric/textos/MIOLO.pdf. Acesso em: 10 ago. 2021.

FARHI, M.; CINTRA, A. M. A arquitetura do sistema financeiro internacional contemporâneo. *Revista de Economia Política*, v.29, n.3(115), p.274-294, jul.-set. 2009.

FEDERAL RESERVE. *About Regulatory Reform*. [S.l.], 22 mar. 2011. Disponível em: https://www.federalreserve.gov/regreform/about.htm. Acesso em: 11 ago. 2021.

FEDERAL RESERVE BANK OF NEW YORK. *Financial Institution Supervision*. Disponível em: https://www.newyorkfed.org/aboutthefed/org_banksup.html. Acesso em: 11 ago. 2021.

FRASER, N. Do Neoliberalismo Progressista a Trump – e Além. *Política e Sociedade*, v.17, n.40, p.43-64, 2018. Disponível em: https://doi.org/https://doi.org/10.5007/2175--7984.2018v17n40p43. Acesso em: 10 ago. 2021.

GOODMAN, M. P. Three Tensions in Biden's International Economic Policy. *CSIS*, 21 jan. 2021. Disponível em: https://www.csis.org/analysis/three-tensions-bidens-international-economic-policy. Acesso em: 11 ago. 2021.

GOWAN, P.. *The Global Gamble: Washington's Faustian Bid for World Dominance*. London/New York, Verso, 1999. Disponível em: https://books.google.com.br/books?id=ng07C9tzwSYC. Acesso em: 11 ago. 2021.

_____. Crise no centro: consequências do novo sistema de Wall Street. *Estudos Avançados*, v.23, n.65, p.49-72, 2009.

GRAMSCI, A. *Cadernos do cárcere*. Rio de Janeiro: Civilização Brasileira, 2002. v.6.

GREENSPAN, A. Financial Reform and the Importance of a Decentralized Banking Structure. *The Federal Reserve Board*, Washington DC, 22 mar. 1997.

GRUNWALD, M. Can Obama Profit from a Wall Street Crackdown? *Time*, 22 jan. 2010. Disponível em: http://www.time.com/time/politics/article/0,8599,1955808,00.html. Acesso em: 11 ago. 2021

HAEMING, B. et al. Trump: Um Perigo para o Privilégio Exorbitante de Wall Street? *Conjuntura Internacional*, v.14, n.3, p.5-22, 2018. Disponível em: https://doi.org/10.5752/P.1809-6182.2017v14.n3.p5. Acesso em: 10 ago. 2021.

HAMILTON, J. "Once Feared on Wall Street, Dodd-Frank's Watchdog Is in Retreat". *Bloomberg*, 17 out. 2018. Disponível em: https://www.bloomberg.com/news/articles/2018-10-17/once-feared-on-wall-street-dodd-frank-s-watchdog-is-in-retreat. Acesso em: 11 ago. 2021.

HAWES, M. "The Financial Crisis, the Economy, the Election, and the New President: A View from North of the Border". *International Journal*, v.64, n.1, p.105-114, 2008. Disponível em: http://www.jstor.org/stable/40204455. Acesso em: 10 ago. 2021.

HELLEINER, E. The Status Quo Crisis: Global Financial Governance After the 2008 Financial Meltdown. New York: Oxford University Press, 2014. Disponível em: https://books.google.com.br/books?id=U3KVAwAAQBAJ. Acesso em: 11 ago. 2021.

HORSLEY, S. Obama Links Wall Street's Ills To GOP Failures. *NPR*, 16 set. 2008. https://www.npr.org/transcripts/94681106?storyId=94681106. Acesso em: 10 ago. 2021.

JACOBS, L. R.; KING, D. S. Obama at the Crossroads: Politics, Markets, and the Battle for America's Future. New York: Oxford University Press, 2012. Disponível em: https://books.google.com.br/books?id=m2qVG-RFVuUC. Acesso em: 11 ago. 2021.

JENKINS, P. "Wall Street's Hopes for Deregulation Switch from Laws to Watchdogs". *Financial Times*, 7 maio 2017. Disponível em: https://www.ft.com/content/8d46739c-31ac-11e7-9555-23ef563ecf9a. Acesso em: 11 ago. 2021.

KELLEHER, D. Trump's Assault on Financial Reform. *The American Prospect*, 12 jun. 2019. Disponível em: https://prospect.org/economy/trump-s-assault-financial-reform/. Acesso em: 10 ago. 2021.

LEATHERS, C. G.; RAINES, J. P. The Shumpeterian role of financial innovations in the New Economy's business cycle. *Cambridge Journal of Economics*, 2008, n.28, pp.667-681.

MACWILLIAMS, M. C. Who Decides When the Party Doesn't? Authoritarian Voters and the Rise of Donald Trump. *PS: Political Science & Politics*, v.49, n.4, p.716-721, 2016. Disponível em: https://doi.org/10.1017/S1049096516001463. Acesso em: 10 ago. 2021.

MAIA, E. S. A primazia de Wall Street e a continuidade dos privilégios do setor financeiro no Governo Trump. *Conjuntura Internacional*, v.14, n.3, p.23-31, 2018.

MENEZES, R. G.; RAMOS, L. Apresentação – 10 anos da crise financeira (2008-2018): Leituras e interpretações. *Conjuntura Internacional*, v.15, n.2, p.1-2, 2018.

MILANOVIC, B. Trump as the Ultimate Triumph of Neoliberalism. *Global Politics*, 14 maio 2020. Disponível em: https://www.globalpolicyjournal.com/blog/14/05/2020/trump-ultimate-triumph-neoliberalism. Acesso em: 11 ago. 2021.

MINSKY, H. P. Integração financeira e política monetária. *Economia e Sociedade*, Campinas, n.3, p.21-36, dez. 1994.

MORAES, R. C. *Neoliberalismo:* de onde vem, para onde vai. São Paulo: Senac, 2001.

NARAYANSWAMY, A.; CAMERON, D.; GOLD, M. Money Raised as of Dec. 31. *The Washington Post*, 21 jun. 2021. Disponível em: https://www.washingtonpost.com/graphics/politics/2016-election/campaign-finance/. Acesso em: 10 ago. 2021.

OBAMA v. Wall Street. *The Wall Street Journal*, 22 jan. 2010. Disponível em: http://online.wsj.com/article/SB10001424052748703699204575017341468635052.html. Acesso em: 11 ago. 2021.

PANITCH, L. Situating Obama's Response to the Crisis: Finance, Regulation, and the American State. In: Lawrence R. JACOBS, L. R.; KING, D. (Eds.). Obama at the Crossroads. New York: Oxford University Press, 2012.

RAMOS, L. C. S. *Hegemonia, revolução passiva e globalização:* o sistema G7/8. Belo Horizonte: Editora PUC Minas, 2013.

SABATO, L.; KONDIK, K.; SKELLEY, G. *Trumped:* the 2016 Election That Broke All the Rules. [S.l.] Rowman & Littlefield Publishers, 2017.

SALAS, C.; KEOUN, B. Fed Fortalece Grupo de Inspeção Bancária. *Valor Econômico*, 22 mar. 2001. Disponível em: http://www.valoronline.com.br/impresso/financas/104/400599/fed-fortalece-grupo-de-inspecao-bancaria?quicktabs_3=0. Acesso em: 10 ago. 2021.

SMEMO, K. Managing a Regime in Crisis: The Twilight of Neoliberalism and the Politics of Economic Recovery During the First Year of the Obama Administration. In: RICH, W. C. (Ed.). *Looking Back on President Barack Obama's Legacy:* Hope and Change. Cham: Springer International Publishing, 2019. p.47-68. Disponível em: https://doi.org/10.1007/978-3-030-01545-9_3. Acesso em: 10 ago. 2021.

STEVERMAN, B. U.S. Billionaires Got \$1 Trillion Richer During Trump's Term. *Bloomberg*, 30 out. 2020.. Disponível em: https://www.bloomberg.com/news/articles/2020-10-30/u-s-billionaires-got-1-trillion-richer-in-trump-s-first-term. Acesso em: 11 ago. 2021.

STRANGE, S. *Mad Money.* Oxford: Manchester University Press, 1998

TAVARES, M. C.; FIORI, J. L. *Poder e dinheiro, uma economia política da globalização*. Petrópolis: Editora Vozes, 1997.

US DEPARTMENT OF THE TREASURY. "Financial Stability". Disponível em: https://home.treasury.gov/policy-issues/financial-markets-financial-institutions-and-fiscal--service/fsoc. Acesso em: 15 set. 2021.

VALLI, V. *The American Economy from Roosevelt to Trump*. Basingstoke: Palgrave, 2018.

VAN DER PIJL, K. A Transnational Class Analysis of the Current Crisis. In: JESSOP, B.; OVERBEEK, H. (Ed.). *Transnational Capital and Class Fractions:* the Amsterdam School Perspective Reconsidered. London: Routledge, 2019.

WADE, R. Estamos vivendo uma mudança de regime financeiro? Trad. Katarina Peixoto. *Revista Carta Maior*, 16 nov. 2008. [Versão original: Financial Regime Change? *New Left Review,* n.53, set.-out. 2008.] Disponível em: http://www.cartamaior.com.br/templates/materiaMostrar.cfm?materia_id=15380. Acesso em: 10 ago. 2021.

WATERS, M. *Mnuchin Got Rich Off Foreclosure Crisis*. Press Releases. U.S. House Committee on Financial Services. Disponível em: <https://financialservices.house.gov/news/documentsingle.aspx?DocumentID=400173> Acesso em: 15 ago. 2021

WEBEL, B. (Coord). The Dodd-Frank Wall Street Reform and Consumer Protection Act: Issues and Summary. *Congressional Research Service*, 29 jul. 2011.

WHITE HOUSE. Wall Street Reform: The Dodd-Frank Act. *The White House – President Barack Obama*, 2011. Disponível em: https://obamawhitehouse.archives.gov/economy/middle-class/dodd-frank-wall-street-reform. Acesso em: 10 ago. 2021.

7
Estados Unidos e China na disputa comercial e na competição tecnológica: de Trump a Biden

Neusa Maria P. Bojikian
Rúbia Marcussi Pontes

Durante a campanha presidencial de 2016, Donald Trump protagonizou sucessivas intervenções polêmicas contra a China. No livro *Crippled America: How to Make America Great Again* (Trump, 2015), ele já havia classificado a China como inimiga nas relações comerciais mantidas pelos Estados Unidos, acusando o governo chinês de manipulação cambial e espionagem industrial. Na sua concepção, os Estados Unidos necessitariam de uma autoridade rígida para negociar acordos de comércio internacional.

Ao chegar à Casa Branca, continuou a apontar a China e suas políticas como prejudiciais aos interesses norte-americanos, tendo, ao final de seu mandato, contribuído significativamente com a escalada de uma visão negativa sobre o país asiático (Silver; Devland; Huang, 2020). Diante do alarmante aumento dos casos de covid-19 e no contexto do agravamento das crises – sanitária, econômica, social – desencadeadas pela pandemia de coronavírus, o então presidente Trump tentou se eximir das políticas fracassadas, responsabilizando a China pela pandemia e acusando a Organização Mundial da Saúde (OMS) de ser condescendente em demasia com o governo chinês (McNeil Jr.; Jacobs, 2020).

A China não foi apenas alvo da retórica cortante que manifestava oposição a objetivos de uma potência emergente, que poderia ter pretensões revisionistas. Diversas medidas de ordem prática foram implementadas de modo a confrontar os interesses da China. Com a ajuda de outros membros do governo, especialmente Steven Mnuchin (secretário do Tesouro), o trio

Sebastião C. Velasco e Cruz e Neusa Maria P. Bojikian (Orgs.)

responsável por conduzir as políticas industrial e comercial – Peter Navarro (conselheiro do presidente para Política Comercial e Política Industrial); Wilbur Ross (secretário de Comércio); e Robert Lighthizer (representante de Comércio) – entrou em ação para orientar o presidente sobre qual seria a melhor forma de conduzir o relacionamento com o governo chinês.

A ideia de que os Estados Unidos há muito são vítimas de maus acordos e práticas comerciais injustas alimentou o "desejo de desforra política", principalmente do trio, e mobilizou ações que buscaram alterar uma série de acordos existentes. Assim o foi inclusive com os principais parceiros, que não escaparam dos ultimatos do governo Trump. Emblemática foi a revisão normativa do Acordo de Livre Comércio da América do Norte (Nafta). Na Ásia, o acordo bilateral com a Coreia do Sul foi também revisto, e o Japão foi convocado a abrir seu mercado para produtos agrícolas dos Estados Unidos.

Porém, em relação à China, o desejo de desforra foi impetuoso. Logo no início do governo, o presidente instruiu o representante de Comércio (daqui em diante, USTR) a determinar, fundamentado na Seção 301 da Lei de Comércio de 1974 e respectivos aditivos, investigações sobre leis, políticas, práticas ou ações da China que seriam discriminatórias e prejudiciais aos direitos de propriedade intelectual, inovação ou desenvolvimento de tecnologia dos Estados Unidos (Presidential..., 2017a).

A visão de uma China competidora e rival sistêmico também foi expressa no relatório *Estratégia de segurança nacional* (NSS, da sigla em inglês), emitido no final de 2017. A China teria buscado desafiar o poder, a influência e os interesses dos Estados Unidos (The White House, 2017b).

Ao cabo das investigações conduzidas pelo USTR, concluiu-se que o governo chinês teria adotado políticas e práticas passíveis de ações legais (USTR, 2018). À vista de tal conclusão, o presidente Trump subscreveu duas abordagens em relação à China que repercutiram como declarações de guerras. Uma foi aplicada nas fronteiras alfandegárias e operacionalizada fundamentalmente por meio de barreiras tarifárias. Outra foi aplicada nas fronteiras da tecnologia e da inovação e operacionalizada através de controles à exportação e barreiras a investimentos e investidores, justificados em nome da segurança nacional.

Neste capítulo, nós procuramos examinar a orientação da política econômica do governo Trump em relação à China e os desdobramentos de tal política com a mudança de poder político nos Estados Unidos, que configurou a chamada *onda azul*, ou seja, a predominância dos democratas na presidência e no Congresso, a partir das eleições gerais de novembro de 2020.

Argumentamos que o governo Trump, que incorporou o perfil negociador do próprio presidente como empresário e se revelou errático, em razão, entre outras possíveis causas, de divergências entre membros do seu governo, empreendeu a verdadeira ofensiva, visando a salvaguardar a supremacia do país, nas fronteiras da tecnologia e da inovação. Tal ofensiva, de natureza mais duradoura, tendeu, no entanto, a ser ofuscada pelas batalhas travadas implacavelmente pelo governo, sob o amparo das instituições comerciais do próprio país.

Certamente não se verifica uma estratégia fundamentada na contenção, nos moldes daquela colocada em prática pelos Estados Unidos sobre o oponente principal, a então União Soviética, no período da Guerra Fria (Leffler, 2012). Tampouco se verifica uma estratégia do tipo integrativa, que, segundo Blackwill e Tellis (2015), teria sido a política prevalente nos Estados Unidos para a China desde os anos 1970. Durante o governo Trump não se verificou um compromisso maior com a região asiática, conforme esperado (Bader; Dollar; Hass, 2017). Contrariando expectativas de agentes econômicos, nota-se também uma inflexão na política de "encorajar uma maior abertura chinesa enquanto se abstém de medidas que possam minar a relação econômica bilateral" (Dollar; Hass, 2017).

Argumentamos também que, assim como a ofensiva travada nas fronteiras da tecnologia e da inovação já vinha se desenhando antes da chegada de Trump à presidência, com preocupações levadas ao governo por agentes econômicos, ela não tende a ser refreada com o governo liderado por Joseph (Joe) Biden. Há indicações de que este governo tende a abordar assertivamente a China em termos de concorrência econômica em geral, inclusas as regras comerciais, e sobretudo em questões que envolvem o estado da arte em tecnologia e inovação.

Nesse sentido, o governo Biden já demonstra, em seus primeiros meses, que incorporará a essência da "competição tecnológica" (Lim, 2019) no âmbito da política mundial. Reconhecendo a importância da tecnologia avançada tanto para a supremacia militar quanto para o dinamismo econômico, os Estados poderosos há muito buscam dominar os principais setores industriais de sua época e evitar que os adversários façam o mesmo.

O capítulo divide-se em quatro seções, além desta introdução. A primeira delas examina a problematização apresentada pelo governo Trump sobre a China. A segunda explora as abordagens adotadas por tal governo em relação a esse país, que é a segunda maior potência mundial. A terceira apresenta uma prospecção da orientação política do governo Biden em relação a tal potência. A quarta apresenta um balanço parcial da análise aqui apresentada.

A China e o enquadramento do governo Trump

No começo de abril de 2017, o presidente chinês, Xi Jinping, foi recebido em Mar-a-Lago, residência de Trump, na Flórida. O encontro marcou o início das negociações comerciais. Do ponto de vista do então presidente norte-americano, negociar acordos comerciais seria a responsabilidade mais importante de qualquer governo dos Estados Unidos. Em sua narrativa, os problemas da "América" seriam facilmente reversíveis, se, e somente se, a presidência fosse ocupada pelo homem certo. Os negociadores a cargo dos acordos anteriores seriam "estúpidos" e teriam sido incapazes de ler os acordos assinados, enquanto as contrapartes sabiam onde estaria "cada vírgula" (How..., 2016).

Em seu governo, isso não aconteceria. Descrevendo como abordaria os líderes chineses, Trump se gabou de ter contratado um time de negociadores "astutos". No combate à desvalorização da moeda, apresentariam eles à China um imposto de importação de 12% – presumivelmente, isso "nivelaria o campo de jogo" (How..., 2016).

Na percepção de Trump, a tarifação seria uma tática efetiva para arrastar as contrapartes para a mesa de negociações. Isso não seria diferente com a China. Ele prometera, em campanha, que abandonaria as negociações se outros países não cedessem às suas exigências. Em seus cálculos, a China não teria saída, exceto fazer concessões aos Estados Unidos. Dan DiMicco, consultor de Trump sobre comércio internacional durante a campanha, exprimiu com ironia sua visão sobre livre comércio. O livre comércio seria uma "abordagem acadêmica nobre", mas, na prática, o que se tinha era o comércio administrado e, no caso dos Estados Unidos, mal administrado pelos governos anteriores: "Estamos envolvidos em uma guerra comercial com a China há duas décadas. [Mas] simplesmente não aparecemos para lutar" (How..., 2016). DiMicco sugere que a China teria ganhado de *W.O* (*without oponent*), ou seja, porque os Estados Unidos não teriam enfrentado a disputa.

Assente em tais ideias, o então presidente autorizou, por meio de uma ordem executiva (OE),[1] os responsáveis pelo Departamento de Comércio e pelo USTR, a identificarem os pontos críticos do déficit comercial do país (Presidential..., 2017a). Em agosto de 2017, emitiu um memorando ao USTR, declarando, entre outras coisas, que a China teria implementado leis, políticas, práticas e outras medidas relacionadas à propriedade intelectual, inovação e tecnologia que poderiam "encorajar ou exigir" a transferência de tecnologia e propriedade intelectual dos Estados Unidos para empresas na China (Presidential..., 2017b, p. 39007-8).

No final de 2017, emitira-se um documento que serviu de principal volante na concepção de uma China competidora e rival sistêmico. Estamos nos referindo à NSS, que destaca a China, ao lado da Rússia, não apenas como desafiante dos Estados Unidos, na tentativa de erodir a segurança e a prosperidade do país, mas também como praticante de atos condenáveis, como controle de informações e dados para fins de repressão e de expansão de influência (The White House, 2017b).

---

1 OE.13.786, de março de 2017.

Nas lentes do USTR

O USTR iniciou investigações para corroborar sua tese de que os atos, políticas e práticas do governo chinês relativos à propriedade intelectual e à transferência forçada de tecnologias dos Estados Unidos e de outros países eram mecanismos importantes da estratégia da China para se tornar líder em diversos setores (Initiation..., 2017c). As políticas industriais refletiriam uma abordagem de cima para baixo, dirigida pelo Estado, para o desenvolvimento de tecnologia, e fundamentadas em conceitos como "inovação local" e "reinovação" de tecnologias estrangeiras, entre outros. O plano industrial Made in China 2025 e outras iniciativas de política industrial daquele país refletiriam tal estratégia (USTR, 2018, p.ii).

As investigações pautaram-se em reclamações feitas por empresas dos Estados Unidos sobre condutas adotadas pelo governo chinês (Initiation..., 2017c). Ao final de cerca de seis meses de investigações, o USTR concluiu que as reclamações eram pertinentes. O impulso tecnológico da China contaria com um conjunto diversificado de agentes econômicos estatais e seria flagrantemente apoiado pelo governo (USTR, 2018).

Um primeiro conjunto de reclamações referia-se à obscuridade e discricionariedade de processos internos que estariam sendo usados para regular ou intervir nas operações de empresas norte-americanas na China. Além da discricionariedade mantida pelas autoridades chinesas, com falta de transparência e ambiguidade nos processos de concessão de licenças, as regras sobre investimentos, como requisitos de *joint venture* e limitações de participação acionária, seriam a pedra angular do regime chinês de transferência de tecnologia (USTR, 2018, p.iii).

Um segundo conjunto de reclamações dizia respeito às condições impostas às empresas norte-americanas em processos de licenciamento e em outras negociações com empresas chinesas envolvendo a questão tecnológica. Nos achados do USTR, a imposição de "termos adversos" de licenciamento se traduziria em medidas impostas pelo governo chinês sobre transferência de tecnologias importadas (USTR, 2018, p.vi).

Um terceiro conjunto apontava que o governo chinês dirigiria e/ou facilitaria o investimento sistemático e/ou aquisição de empresas e ativos dos Estados Unidos por empresas chinesas para obter tecnologias de ponta e propriedade intelectual e gerar transferência maciça de tecnologia em setores decisivos das políticas industriais do governo chinês. O USTR concluiu que o "suporte sistemático e estrutural para a aquisição de tecnologia dos Estados Unidos e de outros concorrentes estrangeiros" fornecido pelo governo chinês resultaria em um "campo de jogo altamente assimétrico" (USTR, 2018, p.v), com presumíveis vantagens para a China em detrimento dos demais países.

A estratégia *Going Out*, promovida pelo governo chinês, visaria remover obstáculos ao investimento externo e fornecer suporte direcionado para empresas e setores específicos com investimentos externos. O reflexo de tal estratégia seria notado no aumento significativo do investimento estrangeiro direto (IED) chinês nos setores relacionados à tecnologia e à inovação dos Estados Unidos, como aviação, circuitos integrados, tecnologia da informação e comunicação (TIC), biotecnologia, maquinário industrial, energia renovável e automotivo.

Para o USTR, o regime chinês de investimento externo, instrumentalizado por empresas estatais, bancos e fundos estatais de investimento, não seria razoável por ser "dirigido e apoiado pelo governo e visar injustamente a tecnologia crítica dos Estados Unidos com o propósito de alcançar o domínio em setores estratégicos". A lógica da contrariedade manifestada pelo USTR também se pautava por uma presumida discriminação, com inúmeras condicionalidades impostas aos investidores dos Estados Unidos (USTR, 2018, p.ix).

Um quarto conjunto de reclamações dizia que o governo chinês poderia estar conduzindo ou apoiando incursões desautorizadas em redes de computadores comerciais dos Estados Unidos ou roubo cibernético de propriedade intelectual, segredos comerciais ou informações comerciais confidenciais, e tais práticas prejudicariam empresas do país ou ofereceriam vantagens competitivas a empresas chinesas ou a setores comerciais. Supostamente, isso estaria acontecendo há mais de uma década e, com isso, uma ampla gama de informações de valor comercial teria sido acessada pelo governo chinês (USTR, 2018, p.xi).

As abordagens do governo Trump em relação à China

As batalhas comerciais ao modo de Trump

Ao longo de quatro anos, o então presidente Trump protagonizou, a seu modo, a "guerra comercial" com a China. Centrado no desequilíbrio comercial e nas condições de acesso a mercado, Trump afirmara, antes da já citada cúpula de Mar-a-Lago (abril de 2017), que a China seria o país "campeão mundial" da manipulação cambial e não descartava, explicitamente, a imposição de tarifas sobre produtos chineses (Barber; Sevastopulo; Tett, 2017). Deixara no ar o que faria. Logo, seria um governo imprevisível.

Dias depois da cúpula, Trump afirmou que seu governo não rotularia a China como manipuladora cambial (Baker; Lee; Bender, 2017). Entendemos que tal recuo tenha sido orientado pelo secretário do Tesouro, buscando atenuar impactos das falas de Trump sobre os mercados. Ao Congresso, o secretário reportou que, apesar do grande superávit comercial da China com os Estados Unidos, o governo chinês não agia inadequadamente para depreciar a moeda (U.S. Department of the Treasury, 2017a).

Na concepção de Trump, as alianças não teriam funcionado bem para os Estados Unidos. Às vésperas da cúpula, disse que acreditava em relacionamentos, em parcerias, mas não em alianças (Barber; Sevastopulo; Tett, 2017). Podemos interpretar isso como indicação de que Trump acreditava que receberia apoio do governo chinês em nome de elogios pessoais.

Em nova tentativa de evitar eventuais turbulências nos mercados, indicando influência do secretário do Tesouro, Trump sinalizou que se comprometeria com acordos. Na linguagem das negociações nos Estados Unidos, isso significaria eventuais concessões à contraparte para conformar acordos. Porém, na concepção do Trump "negociador", tal compromisso estaria atrelado às iniciativas do governo chinês, que presumivelmente teria obrigação de fazer-lhe concessões unilaterais. E, assim como fez com outros governos, questionou o valor moral de seus interlocutores chineses, apontando supostas injustiças no tratamento dispensado aos Estados Unidos ao longo dos anos.

Em julho de 2017, o presidente Trump provou sua insatisfação relativa às concessões feitas pelos chineses, rejeitando sumariamente o acordo negociado entre seus secretários – Steven Mnuchin, e Wilbur Ross – e Wang Yang, então vice-primeiro-ministro chinês, no âmbito do diálogo econômico abrangente (CED, na sigla em inglês) (Bader; Dollar; Hass, 2017). Na sequência, como já destacado, instruiu o USTR a investigar a procedência das acusações contra a China com base na Seção 301.

Enquanto o USTR procedia às investigações contra a China, a Comissão de Comércio Internacional (USITC, na sigla em inglês), agência que subsidia a presidência, o USTR e o Congresso, liderava sua própria investigação, sob o amparo de outro estatuto interno: a Seção 201 da Lei de Comércio de 1974. Na conclusão das investigações,[2] a agência recomendou que o presidente impusesse salvaguardas, resultando, com isso, em outra frente de batalha comercial contra a China.

Enquanto as investigações internas avançavam, o presidente Trump cumpriu sua agenda de visita à China, ocorrida entre 7 e 8 de novembro de 2017. Como quem estivesse alheio aos trabalhos de seus agentes internos, expressou elogios excessivos ao presidente chinês. Entre outras falas entusiásticas, afirmou que havia uma "química muito boa" entre ele e o presidente Xi (The White House, 2017a).

A partir do segundo ano de governo (2018), os elogios rarearam e a troca de sanções entre as duas potências tomou dimensão inesperada. A batalha comercial ancorada na Seção 201 entrou como marca histórica (Bown, 2018a). O governo Trump determinou tarifas globais de salvaguarda sobre importações de painéis solares e importações de máquinas de lavar.

---

2 A USITC concluiu que as importações de painéis solares (USITC, 2017a) e máquinas de lavar (USITC, 2017b) causaram danos às respectivas indústrias dos Estados Unidos.

A China revidou o movimento inesperado do maior parceiro comercial, anunciando o estabelecimento de direitos *antidumping* sobre as importações de sorgo dos Estados Unidos e, depois, anunciou que abriria processo junto ao Órgão de Solução de Controvérsias da Organização Mundial do Comércio (OMC) contra as barreiras tarifárias sobre painéis solares (Ministry of Commerce of the People's Republic of China, 2018).

Uma outra batalha que se armava desde abril de 2017, com investigações comandadas pelo Departamento de Comércio, baseou-se na Seção 232 da Lei de Expansão Comercial de 1962, que permite tarifação em nome da segurança nacional. A batalha estabeleceu-se com o anúncio do governo Trump sobre tarifas a serem aplicadas sobre aço e alumínio importados. A China também respondeu com imposição de tarifas sobre produtos, principalmente agrícolas, importados dos Estados Unidos (Lu; Schott, 2018).

Das diferentes batalhas comerciais armadas e levadas a cabo durante o governo Trump, a que melhor expressa a natureza da disputa dos Estados Unidos com a China é aquela que se travou sob o amparo da Seção 301. Em março de 2018, o governo tornou público o relatório das investigações feitas pelo USTR (Notice..., 2018a).

Como já destacamos, o USTR denunciou essa situação que seria extremamente desequilibrada para empresas dos Estados Unidos presentes na China. Em tese, o governo chinês recorria à regulamentação doméstica para obrigar tais empresas a ceder tecnologia em investimentos por meio de *joint ventures*, de contratos de licenciamento e de outros tipos de parceria com empresas chinesas e subsídios a empresas estatais. Além disso, o USTR teria encontrado evidências de práticas de roubo de propriedade intelectual e de informações secretas e espionagem industrial chinesa nos Estados Unidos, através de invasões em redes de computadores (USTR, 2018).

Tais acusações, recorrentemente engastadas nas afirmações de práticas comerciais desleais atinentes à transferência de tecnologia, de inovação e de propriedade intelectual, levaram o governo Trump a indicar a imposição de novas tarifas sobre produtos chineses, a abertura de painéis de reclamações na OMC e a imposição de novas regras de investimento.

Após o anúncio de novas barreiras tarifárias e novas ameaças do governo Trump, o governo chinês empregou, junto com suas próprias barreiras tarifárias, um outro tipo de ataque. Por meio de seu Departamento de Aviação Civil, enviou cartas a companhias aéreas estrangeiras, incluindo empresas dos Estados Unidos, exigindo o cumprimento de padrões oficiais do governo chinês na forma como Hong Kong, Macau e Taiwan deveriam ser identificados em sites e em peças publicitárias das respectivas empresas.

Para o governo Trump, aquilo era "um absurdo orwelliano e parte de uma tendência crescente do Partido Comunista Chinês de impor suas visões políticas aos cidadãos e às empresas privadas dos Estados Unidos" (U.S. Embassy & Consulates in China, 2018). Ou seja, uma situação que George

De Trump a Biden

Orwell identificaria como sendo destrutiva para o bem-estar de uma sociedade livre e aberta. Uma atitude e uma política brutal de controle por propaganda, vigilância, desinformação, negação da verdade.

Depois de ataques e contra-ataques em que as respectivas listas de produtos sujeitos a tarifas foram refeitas, para se atingir de forma mais aguda os correspondentes alvos (Bown; Kolb, 2018), os anúncios sobre as barreiras tarifárias começaram a sair dos papéis de ambas as partes, em meados de 2018. Isso ocorria paralelamente à escalada de ameaças do presidente norte-americano sobre os limites até então impensáveis de uma guerra tarifária. Ele estaria pronto para impor tarifas sobre todas as importações vindas da China, que totalizaram US$ 504 bilhões em 2017 (Bown; Jung; Lu, 2018).

Em janeiro de 2019, em uma rodada de negociações, com a presença do presidente Trump e de Liu He, então vice-primeiro-ministro chinês, Robert Lighthizer (USTR) afirmou que, depois de meses de negociações bilaterais com a China, muitas questões ainda precisavam ser resolvidas até que se assinasse um acordo. Segundo Lighthizer, até então, as partes haviam se concentrado em: "questões estruturais, proteção de propriedade intelectual, impedimento de transferência forçada de tecnologia, questões agrícolas, serviços e *cumprimento, cumprimento e cumprimento*" (The White House, 2019a, grifo nosso).

Note-se como Lighthizer, referindo-se ao futuro acordo, repete a palavra "cumprimento". Podemos interpretar a ideia fixa no cumprimento não apenas como uma preocupação com o poder de execução dos termos e condições acordados, mas também como um objetivo de extrair dos chineses um acordo unilateral. Um acordo em que a China reconheceria seus supostos abusos relativos à transferência forçada de novas tecnologias e de não observância dos direitos de propriedade intelectual em geral e se comprometeria a interrompê-los, bem como a compensar os Estados Unidos pelos alegados prejuízos causados ao longo do tempo.

Na mesma reunião em que se nota a diligência de Lighthizer, também se observa outra tentativa do presidente Trump de usar sua presumida moeda de troca valiosa: a amizade pessoal. Em suas palavras: "Só quero dizer que o vice-primeiro-ministro é um amigo meu..." (The White House, 2019a). Porém, como demonstrado pelo presidente Xi Jinping, as concessões a se fazer tinham limites. O governo chinês não desistiria de implementar mudanças estruturais em sua política industrial e em suas empresas estatais (Cong, 2019).

As peculiaridades do presidente dos Estados Unidos eram reveladas a todo momento. Ao ser perguntado se os resultados das discussões seriam projetados em um memorando de entendimento (MOU, na sigla em inglês) – note-se que os chineses também queriam que os Estados Unidos garantissem o cumprimento do acordo –, o presidente Trump disse que não apreciava MOUs: "Nunca fui fã de MOU" (The White House, 2019b).

135

Quando Lighthizer disse que os MOUs eram vinculantes, o presidente Trump o interpelou dizendo que não se importaria com a emissão ou não de um MOU. Queria, entretanto, saber quando os termos e condições seriam colocados em um acordo vinculante tradicional. Lighthizer, aparentemente entediado, respondeu: "Está bem, vamos chamar esse mesmo documento de acordo comercial. Nunca mais vamos usar [a palavra] MOU..." (The White House, 2019b).

Entre agrados e ultimatos direcionados ao governo chinês(The White House, 2019a), ora para viabilizar sua tática de negociação, ora para acalmar o mercado, ora para agradar seus apoiadores, o presidente Trump protagonizou cenas grotescas até anunciar, no final de 2019, que um acordo comercial entre Estados Unidos e China seria assinado em janeiro de 2020.

O Acordo Fase Um

O acordo, popularmente conhecido como Acordo Fase Um, vigente desde fevereiro de 2020, encerrou a escalada de disputas comerciais. Ao longo de aproximadamente dezoito meses, o governo Trump chegou a anunciar a imposição de barreiras tarifárias sobre US$ 550 bilhões em produtos chineses. O governo chinês, por sua vez, retaliou com tarifas sobre o valor de aproximadamente US$ 185 bilhões em produtos dos Estados Unidos.

Porém, mesmo com o acordo, a maioria das tarifas impostas desde 2018 permaneceu em vigor. Ou seja, o acordo não alterou tarifas sobre cerca de US$ 250 bilhões em produtos chineses. Isso representa um acréscimo significativo da média tarifária imposta pelos Estados Unidos sobre as importações vindas da China. Hoje tal média representa o sêxtuplo daquela vigente antes do início da disputa (Bown, 2021b).

Do lado da China, a redução na média tarifária não teria sido suficiente. Logo, o objetivo de Trump de reduzir o déficit comercial bilateral por meio do comércio administrado teria sido contraproducente (Bown, 2021a; Bown, 2021b).

O governo chinês atribuiu à pandemia nos Estados Unidos a baixa no nível de transações comerciais e, portanto, a verdadeira causa do não cumprimento das metas de importação por parte da China. A própria redução na capacidade produtiva dos fornecedores dos Estados Unidos teria sido o gatilho.[3]

Depois de novas provocações e indisposição por parte do governo Trump em avançar nas conversas sobre a implementação do Acordo Fase Um, obrigando Larry Kudlow, então conselheiro econômico da Casa Branca, a reforçar o time encarregado de aplacar as desconfianças dos agentes econômicos,

---

3 A carne suína, cuja produção caiu mais de 30% com a suspensão de atividades de abatedouros atingidos pelo coronavírus, afetando em última instância o atendimento de pedidos dos chineses, é apontada como exemplo (China..., 2020).

as autoridades comerciais de ambos os países foram a público dizer que haviam se entendido sobre a coordenação das políticas macroeconômicas dos dois países e a efetiva implementação do acordo (USTR, 2020b; Ministry of Commerce the People's Republic of China, 2020).

O então presidente Trump atuou à sua maneira, operando o sentimento de confronto contra a China. Em 2020, ele empreendeu mais uma campanha eleitoral combativa e patenteou de vez seu temperamento com uma farta exibição de mudanças súbitas na abordagem dos conflitos com a China. Mas, concomitante à disputa comercial, travada de forma espetaculosa, devemos notar que uma outra disputa, travada no campo tecnológico e de inovação, desenvolveu-se implacavelmente.

A competição tecnológica

Se considerarmos válidas análises que apontam a importância de o Estado assegurar superioridade na esfera da tecnologia e inovação como característica fundamental da competição global (Russo, 2020), podemos dizer que o governo Trump se antecipou às tendências previstas para a ordem internacional pós-pandêmica.

Contudo, a abordagem do governo Trump sobre a China para preservar o domínio norte-americano no setor de tecnologia e inovação, embora mais implacável, contou com referências anteriores. Significa dizer que o governo Trump não foi único em reconhecer a importância da tecnologia avançada tanto para a supremacia militar quanto para o dinamismo econômico do país. Tampouco foi único na busca pelo domínio da fronteira tecnológica de ponta e na tentativa de evitar que adversários, especialmente a China, fizessem o mesmo. Outros governos que o antecederam já o tinham feito.

E, embora a competição tecnológica empreendida em tal governo tenha se iniciado de modo ensombrado pela disputa comercial, ela irradiou sua força natural rapidamente, com a acirrada disputa pela liderança na produção e no uso de tecnologias essenciais, como 5G, inteligência artificial (IA) e semicondutores, em nome da segurança nacional.

Como de praxe em todos os governos, as preocupações com a segurança nacional e o planejamento de abordagem foram relacionados pelo governo Trump na NSS (The White House, 2017b). Lim (2019), pertinentemente, observou que o governo Trump orientou-se por uma lógica ampla sobre segurança nacional, tomando segurança econômica como sinônimo de segurança nacional. Lim também observa que, embora o foco principal do governo Trump na esteira da publicação da NSS tenha sido o crescimento da base industrial de defesa e a resposta às ameaças econômicas postas pela China, o entendimento sobre segurança nacional era amplo o suficiente para enquadrar praticamente toda política considerada economicamente benéfica nessa rubrica.

Nós também chamamos a atenção ao fato de que, assim como nas investigações levadas a cabo pelo USTR e pelo Departamento de Comércio, o relatório NSS reflete as avaliações do setor privado, que já vinham sendo apresentadas em anos anteriores.

Em 2010, a Câmara de Comércio dos Estados Unidos (CC) publicou relatório destacando que o Plano Nacional de Médio e Longo Prazo para o Desenvolvimento da Ciência e Tecnologia (2006-2020) da China teria instruído as empresas chinesas a importar tecnologia estrangeira apenas para assimilá-la, absorvê-la e renová-la. As ferramentas usadas pelo governo chinês seriam: regras de patentes; testes de produtos e regimes de aprovação; lei antimonopólio; compras governamentais; e os padrões de tecnologia (U.S. Chamber of Commerce, 2010).

Em 2012, 2014 e 2016, outros relatórios foram emitidos pela CC, detalhando: como o regime de IED da China seria o mais restritivo entre as economias do Grupo dos 20 (U.S. Chamber of Commerce, 2012); como a Lei Antimonopólio da China teria priorizado a política industrial sobre a lei da concorrência (U.S. Chamber of Commerce, 2014); os esforços da China para supostamente favorecer produtos e serviços nacionais em detrimento dos estrangeiros na ambição de promover seu setor de tecnologia da informação e comunicação (TIC) (U.S. Chamber of Commerce, 2016).

Em 2017, a CC alertou o governo de que o Made in China 2025 provavelmente colocaria os Estados Unidos e a China em rota de separação em vez de integração (U.S. Chamber of Commerce, 2017). Teria havido mudança significativa na política chinesa posta em prática de 1978 a 2001, a qual seria voltada para a inserção gradual na economia de mercado baseada nas regras dos regimes internacionais.

Segundo a instituição, já em 2006, haveria evidências crescentes da reversão do processo de deslocamento do setor estatal pela iniciativa privada. E a resposta do Estado chinês à recessão que se instalou de 2008 a 2010, na esteira da crise financeira global, não representaria ajuste temporário da política. Seria, sim, uma reorientação das reformas voltadas para o mercado e um desempenho planejado e consistente do Estado na economia (U.S. Chamber of Commerce, 2021).

Em janeiro de 2017, antes da posse de Trump, o Conselho de Consultores da Presidência em Ciência e Tecnologia (PCAST, na sigla em inglês) também avaliou os desafios e oportunidades enfrentados pelo setor de semicondutores em termos de inovação, competitividade e segurança, além de recomendar ações. No relatório, afirma-se que a inovação de semicondutores dos Estados Unidos já estava desacelerando à medida que a indústria enfrentava limites tecnológicos fundamentais e mercados em rápida evolução. Porém, a competitividade dessa indústria do país estaria sendo ameaçada pela China "para remodelar o mercado a seu favor, usando políticas industriais apoiadas por mais de US$ 100 bilhões em fundos dirigidos pelo governo" (Pcast, 2017).

Segundo a conclusão do conselho, somente mantendo-se na vanguarda da inovação, os Estados Unidos seriam capazes de mitigar a ameaça representada pela política industrial chinesa e de fortalecer a economia do país. A estratégia recomendada apoiava-se em três pilares: 1) contrapor a política industrial chinesa inibidora da inovação; 2) melhorar o ambiente de negócios para produtores de semicondutores baseados nos Estados Unidos; e 3) ajudar a catalisar inovações que transformarão a indústria de semicondutores na próxima década. Cumprir tal estratégia exigiria, segundo o relatório, eficácia máxima na cooperação entre governo, indústria e academia.

Contra esse quadro, desvelado com a providencial ajuda de instituições mobilizadas para defender interesses do setor privado, o governo Trump empreendeu uma impetuosa competição tecnológica.

O escrutínio do governo Trump sobre investimentos chineses e o ativismo do CFIUS

Os investimentos chineses, principalmente na área de semicondutores, foram duramente escrutinados no governo Trump, particularmente pelo Comitê de Investimento Estrangeiro nos Estados Unidos (CFIUS, na sigla em inglês) – comitê de agências do Poder Executivo encarregado de examinar os investimentos estrangeiros diretos (IED) no país e suas implicações em termos de segurança nacional.

Note-se que apenas o presidente possui autoridade para proibir transações relacionadas a questões de segurança nacional. O CFIUS pode estabelecer amplas medidas em nome da segurança nacional, mas deve operar sob a autoridade do presidente e, portanto, reflete suas orientações políticas. No caso do setor de semicondutores, o CFIUS, sob o governo Trump, revelou preocupação sobretudo com a segurança da cadeia de suprimentos de defesa e o know-how e o conhecimento técnico detidos pelas empresas dos Estados Unidos.

O ativismo do CFIUS nesse período é notável. Na comparação entre 2016 e 2017, houve aumento de 137% no número de análises de transações e de 218% no número de análises de transações que posteriormente se tornaram objeto de investigação. O setor de semicondutores, que já respondia pelo maior número de notificações de processos de transação em 2016 – doze notificações –, continuou entre os mais altos em 2017 – novamente com doze notificações –, perdendo apenas para o setor de arquitetura, engenharia e serviços relacionados – com dezessete notificações – e para o setor de geração de energia elétrica, transmissão e distribuição – com quinze notificações (CFIUS, 2019).

Vale apontar que o setor de software, que havia apresentado número alto de notificações em 2016 – nove ao todo –, repetiu a marca em 2017. O setor de design de sistemas operacionais para computadores e de serviços relacionados, com sete notificações em 2016, passou para dez em 2017. Por fim, o setor de pesquisa científica e serviços de desenvolvimento, que, em 2016, somou quatro notificações, passou para nove em 2017 (CFIUS, 2019).

Além do aumento quantitativo, as conclusões e recomendações do CFIUS foram caracterizadas como mais conservadoras na adjudicação de transações (Jalinous; Mildorf; Schomig, 2017). O número de desistência por parte dos requerentes, após o CFIUS informar que não seria capaz de identificar medidas de mitigação para sanar as preocupações com a segurança nacional ou propor medidas de mitigação não aceitas pelos requerentes, reflete isso. Foram 24 casos, correspondendo a oito vezes mais o número de 2016 (CFIUS, 2019).

Desde 1988, quando o Congresso atribuiu ao presidente o poder de conduzir a política de investimento estrangeiro, proibindo transações em nome da segurança nacional, os bloqueios presidenciais eram raros.[4] Dos cinco existentes, um foi efetuado pelo presidente George H. W. Bush, em 1990, ordenando a empresa China National Aero-Technology Import and Export Co. (Catic) a reverter o investimento que fizera na aquisição da Mamco Manufacturing.

O presidente Barack Obama efetuou: um em 2012, proibindo a empresa Ralls Co., de propriedade de chineses nacionalizados norte-americanos, de adquirir uma empresa de energia eólica dos Estados Unidos, localizada perto de uma instalação do Departamento de Defesa; outro em 2016, proibindo a empresa chinesa Fujian Grand Chip Investment Fund de adquirir a Aixtron, empresa sediada na Alemanha e proprietária de ativos nos Estados Unidos.

Outros dois casos foram bloqueados pelo presidente Trump, que assumiu, aparentemente sem preocupações, os eventuais custos de exposição. Nos parâmetros estatutários do CFIUS, o presidente é obrigado a publicar a decisão de suspender ou proibir uma transação, enquanto todo o processo do CFIUS é conduzido sigilosamente.

O primeiro bloqueio feito pelo presidente Trump, em março de 2017, refere-se à transação envolvendo a Lattice Semiconductor Corporation, empresa norte-americana fabricante de *chips*, que seria adquirida pela Canyon Bridge Capital Partners. A presidência, com o endosso do Tesouro, justificou que o risco de segurança nacional envolvido na transação estaria relacionado "à transferência potencial de propriedade intelectual para o adquirente estrangeiro, ao papel do governo chinês no apoio a esta transação, à importância da integridade da cadeia de suprimentos de semicondutores para o governo dos Estados Unidos e ao uso de produtos Lattice pelo governo dos Estados Unidos" (U.S. Department of The Treasury, 2017b).

---

4 Ver em Jackson (2020) o desenvolvimento do CFIUS.

Em 2018, a aquisição da Qualcomm, fabricante de *chips*, pela Broadcom, empresa sediada em Cingapura, foi também bloqueada.

Em 2019, o CFIUS levantou preocupações com o investimento da Beijing Kunlun Company no Grindr LLC, site de namoro online. O acesso de estrangeiros a informações de identificação pessoal de cidadãos dos Estados Unidos seria arriscado. Posteriormente, a empresa chinesa acabou se desfazendo do Grindr.

Note-se que a proeminência do CFIUS foi *de facto* e *de jure*. Em 2018, promulgou-se a Lei de Modernização de Revisão de Risco sobre Investimento Estrangeiro (FIRRMA, na sigla em inglês). Sob o novo estatuto, foram expandidos seu escopo e sua jurisdição, com a redefinição de termos como "transações cobertas" e "tecnologias críticas". Foram redefinidos procedimentos, incluindo tempo para revisões e investigações, e ações para se abordar riscos de segurança nacional relacionados a acordos de mitigação, entre outras áreas.

No escopo ampliado, nota-se o mandato para revisão de certas transações imobiliárias nas proximidades de instalações militares ou instalações de propriedade do governo dos Estados Unidos sensíveis por razões de segurança nacional. Além disso, a nova lei forneceu ao CFIUS mandato para revisar qualquer investimento não majoritário em empresas dos Estados Unidos envolvidas em tecnologia e infraestrutura críticas ou coleta de dados confidenciais sobre cidadãos dos Estados Unidos, alterar direitos de investidores estrangeiros e revisar transações nas quais um governo estrangeiro tenha interesses (Rules..., 2018).

Os novos regulamentos não se aplicam a determinados Estados, dando surgimento ao status de "Estado estrangeiro com exceção". Em fevereiro de 2020, o Tesouro designou: Austrália, Canadá e Reino Unido (Grã-Bretanha e Irlanda do Norte) como Estados isentos de controles de investimentos delegados ao CFIUS (U.S. Department of the Treasury, 2020). A despeito da falta de clareza nos critérios, o Tesouro apontou a importância de um país dispor de processo "robusto" de avaliação de riscos de IED para a segurança nacional e que seja coordenável com o processo dos Estados Unidos.

A ajuda dos Departamentos de Comércio e de Justiça e de outros

Em março de 2017, a empresa de telecomunicações ZTE Corporation, fundada em meados de 1980, em Shenzhen, China, foi condenada a pagar uma multa de US$ 1,19 bilhão, imposta pelo Escritório de Indústria e Segurança (BIS, na sigla em inglês) do Departamento de Comércio. A empresa foi acusada de ter comercializado determinadas tecnologias com o Irã e com a Coreia do Norte (Mozur; Kang, 2017). Note-se que o Departamento de Comércio já havia concluído investigações sobre a empresa em 2016, portanto ainda no governo Obama.

Um ano depois, a empresa foi novamente alvo de sanções, ficando impedida de comprar componentes de empresas dos Estados Unidos. Na sequência, um acordo foi selado de modo que, se a ZTE pagasse a multa bilionária e concordasse em ser monitorada pelo BIS por dez anos, para se ter certeza de sua conformidade com os controles de exportação do país, poderia voltar a operar (Borak, 2018).

Em janeiro de 2019, foi a vez da empresa chinesa de telecomunicações Huawei Technologies Co., também fundada nos anos 1980, em Shenzhen, enfrentar o Departamento de Justiça dos Estados Unidos, que a acusou de: fraude financeira; lavagem de dinheiro; conspiração para fraudar os Estados Unidos; obstrução da justiça; e violações de sanções (U.S. Department of Justice, 2019). A prisão de Meng Wangzhou, principal executiva da Huawei, pelas autoridades canadenses para extradição aos Estados Unidos ilustra a implacabilidade do governo Trump sobre tal empresa.

Em razão de todas as acusações, o Departamento de Comércio restringiu o acesso da Huawei à compra de itens produzidos nos Estados Unidos, exigindo que a empresa obtenha licença para tal. A restrição abrangeu subsidiárias da Huawei no exterior, incluindo Alemanha, Cingapura, França, Reino Unido, e fechou o cerco em torno da empresa, que se viu proibida de acessar fontes de suprimentos essenciais à sua produção.

Em maio de 2020, o Departamento de Comércio alterou sua regra de produto direto produzido no exterior (FDP, na sigla em inglês) e sua lista de empresas com restrições de acesso a produtos dos Estados Unidos, impedindo que a Huawei adquirisse software e tecnologia usados na fabricação de semicondutores de companhias estrangeiras.

Na sequência, o Escritório de Segurança Pública e Segurança Interna da Comissão Federal de Comunicações dos Estados Unidos (FCC, na sigla em inglês) designou formalmente a Huawei e a ZTE como ameaças à segurança nacional (FCC, 2020). Isso significa que o Fundo de Serviço Universal de US$ 8,3 bilhões/ano da FCC não pode ser usado para adquirir, obter, manter, melhorar, modificar ou apoiar quaisquer equipamentos ou serviços por tais empresas.

Em agosto de 2020, nova alteração atinente à regra FDP ocorreu, restringindo ainda mais o acesso da Huawei a semicondutores. A regra determina as mesmas restrições de licenciamento a semicondutores desenvolvidos internamente àqueles desenvolvidos fora do país que usem software ou tecnologia dos Estados Unidos.

Conforme corretamente destacou Russo (2020), no mosaico de "entidades suspeitas", a história da Huawei certamente constitui um pilar central, assim como é emblemático o caso da ZTE, mas tais casos não são únicos. Desde 2019, dezenas de entidades (empresas, universidades, instituições), presumivelmente, conectadas ao Partido Comunista da China são elencadas na lista mantida pelo BIS (BIS, 2021). Entre essas, há pelo menos uma centena de empresas e instituições do setor de tecnologia sujeitas a licenças específicas para exportação, reimportação e transferência de determinados itens.

Note-se que há, também na lista do BIS, empresas de tecnologia acusadas de cumplicidade nas violações dos direitos humanos, inclusive *start--ups*, especialmente de reconhecimento facial, como: SenseTime, Megvii e Yitu; empresas especializadas em vigilância por vídeo: Hikvision e Dahua Technology; empresas de IA: iFlyTek, Xiamen Meiya Pico Information Co. e Yixin Science & Technology Co.

* * *

Tais exemplos mostram que, com base na lógica da segurança econômica, o governo Trump expandiu o escopo da intervenção governamental muito além do controle das exportações de tecnologias militarmente sensíveis. E, para, em tese, salvaguardar a segurança nacional, implementou uma política industrial ampla e ativista. Políticas historicamente condenáveis pelos Estados Unidos no âmbito internacional.

O governo Biden e as relações com a China

Com a chegada do governo Biden e a predominância dos democratas nas duas casas do Congresso, pergunta-se quais seriam os desdobramentos das abordagens adotadas pelo governo Trump em relação à China?

Embora não possamos cravar afirmações, pois estamos no início dos respectivos mandatos, podemos notar algumas indicações de que os democratas também apoiam abordagens de caráter assertivo em relação à China. A propósito, esse tipo de abordagem tende a encontrar apoio de congressistas republicanos, no que identificamos sólido consenso bipartidário.

Conforme Lim, a apresentação de justificativas de segurança nacional para aquilo que, na verdade, configura uma abordagem mais estatista e menos orientada para o mercado na condução da política econômica pode "pressagiar um surpreendente alinhamento de posições ideológicas entre dois polos que, de outra forma, conceberiam o papel do Estado na administração da economia de forma bastante diferente" (Lim, 2019).

A aprovação pelo Congresso de integrantes-chave do governo Biden foi facilitada por manifestações duras desses integrantes contra a China. Como Cepik e Brancher observam no capítulo seguinte desta obra, a retórica agressiva e o enfrentamento em relação à China foram instrumentais no sentido de confirmar os perfis ideológicos dos candidatos. Os autores destacaram as falas de Jannet Yellen, secretária do Tesouro, e de Katherine Tai, do USTR, além de outros. Nós podemos acrescentar as falas de Gina Raimondo, secretária de Comércio:

Embora não concordemos com a maneira como o governo Trump lidou com muitas coisas, eles trouxeram à luz o fato de que a competição com a China é séria, que é uma competição estratégica que definirá nossos tempos... O presidente Biden concorda com isso. Portanto, vamos continuar jogando duro com a China. (Martin, 2021)

Entretanto, a diferença, a ser verificada, deve recair na forma. Primeiramente, o tom espetaculoso e os movimentos impulsivos, com eventuais recuos do governo Trump, devem ceder lugar a um tom mais protocolar, mais cauteloso, e a movimentos mais sistemáticos. Além disso, a abordagem deve se compor de uma dimensão calcada na cooperação com aliados e na assunção de compromissos na região, assim como de uma dimensão bilateral, arquitetando e mantendo acordos com a própria China.

O Acordo Fase Um

O Acordo Fase Um não seria de todo falho, segundo analistas ligados a agentes econômicos. Vários elementos deveriam ser mantidos e possivelmente incrementados. O compromisso da China em reduzir as barreiras não tarifárias relacionadas à segurança alimentar e abrir-se ao investimento estrangeiro estariam entre tais elementos. Além disso, a concordância da China em reprimir as violações de propriedade intelectual e a transferência forçada de tecnologia dos Estados Unidos também seria benéfica (Bown, 2021b).

O governo Trump não conseguiu fazer com que o governo chinês pusesse fim nos programas de subsídios a setores envolvendo tecnologia e estabelecesse novas regras para empresas estatais (USTR, 2020a), e esses seriam elementos a serem priorizados em negociações futuras.

Na cúpula bilateral ocorrida no Alasca, em março de 2021, o governo Biden sinalizou que responsabilizará Pequim por "seus abusos" não apenas sobre direitos humanos, direitos ambientais, segurança internacional, mas também sobre economia. Procurando distanciar-se do lema "América Primeiro" de Trump, o secretário de Estado, Antony Blinken, tentou legitimar o discurso de Biden. Falando em nome de um coletivo – os aliados –, disse que os Estados Unidos estão preocupados com os ataques cibernéticos e com "coerção econômica" contra os aliados e defendendo os regimes internacionais (U.S. Department of State, 2021). Tais falas indicam que a China será pressionada a cumprir o acordo segundo a interpretação dos Estados Unidos.

A competição tecnológica sob o governo Biden

Nos primeiros meses de exercício do governo Biden, algumas ações no que dizem respeito à competição tecnológica com a China se destacaram. Concentremo-nos primeiramente nas medidas que removeram empresas chinesas da chamada "lista negra comercial" de vigilância das autoridades dos Estados Unidos por supostos riscos que causariam à segurança nacional do país e refletir o que isso poderia significar.

A fabricante chinesa de *smartphones* Xiaomi foi uma das empresas que escaparam da famigerada lista. Isso aliviou a pressão sobre acionistas norte-americanos que precisariam se desfazer de ativos mantidos na empresa chinesa. Sob os critérios do governo Trump, a Xiaomi representaria ameaça à segurança nacional em razão de seu fundador ter sido premiado pelo governo chinês por serviços ao Estado. No entanto, sob o governo Biden, as supostas ameaças não foram confirmadas, e o Departamento de Defesa (DOD) removeu a empresa do radar de vigilância (Freifeld; Alper, 2021).

Outro exemplo envolve o WeChat, aplicativo pertencente à Tencent, empresa de tecnologia sediada em Shenzhen, onipresente em toda a China e canal de comunicação que conecta inúmeros imigrantes chineses residentes nos Estados Unidos e seus descendentes nascidos ali e os familiares na China. Diante de um processo impetrado por um grupo de usuários do aplicativo –WeChat Users' Alliance –, que conseguiu bloquear a proibição, a presidência de Biden suspendeu o caso (Dodds, 2021).

Um terceiro exemplo refere-se ao TikTok, aplicativo de vídeo popularizado entre jovens nos Estados Unidos. Devemos lembrar que o governo Trump ordenara que a ByteDance, proprietária do TikTok com sede em Pequim, vendesse o TikTok e definira vários prazos para a venda, alegando que os recursos e códigos do aplicativo representavam ameaça à segurança nacional (Stelloh; Abbruzzese, 2020). Como surgiram vários desafios legais, os prazos acabaram não cumpridos.

As novas diretivas do presidente Biden exigem uma revisão dos aplicativos de propriedade estrangeira e instruem os responsáveis pelo Departamento de Comércio, Serviço Nacional de Inteligência e outras agências a fornecer relatórios ao presidente sobre os potenciais riscos que esses aplicativos representem para os dados pessoais e a segurança nacional.

Tais diretivas de Biden poderiam ser interpretadas como uma inflexão na competição tecnológica empreendida pelo governo Trump. Entretanto, nota-se uma abordagem também bastante dura do atual governo dos Estados Unidos em relação a empresas chinesas.

Concretamente, o presidente Biden emitiu uma nova diretiva federal, proibindo o investimento estadunidense em empresas chinesas com supostos vínculos com os setores de tecnologia de defesa ou vigilância. A nova ordem expande a "lista negra comercial" da era Trump, que continha inicialmente 31 empresas chinesas,[5] e passa a atingir 59 empresas chinesas,

---

5 A OE 13959, originalmente emitida em 12 de novembro de 2020 (Adressing..., 2020), continha 31 empresas pertencentes aos setores: aeroespacial, construção naval, construção civil, tecnologia e comunicação. Menos de um mês depois, em 3 de dezembro de 2020, o DOD

incluindo a gigante das comunicações Huawei.[6] Muitas das novas empresas visadas são subsidiárias e afiliadas de grandes empresas estatais e outras empresas mencionadas na lista anterior. Com isso, os estadunidenses serão proibidos de comprar ou vender títulos negociados publicamente nas empresas visadas a partir de 2 de agosto de 2021 – data do início de vigência da nova ordem.

Um outro ponto que devemos destacar refere-se à declaração do presidente Biden sobre a aprovação no Senado da Lei de Inovação e Concorrência dos Estados Unidos (Usica, na sigla em inglês). O presidente enfatizou que a Usica aborda elementos-chave que foram incluídos no Plano de Emprego Americano, apresentado por ele, além de enfatizar o esforço bipartidário em tal lei (The White House, 2021).

Não é o caso aqui de detalhar o projeto de lei,[7] mas devemos destacar que ele propõe um papel ampliado para o governo federal norte-americano em setores tidos como estratégicos, incluindo semicondutores, *drones* (veículos aéreos remotamente pilotados), banda larga sem fio e inteligência artificial, concedendo-lhes maior financiamento, supervisionando e regulamentando vários setores. Além, por suposto, de expandir o uso de dispositivos de defesa comercial a fim de restringir o fluxo de bens e serviços chineses e para reforçar a agenda *Buy American* do presidente Biden. Com isso, o governo Biden visa assegurar a liderança norte-americana em manufatura e tecnologia e manter os empregos mais bem pagos nos Estados Unidos.

Balanço parcial

No nosso exame sobre a orientação da política econômica do governo Trump em relação à China e quais seriam os desdobramentos de tal política com a mudança de poder político nos Estados Unidos, demonstramos que o governo Trump lançou e manteve ao longo de seu mandato uma disputa comercial contra a China, traduzida em barreiras tarifárias e não tarifárias, que foram igualmente impostas pela China. Ao mesmo tempo, o governo Trump empreendeu uma outra ofensiva, ainda mais impactante, mais duradoura e com mais apelo internamente, contra este mesmo país.

De fato, o governo Trump mudou as regras do comércio de maneiras sem precedentes históricos recentes. Uma ruptura na interdependência das duas maiores economias parecia insondável. Mas Trump cumpriu suas promessas

---

designou mais quatro empresas como pertencentes ou controladas pela área militar chinesa, elevando o número total de empresas afetadas para 35. E no apagar das luzes da era Trump, em 14 de janeiro de 2021, o Departamento de Defesa designou mais nove empresas, elevando o número de empresas afetadas para 44 (U.S. Department of Defense, 2021).

6 Ordem Executiva 14032 (Presidential..., 2021).

7 No momento em que escrevemos este capítulo, o projeto de lei ainda não tinha sido apreciado pela Câmara dos Representantes do Congresso dos Estados Unidos.

De Trump a Biden

de campanha de frustrar as práticas econômicas da China e tentar impulsionar a economia norte-americana com seu modo pessoal de fazer negócios.

À medida que a China respondia na mesma moeda aos ataques comerciais do governo Trump, configurando uma dinâmica do tipo *tit-for-tat*, este dobrava a aposta, apavorando aqueles que acreditavam tratar-se de escaramuça limitada e obrigando membros do governo a vir a público para tentar acalmar os agentes econômicos preocupados com o impacto das medidas abruptas nas cadeias produtivas.

Enquanto isso, no *front* da competição tecnológica, outros mecanismos eram empregados para conter o avanço econômico da China. O governo Trump, assim como governos antecessores, reconheceu a importância de se manter na liderança tecnológica, tanto para garantir a supremacia militar quanto para impulsionar o dinamismo econômico.

As agências do Executivo empreenderam esforços conjuntos para avançar com controles de exportação e impedir empresas dos Estados Unidos de vender tecnologia sensível, como inteligência artificial, computação quântica, para empresas chinesas. Podemos notar que o governo Trump aumentou significativamente os controles estritos alegando haver riscos de segurança nacional, mas sem esclarecer precisamente que riscos seriam esses.

Várias empresas chinesas entraram na lista de vigilância do governo Trump. As empresas Huawei e ZTE são emblemáticas, mas várias outras figuraram em tal lista e se viram impedidas de fazer negócios com empresas dos Estados Unidos e subsidiárias dessas em outros países.

Para o governo Trump, segurança econômica seria sinônimo de segurança nacional. Sendo assim, praticamente qualquer política considerada economicamente vantajosa poderia, em tese, ser implementada em nome da segurança nacional. De tal perspectiva, a intervenção governamental seria legítima em outros domínios, e não apenas no controle das exportações de tecnologias sensíveis. Com base nessa lógica, uma abordagem mais estatista e menos orientada para o mercado seria justificável.

Biden chegou à Casa Branca, e com ele as especulações em torno da estratégia econômico-comercial de seu governo em relação à China. Ele sustentará as medidas implementadas pelo seu antecessor ou as redirecionará? Demasiado precipitado seria de nossa parte oferecer uma resposta a essa pergunta. No momento em que escrevemos este capítulo, encontramo-nos pouco adiante do marco dos cem dias do governo Biden.

No discurso recorrente, o governo destaca a acirrada competição imposta pela China. E, entre os agentes econômicos, acredita-se que os Estados Unidos possuem plena capacidade de conter o avanço tecnológico da China, mas isso não poderia ser feito a custas de se inviabilizar o acesso ao mercado chinês.

Uma diferença esperada entre as abordagens do governo Trump e de Biden deve se revelar essencialmente na forma. A abordagem do governo

147

Biden tende a ser mais sistemática, criteriosa, impessoal, sem ultimatos. Por outro lado, o governo Biden deve continuar tentando conter o desenvolvimento da China no campo da infraestrutura de redes de conexão. Assim como deve continuar tentando conter o desenvolvimento da indústria chinesa de semicondutores. Nesse esforço, seu plano deve prever cooperação com os tradicionais aliados. Ao mesmo tempo, sua abordagem deve abranger mecanismos para que as empresas norte-americanas possam acessar o mercado chinês.

Referências

ADDRESSING the Threat from Securities Investments That Finance Communist Chinese Military Companies. *Federal Register*, 17 nov. 2020. Disponível em: https://www.federalregister.gov/documents/2020/11/17/2020-25459/addressing-the-threat-from-securities-investments-that-finance-communist-chinese-military-companies. Acesso em: 23 mar. 2021.

BADER, J.; DOLLAR, D.; HASS, R. U.S.-China Relations, 6 Months into the Trump Presidency. *Brookings*, 14 ago. 2017. Disponível em: https://www.brookings.edu/blog/order-from-chaos/2017/08/14/u-s-china-relations-6-months-into-the-trump-presidency/. Acesso em: 2 dez. 2020.

BAKER, G.; LEE, C.; BENDER, M. Trump says Dollar "Getting Too Strong," Won't Laber China a Currency Manipulator. *The Wall Street Journal*, 12 abr. 2017. Disponível em: https://www.wsj.com/articles/trump-says-dollar-getting-too-strong-wont-label-china-currency-manipulator-1492024312. Acesso em: 30 nov. 2020.

BARBER, L.; SEVASTOPULO, D.; TETT, G. Donald Trump in his own words. *Financial Times*, 2 abr. 2017. Disponível em: https://www.ft.com/content/9ae777ea-17ac-11e7-a53d-df09f373be87. Acesso em: 30 nov. 2020.

BIS (Bureau of Industry and Security). *Supplement No 4 to Part 744 – Entity List*. [S.l.], 8 abr 2021. Disponível em: https://www.bis.doc.gov/index.php/documents/regulation-docs/691-supplement-no-4-to-part-744-entity-list/file. Acesso em: 14 abr. 2021.

BLACKWILL, R. D.; TELLIS, A. *Revising the U.S. Grand Strategy Toward China*. [S.l.]: Council on Foreign Relations, mar. 2015 (Special Report No. 72). Disponível em: https://carnegieendowment.org/files/Tellis_Blackwill.pdf. Acesso em: 20 nov. 2020.

BORAK, D. ZTE Pays $1 Billion Fine to US over Sanctions Violations. *CNN*, 22 jun. 2018. Disponível em: https://money.cnn.com/2018/06/22/news/companies/zte-us-fine-trade-case/index.html. Acesso em: 3 mar. 2019.

BOWN, C. Donald Trump's Solar and Washer Tariffs May Have Now Opened the Floodgates of Protectionism. *Piie*, 23 jan. 2018a. Disponível em: https://piie.com/commentary/op-eds/donald-trumps-solar-and-washer-tariffs-may-have-now-opened-floodgates. Acesso em: 2 dez. 2020.

_____. Anatomy of a Flop: Why Trump's Us-China Phase One Trade Deal Fell Short. *Piie*, 8 fev. 2021a. Disponível em: https://www.piie.com/blogs/trade-and-investment-policy-watch/anatomy-flop-why-trumps-us-china-phase-one-trade-deal-fell. Acesso em: 26 mar. 2021.

_____. US-China Trade War Tariffs: An Up-to-Date Chart. *Piie*, 16 mar. 2021b. Disponível em: https://www.piie.com/research/piie-charts/us-china-trade-war-tariffs-date-chart. Acesso em: 26 mar 2021.

BOWN, C.; JUNG, E.; LU, Z. Trump's $262 Billion China Tariff Threat Plays with the Bank's Money. *Piie*, 24 jun. 2018. Disponível em: https://www.piie.com/blogs/trade-and-investment-policy-watch/trumps-262-billion-china-tariff-threat-plays-banks-money. Acesso em: 28 nov. 2020.

BOWN, C.; KOLB, M. Trump's Trade War Timeline: An Up-to-Date Guide. *Piie*, 19 abr. 2018. Disponível em: https://www.piie.com/sites/default/files/documents/trump-trade-war-timeline.pd. Acesso em: 24 mar. 2021.

CFIUS (Committee on Foreign Investment in The United States). *Annual Report to Congress. Report Period: CY 2016 and CY 2017*. [S.l.], dez. 2019. Disponível em: https://home.treasury.gov/system/files/206/CFIUS-Public-Annual-Report-CY-2016-2017.pdf. Acesso em: 22 nov. 2020.

CHINA Makes Biggest U.S. Pork Order of 2020 as Virus Hits Plants. *Caixin*, 20 maio 2020. Disponível em: https://www.caixinglobal.com/2020-05-08/china-makes-biggest-us-pork-order-of-2020-as-virus-hits-plants-101551457.html. Acesso em: 28 nov. 2020.

CONG, W. Xi Meets US Trade Officials after the Latest Round of Trade Talks. *Global Times*, 15 fev. 2019. Disponível em: https://www.globaltimes.cn/content/1138995.shtml. Acesso em: 3 dez 2020.

DODDS, I. Biden drops Trump's TikTok ban. *The Telegraph*, 9 jun. 2021. Disponível em: https://www.telegraph.co.uk/technology/2021/06/09/biden-drops-trumps-tiktok-ban/. Acesso em: 20 jun. 2021.

DOLLAR, D.; HASS, R. Expect More Process than Progress at U.S.-China Comprehensive Economic Dialogue. *Brookings*, 18 jul. 2017. Disponível em: https://www.brookings.edu/blog/order-from-chaos/2017/07/18/expect-more-process-than-progress-at-u-s-china-comprehensive-economic-dialogue/. Acesso em: 3 dez. 2020.

FCC (Federal Communications Commission). *FCC Designates Huawei and ZTE as National Security Threats*. Washington, 30 jun. 2020. Disponível em: https://docs.fcc.gov/public/attachments/DOC-365255A1.pdf. Acesso em: 29 nov. 2020.

FREIFELD, K.; ALPER, A. Blacklisted Chinese Firms Eye Lawsuits After Xiaomi Win against Trump Ban. *Reuters*, 16 mar. 2021. Disponível em: https://www.reuters.com/article/us-usa-china-xiaomi-idINKBN2B906N. Acesso em: 12 abr. 2021.

HOW Donald Trump Thinks about Trade. *The Economist*, 9 nov. 2016. Disponível em: https://www.economist.com/united-states/2016/11/09/how-donald-trump-thinks-about-trade. Acesso em: 30 nov. 2020.

INITIATION of Section 301 Investigation; Hearing; and Request for Public Comments: China's Acts, Policies, and Practices Related to Technology Transfer, Intellectual Property, and Innovation. *Federal Register*, v.82, n.163, p. 40213-15, 24 ago. 2017c. Disponível em: https://www.govinfo.gov/content/pkg/FR-2017-08-24/pdf/2017-17931. pdf. Acesso em: 28 nov. 2020.

JACKSON, J. The Committee on Foreign Investment in the United States (CFIUS). [S.l.]: Congressional Research Service, 14 fev. 2020. Disponível em: https://fas.org/sgp/crs/natsec/RL33388.pdf. Acesso em: 22 nov. 2020.

JALINOUS, F.; MILDORF, K.; SCHOMIG, K. CFIUS: President Trump Blocks Acquisition of Lattice Semiconductor by Canyon Bridge. *White & Case*, set. 2017. Disponível em: https://www.whitecase.com/sites/whitecase/files/files/download/publications/cfius-president-trump-blocks-acquisition-of-lattice-semiconductor-by--canyon-bridge.pdf. Acesso em: 25 out. 2020.

LEFFLER, M. Containment. In: PONS, Silvio; SERVICE, Robert (Ed.). *A Dictionary of 20th--Century Communism*. Princeton (NJ): Princeton University Press, 2012.

LIM, D. The US, China and "Technology War". *Global Asia*, v.14, n.1, 2019. Disponível em: https://www.globalasia.org/v14no1/cover/the-us-china-and-technology-war_darren-lim. Acesso em: 27 mar. 2021.

LU, Z.; SCHOTT, J. How Is China Retaliating for US National Security Tariffs on Steel and Aluminum? *Piie*, 9 abr. 2018. Disponível em: https://www.piie.com/research/piie-charts/how-china-retaliating-us-national-security-tariffs-steel-and-aluminum. Acesso em: 3 dez. 2020.

MARTIN, Eric. Biden Commerce Chief Pledges to Help Businesses Export to China. *Bloomberg*, 24 abr. 2021. Disponível em: https://www.bloomberg.com/news/articles/2021-04-28/biden-commerce-chief-pledges-to-help-businesses-export-to-china. Acesso em: 13 maio 2021.

MCNEIL JR., D.; JACOBS, A. Blaming China for Pandemic, Trump Says U.S. Will Leave the W.H.O. *The New York Times*, 29 maio 2020. Disponível em: https://www.nytimes.com/2020/05/29/health/virus-who.html. Acesso em: 20 jan. 2021

MINISTRY OF COMMERCE OF THE PEOPLE'S REPUBLIC OF CHINA. 商务部新闻发言人就中国在世贸组织起诉美国光伏保障措施和可再生能源补贴措施发表谈话. 来源: 商务部新闻办公室 类型: 原创 分类: 新闻. [S.l.], 14 ago. 2018. Disponível em: http://www.mofcom.gov.cn/article/ae/ag/201808/20180802775695.shtml. Acesso em: 1 dez. 2020.

_____. 刘鹤与美贸易代表莱特希泽、财长姆努钦通话. [S.l.], 25 ago. 2020. Disponível em: http://www.mofcom.gov.cn/article/ae/ldhd/202008/20200802995441.shtml. Acesso em: 3 dez. 2020.

MOZUR, P.; KANG, C. U.S. Fines ZTE of China $1.19 Billion for Breaching Sanctions. *The New York Times*, 7 mar. 2017. Disponível em: https://www.nytimes.com/2017/03/07/technology/zte-china-fine.html. Acesso em: 23 nov. 2020.

NOTICE of Determination and Request for Public Comment Concerning Proposed Determination of Action Pursuant to Section 301: China's Acts, Policies, and Practices Related to Technology Transfer, Intellectual Property, and Innovation. Docket No. USTR-2018-0005. *Federal Register*, v.14, n.83, p.906-909, 2018a. Disponível em: https://ustr.gov/sites/default/files/files/Press/Releases/301FRN.pdf#page=14. Acesso em: 2 dez. 2020.

PCAST (President's Council of Advisors on Science and Technology). *Report to the President Ensurign Long-Term U.S. Leadership in Semiconductors*. [S.l.], jan, 2017. Disponível em: https://obamawhitehouse.archives.gov/sites/default/files/microsites/ostp/PCAST/pcast_ensuring_long-term_us_leadership_in_semiconductors.pdf. Acesso em: 24 nov. 2020.

PRESIDENTIAL Documents. Executive Order 13786. *Federal Register*, v.82, n.64, 5 abr. 2017a. Disponível em: https://www.govinfo.gov/content/pkg/FR-2017-04-05/pdf/2017-06968.pdf. Acesso em: 23 nov. 2020.

PRESIDENTIAL Documents. Memorandum of Aug 14, 2017b. Adressing China's Laws, Policies, Practices, and Actions Related to Intellectual Property, Innovation, and Technology. *Federal Register*, v.82, n.158, p. 39007-8, 17 ago. 2017b. Disponível em: https://www.govinfo.gov/content/pkg/FR-2017-08-17/pdf/2017-17528.pdf. Acesso em: 28 nov. 2020.

PRESIDENTIAL Documents. Executive Order 14032. *Federal Register*, v.86, n.107, 7 jun. 2021. Disponível em: https://home.treasury.gov/system/files/126/14032.pdf. Acesso em: 20 jun. 2021.

RULES and Regulations. *Federal Register*, v.83, n.197, 11 out. 2018. Disponível em: https://www.govinfo.gov/content/pkg/FR-2018-10-11/pdf/FR-2018-10-11.pdf. Acesso em: 23 nov. 2020.

RUSSO, F. U.S.-China Tech War: A Framework to Understand Washington's Moves. *GTN News*, 11 jul. 2020. Disponível em: https://news.cgtn.com/news/2020-07-11/U--S-China-tech-war-A-framework-to-understand-Washington-s-moves-S2j6jyNjz2/index.html. Acesso em: 25 nov. 2020.

SILVER, L.; DEVLAND, K.; HUANG, C. Unfavorable Views of China Reach Historic Highs in Many Countries. *Pew Research Center*, 6 out. 2020. Disponível em: https://www.pewresearch.org/global/2020/10/06/unfavorable-views-of-china-reach-historic-highs-in-many-countries/. Acesso em: 23 nov. 2020.

STELLOH, T.; ABBRUZZESE, J. Trump Issues Executive Order Barring U.S. Companies from Doing Business with TikTok's Parent. *NBC News*, 6 ago. 2020. Disponível em: https://www.nbcnews.com/politics/white-house/trump-issues-executive-order-barring-u-s-firms-doing-business-n1236095. Acesso em: 19 fev. 2021.

THE WHITE HOUSE. *Remarks by President Trump at Business Event with President Xi of China, Beijing, China*. [S.l.], 9 nov. 2017a. Disponível em: https://www.govinfo.gov/content/pkg/DCPD-201700837/pdf/DCPD-201700837.pdf. Acesso em: 30 nov. 2020.

Sebastião C. Velasco e Cruz e Neusa Maria P. Bojikian (Orgs.)

_____. *National Security Strategy of the United States of America*. [S.l.], dez. 2017b. Disponível em: https://www.whitehouse.gov/wp-content/uploads/2017/12/NSS--Final-12-18-2017-0905.pdf. Acesso em: 15 nov. 2020.

_____. Remarks by President Trump in Meeting with Vice Premier Liu He of the People's Republic of China. [S.l.], 31 jan. 2019a. Disponível em: https://trumpwhitehouse.archives.gov/briefings-statements/remarks-president-trump-meeting-vice--premier-liu-peoples-republic-china/. Acesso: 28 mar. 2021.

_____. Remarks by President Trump Before Meeting with Vice Premier Liu He of the People's Republic of China. [S.l.], 22 fev. 2019b. Disponível em: https://trumpwhitehouse.archives.gov/briefings-statements/remarks-president-trump-meeting-vice--premier-liu-peoples-republic-china-2/ Acesso: 25 jan. 2020.

_____. Remarks by President Trump and Vice Premier Liu He of the People's Republic of China Before Bilateral Meeting. [S.l.], 4 abr. 2019c. Disponível em: https://trumpwhitehouse.archives.gov/briefings-statements/remarks-president-trump-vice-premier--liu-peoples-republic-china-bilateral-meeting/ Acesso: 28 mar 2021.

_____. *Remarks by President Biden on the Bipartisan Infrastructure Deal*. [S.l.], 24 jun. 2021. Disponível em: https://www.whitehouse.gov/briefing-room/speeches--remarks/2021/06/24/remarks-by-president-biden-on-the-bipartisan-infrastructure--deal/. Acesso em: 25 jun. 2021.

TRUMP, Donald. *Crippled America:* How To Make America Great Again. New York: Simon & Schuster, 2015.

U.S. CHAMBER OF COMMERCE. *China's Drive for "Indigenous Innovation":* A Web of Industrial Policies. [S.l.], 2010. Disponível em: https://www.uschamber.com/sites/default/files/legacy/international/asia/files/100728chinareport_0.pdf. Acesso em: 23 nov. 2020.

_____. *China's Approval Process. For Inbound Foreign Direct Investment*. [S.l.], 2012. Disponível em: https://www.uschamber.com/sites/default/files/documents/files/020021_China_InboundInvestment_Cvr.pdf. Acesso em: 23 nov. 2020.

_____. *Competing Interests in China's Competition Law Enforcement:* China's Anti-Monopoly Law Application and the Role of Industrial Policy. [S.l.], 2014. Disponível em: https://www.uschamber.com/sites/default/files/aml_final_090814_final_locked.pdf. Acesso em: 23 nov. 2020.

_____. *Preventing Deglobalization:* An Economic and Security Argument for Free Trade and Investment in ICT. [S.l.], 2016. Disponível em: https://www.uschamber.com/report/preventing-deglobalization-economic-and-security-argument-free-trade-and--investment-ict. Acesso em: 23 nov. 2020.

_____. *Made in China 2025: Global Ambitious Built on Local Protections*. [S.l.], 2017. Disponível em: https://www.uschamber.com/sites/default/files/final_made_in_china_2025_report_full.pdf. Acesso em: 5 dez. 2020.

_____. *Understanding U.S.-China Decoupling:* Macro Trends and Industry Impacts. [S.l.], 2021. Disponível em: https://www.uschamber.com/sites/default/files/024001_us_china_decoupling_report_fin.pdf. Acesso em: 15 abr. 2021.

U.S. DEPARTMENT OF DEFENSE. DOD Releases List of Additional Companies, In Accordance with Section 1237 of FY99 NDAA. [S.l.], 14 jan. 2021. Disponível em: https://www.defense.gov/Newsroom/Releases/Release/Article/2472464/dod-relea-ses-list-of-additional-companies-in-accordance-with-section-1237-of-fy/. Acesso em: 23 mar. 2021.

U.S. DEPARTMENT OF JUSTICE. Chinese Telecommunications Conglomerate Hua-wei and Huawei CFO Wanzhou Meng Charge With Financial Fraud. [S.l.], 28 jan. 2019. Disponível em: https://www.justice.gov/opa/pr/chinese-telecommunications--conglomerate-huawei-and-huawei-cfo-wanzhou-meng-charged-financial. Acesso em: 17 out. 2020.

U.S. DEPARTMENT OF STATE. Secretary Antony J. Blinken, National Secu-rity Advisor Jake Sullivan, Director Yang and State Councilor Wang At the Top of Their Meeting. [S.l.], 18 mar 2021. Disponível em: https://www.state.gov/secretary-antony-j-blinken-national-security-advisor-jake-sullivan-chinese-direc-tor-of-the-office-of-the-central-commission-for-foreign-affairs-yang-jiechi-and-chi-nese-state-councilor-wang-yi-at-th/. Acesso em: 25 mar. 2021.

U.S. DEPARTMENT OF THE TREASURY. *Report to Congress:* Foreign Exchange Poli-cies of Major Trading Partners of the United States. [S.l.], 14 abr. 2017a. Disponível em: https://www.treasury.gov/resource-center/international/exchange-rate-poli-cies/Documents/2017-04-14-Spring-2017-FX-Report-FINAL.PDF. Acesso em: 30 nov. 2020.

_____. *Statement on the President's Decision Regarding Lattice Semiconductor Corporation.* [S.l.], 13 set. 2017b. Disponível em: https://www.treasury.gov/press-center/press--releases/Pages/sm0157.aspx. Acesso em: 19 dez. 2020.

_____. *CFIUS Excepted Foreign States.* [S.l.], 2020. Disponível em: https://home.treasury.gov/policy-issues/international/the-committee-on-foreign-investment-in-the-uni-ted-states-cfius/cfius-excepted-foreign-states. Acesso em: 25 nov. 2020.

U.S. EMBASSY & CONSULATES IN CHINA. *Statement from the Press Secretary on China's Political Correctness.* [S.l.], 5 maio 2018. Disponível em: https://china.usembassy-china.org.cn/statement-from-the-press-secretary-on-chinas-political-correctness/. Acesso em: 11 mar. 2020.

USITC (United States International Trade Commission). *USITC Announces Remedy Recommendations in ITS Global Safeguard Investigation...* [S.l.], 31 out. 2017a. Dispo-nível em: https://www.usitc.gov/press_room/news_release/2017/er1031ll857.htm. Acesso em: 2 dez. 2020.

_____. *USITC Announces Remedy Recommendations in ITS Global Safeguard Investigation...* [S.l.], 21 nov. 2017b. Disponível em: https://www.usitc.gov/press_room/news_release/2017/er1121ll870.htm. Acesso em: 2 dez. 2020.

USTR (United States Trade Representative). The United States Trade Representative. Findings of the investigation into China's acts, Policies, and Practices Related to Tech-nology Transfer, Intellectual Property, and Innovation under Section 301 of the Trade

Act of 1974. [S.l.], 22 mar. 2018. Disponível em: https://ustr.gov/sites/default/files/Section%20301%20FINAL.PDF. Acesso em: 19 nov. 2020.

_____. *Economic and Trade Agreement Between the Government of the United States of America and the Government of the People's Republic of China*. [S.l.], jan. 2020a. Disponível em: https://ustr.gov/sites/default/files/files/agreements/phase%20one%20agreement/Economic_And_Trade_Agreement_Between_The_United_States_And_China_Text.pdf. Acesso em: 15 out. 2020.

_____. *Statement on Call Between the United States and China*. [S.l.], 24 ago. 2020b. Disponível em: https://ustr.gov/about-us/policy-offices/press-office/press-releases/2020/august/statement-call-between-united-states-and-china. Acesso em: 25 nov. 2020.

8

A NOVA COMPETIÇÃO ESTRATÉGICA DOS ESTADOS UNIDOS COM A CHINA: CONDICIONANTES, VIABILIDADE, ALTERNATIVA

Marco Cepik
Pedro Txai Leal Brancher

Do ponto de vista da disputa global por corações e mentes, a passagem de Donald Trump pela Casa Branca foi a maior derrota já sofrida pelos Estados Unidos desde a sua Independência em 1776. O imaginário de um país democrático, estável e capaz de liderar a humanidade nas próximas décadas do século XXI se desfez diante do fervoroso apoio a Trump, manifestado por seus eleitores e pela maior parte do Partido Republicano, um apoio reiterado em dois julgamentos de impeachment, um por abuso de poder (2019) e outro por incitamento à insurreição (2021).

Por romper com práticas diplomáticas estabelecidas e por ancorar ações unilaterais em valores que foram descritos na literatura especializada com termos que variavam de populista até fascista, Trump foi um presidente atípico. Capaz de ações grotescas, como retirar os Estados Unidos do Acordo de Paris, impor tarifas comerciais contra aliados sob a alegação de ameaça à segurança nacional, deportar crianças, discriminar imigrantes de países de maioria muçulmana ou latino-americanos, tentar construir um muro na fronteira com o México, apoiar a saída do Reino Unido da União Europeia, ou desligar-se da Organização Mundial da Saúde (OMS) em meio à pandemia de covid-19. Tais ações internacionais foram acompanhadas de péssimos exemplos na condução da nação, desde o estímulo à repressão dos manifestantes contra o assassinato de Jorge Floyd até o incitamento da invasão do Congresso Nacional depois de perder as eleições de 2020.

O desgaste dos Estados Unidos foi imenso. Segundo Krastev e Leonard (2021), a maioria dos europeus, por exemplo, viu a derrota de Trump nas eleições como algo apenas moderadamente positivo, uma vez que já não conseguiam confiar nos eleitores daquele país, ou mesmo na capacidade de regeneração das instituições estadunidenses. Em onze países, incluindo Reino Unido, Alemanha, França e Itália, a maioria dos entrevistados considerava que a China será o país mais poderoso do mundo dentro de uma década. A relevância crescente da China para o mundo todo, juntamente com a percepção de declínio relativo dos Estados Unidos, aliás, explica em parte o grau de continuidade na política externa dos Estados Unidos para a China sob Obama, Trump e Biden. Como a Grã-Bretanha à época, os Estados Unidos estão tendo dificuldades para aceitar uma condição e um papel diferente do que a primazia.

Descontadas as diferenças de contexto, a doutrina de competição estratégica tem muito em comum com a doutrina de contenção contra a União Soviética durante a Guerra Fria (Gaddis, 2005). Não por acaso, um texto recente advogando pela nova doutrina de competição estratégica emulou a forma anônima do "longo telegrama" de George F. Kennan (1946-1947) para defender suas teses. O autor do documento, publicado em janeiro de 2021 pelo Atlantic Council, reivindicava "uma resposta política qualitativamente diferente e mais granular para a China do que o instrumento rombudo de uma "contenção com características chinesas" e um sonho de colapso do Partido Comunista da China" (The Longer..., 2021, p. 7). Não obstante, até aqui as práticas da "competição estratégica" e da "contenção" são parecidas o suficiente para que se utilizem os dois termos como sinônimos.

Neste texto, buscamos responder a uma pergunta que tem sido repetida em diferentes debates. Por que o governo Biden também tende a manter a competição estratégica com a China como um pilar da política externa e de defesa dos Estados Unidos? Afinal, a vitória do Partido Democrata nas eleições de 2020 implicou reverter políticas do governo Trump em diversas áreas. A hipótese que avaliamos no trabalho é a de que existem fortes incentivos internos (ideológicos, políticos e econômicos) para uma política de contenção da China. Por outro lado, existem constrangimentos externos (militares, tecnológicos e institucionais) às pretensões do governo Biden de ser "duro" com a China. Tanto os incentivos quanto os constrangimentos são analisados a partir de evidências disponíveis em documentos primários, bancos de dados públicos e literatura especializada.

Em se tratando das relações entre dois atores coletivos caracterizados por grande complexidade e inseridos em um sistema internacional, é preciso reconhecer de saída que o futuro das relações entre Estados Unidos e China depende de muitos outros fatores, a começar pelas reações e iniciativas do próprio governo da República Popular da China (RPC).

Além da multicausalidade, outra premissa assumida aqui é a da historicidade, ou seja, a necessidade de reconhecer as mudanças ao longo do tempo na posição norte-americana sobre a RPC. Na primeira seção do trabalho, discutiremos como a política estadunidense para a China transitou do que se convencionou chamar de engajamento, iniciado sob o governo republicano de Nixon e reiterado pelo governo democrata de Clinton, para o que se pode chamar de contenção (ou competição estratégica), sob Obama e Trump. Em seguida, dedicamos uma seção para o tema dos incentivos à continuidade da contenção sob Biden e outra seção para a discussão sobre os fatores que limitam as chances de sucesso de uma estratégia de contenção da China. Na conclusão do capítulo indicamos algumas implicações para a agenda de pesquisa sobre as relações Estados Unidos-China no Brasil.

Do engajamento à competição estratégica

A normalização das relações com a China foi um elemento central da grande estratégia dos Estados Unidos para conter a influência soviética na Ásia a partir da década de 1970. Na década de 1980, o avanço das reformas promovidas por Deng Xiaoping criou novos laços econômicos entre os dois países. Com o fim da Guerra Fria, a postura estadunidense evoluiu do alinhamento estratégico para o engajamento com vistas à incorporação da nação asiática no processo de globalização comercial e financeira.

O efeito simbiótico do crescimento chinês baseado em exportações e do crescimento norte-americano baseado em consumo foi positivo para os dois países, pelo menos até que o colapso financeiro de 2008-2009 sinalizasse a crise do que Niall Ferguson e Xiang Xu (2018) chamaram de "Chimerica". O apoio estadunidense à entrada da China na Organização Mundial do Comércio (OMC) em 2001 marcou o apogeu da política de engajamento, qualificada no testemunho da representante do Comércio dos Estados Unidos Charlene Barshefsky perante o Congresso como: "um meio para se avançar o *rule of law* e um precedente para a aceitação de padrões internacionais de comportamento em outros campos pela China" (Segal; Gerstel, 2021, p.10).

Independente das justificativas e/ou expectativas norte-americanas sobre os efeitos políticos internos na China, mesmo durante a vigência da estratégia de engajamento houve tensões nas relações sino-americanas, bem como discordâncias entre diferentes segmentos e atores. Basta mencionar a questão de Taiwan, ou as polêmicas sobre a taxa de câmbio do Renminbi. Em 2006, por exemplo, um relatório do Departamento de Comércio em Washington já afirmava que os progressos na redução de barreiras tarifárias entre os dois países estariam sendo acompanhados por violações de direitos de propriedade intelectual e tratamento discriminatório de empresas estrangeiras por parte da China (USA, 2006, p.11).

Predominavam, entretanto, interações políticas estáveis e cooperativas em várias frentes, inclusive meio ambiente, combate ao terrorismo e não proliferação nuclear. Também em 2006, os governos George Bush e Hu Jintao haviam criado o Strategic Economic Dialogue (SED) como arcabouço institucional para discussão de assuntos comerciais e econômicos. Em 2009, a instituição foi elevada ao grau de U.S-China Strategic and Economic Dialogue (S&ED) durante o primeiro encontro entre Obama e Hu Jintao na reunião do G20.

Foi ao longo do governo Obama (2009-2016), tendo como pano de fundo os desdobramentos da crise financeira de 2008, que as relações entre Estados Unidos e China se deterioraram mais claramente. A nova dinâmica ficou bastante evidente nas áreas de cibersegurança e na questão do Mar do Sul da China.

Com o avanço do processo de digitalização, a segurança cibernética se tornou questão central não apenas para as Forças Armadas, mas também para a estabilidade das instituições privadas que constituem os pilares do sistema econômico estadunidense. Por conta disso, o caso recebeu intensa atenção da mídia e engendrou respostas institucionais do sistema político. Em maio de 2011, por exemplo, foi divulgada a *International Strategy for Cyberspace*, documento do governo federal que definiu que "o persistente roubo de propriedade intelectual por criminosos, firmas estrangeiras ou atores estatais pode erodir a competitividade da economia global", e, consequentemente, "os Estados Unidos irão atuar para identificar e responder a tais ações para construir um ambiente internacional que as reconheça como ilegais e responsabilize os agentes envolvidos" (USA, 2011a, p.18).

No caso do Mar do Sul da China, um marco na política de rebalanceamento da atuação dos Estados Unidos para o Oceano Pacífico foi a declaração da secretária de Estado, Hillary Clinton, durante um encontro da Associação de Nações do Sudeste Asiático (Asean, na sigla em inglês) em 2010, sobre a centralidade do "livre acesso às rotas marítimas da Ásia". A síntese da estratégia securitária de Washington para a região foi apresentada pelo Departamento de Defesa em 2015 no relatório *Asia-Pacific Maritime Security Strategy*. Segundo o documento, "os Estados Unidos estão investindo em capacidades de ponta, posicionando as melhores capacidades marítimas de forma avançada e as distribuindo de forma mais esparsa na região". Em 2020, continua o relatório: "[...] 60% dos nossos ativos navais e aéreos no exterior estarão posicionados no Pacífico". Atrelado ao suporte militar, Washington propunha apoiar os países da região (Filipinas, Japão, Vietnã e outros) a "desenvolverem a infraestrutura de apoio logístico adequado, fortalecerem instituições e ampliarem habilidades práticas para construção de forças marítimas capazes e sustentáveis". No curto prazo, o documento anunciava medidas como a substituição do porta-aviões *USS George Washington* pelo novo *USS Ronald Reagan* no final de 2015, o envio da embarcação anfíbia de assalto orientada para operações aéreas *USS America* em 2020, a incorporação de três *destroyers stealth* DDG-1000 na frota do Pacífico, o posicionamento dos bombardeiros estratégicos B-2 e B-52 no Japão, bem como a adição de três submarinos de ataque na base naval de Guam (USA, 2015a, p.22-28).

Do ponto de vista institucional, o pilar do pivô asiático era a Parceria Trans-Pacífico (TPP, na sigla em inglês). Um amplo acordo comercial entre Estados Unidos, Canadá, Peru, Chile, México, Austrália, Nova Zelândia, Malásia, Singapura, Brunei, Vietnã e Japão que visava a, nas palavras de Barack Obama, garantir que "os Estados Unidos – e não países como a China – serão os formuladores das regras da economia global neste século" (USA, 2015b). Entretanto, a aprovação do TPP emperrou diante da robusta resistência na sociedade civil estadunidense. Durante a corrida presidencial de 2016, até mesmo Hillary Clinton se posicionou contra o TTP: "eu me oponho ao TTP agora, irei me opor após a eleição e irei me opor como presidenta" (Bhala et al., 2016, p.54).

Portanto, Donald Trump não se deparou com forte oposição interna para retirar os Estados Unidos do TPP em seu primeiro dia na Casa Branca. Do ponto de vista dos conflitos econômicos com Beijing, o movimento de Trump significou o início de uma abordagem baseada em uma escalada agressiva na retórica oficial, intensificação da assinatura de acordos bilaterais com países do Sudeste Asiático, ampliação de barreiras tarifárias e imposição de sanções contra empresas chinesas. Entre 2018 e 2020, a média das tarifas chinesas sobre exportações norte-americanas aumentou de 8% para 20,3%, e as estadunidenses sobre exportações chinesas aumentaram de 3,1% para 19,3%. Ademais, houve pressão sobre companhias de telecomunicação chinesas, particularmente a Huawei, corporação líder global no desenvolvimento da tecnologia 5G – nervo central para o avanço da digitalização dos sistemas produtivos –, através da implementação de restrições ao acesso a cadeia global de distribuição de semicondutores, bem como o provimento de incentivos para que países aliados excluam a empresa de seus mercados (Segal; Gerstel, 2021).

A vitória de Trump confirmou a rejeição nacional ao TTP, além de resultar na ruptura com a política de engajamento com a China, sustentada por governos democratas e republicanos desde os anos 1970 (Kissinger, 2011).

Assim, a Estratégia Nacional de Defesa (NDS, na sigla em inglês) de 2018 aprofundou o conceito de competição estratégica de longo prazo como o pilar norteador da política externa e defesa de Washington para Beijing. Segundo o documento, para combater a suposta ameaça autoritária da China (e da Rússia), seria necessário mobilizar de forma integrada "múltiplos elementos de poder nacional: diplomacia, informação, economia, finanças, inteligência, *law enforcement* e militar" (USA, 2018, p.2-4). Em 2019, o documento intitulado *A Free and Open Indo-Pacific: Advancing a Shared*

Vision, publicado pelo Departamento de Estado, acusava Beijing de inibir que os "membros da Asean acessem cerca de US$ 2,5 trilhões em recursos energéticos no Mar do Sul da China" (USA, 2019, p.23).

Tanto em termos retóricos quanto práticos, o governo Trump, com o apoio do Partido Democrata e das Forças Armadas, escalou deliberadamente o conflito com a China. Em maio de 2020, o Senado aprovou por unanimidade o Holding Foreign Companies Accountable Act, proposto pelo republicano John Neely Kennedy. A legislação obrigou o banimento de empresas que falhem em reportar às autoridades a porcentagem de ações controladas por entidades governamentais e a existência de membros no Partido Comunista Chinês (PCC) no conselho administrativo do mercado financeiro estadunidense (USA, 2020a). Em outubro, o Congresso iniciou a tramitação do American Financial Markets Integrity Act, proposto pelos senadores republicanos Marco Rubio e Mike Braun, proibindo que fundos de pensão e seguradoras investissem em companhias chinesas listadas pelo Departamento de Defesa (USA, 2020b). Em setembro de 2020, os senadores democratas Chuck Schumer e Robert Menendez introduziram o America Labor, Economic Competitiveness, Alliance, Democracy and Security Act (America LEADS), que pretende destinar US$ 350 bilhões para a expansão das capacidades produtivas estadunidenses na área de semicondutores, priorizando a transferência de equipamento de defesa para aliados da região do Indo-Pacífico e garantindo prioridade para concessão do status de refugiado para indivíduos provenientes de Hong Kong ou de Xinjiang (USA, 2020c).

Com ênfases distintas, portanto, tanto democratas quanto republicanos convergiram para uma posição fortemente antichinesa nos últimos anos.

O governo Biden e as relações com a China

Mesmo sem a retórica e os arroubos de Mike Pompeo e Trump, a postura inicial do presidente Biden tem sido a de manter a lógica da "competição estratégica" que vem se institucionalizando desde Obama. Diferentemente de Trump, entretanto, o governo Biden enfatiza a busca de alianças com os países que o secretário de Estado Anthony Blinken chamou um tanto vagamente de "tecnodemocracias" (Blinken, 2020).

Enquadrar a competição estratégica com a China e a Rússia como algo que opõe valores liberais e democráticos a valores comunistas e autoritários serve a diferentes propósitos. Em primeiro lugar, visa a disputar os votos dos trabalhadores brancos que seguiram Trump. Em segundo lugar, com algum esforço adicional de propaganda, caracterizar o eixo sino-russo como uma ameaça aos valores "ocidentais" também visa a restaurar laços abalados com os aliados mais tradicionais dos Estados Unidos na Europa Ocidental.

De Trump a Biden

Assim, na Conferência de Segurança de Munique em fevereiro de 2021, Biden reiterou que os Estados Unidos e os países da Organização do Tratado do Atlântico Norte (Otan) deveriam se preparar para uma competição estratégica de longo prazo com a China, motivada pela necessidade de reagir "contra os abusos econômicos e a coerção do governo chinês que erode as fundações do sistema econômico internacional" (USA, 2021b).

Na verdade, em artigo publicado na revista *Foreign Affairs* em coautoria com o neoconservador Robert Kagan, ainda em 2019, Antony Blinken, o atual secretário de Estado de Biden, já havia escrito: "Atualmente, a ascensão de uma alternativa, de um modelo tecno-autoritário de governança, é a principal ameaça para a comunidade de democracias" (Kagan; Blinken, 2019, tradução nossa). Durante as audiências de confirmação de vários membros da equipe de Biden no Congresso Nacional, a retórica agressiva e o enfrentamento com a China foram reiterados como forma de validação das credenciais ideológicas dos indicados. No Quadro 8.1 é possível observar algumas das manifestações.

Quadro 8.1 – Posição sobre a China dos indicados por Biden

Nome	Cargo	Posição sobre a China
Gen. Lloyd Justin	Secretário de Defesa	"Eu acredito que a National Defense Strategy (NDS) de 2018 identifica corretamente a competição estratégica com China e Rússia como os desafios primários no ambiente securitário global; no entanto, acredito que, em razão do escopo e escala de sua modernização militar, a China é a prioridade principal."
Jannet Yellen	Secretária do Tesouro	"A administração Biden irá operacionalizar uma abordagem *whole-of-government* para a China que utiliza todas as ferramentas disponíveis para alcançar nossos objetivos econômicos, nacionais e securitários." "Os esforços dos Estados Unidos para se manter à frente na dinâmica de inovação tecnológica, inclusive em tecnologias duais sensíveis, devem se concentrar em repatriar cadeias de suprimento críticas." "O presidente Biden afirmou que não irá realizar nenhuma mudança nas atuais tarifas, mas irá consultar nossos aliados para ampliar a pressão coletiva sobre a China."

161

Nome	Cargo	Posição sobre a China
Katherine C. Tai	Representante de Comércio	"As práticas ilícitas da China em relação ao roubo de propriedade intelectual prejudicaram os trabalhadores, inovadores e industriais estadunidenses. Controles de exportação podem desempenhar um importante papel no enfrentamento de tais problemas."
Avril Haines	Diretora de Inteligência Nacional	"Penso que nossa abordagem para a China precisa evoluir para lidar com a realidade de uma China agressiva e assertiva que nós enfrentamos atualmente. A China é um desafio para nossa segurança, prosperidade e nossos valores em uma vasta gama de questões. Portanto, sou favorável a uma postura agressiva para lidarmos com os desafios com os quais nos deparamos."
Linda Thomas-Greenfield	Embaixadora na ONU	"Nós sabemos que a China está utilizando o sistema ONU para avançar uma agenda autoritária que se opõe aos valores fundamentais da instituição – valores norte-americanos. O sucesso deles depende de nosso contínuo desengajamento. Isso não acontecerá sob minha supervisão."

Fonte: seleção dos autores com base nos dados disponíveis em: www.senado.gov.

Ou seja, os promotores da doutrina de competição estratégica comungam dos pressupostos ideológicos que permeiam as elites do Partido Democrata, ao mesmo tempo que atendem a interesses particulares dos grupos de pressão que influenciam o processo de formulação da política externa estadunidense.

As Forças Armadas, por exemplo, foram muito favorecidas pela elevação do orçamento de defesa e pelos programas de modernização de forças nucleares e convencionais, justificados pelos conceitos de pivô indo-pacífico e de competição entre as grandes potências com a China e a Rússia. Com o desgaste pelo fracasso de duas campanhas longas de contrainsurgência no Afeganistão e no Iraque, a um custo acumulado de mais de US\$ 5 trilhões, estava cada vez mais difícil justificar as políticas de defesa com base no conceito de guerra global contra o terrorismo. Assim, após cair de US\$ 721,2 bilhões para US\$ 598,5 bilhões entre 2010 e 2015, o gasto total de defesa voltou a subir a partir de 2016, alcançando US\$ 761,8 em 2020, ano em que o orçamento para pesquisa, desenvolvimento, testagem e avaliação de novos equipamentos atingiu o recorde histórico de US$ 104 bilhões (IISS, 2020, p.40).

De forma semelhante, empresas importantes em diferentes setores econômicos se beneficiaram da competição estratégica com a China.

Exemplar da relação simbiótica entre o Pentágono, Wall Street e as grandes corporações de tecnologia foi o aumento no valor das ações da empresa Booz Allen Hamilton na Nasdaq logo após a publicação da *Artificial Intelligence Strategy* (AIS), em 2018, pelo Departamento de Defesa, justificada como uma resposta à divulgação do Plano de Desenvolvimento de Inteligência Artificial chinês em 2017. Em 2019 e 2020, a Booz-Allen obteve contratos governamentais de fornecimento de aplicações baseadas em IA para ampliar as capacidades cognitivas de agentes de inteligência (U$ 800 milhões), para produzir treinamentos baseados em IA, realidade virtual e realidade aumentada voltados para o aumento da performance de combate de soldados (US$ 561 milhões), para fortalecer a engenharia de cibersegurança do sistema de navegação geoespacial da marinha (U$ 178 milhões), para prover operações de defesa cibernética modernas para a Security Exchange Comission (US$ 113 milhões), bem como para apoiar o Joint Artificial Intelligence Center (JAIC) na implementação do Joint Warfigting Operations Mission Initiative (800 milhões). Esta última iniciativa tem como objetivo declarado promover a "integração de aplicações baseadas em IA em sistemas, processos e plataformas que ofereçam uma vantagem competitiva militar sustentável para os Estados Unidos – com o objetivo de dissuadir os adversários ou, se a dissuasão falhar, lutar e vencer" (Consulting US, 2018, 2019a, 2019b, 2020a, 2020b; USA, 2021c).

No entanto, mesmo setores que tiveram perdas com a chamada "guerra comercial" de Trump parecem ter se tornado neutros ou até mesmo favoráveis a uma política de contenção contra a China.

Por exemplo, o setor agrícola teve perdas iniciais significativas. As exportações agrícolas totais dos Estados Unidos para a China caíram de US$ 21,8 bilhões em 2017 para US$ 16,2 bilhões em 2018 e US$ 10,1 bilhões em 2019. No entanto, Trump sustentou as perdas do setor através de aumento no valor dos subsídios de US$ 11,5 bilhões em 2017 para US$ 13,6 bilhões em 2018 e US$ 22,4 bilhões em 2019. Em 2020, já sob a vigência do acordo "Phase One", o valor total de bens agrícolas estadunidenses importados pela China cresceu para US$ 17,1 bilhões. Em 2021, segundo estimativa do Departamento de Agricultura dos Estados Unidos, o mercado chinês deve absorver cerca de U$$ 27,0 bilhões dos produtos agrícolas norte-americanos em razão do crescimento da demanda por soja e milho (Kenner; Jiang, 2020, p.6).

Finalmente, os efeitos da pandemia de covid-19 também reforçaram os incentivos para que Washington tente repatriar cadeias de suprimentos. A escassez global de semicondutores resultante das sanções impostas por

Trump às empresas de tecnologia chinesas já vinha provocando perdas em setores industriais, especialmente no automobilístico. Corporações como Ford, General Motors, Fiat Chrysler, Volkswagen, Nissan e Honda anunciaram reduções na produção em razão da escassez de *microchips*. Logo em sua primeira semana na Casa Branca, Biden assinou uma ordem executiva endurecendo as regras para compras governamentais do exterior com o objetivo de ampliar a demanda por produtos fabricados nos Estados Unidos, medida que encontrou ressonância não só entre o empresariado, mas também em sindicatos e no Congresso. Nas palavras do presidente da AFL-CIO: "a ordem foi um bom primeiro passo para revitalizar a manufatura estadunidense, algo em que as políticas de Trump falharam nos últimos quatro anos" (AFL-CIO, 2021).

Em resumo, somando-se as preferências ideológicas de Biden e da sua equipe com a força dos interesses de grupos de pressão decisivos, os próximos quatro anos tendem a manter a "competição estratégica" como princípio norteador da política externa e defesa dos Estados Unidos em relação à China. Por outro lado, é preciso reconhecer a existência de robustos constrangimentos externos para realização dos objetivos de Washington.

Limitações da política de contenção

Há limites materiais e subjetivos para que uma política de competição estratégica com a China seja bem-sucedida nos termos que vêm sendo propostos pelos últimos governos em Washington.

Em primeiro lugar, a doutrina de competição estratégica (contenção) esbarra no próprio processo de modernização das Forças Armadas chinesas. Ainda que relativamente mais baixo em comparação com o gasto militar estadunidense, o orçamento de defesa chinês apresentou robusta tendência de crescimento na última década, atingindo US$ 181,3 bilhões em 2019, mais de duas vezes o valor despendido por Arábia Saudita, país com o terceiro maior gasto militar do planeta (IISS, 2020, p.259).

A expansão dos gastos militares assegurou a continuidade do desenvolvimento de sistemas de armas capazes de negar o acesso e restringir a mobilidade (A2/AD) de forças estadunidenses na primeira cadeia de ilhas. A estratégia A2/AD de Beijing se fundamenta no emprego de mísseis balísticos e cruzadores antinavio lançados por plataformas terrestres, marítimas e aéreas e orientados por satélites e sensores com capacidades de reconhecimento, vigilância e guiagem. Entre 2018 e 2020, somaram-se a tais capacidades o DF-17, primeiro míssil hipersônico chinês apresentado em 2019 durante a parada militar em comemoração ao aniversário de setenta anos da República Popular da China em 2019, a aeronave de combate Su-35 e o sistema antimísseis S-400, ambos adquiridos da Rússia em 2018 (Blank, 2020, p.10-11).

É forçoso notar, no entanto, que esses sistemas não representam uma ameaça existencial aos territórios de Japão, Coreia do Sul e Filipinas, os quais "estão quase completamente ou totalmente além do alcance das capacidades de A2AD chinesa" (Biddle; Olrich, 2017, p.13). Ou seja, o perfil da modernização naval chinesa e das capacidades de projeção de força da China, ao mesmo tempo que não evidenciam intenções expansionistas, parece ser robusto o suficiente para que Beijing não se sinta intimidada pelo esforço norte-americano na região.

Em segundo lugar, uma política de contenção contra a China se depara com o alto grau de convergência entre os interesses estratégicos de Beijing e Moscou. No caso chinês, a parceria estratégica com a antiga rival euroasiática foi condição necessária para a concentração dos esforços de modernização militar nos teatros de operação do Pacífico. Do ponto de vista russo, a aproximação com a China foi um imperativo diante da expansão da Otan para o Leste Europeu e a imposição de sanções econômicas pelos Estados Unidos. Assim, aos poucos, desde 2001 e de maneira decisiva na última década, Rússia e China construíram um robusto arranjo institucional para cooperação em defesa, envolvendo, entre outros, a Organização de Cooperação de Shanghai (OCS), a Conferência de Segurança de Moscou e o Diálogo Shangri-la. Beijing e Moscou também ampliaram a interoperabilidade entre suas forças armadas a partir da realização de exercícios de combate conjuntos nas regiões da Ásia Central, Mar do Sul da China e no Ártico.

Em terceiro lugar, o alto grau de convergência nas relações sino-russas contrasta com as contradições de uma política norte-americana de contenção da China que impõe custos altíssimos a países decisivos para Washington.

No âmbito dos países que compõem com os Estados Unidos o Quadrilateral Security Dialogue ("Quad"), por exemplo, a China absorveu 39% das exportações de bens australianos e superou os Estados Unidos como maior parceira comercial da Índia e do Japão em 2020 (Taylor, 2021; Nikkei, 2021; Ens, 2021; Lo, 2021). No âmbito da Asean, entre 2016 e 2019, as exportações para o mercado chinês provenientes de Vietnã, Malásia, Indonésia e Filipinas, em porcentagem do PIB, cresceram, respectivamente, de 18,1%, 16,5% 2,3% e 5,7% para 24,5%, 19,7%, 3% e 5,8%, enquanto as importações chinesas aumentaram, respectivamente, de 29,7%, 12,6%, 3,4% e 9,8% para 37,4%, 14,3%, 4,1% e 10,8%. No mesmo período, conforme ilustra a Tabela 9.2, o fluxo de investimentos externos diretos (IED) da China para esses países também se manteve elevado, aumentando consideravelmente para Vietnã, Indonésia e Filipinas em 2019 (Shihong, 2021).

Em quarto lugar, a tentativa de contenção do desenvolvimento tecnológico da China a partir da imposição de restrições ao acesso de empresas chinesas à cadeia global de semicondutores esbarra nas capacidades de inovação desenvolvidas por Beijing. Em 2020, os investimentos da China em pesquisa e desenvolvimento (P&D) atingiram o recorde de 2,4% do PIB em

Tabela 9.2 – IED da China para países da Asean (em 100 milhões de dólares)

País	2016	2017	2018	2019
Vietnã	12,8	7,6	11,5	25,3
Malásia	18,3	17,2	16,6	9,8
Indonésia	14,6	16,8	18,6	47,0
Filipinas	0,3	1,1	0,6	18,1

Fonte: elaborado pelos autores com base em Shihong (2021, p.14).

2020. Os gastos totais do país com P&D aumentaram 10,3% em relação ao ano anterior, para US$ 378 bilhões. A título de comparação, os Estados Unidos planejaram gastar US$ 134 bilhões em P&D em 2020.

Em termos subjetivos, a percepção de grande parte das elites e da população mundial é de que a sofisticação e estabilidade atingidas até aqui pelo sistema econômico chinês o tornam um referencial positivo a ser emulado por meio da cooperação, não uma ameaça subversiva a ser contida. Companhias como Alibaba, Tencent, Huawei, Xiaomi e Baidu de fato competem com corporações estadunidenses como Amazon, Facebook, Microsoft, Apple e Alphabet-Google em setores líderes do capitalismo digital contemporâneo. Entretanto, a emergência de corporações capazes de competir em setores líderes da economia global, concomitantemente com a eliminação da pobreza na China em 2020, durante a pandemia de covid-19, sugere ao mundo que o modelo chinês de economia de mercado orientada pelo governo foi capaz de contornar o engessamento burocrático de tipo soviético e ao mesmo tempo conseguiu evitar a disfuncionalidade plutocrática que torna o modelo estadunidense cada vez menos atraente para o mundo.

Finalmente, a Iniciativa do Cinturão e da Rota (BRI, na sigla em inglês) e a Rota da Seda Digital (DSR, na sigla em inglês) buscam institucionalizar um modelo global de desenvolvimento com ganhos compartilhados (mesmo que assimétricos). Por um lado, a China se propõe a financiar e construir a infraestrutura de conexão entre dois gigantescos espaços econômicos, nomeadamente, o espaço da antiga Rota da Seda que conecta o oeste da China à Ásia Central, Oriente Médio e Europa; e o espaço marítimo que interliga a costa chinesa com as regiões sudeste e sul da Ásia, o Golfo Pérsico, a África Oriental e a Europa. Além de consolidar sua presença ao longo das rotas cruciais para o seu abastecimento energético, a China cria as condições de escala para propor um novo modelo de desenvolvimento global (Lai, 2020). Por outro lado, a exportação de capital para o exterior se insere na estratégia da "dupla circulação", anunciada por Xi Jinping em 2020, na qual a demanda externa e a interna operam como vetores complementares de dinamização da capacidade instalada do sistema produtivo chinês.

Em resumo, as diretrizes estratégicas da política de contenção anunciadas até o momento pelo governo Biden se deparam com limites derivados da escala do processo de modernização militar das Forças Armadas chinesas, da aliança sino-russa, do alto grau de interdependência entre a acumulação de capital na China e a dinâmica da economia global, bem como da capacidade de inovação tecnológica e institucional demonstrada por Beijing.

Conclusão

Por que o governo Biden tende a manter a competição estratégica com a China como um pilar da política externa e de defesa? A resposta curta para tal pergunta, sustentada por evidências ao longo do trabalho, é que existem interesses políticos, burocráticos e econômicos poderosos nos Estados Unidos que preferem uma política de contenção. A composição ideológica do governo e as convicções do próprio Biden também parecem refletir tais interesses.

Adicionalmente, procuramos avaliar se tal estratégia pode ser bem-sucedida com a China. Em termos estratégicos, a contenção só funcionou contra a União Soviética a partir do momento em que os interesses de Washington e Beijing se alinharam. Por razões militares, econômicas e institucionais, a estratégia norte-americana de contenção da China dificilmente terá êxito na primeira metade do século XXI, pelo menos não como a estratégia norte-americana de contenção da URSS obteve na segunda metade do século XX. Cabe indagar, inclusive como agenda de pesquisa, quais seriam os resultados prováveis da continuidade de uma estratégia de contenção no contexto mundial contemporâneo.

Haveria, provavelmente, o reforço da tendência de bipartição do sistema internacional em dois blocos político-militares antagônicos, cada um com seus próprios circuitos financeiros, produtivos e comerciais de acumulação de capital. Com o tempo esse cenário tende a produzir uma perda de relevância relativa ainda maior dos Estados Unidos. Ademais, tal cenário é perigoso para o mundo. Um acirramento das tensões entre Estados Unidos e China, com ações de contenção cada vez mais agressivas por parte de Washington, ainda que envoltas em uma retórica defensiva e liberal, adquire um caráter de soma zero especialmente em zonas militares contestadas, como a Ucrânia ou Taiwan, com riscos de escalada e, inclusive, de rompimento do limiar nuclear (Johnson, 2018).

Um outro cenário, menos provável no curto prazo, mas mais promissor para a paz e o desenvolvimento sustentável no mundo, dependeria do abandono da contenção e a reconstrução de uma estratégia de engajamento (Zhao, 2019). Juntos, a China e os Estados Unidos poderiam liderar o mundo na tentativa de equacionar desafios complexos, tais como superar a pandemia da covid-19, prover energia limpa a preços acessíveis para uma população mundial ainda em expansão, eliminar a pobreza, reduzir as desigualdades para níveis moralmente aceitáveis, ou realizar a transição tecnológica para uma sociedade digital integrada globalmente (Ferguson, 2020).

Na próxima década, por exemplo, os efeitos desestabilizadores da mudança climática tendem a se intensificar. De acordo com relatório do Painel Intergovernamental para a Mudança Climática (IPCC, na sigla em inglês), a manutenção do aquecimento global em apenas 1.5 °C demanda uma redução em 45% na emissão de gases causadores do efeito estufa até 2030, bem como a obtenção de neutralidade do carbono em 2050 (IPCC, 2018). Em termos monetários, isso implica um "investimento médio anual de aproximadamente US$ 2,4 trilhões somente nos setores de energia entre 2016 e 2035, o que representa 2,5% do PIB mundial" (UNDP, 2019, p.24). Diante desse desafio, conforme perseverou António Guterres, secretário-geral da ONU, durante a 75ª sessão da Assembleia Geral de 2020: "nosso mundo não suporta um futuro em que as duas maiores economias dividem o globo em uma Grande Fratura – cada um com suas respectivas regras comerciais e financeiras, internet e capacidades de IA".

Dadas as pressões advindas de transições globais, é incerto, inclusive, que a maior parte dos países consiga manter por muito tempo uma estratégia de *hedging*, alinhando-se de forma diferenciada com Estados Unidos e China de acordo com cada questão (Yan, 2020). O exemplo de países da Asean, de alinhamento securitário com Washington e econômico com Beijing, embora seja mais racional e produtivo do que o tipo de alinhamento automático ideológico promovido pelo governo Bolsonaro no Brasil em relação a Trump, também indica os enormes custos de transação e de sustentabilidade em caso de deterioração adicional das relações entre China e Estados Unidos, o que tende a ser causado pela atual doutrina da competição estratégica.

Mesmo que o Brasil conseguisse, depois de uma difícil operação de reconstrução da capacidade de ação coletiva e do poder de barganha da América do Sul (ou da América Latina), implementar uma estratégia de *hedging*, não é óbvio que tal opção fosse sustentável. A existência de problemas comuns para a humanidade nos torna todos e todas dependentes, em grande parte, da viabilização de uma cooperação mais robusta entre os Estados Unidos e a China.

Referências

AFL-CIO. *Report on the Impacts of the TPP*. Washington, 2015. Disponível em: https://afl-cio.org/reports/report-impacts-tpp. Acesso em: 12 ago. 2021.
_____. Biden's *"Buy American" Executive Order Will Boost the Economy*. Washington: 2021. Disponível em: https://aflcio.org/press/releases/bidens-buy-american-executive--order-will-boost-economy. Acesso em: 12 ago. 2021

BALLOTPEDIA. *The Trans-Pacific Partnership Trade Deal*: Opposition. [S.l.], 2015. Disponível em: https://ballotpedia.org/The_Trans-Pacific_Partnership_trade_deal:_Opposition. Acesso em: 12 ago. 2021.

BHALA, R. et al. To TTP our Not TPP? Should the U.S. Join the Trans-Pacific Partnership and Other International Trade Agreements? *Journal of International Business and Law*, v. 16, n.1, 2016. Disponível em: https://scholarlycommons.law.hofstra.edu/cgi/viewcontent.cgi?article=1306&context=jibl. Acesso em: 12 ago. 2021.

BIDDLE, S.; OELRICH, I. Future Warfare in the Western Pacific: Chinese Anti Access/Area Denial, U.S. AirSea Battle, and Command of the Commons in East Asia. International Security, v.41, n.1, p.7-48, 2016.

BLANK, S. The Un-Holy Russo-Chinese Alliance. *Defense & Security Analysis*, v.36, n.3, 2020.

BLINKEN, A. Biden Foreign Policy Adviser Antony Blinken on Top Global Challenges. *CBS News*, 2020. Disponível em: https://www.cbsnews.com/news/biden-foreign-policy-adviser-antony-blinken-on-top-global-challenges/. Acesso em: 12 ago. 2021.

BUNCH-BROTHERTON, E. Senate Democrats Want to Invest US$ 350 billion to Grow U.S. Industrial Capacity and Counter China. Alliance for American Manufacturing, 2020. Disponível em: https://www.americanmanufacturing.org/blog/senate-democrats-want-to-invest-350-billion-to-grow-u-s-industrial-capacity-and-counter-china/. Acesso em: 12 ago. 2021.

CONSULTING.US. Booz Allen Hamilton Wins Five-year, $885 Million AI Contract with Pentagon. [S.l.], 2018. Disponível em: https://www.consulting.us/news/706/booz-allen-hamilton-wins-five-year-885-million-ai-contract-with-pentagon. Acesso em: 12 ago. 2021.

_____. Booz Allen Wins Two AI-related Contracts with Army and DoD. [S.l.], 2019a. Disponível em: https://www.consulting.us/news/3129/booz-allen-wins-two-ai-related-contracts-with-army-and-dod. Acesso em: 12 ago. 2021.

_____. Booz Allen Wins $178 Million US Navy Contract to Modernize GPS Systems. [S.l.], 2019b. Disponível em: https://www.consulting.us/news/3658/booz-allen-wins-178-million-us-navy-contract-to-modernize-gps-systems. Acesso em: 12 ago. 2021.

_____. Booz Allen Wins $800 Million AI Contract from Defense Department. [S.l.], 2020a. Disponível em: https://www.consulting.us/news/4368/booz-allen-wins-800-million-ai-contract-from-defense-department. Acesso em: 12 ago. 2021.

_____. Booz Allen Wins $113 million Cybersecurity Contract from SEC. [S.l.], 2020b. Disponível em: https://www.consulting.us/news/3811/booz-allen-wins-113-million-cybersecurity-contract-from-sec. Acesso em: 12 ago. 2021.

EFF (Electronic Frontier Foundation). *Tech Company and User Groups Letter to Congress on TPP Fast Track*. Washington, 2015. Disponível em: https://www.eff.org/document/tech-company-and-user-groups-letter-congress-urging-their-opposition-tpp-fast-track. Acesso em: 12 ago. 2021.

ENS ECONOMIC BUREAU. Border Tension Aside, China India's Top Trade Partner in 2020. *The Indian Express*, New Delhi, 24 fev. 2021. Disponível em: https://india-nexpress.com/article/business/border-tension-aside-china-indias-top-trade-partner--in-2020-7201779/. Acesso em: 12 ago. 2021.

FERGUSON, N.; XU, X. Making Chimerica great again. *International Finance*, n.21, p.239-252, 2018.

FERGUSON, W. D. *The Political Economy of Collective Action, Inequality, and Development*. Stanford: Stanford University Press, 2020.

GADDIS, J. L. *Strategies of Containment: A Critical Appraisal of American National Security Policy During the Cold War*. Ed. rev. e expandida. New York: Oxford University Press, 2005.

HAROLD, S.; LIBICKI, M.; CEVALLOS, A. *Getting to Yes with China in Cyberspace*. Santa Monica: RAND Corporation, 2016.

HAQ, M. China Builds Digital Silk Road in Pakistan to Africa and Europe. *NikkeiAsia*, Karachi, 29 jan. 2021. Disponível em: https://asia.nikkei.com/Spotlight/Belt-and--Road/China-builds-Digital-Silk-Road-in-Pakistan-to-Africa-and-Europe. Acesso em: 12 ago. 2021.

HILL, J. Hypersonic Highly-Maneuverable Weapons and Their Effect on the Deterrence Status Quo. In: PAIGE, C. (Ed.). *Assessing the Influence of Hypersonic Weapons on Deterrence*. Alabama: USAF Center for Strategic Deterrence Studies, 2019 (Future Warfare Series, n.59).

IISS (Institute for Strategic Studies). *The Military Balance, 2020*. London: The International Institute for Strategic Studies, 2020.

IPCC (Intergovernmental Panel on Climate Change). *Global Warming of 1.5 C:* An IPCC Special Report on the Impacts of Global Warming of 1.5 C above Pre-industrial Levels and Related Global Greenhouse Gas Emission Pathways, in the Context of Strengthening the Global Response to the Threat of Climate Change, Sustainable Development, and Efforts to Eradicate Poverty. [S.l.], 2019. Disponível em: https://www.ipcc.ch/site/assets/uploads/sites/2/2019/06/SR15_Full_Report_High_Res.pdf. Acesso em: 12 ago. 2021.

JOHNSON, J. S. Chinese Evolving Approaches to Nuclear "War-Fighting": An Emerging Intense US–China Security Dilemma and Threats to Crisis Stability in the Asia Pacific. *Asian Security*, v.15, 2018. DOI: 10.1080/14799855.2018.1443915.

KAGAN, R.; BLINKEN, A. "America First" is Only Making the World Worse. Here's a Better Approach. *Washington Post*, 2019. Disponível em: https://www.washington-post.com/opinions/america-first-is-only-making-the-world-worse-heres-a-better-approach/2019/01/01/1272367c-079f-11e9-88e3-989a3e456820_story.html. Acesso em: 12 ago. 2021.

KENNER, B.; JIANG, H. Outlook for U.S. Agricultural Trade, AES-114. [S.l.]: USDA, 23 nov. 2020. Disponível em: https://www.ers.usda.gov/webdocs/outlooks/99890/aes-114.pdf?v=4429.2. Acesso em: 12 ago. 2021.

KISSINGER, H. *Sobre a China*. Rio de Janeiro: Objetiva, 2011.

KRASTEV, I.; LEONARD, M. *The Crisis of American Power*: How Europeans see Biden's America. London, ECPR, 2021. Disponível em: https://ecfr.eu/publication/the-crisis--of-american-power-how-europeans-see-bidens-america. Acesso em: 12 ago. 2021.

LAI, H. The Rationale and Effects of China's Belt and Road Initiative: Reducing Vulnerabilities in Domestic Political Economy. *Journal of Contemporary China*, 2020.

LO, K. China is now the EU's Biggest Trading Partner, an Exchange Complicated by Labour Rights and Transatlantic Tactics. *South China Morning Post*, 16 fev. 2021. Disponível em: https://www.scmp.com/news/china/diplomacy/article/3121929/china--now-eus-biggest-trading-partner-exchange-complicated. Acesso em: 12 ago. 2021.

MCGEE-ABE, J. PCCW Global Signs Up to Extend PEACE Cable to Southern Africa. *Capacity*, 2021. Disponível em: https://www.capacitymedia.com/articles/3824785/pccw-global-signs-up-to-extend-peace-cable-to-southern-africa. Acesso em: 12 ago. 2021.

NAUGHTON, B. *The Rise of China's Industrial Policy 1978 to 2020*. Ciudad de México: Universidad Nacional Autónoma de México, 2021.

NIKKEI. China Passes US as Top Japanese Export Buyer, Topping 20%. *Nikkei Asia*, Tokyo, 2021. Disponível em: https://asia.nikkei.com/Economy/Trade/China-passes--US-as-top-Japanese-export-buyer-topping-20. Acesso em: 12 ago. 2021.

SEGAL, S.; GERSTEL, D. *Degrees of Separation:* a targeted approach to U.S China Decoupling – Interim Report. [S.l.], Center for Strategic & International Studies (CSIS), 2021.

SHIHONG, B. Cooperation between China and ASEAN Under the Building of ASEAN Economic Community. *Journal of Contemporary East Asia Studies*, 2021.

TAYLOR, D. Australian Export Booming Despite Trade Restriction from China. *ABC News*, 2021. Disponível em: https://www.abc.net.au/news/2021-01-26/australian--economy-coping-well-after-chinese-trade-restrictions/13090436#:~:text=The%20latest%20ABS%20data%20show,25%20per%20cent%20in%20December-.&text="The%20increase%20in%20metalliferous%20ores,%2C"%20the%20ABS%20report%20said. Acesso em: 12 ago. 2021.

THE LONGER Telegram: Toward a New American China Strategy. Washington: Atlantic Council, 2021.

UNDP (United Nations Development Programme). *The Heat is On:* Taking Stock of Global Climate Ambition. [S.l.], 2019.

USA. *2006 Report to Congress on China's WTO Compliance:* United States Trade Representative. Washington, 2006. Disponível em: https://ustr.gov/archive/assets/Document_Library/Reports_Publications/2006/asset_upload_file688_10223.pdf. Acesso em: 12 ago. 2021.

_____. Statement on Google Operations in China. U.S Department of State. Washington, 2010. Disponível em: http://www.state.gov/secretary/rm/2010/01/135105.htm

_____. *International Strategy for Cyberspace:* Prosperity, Security, and Openness in a Networked World. Washington, 2011a. Disponível em: https://obamawhitehouse.archives.gov/sites/default/files/rss_viewer/international_strategy_for_cyberspace.pdf. Acesso em: 12 ago. 2021.

_____. *Communist Chinese Cyber-Attacks, Cyber-Espionage and Theft of American Techno-logy:* Committee on Foreign Affairs House of Representatives. Washington, 2011b. Disponível em: https://www.govinfo.gov/content/pkg/CHRG-112hhrg65800/html/CHRG-112hhrg65800.htm. Acesso em: 12 ago. 2021.

_____. *Cyber threats and Ongoing Efforts to Protect the Nation. United States House of Repre-sentatives Permanent Select Committee on Intelligence.* Washington, 2011c. Disponível em: https://intelligence.house.gov/hearing/cyber-threats-and-ongoing-efforts-protect--nation. Acesso em: 14 ago. 2021.

_____. Investigative Report on the U.S. National Security Issues Posed by Chinese Tele-communications Companies Huawei and ZTE. Washington: U.S House of Repre-sentatives, 2012.

_____. *The Asia-Pacific Maritime Security Strategy:* Achieving U.S. National Security Objec-tives in a Changing Environment. Washington: Department of Defense, 2015a.

_____. *Presidente Obama:* Writing the Rules for 21st Century Trade. Washington, 2015b. Disponível em: https://obamawhitehouse.archives.gov/blog/2015/02/18/president--obama-writing-rules-21st-century-trade. Acesso em: 12 ago. 2021.

_____. *Summary of the 2018 National Defense Strategy of the United States of America:* Sharpening the American Military's Competitive Edge. Washington: Department of Defense, 2018. Disponível em: https://dod.defense.gov/Portals/1/Documents/pubs/2018-National-Defense-Strategy-Summary.pdf. Acesso em: 12 ago. 2021.

_____. *A Free and Open Indo-Pacific:* Advancing a Shared Vision. Washington: Depart-ment of State, 2019.

_____. *Public Law 116-222.*Washington: Congress, 2020a. Disponível em: https://www.congress.gov/116/plaws/publ222/PLAW-116publ222.pdf. Acesso em: 12 ago. 2021.

_____. *S.4872 – American Financial Markets Integrity and Security Act.* Washington: Con-gress, 2020b. Disponível em: https://www.congress.gov/bill/116th-congress/senate--bill/4872/text/. Acesso em: 12 ago. 2021.

_____. *S4629 – America LEADS Act.* Washington: Congress, 2020c. Disponível em: https://www.congress.gov/bill/116th-congress/senate-bill/4629?s=1&r=1. Acesso em: 12 ago. 2021.

_____. *Remarks by President Buden on America Place in the World.* Washington, 2021a.

_____. *Remarks by President Biden at the 2021 Virtual Munich Security Conference.* Washington, 2021b. Disponível em: https://www.whitehouse.gov/briefing-room/speeches-remarks/2021/02/19/remarks-by-president-biden-at-the-2021-virtual--munich-security-conference/. Acesso em: 12 ago. 2021.

_____. *Mission Initiatives. Joint Warfighting Operations. JAIC.* Washington, 2021c. Dispo-nível em: https://www.ai.mil/mi_joint_warfighting_operations.html. Acesso em: 14 ago. 2021.

_____. *Government Payments by Program.* Washington: United States Department of Agri-culture Economic Research Service, 2021b. Disponível em: https://data.ers.usda.gov/reports.aspx?ID=17833. Acesso em: 12 ago. 2021.

XI, J. Let the Torch of Multilateralism Light up Humanity's Way Forward. Special Address by H.E Xi Jinping, President of the People's Republic of China, at the World Economic Forum Virtual Event of the Davos Agenda. *Xinhuanet*, 2021. Disponível em: www.xinhuanet.com/english/2021-01/25/c_139696610.htm. Acesso em: 12 ago. 2021.

XING, L. Understanding the Multiple Facets of China's "One Belt One Road Initiative". In: XING, Li (Ed.). *Mapping China's "One Belt One Road Initiative"*. Gewerbestrasse: Palgrave Macmillan, 2019.

YAN, X. Bipolar Rivalry in the Early Digital Age. *The Chinese Journal of International Politics*, p.313-341, 2020.

ZHANG, J. Google, Do Not Take Chinese Netizens Hostage. *People's Daily Online*, 2019. Disponível em: http://en.people.cn/90001/90780/91344/6873383.html#. Acesso em: 12 ago. 2021.

ZHAO, S. Engagement on the Defensive: From the Mismatched Grand Bargain to the Emerging US–China Rivalry. *Journal of Contemporary China*, v.28, n.118, p.501-518, 2019.

9
DE TRUMP A BIDEN: A DISPUTA PELA INFLUÊNCIA DOS ESTADOS UNIDOS NOS BÁLCÃS E NO ORIENTE MÉDIO

Gustavo Oliveira Teles de Menezes
Reginaldo Mattar Nasser
Victória Perino Rosa

Introdução

As eleições de Donald Trump e Joe Biden à presidência dos Estados Unidos foram comumente enxergadas como momentos de inflexão na política externa norte-americana. De um lado, a eleição de Trump, em 2016, sinalizou uma possibilidade de afastamento em relação às linhas gerais da grande estratégia estadunidense associada à ordem internacional liberal construída após a Segunda Guerra Mundial. Do outro, a chegada de Biden à presidência, em 2021, foi frequentemente vista como prenúncio de um resgate de tais tradições após as rupturas, reais ou imaginadas, associadas a Trump.

Entende-se por grande estratégia o conjunto integrado de conceitos e ações que orienta as relações de um país com o mundo considerando as ameaças mais importantes aos seus interesses e as oportunidades para promovê-los (Brands, 2018). Nesse sentido, a visão da grande estratégia sob hegemonia liberal revela uma orientação doutrinária assumida pelo *establishment* de política externa dos Estados Unidos que vincula a construção da identidade nacional do excepcionalismo norte-americano à ideia do país como nação indispensável na manutenção da ordem econômica e militar mundial. Dentro desses marcos, considera-se que a grande estratégia norte-americana no pós-Guerra Fria caracterizou-se por uma notável constância, não obstante particularidades de cada um dos governos no poder

Sebastião C. Velasco e Cruz e Neusa Maria P. Bojikian (Orgs.)

(Löfflmann, 2020). Centrada na ideia de primazia dos Estados Unidos no sistema internacional, a grande estratégia norte-americana, herdada da Guerra Fria, tinha como elementos fundamentais a preponderância militar; o apoio e a contenção a aliados; a integração de outros países a instituições e mercados projetados pelos Estados Unidos; e a inibição da difusão de armamentos nucleares (Porter, 2018, p.9-13).

Diversos analistas avaliaram que Trump demonstrou sinais de ruptura na política externa e na grande estratégia dos Estados Unidos, em particular no que tange à questão do distanciamento em relação a valores liberais (Brands, 2018; Löfflmann, 2020). A noção de transacionalidade, que implica um senso de oportunidade e barganha, bem como um caráter pontual e de custo-benefício nas ações internacionais dos Estados Unidos, também foi destacada como uma particularidade de Trump (Brands, 2018; Hadar, 2017; Zenko; Lissner, 2020). Ademais, para autores como Brands (2018), a política externa de Trump sinalizou um retraimento do país em relação ao protagonismo em assuntos políticos, econômicos e de segurança globais.

Por outro lado, deve-se ressaltar que, sob Trump, permaneceram alguns elementos-chave da grande estratégia norte-americana no pós-Guerra Fria, como a contraposição à influência de rivais geopolíticos (como Rússia, China e Irã); a manutenção e expansão da rede de alianças norte-americanas, como a Organização do Tratado do Atlântico do Norte (Otan); e a busca pela preponderância militar global (Porter, 2018; Walt, 2018). Tal tendência foi creditada por autores como Porter (2018) e Walt (2018) à persistente influência política e ideológica do *establishment* de política externa norte-americano.

Após a mudança de governo, como era de se esperar, surgiram diversas análises sobre as características da política externa de Biden e suas semelhanças ou diferenças em relação ao governo Trump (Haass, 2021; The Biden..., 2021). Diante de tais discussões, o presente trabalho tem o duplo objetivo de analisar a política externa dos Estados Unidos para os Bálcãs e o Oriente Médio sob as presidências de Trump e Biden, considerando sinais de mudanças e continuidades entre os dois governos.

Os Bálcãs e o Oriente Médio ocupam relevante posição no histórico da política externa norte-americana no pós-Guerra Fria. Essas regiões foram palco de intervenções militares e esforços de *statebuilding* liderados pelos Estados Unidos que ilustraram a busca pela hegemonia norte-americana no pós-Guerra Fria. Além disso, as duas regiões estiveram no centro de algumas das iniciativas diplomáticas de Trump, como os acordos de "normalização econômica" entre Sérvia e Kosovo; os Acordos de Abraão, que restabeleciam as relações diplomáticas entre Israel e o Bahrein e os Emirados Árabes Unidos (EAU); e o plano de paz para o conflito Israel-Palestina.

Nesse sentido, consideramos que a abordagem e as iniciativas de Trump para as duas regiões refletiram a dualidade de sua política externa de modo

176

geral, que conjugou as idiossincrasias do governo Trump a elementos enraizados na política externa dos Estados Unidos. Já no que tange ao governo Biden, consideramos, com as devidas ressalvas para o fato de a administração democrata ainda estar em curso, que há sinais de continuidades com sua antecessora republicana, em particular no que tange às abordagens sobre questões econômicas e a influência de outras grandes potências e atores regionais.

Dentro dessa proposta analítica, o texto se divide em mais três seções. Na primeira, discute-se o envolvimento dos governos Trump e Biden nos Bálcãs dentro de uma perspectiva da presença dos Estados Unidos nessa região durante o pós-Guerra Fria, levando em conta questões como os conflitos regionais (em particular o contencioso Sérvia-Kosovo) e o envolvimento de outros atores nos Bálcãs – em particular, Rússia e China. A segunda seção aborda o envolvimento norte-americano no Oriente Médio, com foco nas referidas iniciativas de Trump e as perspectivas de Biden sobre a região. Enfatizando as particularidades de Trump, argumenta-se, por outro lado, que há sinais de semelhanças entre os dois presidentes no que tange à promoção da integração econômica, política e securitária dos aliados regionais norte-americanos. Em seguida, procede-se às considerações finais.

Os Estados Unidos nos Bálcãs

Mesmo com a superação da rivalidade da Guerra Fria, os Estados Unidos insistiam que a Otan, aliança militar criada em 1949 que uniu os Estados Unidos e seus aliados europeus em contraposição ao bloco soviético, continuasse a desempenhar um papel de liderança na Europa, perpetuando-se como um dos principais veículos da influência norte-americana no continente. Como resultado, a Otan passou por uma gradual transformação doutrinária, segundo a qual intervenções em zonas de crise – e não mais somente a defesa coletiva – se afirmaram no escopo de atuação da aliança. Nesse sentido, os Bálcãs se apresentaram como uma oportunidade para a concretização das aspirações dos Estados Unidos, demonstradas pelo envolvimento da Otan nos conflitos de desintegração da Iugoslávia nos anos 1990 (Simić, 2010).

Esse processo não foi livre de tensões entre as grandes potências. Apesar de buscar uma aproximação com os Estados Unidos nos anos 1990, a Rússia começou a exibir crescente desconforto com o papel buscado pela Otan, cujos impulsos intervencionistas tinham como implicação a redução do papel da Rússia nos assuntos de segurança na Europa e em uma região de histórica influência russa (Headley, 2008; Latawski; Smith, 2003). O auge das tensões entre as grandes potências ocorreu em 1999, em torno da Guerra do Kosovo. Então, a Otan, sob liderança dos Estados Unidos e

Sebastião C. Velasco e Cruz e Neusa Maria P. Bojikian (Orgs.)

sem autorização do Conselho de Segurança das Nações Unidas (CSNU) e diante de forte oposição russa, conduziu intervenção militar contra a República Federal da Iugoslávia (RFI)/Sérvia no contexto da escalada de tensões na Guerra do Kosovo – da qual fazia parte o Kosovo, cuja maioria étnica albanesa buscava a secessão. Tais tensões foram ilustradas pelo famoso incidente em torno do aeroporto de Pristina, no Kosovo, que representou uma possibilidade real de enfrentamento entre tropas russas e da Otan em junho de 1999 (Confrontation..., 2000).

De muitas formas, a Guerra do Kosovo tem sido o foco de analistas da política internacional, seja pelos aspectos geopolíticos, militares ou humanitários suscitados pela intervenção da Otan. De todas as interpretações, cabe o destaque àquelas que mencionam suas implicações para a política das grandes potências. Aos olhos de muitos analistas nesta corrente, os eventos em torno do Kosovo representaram a maior ameaça às relações entre Rússia e Otan desde o encerramento da Guerra Fria (Latawski; Smith, 2003). Entretanto, o desfecho da guerra ilustrou a consolidação da influência dos Estados Unidos nos Bálcãs, simbolizada, entre outros fatores, pelo fato de a Rússia, principal desafiadora em potencial dos interesses norte-americanos, não ter estabelecido um setor militar próprio no âmbito da Kosovo Force (KFOR, a missão de *peacekeeping* internacional liderada pela Otan no Kosovo) (Headley, 2008, p.393-416). Posteriormente, em 2003, tropas russas foram retiradas do Kosovo (e da Bósnia e Herzegovina), demarcando o fim da presença militar russa nos Bálcãs e, indiretamente, o reforço da influência regional dos Estados Unidos e de seus aliados europeus.

No século XXI, os países dos Bálcãs aderiram largamente ao processo de integração às estruturas euro-atlânticas, isto é, à União Europeia e à OTAN.[1] Entretanto, a aparente hegemonia norte-americana/ocidental nos Bálcãs não ficou livre de rachaduras. A principal delas tem a ver exatamente com o Kosovo. Em 2006-2007, foram conduzidas negociações internacionais sobre o status final do Kosovo – isto é, se o Kosovo ganharia ou não a independência. As negociações foram marcadas por uma proposta de Martti Ahtisaari, enviado especial da ONU, pela independência do Kosovo (ainda que, de início, "supervisionada").

Os governos sérvio e russo rejeitavam tal proposta, sendo que Moscou ameaçava vetar a independência do Kosovo no CSNU. Diante desse quadro, as lideranças albanesas do Kosovo, que coordenavam ações com os

---

1 Há duas exceções, ambas relacionadas à Otan. A Sérvia, que adotou uma política de neutralidade militar em 2007, não busca o ingresso na Otan, embora tenha próxima cooperação com a aliança. O outro caso é o da Bósnia e Herzegovina. Em virtude da rejeição prevalecente na parcela sérvia de sua população em relação à entrada na Otan, esse país tem indefinições quanto ao ingresso na aliança. Seguindo o exemplo da Sérvia, o parlamento da República Sérvia, entidade de maioria étnica sérvia na Bósnia e Herzegovina, aprovou sua própria declaração de neutralidade militar em 2017.

Estados Unidos, declararam a independência do Kosovo em fevereiro de 2008, obtendo reconhecimento diplomático estadunidense. Desde então, o Kosovo, apesar dos limites enfrentados no seu reconhecimento internacional, consolidou-se na esfera de influência norte-americana nos Bálcãs, recebendo diversos tipos de apoio político e material sob pretexto de integração como país-membro da comunidade euro-atlântica.

Entretanto, o impasse Sérvia-Kosovo gerou repercussões negativas para os Estados Unidos. O não reconhecimento da independência do Kosovo pela Sérvia tem significado um dos principais entraves para o ingresso do Kosovo como Estado-membro da OTAN. Ademais, a convergência de posições entre Sérvia e Rússia quanto ao Kosovo estimulou uma aproximação entre Belgrado e Moscou. Após a declaração de independência do Kosovo, a Rússia consolidou-se como a principal apoiadora internacional das reivindicações sérvias. Com seu direito de veto no CSNU, a Rússia dispõe de enorme influência sobre aquilo que constituiria o ápice do reconhecimento internacional do Kosovo: a admissão como Estado-membro da ONU. Além da cooperação quanto ao Kosovo, Sérvia e Rússia, desde 2008, desenvolveram importantes laços nos setores energético e de segurança, fazendo com que a Sérvia se consolidasse como principal reduto da influência russa nos Bálcãs.

Adicionalmente, a Sérvia aproximou-se da China, que também não reconhece a independência do Kosovo. Sérvia e China desenvolveram laços especialmente na área econômica, fazendo com que a Sérvia se destacasse na região como parceira da China (Vangeli, 2020). Desse modo, mesmo que aderindo à integração europeia e à cooperação com a Otan e os Estados Unidos, a Sérvia se consolidou como a peça que, de certa forma, mais destoa do aparente consenso euro-atlântico nos Bálcãs.

Deve-se ressaltar, em perspectiva mais ampla, que tais movimentações ilustram um crescente e multifacetado envolvimento de outros atores externos que têm se apresentado, em maior ou menor escala, como fontes de articulações para governos e sociedades dos Bálcãs. Além de Rússia e China, tal tendência inclui países como Turquia, Arábia Saudita e os EAU (Bieber; Tzifakis, 2020). Desse modo, a influência dos Estados Unidos nos Bálcãs, embora ainda predominante em termos relativos, se via crescentemente desafiada.

O governo Trump nos Bálcãs

Apesar da constante presença dos Estados Unidos nos Bálcãs, a persistência do impasse Sérvia-Kosovo e de outras questões problemáticas na região bem como o crescimento da influência de outros Estados nos Bálcãs fizeram com que *policy makers* e analistas norte-americanos voltassem seus olhares para a região. Em meio à nova fase de tensões entre as grandes potências ocasionada pela crise ucraniana de 2013-2014, tornou-se comum a avaliação de que os Bálcãs estavam se tornando um espaço com intensificada atuação de uma Rússia que, ainda que com capacidades e interesses relativamente limitados, buscava semear instabilidade e desafiar as potências ocidentais.

Durante a presidência de Trump, *think tanks* como o influente Atlantic Council (Marusic; Bedenbaugh; Wilson, 2017), o National Committee on American Foreign Policy e o EastWest Institute (Graham et al., 2018) publicaram *policy papers* recomendando a intensificação do envolvimento norte-americano nos Bálcãs. Tais análises giravam em torno da noção de uma suposta negligência das potências ocidentais na região, que vinha sendo aproveitada por atores como Rússia e China. De acordo com a lógica de tais documentos, os Estados Unidos deveriam envolver-se de maneira mais intensa com vistas a estabilizar os Bálcãs, por exemplo, promovendo a normalização de relações entre Kosovo e Sérvia, aproximando-se da Sérvia e contrapondo-se à influência russa (Marusic; Bedenbaugh; Wilson, 2017; Graham et al., 2018).

Embora com menor destaque, a China também apareceu como motivo de preocupação e críticas, em especial por conta de sua atuação econômica regional (Graham et al., 2018). Tendo em vista a descrição da estagnação econômica como pano de fundo para as assim chamadas "patologias" da região, o documento publicado pelo Atlantic Council também recomendou o envolvimento dos Estados Unidos na dinamização da economia nos Bálcãs, citando investimentos em infraestrutura, o estímulo ao empreendedorismo e a redução de barreiras comerciais como instrumentos para atingir esse objetivo (Marusic; Bedenbaugh; Wilson, 2017). Na esfera legislativa, um relatório publicado pelo Senado estadunidense em 2018 recomendava esforços dos Estados Unidos e da Otan para combater a influência russa em países como Bulgária, Montenegro e Sérvia (Estados Unidos, 2018).

Como assinalou Rossi (2016), o estereótipo de Trump como *outsider* em relação ao *establishment* de política externa norte-americano também se estendeu aos Bálcãs, gerando, para muitos, expectativas de que haveria algum tipo de ruptura com os fundamentos da política dos Estados Unidos para a região, associada à ordem liberal e à "unipolaridade política" norte-americana no pós-Guerra Fria.

De fato, o governo Trump sinalizou marcantes diferenças, no mínimo em termos de discurso, a respeito de diversas questões regionais, em particular sobre as relações Sérvia-Kosovo. O governo Trump se mostrou aberto, por exemplo, para uma troca de territórios seguindo critérios étnicos como fundamento para a solução da disputa entre Sérvia e Kosovo (Rudic, 2018).[2]

---

2 Tais discussões costumam girar em torno de áreas do norte do Kosovo com população majoritariamente sérvia, as quais seriam reconhecidas como território da Sérvia; e áreas do sul da Sérvia com população albanesa, que passariam para o território do Kosovo.

Antes de Trump, os Estados Unidos tradicionalmente se opunham a ideias desse cunho, consideradas um desvio em relação ao ideal de uma democracia liberal multiétnica no Kosovo. Nesse sentido, Washington favorecia a integridade territorial do Kosovo (tal como reivindicada pelos governos kosovares e reconhecida pelas potências ocidentais) e temia que a lógica de mudança de fronteiras de acordo com princípios étnicos poderia estimular outros conflitos desse tipo (Traynor, 2010). Por fim, o enviado de Trump para as negociações de normalização Sérvia-Kosovo, Richard Grenell, afirmava publicamente que deveria haver maior foco em questões econômicas e menor atenção à questão do reconhecimento diplomático mútuo como caminho para a resolução do impasse (Bulazha, 2020).

No final das contas, todavia, Trump acabou se alinhando a algumas das ideias que circulavam no *establishment* de política externa norte-americano. Foi sob Trump, por exemplo, que a Otan se expandiu pela primeira vez desde 2009, com a entrada na aliança do Montenegro (2017) e da Macedônia do Norte (2020) – ambos processos marcados pelo discurso de política externa hegemônico nos Estados Unidos, incluindo no que concerne à contraposição à Rússia.

Uma troca territorial Sérvia-Kosovo também acabou sendo publicamente negada pelo governo Trump (Grenell; Kosnett; Palmer, 2020). Apesar da aparente abertura do governo norte-americano e de parte das elites sérvia e kosovar-albanesa, essa ideia encontrava forte resistência não só nas sociedades de Sérvia e Kosovo, mas também entre outras grandes potências. Em particular, destaca-se a rejeição da Alemanha, que tem exercido grande influência nos Bálcãs (International Crisis Group, 2021, p.8). Na imprensa russa, houve relatos de que Vladimir Putin também não apoiava a ideia de partilha territorial (Kolesnikov, 2018), embora outras fontes sugiram que Moscou possa ter consentido com uma solução desse tipo (International Crisis Group, 2021, p.7).

O ápice do envolvimento da diplomacia de Trump nos Bálcãs foram os referidos acordos de normalização econômica entre Sérvia e Kosovo, de setembro de 2020, assinados unilateralmente em versões separadas pelos representantes dos dois lados.[3] Pode-se dizer que os documentos ilustram tanto a tentativa de reafirmação dos Estados Unidos como grande potência protagonista capaz de gerir assuntos regionais, ideia associada a círculos mais ortodoxos do *establishment* de política externa norte-americano; quanto a abordagem transacional de Trump, manifestada no uso do impasse como oportunidade para promover o envolvimento político e econômico dos Estados Unidos na região e tentar cooptar Sérvia e Kosovo para determinadas agendas de política externa estadunidenses.

---

3 Os originais das duas versões podem ser encontrados em Kosovo and Serbia... (2020).

Sérvia e Kosovo se comprometeram, por exemplo, com a implementação de entendimentos prévios, também mediados pelo governo norte-americano, sobre o desenvolvimento de conexão ferroviária e rodoviária entre si. Adicionalmente, estipulou-se a cooperação com instituições norte-americanas no desenvolvimento de projetos de infraestrutura e energia e na provisão de apoio a pequenas e médias empresas. Ilustrando a ideia de integração de mercados, os acordos estipularam o ingresso de Sérvia e Kosovo em um projeto de zona de livre comércio lançado pelos governos de Albânia, Sérvia e Macedônia do Norte em 2019.

Mesmo que de maneira não explícita, o aspecto da política de potências também apareceu. Um dos pontos dizia respeito, por exemplo, à diversificação de fontes de energia, o que pode ser entendido como uma referência velada à diminuição de laços energéticos com a Rússia (questão mais concernente à Sérvia). Outro artigo do acordo estipulava que Sérvia e Kosovo deveriam coibir o uso de equipamento 5G proveniente de "fornecedores não confiáveis" (*untrusted vendors*) – o que pode ser entendido como uma referência velada à China, com a qual o governo Trump vinha tendo uma série de disputas nos campos econômico e tecnológico.

Também houve tentativas de inserir Sérvia e Kosovo na agenda de Trump para o Oriente Médio, marcada pelo forte apoio a Israel e pela contraposição aos adversários deste último. Segundo os documentos, Sérvia e Kosovo deveriam reconhecer o grupo libanês Hezbollah como uma organização terrorista e coibir a atuação do grupo dentro de suas respectivas jurisdições. Outro artigo estipulou que o Kosovo estabeleceria relações diplomáticas com Israel. Por sua vez, a Sérvia, que já tinha relações diplomáticas com Israel, concordou em transferir sua embaixada de Tel Aviv para Jerusalém até julho de 2021.

A assinatura dos acordos foi celebrada de maneira triunfalista pelo governo Trump, refletindo as pretensões eleitoreiras dessa iniciativa. Todavia, até o momento da finalização deste trabalho (junho de 2021), os efeitos práticos dos acordos têm sido mistos. Alguns pontos já foram postos em prática. Em setembro de 2020, por exemplo, foi inaugurado em Belgrado um escritório regional do banco de desenvolvimento estadunidense US International Development Finance Corporation (DFC). Em 2021, já durante o governo Biden, Kosovo e Israel estabeleceram relações diplomáticas.

Por outro lado, algumas das medidas encontraram dificuldades de implementação. O governo sérvio sinalizou que o reconhecimento da independência do Kosovo por Israel dificultaria a transferência da embaixada sérvia para Jerusalém (Dragojlo, 2021). A Sérvia também manteve articulações com a Rússia no setor energético (Stojanovic, 2021), e o presidente do país, Aleksandar Vu ić, declarou que a Sérvia continuaria a se relacionar com a China como com uma "parceira confiável", inclusive no campo de telecomunicações (Sérvia, 2020). Por fim, deve-se ressaltar que a diplomacia de

Trump não levou à resolução do cerne da disputa Sérvia-Kosovo na forma do reconhecimento diplomático mútuo buscado pelos Estados Unidos, que não foi incluído nos acordos.

O legado de Trump nos Bálcãs: mudanças e continuidades sob Biden

Após a eleição presidencial de 2020, analistas de política internacional avaliaram a chegada de Biden à Casa Branca com otimismo do ponto de vista da política externa dos Estados Unidos, dado o histórico de envolvimento do novo presidente com os Bálcãs desde a década de 1990, período em que Biden se destacou pela defesa do envolvimento militar dos Estados Unidos na Guerra da Bósnia (1992-1995) e na intervenção da Otan contra a Sérvia/RFI em 1999 (Scahill, 2021).

Por essa razão, o período que antecedeu a posse de Biden ficou marcado por uma série de análises que enxergavam o novo governo democrata como uma renovada possibilidade de restauração do protagonismo dos Estados Unidos nos Bálcãs. Entre os cenários esperados para o mandato de Biden, falava-se na valorização do multilateralismo, bem como no aprofundamento da cooperação transatlântica, em que o governo norte-americano operaria em conjunto com as potências do bloco europeu no sentido de buscar soluções para problemas regionais e garantir a integração dos países dos Bálcãs na chamada comunidade euro-atlântica. Nesse sentido, alguns analistas concluíram que a política de Biden para os Bálcãs ficaria marcada por um tom de contraposição em relação à de Trump, que teria buscado a resolução de temas na região sem a participação dos europeus (Lachert, 2020).

Apesar de serem comuns as previsões de rupturas ou contrastes de Biden em relação a Trump, os primeiros indícios não apontam necessariamente nesse sentido. Em primeiro lugar, deve-se sublinhar que a própria percepção de que Trump teria buscado a resolução de temas na região por outras vias que não a multilateral não corresponde totalmente à realidade, bem como é imprecisa a avaliação de que a presença norte-americana nos Bálcãs sob Trump foi enfraquecida. A título de exemplo, convém retomar que foi sob Trump que se formalizou a entrada de Montenegro e da Macedônia do Norte na Otan. De maneira semelhante, os acordos de normalização econômica Sérvia-Kosovo – descontado, evidentemente, o aspecto eleitoreiro dessa iniciativa também indicaram o interesse do governo norte-americano na região, já que há muito tempo os Estados Unidos não reivindicavam tamanho protagonismo público nesse contencioso (desde 2011, a União Europeia, com apoio dos Estados Unidos, vem mediando negociações de normalização Sérvia-Kosovo). Deve-se mencionar, por fim, o envolvimento da diplomacia estadunidense em esforços de solução de crises políticas na Albânia e na Macedônia do Norte (Samorukov, 2017). Esses passos, além de ilustrarem a continuidade na cooperação para o ingresso dos Bálcãs na esfera euro-atlântica, também indicam que Trump se alinhou a ideias e projetos já consolidados no *establishment* norte-americano – fato que tensiona, portanto, visões sobre fortes rupturas que seu governo teria trazido para os Bálcãs.

Nesse sentido, ainda que seja cedo para avaliar as mudanças e continuidades de Biden em relação a Trump, já é possível observar alguns aspectos nos quais o governo Biden parece respaldar as intenções e frutos da diplomacia de Trump para os Bálcãs. Um documento publicado pelo Departamento de Estado em abril de 2021, por exemplo, falou em promover os "Compromissos de Washington" como suporte à "normalização completa" das relações entre Sérvia e Kosovo (Price, 2021). Também sob o governo Biden, oficiais norte-americanos ressaltaram a intenção de continuidade com elementos presentes na política de Trump, destacando, em particular, a área econômica (US Ambassador..., 2021; Vujić, 2021). Ademais, o reconhecimento diplomático mútuo entre Sérvia e Kosovo também tem sido publicamente defendido pelo governo Biden (Price, 2021).

Por outro lado, o presidente democrata, ainda em sua campanha eleitoral, declarou comprometimento com a integridade territorial do Kosovo (Democratic..., 2020). Ademais, em meio a renovadas controvérsias sobre mudanças de fronteiras nos Bálcãs, o referido documento do Departamento de Estado trouxe críticas à possibilidade de mudança de fronteiras de acordo com princípios étnicos, as quais poderiam, na visão norte-americana, trazer instabilidade à região (Price, 2021). Tal afirmação indica que o governo Biden, provavelmente, não deve endossar uma partilha territorial entre Sérvia e Kosovo.

Por fim, cabe ressaltar que o governo Biden também manifestou publicamente o intento de colaborar no combate ao que chamou de "coerção energética da Rússia" e "práticas malignas da China" nos Bálcãs (Price, 2021). Percebe-se, aqui, o alinhamento de tais posicionamentos com a visão sobre Rússia e China como potências desafiantes dos Estados Unidos no sistema internacional, ressaltada em um documento interino do governo Biden sobre a segurança nacional norte-americana (Estados Unidos, 2021). Tais elementos indicam importantes continuidades com a abordagem de Trump para os Bálcãs, bem como com percepções dominantes nos Estados Unidos sobre a região.

Os Estados Unidos no Oriente Médio

Em agosto e setembro de 2020, foi assinado um conjunto de declarações de normalização diplomática e econômica pelos líderes de Bahrein, Israel, EAU e Estados Unidos, que passou a ser coletivamente conhecido como Acordos de Abraão (Abraham..., 2020; Estados Unidos, 2020b; Treaty..., 2020).

Os signatários dos acordos procuraram dar uma aparência de ineditismo e de boas intenções no sentido de avançar a resolução da questão palestina, mas, na verdade, buscavam realizar seus respectivos interesses. Trump queria mostrar ativismo na política externa para alimentar sua campanha de reeleição; o então primeiro-ministro israelense, Benjamin Netanyahu, precisava mostrar sua preocupação com a paz como um subterfúgio para sua política de anexação de territórios na Cisjordânia; os EAU e Bahrein estavam interessados em alcançar seus interesses estratégicos sem parecer que estavam deixando de apoiar a criação de um Estado palestino (The Abraham..., 2020).

A normalização entre Israel e os referidos Estados árabes membros do Conselho de Cooperação do Golfo (CCG) foi resultado de uma evolução em suas relações políticas e econômicas nas últimas décadas e expressou, simultaneamente, demandas e interesses dos Estados Unidos no Oriente Médio. Diferentemente dos tratados de paz de Israel com Egito e Jordânia, assinados em 1979 e 1994, respectivamente, nem os EAU nem o Bahrein jamais estiveram em guerra com Israel – embora ambos tenham apoiado a Iniciativa de Paz Árabe (2002), que condicionou a normalização das relações com Israel ao estabelecimento de um Estado palestino.

Desde a década de 1990, após a Guerra do Golfo e, sobretudo, após os Acordos de Paz de Oslo, o equilíbrio político no Oriente Médio se alterou significativamente. Amparados pelos Estados Unidos e críticos quanto ao apoio da Organização para a Libertação da Palestina (OLP) à invasão do Kuwait pelo Iraque de Saddam Hussein, os Estados do CCG foram amplamente favoráveis às propostas de Washington em relação ao conflito Israel-Palestina. Assim, a relação de Israel com as monarquias árabes do Golfo, de modo geral, pode ser descrita como o produto de uma diplomacia silenciosa que vem ocorrendo, há décadas, por meio de negociações comerciais que às vezes se sobrepõem às questões de segurança, inteligência e economia (Black, 2019).

Os laços mutuamente benéficos entre Israel e os Estados árabes do Golfo cresceram em proporção aos seus interesses compartilhados e às percepções de ameaças na região. Após a queda de Saddam Hussein e a ascensão do Irã à proeminência regional, em 2003, a Arábia Saudita e seus aliados no CCG começaram a tratar Israel discretamente como um parceiro regional estratégico. Após a Primavera Árabe, a cooperação clandestina entre os Estados do CCG e Israel passou a se tornar pública. Autoridades sauditas e israelenses apareceram lado a lado em Washington para se opor ao acordo nuclear iraniano e intensificar a narrativa de que o Irã apoiava grupos extremistas islâmicos na Síria, Iraque e Iêmen. Em junho de 2017, a Arábia Saudita e os EAU chegaram a romper relações diplomáticas com o Catar, membro do CCG que mantinha vínculos com o Irã e o Hamas, ambos inimigos de Israel. Isso sugeriu que a principal linha de divisão na região, para as monarquias árabes do Golfo, não era mais entre árabes e israelenses, mas entre aqueles que apoiam ou não o Irã (Rabi; Mueller, 2017).

No que tange à política externa dos Estados Unidos, é preciso compreender que os Acordos de Abraão são resultado de um processo que se iniciou no final de 2017, quando Trump, diferentemente de todos os presidentes que o antecederam, reconheceu Jerusalém como a capital de Israel, transferindo, posteriormente, a embaixada norte-americana para essa cidade. Em setembro de 2018, Nikki Haley, a então embaixadora dos Estados Unidos na ONU, afirmou, sem nenhuma ponderação, que as aspirações de retorno dos refugiados palestinos e seus descendentes dentro das fronteiras regionais pré-1967[4] estavam fora de questão. Para dar materialidade a tais intenções, Trump anunciou um corte de financiamento dos Estados Unidos para a Agência das Nações Unidas de Assistência aos Refugiados da Palestina no Próximo Oriente (UNRWA, na sigla em inglês), que fornece serviços sociais básicos para milhões de refugiados palestinos em Gaza, Cisjordânia, Jordânia, Síria e Líbano (Malley; Miller, 2018). Além disso, o Departamento de Estado anunciou o fechamento do escritório da OLP em Washington, afirmando que a organização palestina não tomou medidas significativas para avançar as negociações diretas com Israel. O governo Trump também manifestou repúdio a tentativas palestinas de induzir uma investigação de Israel pelo Tribunal Penal Internacional (Nauert, 2018).

De forma geral, o governo Trump modificou significativamente os esforços de paz dos governos anteriores (que adotavam uma abordagem, aparentemente, mais equilibrada ou dissimulada), assumindo um posicionamento explicitamente favorável a Israel (Erdogan; Habash, 2020). Em vez de promover um consenso entre Israel e a OLP, ainda que de forma retórica, como foi feito no passado, o governo Trump tentou construir seu próprio modelo de acordo de paz. Trump atribuiu a liderança dessa iniciativa ao seu genro, Jared Kushner, conselheiro sênior da Casa Branca, devido, sobretudo, aos estreitos laços que Kushner mantinha com lobbies pró-Israel nos Estados Unidos e com as elites árabes do Golfo. Em junho de 2019, Kushner revelou o aguardado plano de paz para a Palestina durante um *workshop* em Manama, capital do Bahrein. Diente de diplomatas, políticos e empresários, Kushner expôs o projeto de um plano composto por investimentos para melhorar, na próxima década, as condições de vida dos palestinos em Gaza e nos territórios ocupados da Cisjordânia, o que deveria ser seguido posteriormente por um plano de paz "político". A proposta era alocar recursos para políticas tecnocráticas para Gaza e Cisjordânia, ignorando as principais

---

4 Em 1967, durante a Guerra dos Seis Dias, Israel ocupou a Faixa de Gaza e a Cisjordânia, territórios que deveriam compor o Estado palestino. Parte dessas regiões continua até hoje ocupada ou bloqueada por Israel.

questões políticas de assentamentos, segurança, refugiados ou soberania. De forma geral, essa abordagem entendia que a questão palestina poderia ser reduzida a uma espécie de problema técnico ou de engenharia que, portanto, poderia ser resolvido de forma técnica, com boas intenções e melhores práticas (Abrahams, 2019).

Abrahams (2019) interpreta o plano dentro de um quadro conceitual de *policy without politics*, isto é, da substituição da política (*politics*) enquanto atividade de grupos organizados, estatais ou não estatais, que procuram influenciar a forma pela qual se exerce o poder, pela *policy*, entendida como um plano de ação com medidas concretas. Entendemos que, no caso em questão, a *policy* encobre ou dissimula a presença de uma *politics* (Palonen, 2019). Isso pode ser constatado a partir de diversas declarações do governo Trump que informaram que os Estados Unidos não mais obedeceriam a preceitos legais estabelecidos pelo Departamento de Estado em 1978, significando que o governo norte-americano não mais considerava os assentamentos israelenses na Cisjordânia como inconsistentes com o direito internacional (U.S. No..., 2019). No fundo, a declaração era uma verdadeira permissão para as políticas expansionistas de Israel.

A parte referente a *politics* viria a aparecer de forma clara no "Acordo do Século", nome informal dado ao plano de paz que Trump, junto com Netanyahu, anunciou em 28 de janeiro de 2020 sem a presença de um único representante palestino. O plano, elaborado em todos os seus aspectos para servir aos interesses israelenses, foi estruturado em três dimensões: política, econômica e de segurança. Na prática, o "Acordo do Século" permitia que Israel não se retirasse de terras que ocupou em 1967 – o que lhe permitiria anexar territorialmente 97% dos assentamentos na Cisjordânia e estender sua soberania sobre o Vale do Jordão. A proposta de Trump, portanto, diferenciou-se do processo de Oslo, no qual havia pelo menos uma esperança de que Israel se retirasse dos territórios ocupados para alcançar a condição de Estado palestino sob a fórmula "terra em troca de paz". Já sob o "Acordo do Século", Israel conseguiria tudo o que desejava sem nenhuma pré-condição a ser cumprida (Erdogan; Habash, 2020, p.136).

Na frente econômica, Trump tentou transferir o foco das preocupações políticas dos palestinos para suas necessidades econômicas, propondo cooperação e desenvolvimento nos territórios palestinos. O plano oferecia mais de US$ 50 bilhões de investimentos ao longo de dez anos, além de prever um esquema de tarifas baixas, barreiras comerciais reduzidas e investimentos em infraestrutura estratégica que estimulariam o crescimento do setor privado. Em conjunto, as medidas propostas contribuiriam, supostamente, para a mitigação da pobreza e do desemprego entre os palestinos (Estados Unidos, 2020a). Em linha com a abordagem transacional de Trump, tal lógica é baseada na suposição de que os palestinos desistiriam de suas aspirações de autodeterminação nacional em troca de ganhos materiais.

Nas questões de segurança, o acordo estipulou a desmilitarização do Estado palestino, isto é, seriam permitidas apenas forças de segurança capazes de manter a segurança interna, garantindo a ordem pública e a aplicação da lei. Além disso, as rotas conectando enclaves palestinos ao Estado palestino estariam sob controle de Israel (Estados Unidos, 2020a).

O principal fator para a intensificação das relações dos Estados árabes do Golfo com Israel era uma percepção compartilhada da ameaça representada pelo Irã. Ao formar uma frente unida com Israel contra o Irã, esses Estados pretendiam receber o apoio de Trump na rivalidade saudita-iraniana e promover sua cooperação de segurança com os Estados Unidos. Com isso, tornava-se cada vez menos provável que esses Estados árabes estratégicos, que já foram críticos de Israel, lutassem pela causa palestina.

Ao longo de sucessivos governos, a política dos Estados Unidos em relação ao conflito israelense-palestino não foi caracterizada por mudanças radicais. Sob o verniz de mediação pela paz, os presidentes dos Estados Unidos trabalharam em estreita colaboração com Israel para garantir seus interesses políticos, econômicos e de segurança. O fornecimento ininterrupto de ajuda financeira e militar dos Estados Unidos a Israel é uma indicação clara dessa tendência. Por outro lado, as administrações dos Estados Unidos trataram a questão palestina como uma de refugiados, e não como uma questão de uma nação com preocupações existenciais e raízes históricas em suas terras. Os governos dos Estados Unidos também fecharam os olhos para a negação sistemática dos direitos básicos dos palestinos por parte de Israel e atuaram para legitimar as ações israelenses como se estas fossem parte de uma luta contra o terrorismo.

É importante chamar atenção para uma das consequências dos Acordos de Abraão. Os EAU continuaram a pressionar Washington para fornecer plataformas militares sofisticadas, incluindo o caça F-35. Por outro lado, caso essas aeronaves, assim como outros armamentos de última geração tecnológica, sejam vendidas aos EAU, a vantagem militar de Israel poderia ser seriamente comprometida e seria impulsionada a corrida armamentista em curso na região (Mazzetti; Wong, 2020). Não se pode perder de vista que a fórmula transacional de "armas pela paz" que o governo Trump buscou implicitamente nos acordos não é sem precedentes. Pelo contrário, talvez seja a abordagem-padrão, que teve início em 1979, por ocasião dos acordos de paz de Israel com o Egito, assim como o foi com a Jordânia, em 1994.

Além de ter como objetivo a expansão da esfera dos negócios, a formalização dessas alianças traduzia, de certo modo, um "regime de segurança tácito" à luz de preocupações compartilhadas em relação ao Irã (Jones; Guzansky, 2020) e às crescentes incertezas sobre o envolvimento dos Estados Unidos no Oriente Médio. O recuo estratégico dos Estados Unidos (especialmente a retirada militar do Iraque) criou percepções de que havia um vácuo de poder, real ou imaginário, desencadeando uma reconfiguração das relações de poder na região. Alguns Estados chegaram à conclusão de que poderiam se dar ao luxo de desafiar os Estados Unidos. Além disso, o intervencionismo russo na região também parece estar relacionado com o recuo estratégico norte-americano, que foi percebido por Moscou como uma "carta branca" para prosseguir com um envolvimento mais intenso no Oriente Médio (Sestanovich, 2014; Miller; Rand, 2020).

O legado de Trump no Oriente Médio: mudanças e continuidades sob Biden

Em sua campanha eleitoral, Biden sinalizou adesão a algumas ideias consolidadas sobre o Oriente Médio nos Estados Unidos. Seu programa falava, por exemplo, no fim das custosas "guerras eternas" (*forever wars*) na região. Ademais, Biden defendeu que o foco do envolvimento militar norte--americano deveria estar no combate à Al-Qaeda e ao Estado Islâmico. Ressaltou-se, por fim, a manutenção do compromisso com a segurança de Israel (The Power..., [s.d.]).

Ainda é difícil avaliar, nesse momento, se algumas decisões de Trump serão ou não revertidas por Biden. Para os Estados Unidos, qualquer tipo de afastamento ou mesmo percepções de afastamento em relação aos Estados árabes do Golfo acarretaria riscos e custos significativos. Buscar aproximações com outras grandes potências, como Rússia ou China, já parece ser uma estratégia consolidada por esses países.

Isso pode ser constatado em relação ao "acordo sobre armas" implicitamente presente nos Acordos de Abraão. Meses antes do início do governo Biden, Trump procurou agilizar a venda de cinquenta aeronaves F-35, dezoito drones Reaper e um estoque massivo de mísseis para os EAU (Zengerle; Stone, 2020). As dúvidas sobre qual seria o posicionamento de Biden se dissiparam em abril, quando o novo governo declarou que avançaria com a venda de US$ 23 bilhões em equipamento militar aos EAU, mantendo a promessa de Trump (Staff, 2021). Todavia, em maio, as agências de inteligência dos Estados Unidos registraram a presença de aviões da China em um aeroporto nos EAU carregando material não identificado, o que fez com que os Estados Unidos exigissem dos EAU o comprometimento de impedir o acesso de outros países à tecnologia militar norte-americana (Strobel; Youssef, 2021).

De certa forma, pode-se dizer que os Estados Unidos perceberam que obteriam resultados melhores no Oriente Médio evitando tanto o máximo engajamento político-militar, de um lado, como o retraimento, de outro, ao mobilizar o *sticky power*[5] com os Estados árabes do Golfo. Cabe destacar,

---

5 Se o poder militar tradicional pode ser chamado de *hard power*, os valores, ideias e hábitos difundidos pelos Estados Unidos podem ser classificados como *soft power*. Mead (2004) observa que é preciso dar uma dimensão para o poder econômico que não se baseia nem na

nesse sentido, o intenso envolvimento de tais países, dotados de vultosos recursos financeiros, e de suas empresas nos circuitos de comércio internacional em áreas que vão além simplesmente do gás e do petróleo (Hanieh, 2018).

Nesse sentido, deve-se mencionar que o governo Biden ressaltou, oficialmente, a intenção de integrar Israel a seus vizinhos, bem como de manter o compromisso com a segurança de Israel, promover uma solução de dois Estados para a questão Israel-Palestina e deter a chamada "agressão" iraniana no Oriente Médio. Em linha com a consolidada percepção de desgaste sobre os conflitos armados na região, o governo democrata também sinalizou indisposição para grandes esforços militares no Oriente Médio (Estados Unidos, 2021, p.11). Diante desses elementos, pode-se afirmar, em suma, que as iniciativas e abordagens de Trump e Biden no Oriente Médio sugerem uma busca pelo entrelaçamento de aliados regionais norte-americanos em redes econômicas e de segurança afeitas aos interesses geopolíticos dos Estados Unidos sem que, para isso, sejam necessários custosos esforços militares e novos métodos de coerção econômica por parte do governo norte-americano.

Conclusão

Donald Trump e seu governo foram avaliados de maneiras diferentes por analistas da política externa norte-americana. De um lado, diversos autores acentuaram elementos de ruptura com a tradição de grande estratégia dos Estados Unidos, enfatizando questões como o descompromisso de Trump com valores políticos liberais. Por outro lado, houve aqueles que apontaram continuidades na maneira como o governo Trump, apesar de suas idiossincrasias, conduziu a política externa dos Estados Unidos. Nesse sentido, foram destacados aspectos como as tentativas de manutenção da preponderância militar norte-americana em nível global e esforços de contenção de rivais geopolíticos dos Estados Unidos.

Consideramos que Trump não rompeu totalmente os fundamentos da política externa dos Estados Unidos sedimentados a partir do pós-Segunda Guerra Mundial, embora, em diversos assuntos, os tenha tensionado. Dessa maneira, o governo Trump, como ilustrado por seu envolvimento nos Bálcãs e no Oriente Médio, exibiu uma dualidade que incorporou elementos doutrinários estabelecidos nos círculos tradicionais de política externa dos Estados Unidos.

---

coerção militar, nem na adoção de ideologias. O poder econômico deve ser pensado como um *sticky power* (poder pegajoso), que compreende um conjunto de instituições e estratégias que exercem forte poder de atração para a esfera econômica dos Estados Unidos (Mead, 2004).

De Trump a Biden

Nesse sentido, cabem reflexões sobre os efeitos e o alcance das iniciativas e abordagens de Trump. No caso dos Bálcãs, o governo Trump, embora tenha sido bem-sucedido em ampliar a presença regional da Otan (com os ingressos de Macedônia do Norte e Montenegro na aliança), não chegou a uma solução para o cerne político da questão Sérvia-Kosovo, a principal disputa política na região. Ademais, como ilustrado pelas relutâncias da Sérvia em implementar pontos dos acordos de normalização econômica com o Kosovo, o governo Trump teve dificuldades em ampliar a adesão a determinados de seus interesses de política externa. Nesse sentido, a continuidade de articulações ligando a Sérvia a Rússia e China indica que a diminuição relativa da influência norte-americana nos Bálcãs, embora não deva ser exagerada, parece estar consolidada como uma das características da política internacional nessa região.

Diante desse contexto, a administração Biden, demonstrando maior coordenação com a União Europeia, assumiu a tarefa de continuar com esforços na promoção da normalização das relações entre Sérvia e Kosovo. Em perspectiva regional, Biden também sinalizou continuidade com visões consolidadas tanto no *establishment* de política externa estadunidense quanto no governo Trump sobre questões econômicas regionais e o envolvimento de Rússia e China nos Bálcãs.

Já no Oriente Médio, a crise na Palestina, em maio de 2021, com manifestações populares de palestinos nas ruas da Cisjordânia e de cidades israelenses, assim como a destruição de Gaza pelos ataques israelenses, colocou em questão o plano de paz de Trump e fez com que Biden se manifestasse, apesar de sua relutância inicial em intervir. Em função desses acontecimentos, o Departamento de Estado avaliou como recalibrar sua abordagem em relação à questão palestina, na esperança de evitar outra crise que desviasse ainda mais a atenção em relação às principais prioridades de política externa de Biden: China, Rússia e a questão do acordo nuclear com o Irã. Na imprensa dos Estados Unidos, foi noticiado que o governo Biden considerava fazer uma nova análise da questão dos assentamentos israelenses na Cisjordânia, bem como novos esforços de reconstrução econômica de Gaza (Jakes, 2021).

Tais desdobramentos apontam que as percepções, ações e efeitos das abordagens e iniciativas de Trump e Biden em relação aos Bálcãs e ao Oriente Médio devem ser analisadas como parte de processos com repercussões e desfecho incertos em um horizonte de mais longo prazo. Cabe ressaltar, nesse sentido, que as perspectivas e resistências de outros atores e forças sociais podem exercer influência sobre o alcance da influência dos Estados Unidos em tais regiões e no sistema internacional de maneira mais ampla.

Referências

ABRAHAM Accords: Declaration of Peace, Cooperation, and Constructive Diplomatic and Friendly Relations. Announced by the State of Israel and the Kingdom of Bahrain. *The White House*, 15 set. 2020. Disponível em: https://trumpwhitehouse.archives.gov/wp-content/uploads/2020/09/DECLARATION-OF-PEACE.pdf. Acesso em: 24 maio 2021.

ABRAHAMS, A. Kushner's Technocratic Vision and the Unlearned Lessons of Fayyadism. *Merip*, 20 out. 2019. Disponível em: https://merip.org/2019/10/kushners-technocratic-vision-and-the-unlearned-lessons-of-fayyadism/. Acesso em: 30 maio 2021.

BIEBER, F.; TZIFAKIS, N. Introduction: The Influence of External Actors in the Western Balkans. In: BIEBER, Florian; TZIFAKIS, Nikolaos (Ed.). *The Western Balkans in the World. Linkages and Relations with Non-Western Countries*. London/New York: Routledge, 2020.

BLACK, I. Just Below the Surface: Israel, the Arab Gulf States and the Limits of Cooperation. *LSE Middle East Centre*, 2019. Disponível em: http://eprints.lse.ac.uk/100313/7/JustBelowtheSurface.pdf. Acesso em: 28 maio 2021.

BRANDS, H. *American Grand Strategy in the Age of Trump*. Washington: Brookings Institution Press, 2018.

BULAZHA, B. Exclusive Interview with Richard Grenell: In Washington We Will Talk Only on Economy, the EU Should Lift Visas for Kosovo People. *Gazeta Express*, 18 jun. 2020. Disponível em: https://www.gazetaexpress.com/exclusive-interview-with-richard-grenell-in-washington-we-will-talk-only-on-economy-the-eu-to-lift-visas-for-kosovo-people/. Acesso em: 25 maio 2021.

CONFRONTATION over Pristina airport. *BBC*, 9 mar. 2000 Disponível em: http://news.bbc.co.uk/2/hi/europe/671495.stm. Acesso em: 25 maio 2021.

DEMOCRATIC Presidential Nominee Joe Biden Reveals His Vision for U.S Relations with Albania and Kosovo. *Euronews Albania*, 18 out. 2020. Disponível em: https://euronews.al/en/albania/2020/10/18/democratic-presidential-nominee-joe-biden-reveals-vision-for-u-s-relations-with-albania-and-kosovo/. Acesso em: 25 maio 2021.

DRAGOJLO, S. Israeli Ambassador's Defence of Kosovo Recognition Riles Belgrade. *Balkan Insight*, 13 maio 2021. Disponível em: https://balkaninsight.com/2021/05/13/israeli-ambassadors-defence-of-kosovo-recognition-riles-belgrade/. Acesso em: 26 maio 2021.

ERDOGAN, A.; HABASH, L. U.S. Policy Toward the Israeli-Palestinian Conflict under the Trump administration: Continuity or Change? *Insight Turkey*, v.22, n.1, p.125-146, 2020.

ESTADOS UNIDOS. Putin's Asymmetric Assault on Democracy in Russia and Europe: Implications for U.S. National Security. *United States Senate. Committee on Foreign Relations*, 10 jan. 2018. Disponível em: https://www.foreign.senate.gov/imo/media/doc/FinalRR.pdf. Acesso em: 28 maio 2021.

_____. *Peace to Prosperity:* a Vision to Improve the Lives of the Palestinian and Israeli People. [S.l.], 2020a. Disponível em: https://trumpwhitehouse.archives.gov/wp-content/uploads/2020/01/Peace-to-Prosperity-0120.pdf. Acesso em: 23 maio 2021.

_____. *The Abraham Accords Declaration.* [S.l.], 15 set. 2020b. Disponível em: https://trumpwhitehouse.archives.gov/wp-content/uploads/2020/09/ABRAHAM-ACCORDS--DECLARATION.pdf. Acesso em: 23 maio 2021.

_____. *Interim National Security Strategic Guidance.* [S.l.], 3 mar. 2021. Disponível em: https://www.whitehouse.gov/wp-content/uploads/2021/03/NSC-1v2.pdf. Acesso em: 19 jun. 2021.

GRAHAM, T. et al. *Time for Action in the Western Balkans:* Policy Prescriptions for American Diplomacy. New York: National Committee on American Foreign Policy/East-West Institute, 2018.

GRENELL, R.; KOSNETT, P.; PALMER, M.. Joint Statement of Special Presidential Envoy Richard Grenell, Ambassador Philip Kosnett, and Special Representative for the Western Balkans Matthew Palmer on Kosovo, March 26, 2020. *U.S. Embassy in Kosovo,* 27 mar. 2020. Disponível em: https://xk.usembassy.gov/statement_on_kosovo/. Acesso em: 25 maio 2021.

HAASS, R. Biden's First Hundred Days. *Project Syndicate,* 30 abr. 2021. Disponível em: https://www.project-syndicate.org/commentary/biden-hundred-days-foreign--policy-continuity-with-trump-by-richard-haass-2021-04. Acesso em: 19 jun. 2021.

HADAR, L. The Limits of Trump's Transactional Foreign Policy. *The National Interest,* 2 jan. 2017. Disponível em: https://nationalinterest.org/feature/the-limits-trumps-transactional-foreign-policy-18898. Acesso em: 5 jun. 2021.

HANIEH, A. *Money, Markets, and Monarchies:* The Gulf Cooperation Council and the Political Economy of the Contemporary Middle East. Cambridge: Cambridge University Press, 2018.

HEADLEY, J. *Russia and the Balkans:* Foreign Policy from Yeltsin to Putin. London: Hurst, 2008.

INTERNATIONAL CRISIS GROUP. *Relaunching the Kosovo-Serbia Dialogue.* Brussels, 25 jan. 2021. Disponível em: https://d2071andvip0wj.cloudfront.net/262-kosovo-serbia-dialogue_0.pdf. Acesso em: 25 maio 2021.

JAKES, L. U.S. Looks to Rebuild Gaza, but Aid Could Hinge on Hamas's Rocket Arsenal. *The New York Times,* 20 maio 2021. Disponível em: https://www.nytimes.com/2021/05/20/us/politics/israel-gaza-hamas-biden-netanyahu.html. Acesso em: 5 jun. 2021.

JONES, C.; GUZANSKY, Y. *Fraternal Enemies:* Israel and the Gulf Monarchies. London: Hurst, 2020.

KOLESNIKOV, A. S legkim serbtsem. *Kommersant,* 3 out. 2018. Disponível em: https://www.kommersant.ru/doc/3758959. Acesso em: 25 maio 2021.

KOSOVO AND SERBIA Signed Separate Pledges, Not an Agreement. *Exit News,* 4 set. 2020. Disponível em: https://exit.al/en/2020/09/04/kosovo-and-serbia-signed-separate-pledges-not-an-agreement/. Acesso em: 31 maio 2021.

LACHERT, J. US Presence in the Western Balkans After Joe Biden's Victory. *The Warsaw Institute Review*, 11 dez. 2020. Disponível em: https://warsawinstitute.review/issue-2020/issue-4-2020/us-presence-in-the-western-balkans-after-joe-bidens-victory/. Acesso em: 20 jun. 2021.

LATAWSKI, P.; SMITH, M. *The Kosovo Crisis and the Evolution of Post-Cold War European Security*. Manchester: Manchester University Press, 2003.

LÖFFLMANN, G. From the Obama Doctrine to America First: The Erosion of the Washington Consensus on Grand Strategy. *International Politics*, v.57, n.4, p.588-605, 2020.

MALLEY, R.; MILLER, A. Trump Is Reinventing the U.S. Approach to the Palestinian--Israeli Conflict. *The Atlantic*, 20 set. 2018. Disponível em: https://www.theatlantic.com/ideas/archive/2018/09/trump-israel-palestinians/570646/. Acesso em: 28 maio 2021.

MARUSIC, D.; BEDENBAUGH, S.; WILSON, D. *Balkans Forward:* a New US Strategy for the Region. Washington: Atlantic Council, 2017.

MAZZETTI, M.; WONG, E. Trump Administration Pushes Arms Sale to UAE Despite Israeli Worries. *The New York Times*, 19 ago. 2020. Disponível em: https://www.nytimes.com/2020/08/19/world/middleeast/trump-netanyahu-israel-uae.html. Acesso em: 29 maio 2021.

MEAD, W. R. America's Sticky Power. *Foreign Policy*, n.141, p.46-53, 2004.

MILLER, A.; RAND, D. Between Retreat and Overinvestment in the Middle East and North Africa. In: MILLER, A.; RAND, D. (Ed.). *Re-Engaging the Middle East:* a New Vision for U.S. Policy. Washington: Brookings Institution Press, 2020.

NAUERT, H. Closure of the PLO Office in Washington. *U.S. Department of State*, 20 set. 2018. Disponível em: https://2017-2021.state.gov/closure-of-the-plo-office-in--washington/index.html. Acesso em: 28 maio 2021.

PALONEN, K. Four Aspects of Politics in Max Weber's Politik als Beruf. *Journal of Classical Sociology*, v.19, n.4, p.331-345, 2019.

PORTER, P. Why America's Grand Strategy Has Not Changed. *International Security*, v.42, n.4, p.9-46, 2018.

PRICE, N. U.S. Commitment to the Western Balkans. *U.S. Department of State*, 26 abr. 2021. Disponível em: https://www.state.gov/u-s-commitment-to-the-western-balkans/. Acesso em: 26 maio 2021.

RABI, U.; MUELLER, C. The Gulf Arab States and Israel Since 1967: from "No Negotiation" to Tacit Cooperation. *British Journal of Middle Eastern Studies*, v.44, n.4, p.576-592, 2017.

ROSSI, M. The Trump Election and its Consequences for the Western Balkans. *Contemporary Southeastern Europe*, v.4, n.1, p.87-92, 2016.

RUDIC, F. US Won't Oppose Serbia-Kosovo Border Changes – Bolton. *Balkan Insight*, 24 ago. 2018. Disponível em: https://balkaninsight.com/2018/08/24/us-will-not-weigh--in-on-serbia-kosovo-partition-08-24-2018/. Acesso em: 24 maio 2021.

SAMORUKOV, M. ES-SShA-Rossiia. Kto razzhigal i kto ne dopustil grazhdanskuiu voinu v Makedonii. *Carnegie Moscow Center*, 31 maio 2017. Disponível em: https://carnegie.ru/commentary/70030. Acesso em: 22 jun. 2021.

SCAHILL, J. 1993-1995 Bosnia. *The Intercept*, 27 abr. 2021. Disponível em: https://theintercept.com/empire-politician/biden-bosnia-serbia-yugoslavia-civil-war/. Acesso em: 19 jun. 2021.

SÉRVIA. *Meeting with the Ambassador of the People's Republic of China*. [S.l.], 11 set. 2020. Disponível em: https://www.predsednik.rs/en/press-center/press-releases/meeting--with-the-ambassador-of-the-peoples-republic-of-china-29114. Acesso em: 31 maio 2021.

SESTANOVICH, S. *Maximalist:* America in the World from Truman to Obama. New York: Alfred A. Knopf. 2014.

SIMIĆ, J. *U potrazi za novom misijom:* NATO i jugoslovenska kriza 1990-2001. Belgrado: Službeni glasnik, 2010.

STAFF, T. Biden to approve $23 billion sale of F-35s to UAE that followed Abraham Accords. *The Times of Israel*, 14 abr. 2021. Disponível em: https://www.timesofisrael.com/biden-to-approve-23-billion-sale-of-f-35s-to-uae-that-followed-abraham--accords/. Acesso em: 29 maio 2021.

STOJANOVIC, D. Serbia Opens Pipeline for Russian Gas, Ignores US Opposition. *AP*, 1 jan. 2021. Disponível em: https://apnews.com/article/turkey-moscow-serbia--aleksandar-vucic-russia-2adfba38701d5b277e8d8d4064f5511d. Acesso em: 26 maio 2021.

STROBEL, W.; YOUSSEF, N. F-35 Sale to U.A.E. Imperiled Over U.S. Concerns about Ties to China. *The Wall Street Journal*, 25 maio 2021. Disponível em: https://www.wsj.com/articles/f-35-sale-to-u-a-e-imperiled-over-u-s-concerns-about-ties-to--china-11621949050. Acesso em: 29 maio 2021.

THE ABRAHAM Accords: Israel–Gulf Arab Normalisation. *Strategic Comment*, v.26, n.8, 2020. p.iv-v.

THE BIDEN 100-Day Progress Report. *Foreign Policy*, 23 abr. 2021. Disponível em: https://foreignpolicy.com/2021/04/23/biden-100-day-report-card/. Acesso em: 19 jun. 2021.

THE POWER of America's Example: The Biden Plan for Leading the Democratic World to Meet the Challenges of the 21st Century. *Biden Harris. Democrats*, [s.d.]. Disponível em: https://joebiden.com/americanleadership/. Acesso em: 19 jun. 2021.

TRAYNOR, I. WikiLeaks Cables: Kosovo Sliding towards Partition, Washington Told. *The Guardian*, 9 dez. 2010. Disponível em: https://www.theguardian.com/world/2010/dec/09/wikileaks-cables-kosovo-independence-serbia. Acesso em: 24 maio 2021.

TREATY of Peace, Diplomatic Relations and Full Normalization between the United Arab Emirates and the State of Israel. *The White House*, 15 set. 2020. Disponível em: https://trumpwhitehouse.archives.gov/wp-content/uploads/2020/09/ABRAHAM--ACCORDS-PEACE-AGREEMENT.pdf. Acesso em: 23 maio 2021.

US AMBASSADOR Kosnett on Dialogue with Serbia: The World Does Not Wait. *Gazeta Express*, 23 fev. 2021. Disponível em: https://www.gazetaexpress.com/us-ambassador-kosnett-on-dialogue-with-serbia-the-world-does-not-wait/. Acesso em: 25 maio 2021.

U.S. NO Longer Considers Israeli Settlements Illegal. *Al Jazeera*, 18 nov. 2019. Disponível em: https://www.aljazeera.com/news/2019/11/18/pompeo-us-no-longer-considers-israeli-settlements-illegal. Acesso em: 29 maio 2021.

VANGELI, A. China: a New Geo-economic Approach to the Balkans. In: BIEBER, F.; TZIFAKIS, N. (Ed.). *The Western Balkans in the World:* Linkages and Relations with Non-Western Countries. London/New York: Routledge, 2020.

VUJIĆ, T. Srbija je privredna lokomotiva zapadnog Balkana. *Politika*, 25 maio 2021. Disponível em: https://www.politika.rs/scc/clanak/479693/Srbija-je-privredna-lokomotiva-zapadnog-Balkan. Acesso em: 25 maio 2021.

WALT, S. M. *The Hell of Good Intentions:* America's Foreign Policy Elite and the Decline of U.S. Primacy. New York: Farrar, Straus and Giroux, 2018.

ZENGERLE, P.; STONE, M. U.S. Senators Seek to Stop Trump's $23 billion in Arms Sales to UAE. *Reuters*, 18 nov. 2020. Disponível em: https://www.reuters.com/article/usa-emirates-arms-sales-int-idUSKBN27Y2YO. Acesso em: 29 maio 2021.

ZENKO, M; LISSNER, R. This Is What America Looks Like Without Grand Strategy. *Foreign Policy*, 18 ago. 2020. Disponível em: https://foreignpolicy.com/2020/08/18/this-is-what-america-looks-like-without-grand-strategy/. Acesso em: 2 jun. 2021.

10
REALIDADE PÓS-TRUMP: VIAS E BARREIRAS PARA A RECONSTRUÇÃO DOS ELOS TRANSATLÂNTICOS

Solange Reis

Introdução

Ao ex-secretário de Estado Henry Kissinger é atribuída uma ironia sobre a integração europeia. Nos anos 1970, ele teria perguntado para quem telefonaria se precisasse falar com a Europa. Negada pelo próprio suposto autor, a indagação traduzia uma descrença comum quanto à integração europeia e a capacidade do bloco para atuar como entidade supranacional.

Hoje, a pergunta teria de ser adaptada à nova realidade. Apesar de muitos problemas, a União Europeia (UE) não apenas existe, como consegue ignorar um secretário de Estado dos Estados Unidos. A poucos dias do fim do governo Trump, altos comissários europeus se recusaram a receber Mike Pompeo, no que seria sua última viagem internacional à frente do Departamento de Estado. O motivo teria sido a demora de Pompeo em reconhecer a derrota eleitoral de Trump, em 2020, e sua relutância em admitir o papel do então presidente na incitação à violência contra o Capitólio, no dia da confirmação da vitória eleitoral de Joe Biden pelo Congresso.

Uma leitura menos factual do episódio indica que a diplomacia europeia quis mostrar pleno apoio ao novo governo, que se apresenta como a antítese moral do antecessor. Além disso, foi uma resposta ao mau tratamento recebido de Trump e de sua equipe nos anos anteriores. Ao rejeitar o multilateralismo, as organizações internacionais e as alianças, Trump fez mais do que promover uma guinada nacionalista e protecionista. Desencadeou uma crise na ordem internacional liberal – organizada em torno de mercados abertos, instituições multilaterais, cooperação em segurança e valores democráticos – no momento em que a liderança ocidental precisava de união para sustentar seu modelo hegemônico desenvolvido no pós-1945.

O desafio sistêmico introduzido com o poder consolidado da China, os efeitos políticos da tecnologia digital – que facilitam o fluxo da desinformação e fortalecem o extremismo – e a extraordinária pandemia de covid-19, entre outros aspectos, demandavam coesão transatlântica. A confiabilidade, porém, fora rompida com a reorientação unilateralista da Casa Branca.

A eleição de Biden pode restaurar vários elos rompidos, pois não se deve ignorar que os aliados transatlânticos compartilham muitos valores no campo cultural, religioso, político e econômico. Democracia, direitos humanos, livre mercado e multilateralismo constituem um quadro de clara convergência temática. Porém há barreiras estruturais, como o posicionamento em relação à China e, como sempre, diferenças quanto à Rússia. Esses e outros aspectos indicam que levará um tempo até que sejam restauradas a confiança e a previsibilidade, elementos que foram vitais para a sustentação da ordem liberal nas décadas anteriores.

Este capítulo aborda, de forma breve, alguns episódios recentes na deterioração da relação entre Estados Unidos e UE, no âmbito do comércio e da segurança. Sucintamente, apresenta alguns desafios e oportunidades, agora que os Estados Unidos voltam a ser governados por um presidente tradicionalista, conquanto seu poder seja exercido em um cenário mais adverso do que nunca.

Comércio

Tarifas

Desde a primeira campanha eleitoral, Trump criticou o que considerava um desequilíbrio nas trocas comerciais que favoreciam a União Europeia. De fato, ao longo dos últimos anos, os europeus vêm apresentando superávit na balança comercial bilateral de produtos (U.S.-EU Trade..., 2019). Em 2018, esse excedente foi da ordem de US$ 170 bilhões. Por outro lado, os Estados Unidos exportam mais serviços para os europeus (excetuando-se a Alemanha). Naquele mesmo ano, o superávit norte-americano em serviços fechou em US$ 55 bilhões.

Tal percepção de desigualdade serviu para embasar o apoio de Trump ao Brexit – referendo que levou à saída do Reino Unido da União Europeia. E poucas atitudes poderiam ter sido mais devastadoras para as relações transatlânticas do que estimular o desligamento de um dos principais integrantes

De Trump a Biden

do bloco. Mais do que isso, o republicano aventou que a desintegração total da União Europeia seria questão de tempo. E ele torcia para que isso acontecesse, afinal, considerava a União Europeia um "inimigo" (Contiguglia, 2018). Tudo isso tirou os países europeus de um certo comodismo histórico quanto à garantia da solidariedade dos Estados Unidos.

O apoio ao Brexit também satisfez o nicho de eleitores que responsabilizam a elite global – encarnada na União Europeia e no próprio *establishment* doméstico – pelo declínio econômico do "norte-americano comum". Esse eleitorado recebeu, esperançosamente, as promessas nacionalistas de renegociação dos acordos comerciais que Trump classificava como péssimos, pois a virada protecionista parecia ser a solução dos males sociais e econômicos vivenciados pelos Estados Unidos e sua classe trabalhadora.

Já em 2017, com base na seção 232 da Lei de Expansão do Comércio (U.S.-EU Trade..., 2019), o Departamento de Comércio emitiu relatórios alertando que a importação de aço e alumínio representava uma ameaça à segurança nacional. No ano seguinte, Trump anunciou tarifas sobre o aço (25%) e o alumínio (10%) importados. Isentou alguns aliados, mas não os europeus. Esses reagiram taxando US$ 3,2 bilhões em produtos norte-americanos icônicos, como motocicletas Harley-Davidson, jeans, uísque.

O conflito se agravou com a publicação, pelo governo Trump, da Agenda de Política Comercial de 2019 (Office of the U.S. Trade Representative, 2019), que definiu o sistema comercial global como "altamente falho". No ano seguinte, novas tarifas foram aplicadas sobre os mesmos produtos, o que afligiu muitas empresas europeias, sobretudo alemãs. Os atritos atingiram outros segmentos, como o automotivo (momentaneamente sob trégua) e o aeronáutico, cuja disputa levou a Organização Mundial do Comércio (OMC) a autorizar tarifas retaliatórias de um lado contra outro.

Disputas comerciais e desavenças já fizeram parte da relação transatlântica no passado. Enquanto algumas foram resolvidas, outras seguiram pendentes. Não deverá ser diferente desta vez, mas há que se prestar atenção a três variáveis imediatas. A primeira é o contexto da economia internacional, com o fortalecimento de países emergentes, principalmente da China. Para os Estados Unidos, um rival estratégico que deve ser contido em todas as frentes, inclusive militar. Para a União Europeia, um rival sistêmico que gera tanto competição quanto oportunidades.

A segunda variável que entrará no cálculo da diplomacia interatlântica tem origem doméstica. Em ambos os lados, a insatisfação de segmentos sociais com as elites tradicionais facilitou a eleição de políticos extremistas, um movimento que teve em Trump sua representação mais célebre. Mesmo que não constituam estratégias coordenadas, o trumpismo e seus correlatos no continente europeu conseguiram posições importantes, institucional e politicamente. Na Europa, partidos de extrema direita conquistaram mais cadeiras em parlamentos regionais e nacionais, bem como no

Parlamento Europeu. Nos Estados Unidos, em função da estrutura majoritariamente bipartidária, o extremismo (incluindo de supremacia branca) se alojou no Partido Republicano e avançou para o Judiciário. Para isso, Trump foi fundamental.

Mesmo derrotado, o republicano recebeu mais de 70 milhões de votos, um feito que não deveria ser desconsiderado em qualquer circunstância. Biden venceu, apesar de pertencer ao sistema político dominante que é rejeitado por eleitores insatisfeitos nos espectros de esquerda e de direita. Portanto suas ações em política externa levarão em conta os humores domésticos, mais do que o fariam em outros tempos.

Na Europa, o fim da era Angela Merkel traz incertezas. Como será a Alemanha pós-Merkel, que esteve no poder por dezesseis anos, e qual grau de concessão aos Estados Unidos as novas lideranças alemãs estarão dispostas a fazer?

Além de tudo, há o desconhecido mundo pós-pandemia, a terceira variável. Como se relacionarão as sociedades e os governos depois do tsunami sanitário que modificou as formas de trabalho, prioridades de consumo, relações sociais, entre tantos outros fatores? Qual será o papel do Estado e de suas políticas públicas daqui por diante? Como essas transformações afetarão as relações interestatais? No momento, há mais perguntas do que respostas.

Política externa para a classe média

A entrada de Biden aliviou a questão aeronáutica, mais especificamente entre as empresas Boeing e Airbus. No dia 5 de março, Estados Unidos e União Europeia concordaram em suspender as tarifas retaliatórias por quatro meses (European Commission, 2021). Até o momento em que este capítulo foi escrito, o novo presidente manteve as tarifas sobre aço e alumínio para não desagradar sindicatos e indústrias nacionais e evitar ser visto como um líder fraco. Como os europeus previram um gatilho que lhes permite dobrar as tarifas sobre produtos gerais dos Estados Unidos a partir de junho de 2021, Biden terá escolhas difíceis adiante.

Nesse aspecto, uma bússola é o relatório coassinado por Jake Sullivan, assessor de Segurança Nacional da Casa Branca. O documento sugere uma política comercial visando ao aumento da produtividade e às prioridades domésticas, entre elas o *Buy American*, que é uma diretriz para consumo de produtos nacionais. E Biden não titubeou, assinando uma ordem executiva que reforça a compra de produtos e serviços nacionais por agências federais.

Há também o destaque da política externa para a classe média, considerada pela administração Biden como estando em situação precária devido à globalização. Usando um jargão de marketing, pode-se dizer que o termo significa um *rebranding* de protecionismo. Trata-se de priorizar ações que

De Trump a Biden

beneficiem consumidores, trabalhadores e empresas nacionais, mesmo que isso implique práticas comerciais pouco liberais e desconsideradas dos interesses de outros países. Assim, os primeiros sinais da nova administração em relação ao comércio externo mostram afinidades com Trump, ainda que os pontos sejam defendidos sob uma linguagem diplomaticamente padrão.

Esse tipo de semelhança ajuda a entender o porquê de a União Europeia não aceitar facilmente formar uma frente anti-China, pelo menos não no aspecto econômico. A despeito das diferenças de valores políticos entre Bruxelas e Pequim, as oportunidades econômicas para os europeus apontam cada vez mais ao leste. Em uma pesquisa feita com as populações de países europeus, embora a eleição do democrata seja considerada positiva, os Estados Unidos são vistos como enfraquecidos e não confiáveis. Os entrevistados também acham que, dentro de dez anos, a China será mais poderosa do que os Estados Unidos e defendem que seus países fiquem neutros caso haja um conflito entre ambas as potências.

China

Trump não foi quem criou o antagonismo estratégico sino-americano, haja vista que todos os ingredientes dessa competição de poder se desenvolveram ao longo das últimas duas décadas, quando a China lançou o que chama de ascensão pacífica. Para Buzan (2010), a ascensão pacífica significa uma via de mão dupla, com o poder ascendente se ajustando às regras e estruturas da sociedade internacional, enquanto os situacionistas aceitam fazer certas mudanças para acomodar o novo jogador. A definição pode até não servir para explicar a projeção do poder chinês, ou sua contenção pelos Estados Unidos, mas ajuda a entender o posicionamento da União Europeia com relação ao que vem se popularizando, de forma inadequada, como Nova Guerra Fria.

Até a eleição de Trump, o que Buzan chama de sociedade internacional refletiu, ao menos parcialmente, o que sugere o autor. É fato que os Estados Unidos não perdiam a chance de confrontar a China novata, exibindo força institucional em fóruns internacionais ou seu aparato militar na região do Indo-Pacífico. Apesar disso, a interdependência sino-americana cresceu e, em muitos aspectos, os dois rivais encontraram formas de acomodação mútua.

O que Trump fez foi materializar aquela competição econômica e estratégica em uma espécie de polarização maniqueísta. Primeiro, sob a forma de uma guerra comercial que pôs em risco a economia mundial; depois, aumentando a tensão militar na zona do Indo-Pacífico e questionando a soberania chinesa sobre Taiwan e outras ilhas; e, entre tantas outras acusações, responsabilizando a China pela disseminação do coronavírus que paralisou o curso da história global.

Mas o que tem a ver a União Europeia com tudo isso? Nos quatro anos da presidência de Trump, os países europeus continuaram a ver a China por uma ótica semelhante à de Buzan: acomodação. Havia razão de sobra, já que a China passou a ser seu maior parceiro comercial, superando os Estados Unidos. O inverso também foi verdade até recentemente, quando a União Europeia foi ultrapassada pela Associação das Nações do Sudeste Asiático (Asean, na sigla em inglês).

E como o posicionamento europeu em relação à China afetará as relações transatlânticas na Era Biden? Quando este capítulo foi escrito, o democrata eleito ainda não havia cumprido os primeiros cem dias de governo, de forma que os elementos analíticos ainda não estavam amplamente disponíveis. Vejamos, pois, alguns fatos e simbolismos.

O processo de concretização do Brexit coincidiu com a duração do único mandato de Trump. Em 30 de dezembro de 2020, foi assinado o Acordo de Cooperação e Comércio da União Europeia-Reino Unido, instrumento que regulamenta aspectos futuros das relações comerciais, econômicas, jurídicas e sociais entre os signatários. O acordo não será suficiente para solucionar todas as disputas que advirão, ponto que não cabe discutir aqui, mas serve como baliza para esta análise.

Biden é adepto do europeanismo, traduzido pelo dicionário *Michaelis* como política favorável à unificação dos países europeus. Sua opção por Anthony Blinken, outro convicto internacionalista pró-integração europeia, para ocupar o cargo de secretário de Estado é uma prova dessa inclinação. Isso não fará, obrigatoriamente, com que Biden venha a desistir da promessa de Trump de assinar um acordo bilateral de comércio com o Reino Unido. Como primeira condição, o democrata impõe apenas que a negociação anglo-saxã não prejudique as relações de paz entre a República da Irlanda (membro da União Europeia) e a Irlanda do Norte, que aderiu ao Brexit.

Em contrapartida, a União Europeia também indica que poderá alçar voos solos que desagradarão ao aliado do outro lado do oceano. No mesmo dia em que celebrou o compromisso com o Reino Unido, a Comissão Europeia firmou o Acordo Abrangente de Investimento União Europeia-China. Embora esse acordo ainda tenha de ser aprovado no Parlamento Europeu, em parlamentos nacionais europeus e no Congresso Popular Nacional da China, sua assinatura é um divisor de águas.

Para a China, representa a legitimidade aos olhos do mundo como parceiro comercial e financeiro, uma vitória política sobre os Estados Unidos, e também o acesso limitado ao setor europeu de energia verde. Para a União Europeia, significa a abertura de setores-chave do mercado chinês a investimentos e empresas do bloco. Entre outras vantagens, os europeus obtiveram o fim de barreiras burocráticas, como a necessidade de ter sócios chineses, e da obrigatoriedade de transferência tecnológica.

De Trump a Biden

Apesar de as negociações terem começado há sete anos, a data escolhida para concretizar o acordo de investimentos com a China tem grande simbolismo. A saída do Reino Unido facilitou o caminho, dado que os britânicos sempre tenderam a não frustrar os norte-americanos. Outro aspecto destacável é o fato de os europeus não terem esperado a posse de Biden, que aconteceria vinte dias depois. Essa rapidez visou a alguns objetivos, entre eles evitar a pressão do novo governo norte-americano, mostrar autonomia em relação a Washington e reforçar que o comércio bilateral com os chineses é um caminho sem volta.

A pressa dos aliados frustrou o governo recém-eleito, bem como políticos das duas alas partidárias em Washington. Cerca de um mês antes, o Comitê das Relações Externas do Senado dos Estados Unidos havia divulgado o relatório "The US and Europa: a concrete agenda for transatlantic cooperation on China" (The United States Senate Committee on Foreign Relations, 2020). O documento identifica diversas frentes de atuação conjunta para conter a China, e o *establishment* americano conta com os aliados para isso. Mas os países europeus nem sempre estão na mesma página, particularmente os mais decisivos, como Alemanha e França.

Como disse Wolfgang Ischinger, diretor da Conferência de Segurança de Munique (MSC, na sigla em inglês), os interesses dos Estados Unidos e da Europa em relação à China não são idênticos (Conferência..., 2021). Existem pontos afins em direitos humanos, regras de transparência e democracia e também em segurança. Mas as divergências afloram em comércio, investimentos e tecnologia. Independentemente de quantos fóruns mundiais sobre democracia e clima os aliados transatlânticos organizem, daqui por diante, qualquer alinhamento comercial, financeiro e estratégico entre europeus e norte-americanos incluirá visões diferentes sobre a "questão" chinesa.

Tecnologias digitais

A campanha dos Estados Unidos contra as capacidades chinesas para o domínio e a difusão da tecnologia 5G divide os europeus e opõe alguns destes aos norte-americanos. Ainda que o avanço chinês nesse setor também seja uma preocupação para a União Europeia quanto à segurança cibernética, a questão é opostamente existencial para os aliados transatlânticos. Como quinta geração de redes de comunicação móvel, o 5G é essencial para a chamada Quarta Revolução Industrial. Devido à alta velocidade de transmissão de dados, a tecnologia confere grande vantagem às indústrias que usarem sistemas completamente integrados e capazes de responder a demandas em tempo real. Todos os países desejam implementar o 5G, mas adotá-lo implica reformar as infraestruturas de redes. É esse o ponto que desencadeia a competição China-Estados Unidos, independentemente de o presidente ser Trump ou Biden, e faz da maioria dos países reféns dessa competição interestatal.

Os Estados Unidos estão obcecados em tirar a China e suas respectivas empresas, como a Huawei, da corrida pela dianteira do 5G. Usam toda sua hegemonia em outras áreas para pressionar os demais países a não comprarem equipamentos chineses, principalmente argumentando contra os riscos de cibersegurança. A questão chega a ser discutida no âmbito da Organização do Tratado do Atlântico Norte (OTAN), quer seja para que a aliança tenha um papel mais relevante na campanha, quer seja colocando em dúvida a segurança de dados militares que circulam em redes europeias de comunicação móvel estruturadas com equipamentos chineses.

Para os europeus, o dilema é mais complexo. Como superar sua defasagem tecnológica nesse aspecto, de forma economicamente viável, sem serem obrigados às duras escolhas que a geopolítica do 5G impõe? Os Estados Unidos têm conseguido atrair alguns aliados, como a Suécia e países do Leste Europeu. O mais difícil será quebrar a equidistância de um país como a Alemanha, que recentemente aprovou uma legislação flexibilizando o uso de equipamentos para a rede de comunicação móvel alemã, e cuja indústria tem muito a perder ao se alinhar com os Estados Unidos.

Se, por um lado, o governo dos Estados Unidos pressiona suas contrapartes europeias a se protegerem contra eventuais ameaças cibernéticas por parte da China, por outro, age de forma leniente com os riscos advindos do oligopólio norte-americano de comunicação digital. Esse é outro ponto de atrito entre os aliados transatlânticos, o qual dificultou o diálogo com o governo Trump e não deverá ser solucionado inteiramente sob a gestão Biden.

Conquanto a União Europeia tenha ficado para trás no desenvolvimento de tecnologia da informação, o bloco assumiu a liderança quanto ao estabelecimento de normas protetoras da soberania digital. Em 2018, aprovou a Regulamentação Geral de Proteção de Dados (RGPD), primeiro instrumento internacional a tratar a privacidade de dados como parte dos direitos humanos fundamentais. Muitos países fora do bloco seguem os padrões da RGPD, o que tem incomodado as gigantes do mercado, a maioria de origem norte-americana ou chinesa.

A soberania digital defendida pela União Europeia ganhou reforço com a aprovação, em dezembro de 2020, da Lei de Serviços Digitais e da Lei de Mercados Digitais. Com os dois novos instrumentos, espera-se melhorar a segurança de dados dos usuários e estimular a inovação e a competitividade setorial. Outra preocupação é com as notícias falsas que geram radicalização política e violência. Por essas razões, as leis propostas vão muito além da regulamentação do comércio eletrônico e focalizam a proteção de dados.

A supervisão comunitária prevê impedimentos e multas contra empresas como Google, Facebook, Apple, Amazon, Alibaba, TikTok. Essa estratégia conta com a simpatia do novo governo em Washington. Afinal, o

De Trump a Biden

período Trump foi prova contundente de que, ao se ausentar, o Estado cede espaço para o feudalismo digital das grandes corporações e para aradicalização que seus veículos facilitam. Biden deseja evitar que isso continue colocando em risco as instituições do Estado, mas qualquer regulamentação sobre o setor digital implica romper pontes importantes em casa, a começar pelas doações de campanha eleitoral desse tipo de empresa. Não será fácil para Biden convencer seus próprios correligionários a aprovar leis regulatórias para aquele segmento.

Segurança

Otan

A segunda área que Trump tentou redefinir com os europeus foi a segurança, principalmente no que tange aos gastos dos aliados com defesa e, consequentemente, com a Otan. O tema é uma reclamação antiga, que foi abordada por outros presidentes e representantes dos Estados Unidos, mas nunca sob a forma agressiva e demolidora usada por Trump.

Os Estados Unidos querem que os europeus gastem mais com defesa e segurança e têm a percepção de que os aliados se penduram no guarda--chuva militar norte-americano. Os países europeus se dividem quanto a isso. Muitos não querem aumentar os gastos, por não encontrarem apoio na opinião pública. Como o alvo primário da Otan ainda é a Rússia, os europeus têm percepções diferentes. Enquanto Alemanha e Itália, por exemplo, mantêm boas relações com Moscou, os países do Leste Europeu veem a Rússia como ameaça iminente. Ao longo dos anos, os Estados Unidos souberam explorar essas diferenças para manter os aliados em conformidade com suas diretrizes estratégicas.

Em 2014, surgiu o contexto ideal para unir os europeus e estimular os gastos. Durante a crise da Ucrânia, que culminaria com a anexação da Crimeia pela Rússia, o então presidente Barack Obama obteve o compromisso informal dos europeus para aumento de gastos com defesa. Todos os membros da aliança atingiriam, até 2014, gastos mínimos de 2% sobre os respectivos produtos internos brutos. Quando Trump foi eleito, já era sabido que vários países não alcançariam essa meta. Enquanto os Estados Unidos gastam quase 4%, a Alemanha dispende pouco mais de 1,5%, não devendo chegar a 2% antes de 2031 (Most..., 2020). Esse desequilíbrio se reflete nas dotações para a aliança, embora não se possa esquecer que, ao contrário dos europeus, os Estados Unidos têm um projeto de presença militar global. É natural que sua propensão a gastar com defesa e segurança, em qualquer âmbito, seja maior do que a dos aliados.

A percepção sobre o desequilíbrio de custos e responsabilidades foi suficiente para que Trump transformasse o custeamento da Otan em questão

205

de vida ou morte para a organização. Chegou a chamá-la de obsoleta e questionou a sustentação do Artigo 5 da Carta da Otan, que dispõe sobre o princípio da segurança coletiva. Segundo tal premissa, um eventual ataque contra um integrante representa uma agressão aos demais, que devem responder coletivamente.

A verborragia do presidente gerou apreensão nos dois lados do Atlântico. Em janeiro de 2019, por precaução, o Congresso aprovou a Lei de Apoio à Otan (Nato..., 2019), proibindo que os Estados Unidos se retirassem da aliança sem a aprovação do Senado. A votação foi taxativa: 357 votos a favor e 22 contra. Os países europeus, por sua vez, responderam de duas formas: com promessas de mais gastos, embora os números ainda estejam aquém, e retomando a ideia de autonomia estratégica.

A França sempre apoiou uma defesa europeia menos dependente dos Estados Unidos, mas o Reino Unido e a Alemanha se opunham. O Brexit tirou uma peça do xadrez, e a quebra de confiança por parte de Trump aumentou o interesse alemão. Embora especialistas considerem que uma capacitação realmente autônoma ainda levará anos, a França vem aproveitando os bons ventos para estimular os demais membros. O presidente francês Emmanuel Macron chegou a atestar a "morte cerebral" da Otan, mas parte de sua percepção talvez mudasse se, além de redistribuir gastos, os Estados Unidos partilhassem o comando. Apesar de o organograma da Otan ser horizontal, não é segredo que os norte-americanos mandam mais do que consultam e que isso incomoda aos franceses.

Barry Posen, que se autodenomina um crítico da Otan, argumenta favoravelmente quanto à capacidade europeia de defesa (Posen, 2020-2021). A autonomia não só seria possível como estaria ao alcance. Posen considera que, em termos convencionais, a Europa estaria preparada para enfrentar a Rússia, não obstante os problemas com infraestrutura, dificuldade de mobilização rápida e falta de padronização de equipamentos e treinamento.

A Rússia ainda é o inimigo que amalgama a Otan e, como um político que construiu sua carreira sob os auspícios da Guerra Fria, Biden continua a ser um defensor da aliança militar. Nesse aspecto, sua retórica diverge frontalmente da de Trump. Para o democrata, a aliança militar transatlântica é sagrada, o que não o impedirá de seguir pressionando os europeus a gastarem mais. Para demonstrar a importância da aliança, Biden foi o primeiro presidente norte-americano a participar de uma MSC, a clássica reunião anual da Otan, que aconteceu de forma virtual em 2021.

Quando se trata de Otan, Biden tem um problema de prazo bem mais curto. Trump negociou com o Talibã a retirada da maior parte das tropas internacionais do Afeganistão, até maio de 2021. Todas as partes envolvidas concordam que a guerra passou muito do prazo, mas os europeus são céticos quanto às condições negociadas e temem que a retirada gere mais instabilidade. Biden tem pressa de sair do imbróglio no qual se transformou a guerra mais longa da história dos Estados Unidos, mas deixar o Afeganistão contra a vontade dos aliados poderá comprometer aventuras militares conjuntas no futuro. Novamente, o que está em questão é a confiabilidade de curto, médio e longo prazo. Contudo, de modo geral, a gestão de Biden deverá propiciar a distensão entre europeus e norte-americanos quanto ao papel e à administração da Otan.

Rússia como potência militar

A análise da triangulação Rússia-União Europeia-Estados Unidos não caberia nesta seção do capítulo, nem mesmo em um livro inteiro, de modo que serão abordados somente dois temas que perpassam sanções e tratados de armas.

Trump se autointitulou o presidente antiguerra e prometeu encerrar as guerras intermináveis nas quais seu país estava envolvido. Será isso uma verdade? De fato, ele foi um dos poucos presidentes norte-americanos a não iniciar uma grande invasão ou operação terrestre. Por outro lado, elevou a participação militar em conflitos herdados, aumentou os gastos com defesa e, o que importa para esta seção, desfez tratados relevantes para a segurança mundial.

Um dos primeiros foi o Tratado de Forças Nucleares de Alcance Intermediário (INF, na sigla em inglês), um marco no controle de armas entre os Estados Unidos e a antiga União Soviética. Sua assinatura, em 1987, eliminou e proibiu mísseis balísticos intermediários lançados no solo e mísseis de cruzeiro com alcance entre 500 quilômetros e 5.500 quilômetros. Trump alegou que a Rússia, herdeira dos tratados soviéticos, violara o compromisso; o presidente russo Vladimir Putin devolveu a acusação, e nenhum dos dois atendeu aos apelos das lideranças europeias em defesa de um dos pilares da segurança da Europa. Afinal, o INF havia levado à remoção e destruição de quase 3 mil mísseis nucleares instalados na Europa ou destinados ao continente.

Outro acordo abandonado por Trump foi o Tratado de Céus Abertos (Open Skies Treaty) de 2002, que permite aos signatários sobrevoar o território dos demais com aeronaves desarmadas, mas equipadas com câmeras e sensores. O objetivo é obter imagens de instalações militares para fins de transparência e previsibilidade. Novamente, a Casa Branca alegou violação por parte da Rússia e, em novembro de 2020, renunciou ao tratado. A essa iniciativa seguiu-se a da Rússia, em janeiro seguinte, embora ambos os países sejam obrigados a cumprir um período de carência de seis meses. Biden é favorável ao tratado, mas retomá-lo não parece ser prioridade, e talvez isso implique aprovação pelo Senado.

Trump renunciou a um terceiro tratado de grande importância: o New Start. Esse acordo entre Rússia e Estados Unidos foi assinado em 2010,

Sebastião C. Velasco e Cruz e Neusa Maria P. Bojikian (Orgs.)

quando Biden era vice-presidente, em substituição ao Strategic Arms Reductions Treaty (Start) de 1991. O New Start entrou em vigor em fevereiro de 2011, por dez anos, período em que ambos os signatários deveriam atingir metas de redução de armas nucleares. Os esforços foram bem-sucedidos nos dois lados, o que tornou o instrumento jurídico um êxito diplomático e uma garantia a mais para os países europeus.

Antes de propor a renovação do tratado por mais cinco anos, ou aceitar uma proposta por parte da Rússia, Trump decidiu reavaliar se o tratado atendia aos interesses de segurança nacional. Sua equipe concluiu que a Rússia vinha desenvolvendo armas mais modernas não contempladas pelo New Start, além de ter aumentado o estoque de armas de médio alcance. O governo norte-americano também afirmou que, por não contemplar a China, o tratado estava defasado com relação à nova configuração de forças no sistema internacional. Cavalo azarão na competição de poder militar, a China possui um arsenal de ogivas nucleares estimado em 290 unidades, enquanto Rússia e Estados Unidos somam 8.112 (Kristensen, [s.d.]).

Assim, os Estados Unidos optaram por abandonar o New Start, no que foram seguidos outra vez pela Rússia. Para Trump, o correto seria negociar um acordo trilateral abrangendo a China e as armas nucleares de ponta. Dezesseis dias depois de assumir a presidência, Biden revogou a decisão de seu antecessor e renovou o tratado por mais cinco anos, prometendo trabalhar para que novas armas sejam incluídas, além de buscar uma forma de controlar o armamento nuclear por parte da China.

Rússia como potência energética

A competição nuclear entre Estados Unidos e Rússia não é a única preocupação da União Europeia. Quanto a isso, em não se tratando de desmontar os instrumentos de controle, os aliados partilham a mesma visão. O encontro de ideias não acontece quando o tema é energia. Como o assunto não se esgotaria em um capítulo ou livro, nesta seção será abordada somente a oposição dos Estados Unidos à construção do gasoduto Nord Stream 2, um projeto de US$ 11 bilhões que liga fisicamente a Rússia à Alemanha pelo Mar Báltico (Forrest, 2021). A escolha se explica por duas razões. Primeiramente, porque a decisão dos Estados Unidos vai de encontro aos interesses da Alemanha, seu maior parceiro na União Europeia. Depois, por ser um bom exemplo de como a ordem liberal recorre aos interesses realistas da geopolítica quando o cenário não lhe é favorável.

Os Estados Unidos alegam que o gasoduto coloca em risco a segurança energética europeia, ao tornar alguns países europeus dependentes de um fornecedor pouco confiável e ameaçador. Tal entendimento encontra respaldo em alguns governos do bloco comunitário, sobretudo no Leste Europeu. Essa perspectiva considera o duplo risco: dependência do fornecimento russo e da distribuição alemã. Não há nenhuma novidade nesse argumento, que remonta aos tempos da Guerra Fria. A Rússia é um dos maiores produtores de petróleo e gás do mundo e a Europa, um dos maiores consumidores. A parceria comercial faz todo sentido, exceto de uma perspectiva norte-americana, por aproximar seus maiores aliados de seu rival histórico.

Com uma ótica inversa, a segurança energética também é o que motiva Rússia e Alemanha. Para o Kremlin, o projeto representa uma alternativa de trânsito para os gasodutos que cruzam o Leste Europeu, como os da Polônia e Ucrânia, bem como a garantia de mercado consumidor por muitos anos. Suas reservas de gás convencional são as maiores do mundo. Para a Alemanha, que tem boas relações comerciais, diplomáticas e culturais com a Rússia, o gasoduto significa um fluxo de fornecimento menos sujeito à geopolítica continental ou global. Afinal, mais de uma vez, o continente deixou de ser abastecido em função de disputas políticas ou comerciais entre russos e ucranianos. Comprar gás liquefeito no mercado internacional é mais caro, e a Alemanha precisa do produto para fazer sua transição energética para um padrão de baixo carbono. Por lei, o país deve fechar todas as usinas nucleares até 2022, bem como todas as termoelétricas a carvão até 2038.

Em 2011, os dois países inauguraram o primeiro Nord Stream e, com o segundo, pretendem aumentar o volume de gás transportado. Mas os planos foram prejudicados por atos da Casa Branca e do Congresso, que, em 2019, impuseram sanções contra empresas envolvidas no gasoduto. Com mais de 90% da obra concluída, a construção do Nord Stream 2 foi interrompida durante todo o ano de 2020, sendo retomada quinze dias após a posse de Biden.

Rússia e Alemanha desconfiam que o verdadeiro motivo das sanções seja comercial. Quando o primeiro duto do Nord Stream foi construído, os Estados Unidos consolidavam o uso do *fracking*, tecnologia que possibilitou a exploração de gás de xisto em território norte-americano e a exportação de gás liquefeito para o continente europeu. Além de exportar o produto, os Estados Unidos esperam estimular os europeus a comprarem a tecnologia para explorarem suas próprias reservas de xisto. O desenvolvimento desse tipo de gás, no entanto, causa um impacto ambiental muito superior ao do gás convencional. E, como se sabe, o meio ambiente é um tema sensível para os países europeus. Além disso, as reservas de gás de xisto tendem a se esgotar em ritmo bem mais acelerado do que as tradicionais, o que torna os custos de produção ascendentes. No longo prazo, tais particularidades do gás não convencional produzido nos Estados Unidos não aumentariam a segurança energética europeia.

Até o momento da escrita deste capítulo, o novo governo norte-americano permanecia em silêncio a respeito do gasoduto, chegando a não aplicar as sanções previstas por lei no prazo determinado. Além de manter relações próximas com a Ucrânia, Biden sempre foi um crítico do Nord

Stream. Nesse sentido, é razoável esperar que siga com a oposição. Por outro lado, os Estados Unidos precisam consertar os estragos diplomáticos causados pelos insultos e ações de Trump contra a Alemanha, seu parceiro mais forte e conciliador na União Europeia, bem como o único com capacidade de influência sobre uma França mais autonomista. Trabalhar contra um gasoduto que já está praticamente construído, e no qual a Alemanha investiu alguns bilhões de dólares, exigirá uma grande dose de assertividade.

Irã

A opção do governo Trump por ações unilaterais gerou desconforto e críticas da União Europeia. Alguns exemplos foram o abandono do Acordo de Paris (retomado imediatamente por Biden), o desligamento de organismos internacionais, a não renovação de tratados nucleares e militares, como já visto anteriormente, e tantos outros. Caberia citar também a retirada das tropas da Síria e outros desencontros no campo militar. Por falta de espaço, mas também por ter sido o fato mais exemplificador de ruptura, esta seção discorre brevemente sobre as diferenças transatlânticas quanto ao acordo sobre o programa nuclear iraniano, o Plano de Ação Conjunto Abrangente (JCPOA, na sigla em inglês).

A abordagem do governo Trump para o Irã tensionou as relações com a União Europeia, que lamentou a decisão norte-americana de abandonar unilateralmente o JCPOA e adotar novamente as sanções que haviam sido suspensas. A partir desse ponto, os interesses divergiram. Enquanto os norte-americanos pressionaram os europeus a sair do acordo, para forçar o Irã a aceitar condições mais rígidas, a União Europeia não apenas seguiu defendendo o JCPOA, como trabalhou para desenvolver mecanismos de superação das sanções. O mais conhecido foi o Instex, sistema alternativo de pagamentos internacionais, que permitiu a continuidade das trocas comerciais de países do bloco com o Irã.

O JCPOA sobreviveu à pressão máxima exercida por Trump, mas o contexto de sua assinatura, no ano de 2015, não existe mais. Devido ao ressuscitamento das sanções, que prejudicaram o Irã especialmente no contexto da pandemia, o governo iraniano decidiu retomar alguns pontos de seu programa nuclear. Entre outros, anunciou o enriquecimento de urânio a 20%, bem acima dos 4% permitidos pelo acordo. O posicionamento é visto como uma forma de pressionar o governo Biden a suspender as sanções, mas põe em risco o apoio europeu. Faltando poucos dias para a posse do democrata, o Conselho Europeu reiterou seu apoio ao JCPOA, mas se disse preocupado com a retomada do enriquecimento de urânio acima do limite acordado (European Council, 2021).

Biden é favorável ao JCPOA, um compromisso histórico que foi negociado pela equipe de Obama. Em fevereiro, aceitou o convite da União

Europeia para voltar à mesa de negociações, mesmo sabendo ser alta a probabilidade de que o Irã declinaria. Pois é notório que o governo iraniano negociará somente mediante a suspensão das sanções, coisa que Biden não está pronto para aceitar. O gesto de boa vontade do democrata pode, portanto, ser interpretado como um cálculo político para jogar a intransigência na conta do Irã. Entre outras vantagens, isso ajudaria a afrouxar o elo entre o Irã e os demais integrantes do P5+1, grupo formado pelos membros do Conselho de Segurança da ONU e a Alemanha.

Considerações finais

O governo Biden precisa se apresentar como antítese moral de seu antecessor para recuperar a boa qualidade da relação com a União Europeia, um dos pilares da ordem liberal. Isso demandará uma revisão da abordagem diplomática de Trump, bem como ações práticas em comércio e segurança. Por falta de espaço, mas não por irrelevância, muitos aspectos não foram contemplados neste capítulo. O objetivo foi apenas indicar que o novo período das relações transatlânticas é uma via com oportunidades e barreiras, cujo aproveitamento ou superação nem sempre dependem da boa vontade bilateral.

Por ser um fato tão novo quanto transformador, a pandemia de covid-19 dificulta as análises de curto prazo. As possíveis consequências desse fenômeno complicam as condições para os aliados restaurarem o mundo à imagem do Ocidente, ela mesma gravemente desacreditada. Os desafios implicam ruptura com o passado imediato, a começar pela radicalização nos cenários domésticos, a consolidação do poder da China em diversas esferas globais, a fragilidade da democracia como modelo de organização social e do capitalismo, como estrutura de organização econômica. Somam-se a tudo isso a crise ambiental e a pressão migratória, assim como velhas disputas geopolíticas.

Referências

AHMED. S. et al. (Ed.). Making U.S. Foreign Policy Work Better for Middle Class. [S.l.]: Carnegie Endowment for International Peace, 2020. Disponível em: https://carnegieendowment.org/files/USFP_FinalReport_final1.pdf. Acesso em: 28 fev. 2021.

BUZAN, B. China in International Society: Is "Peaceful Rise" Possible? *The Chinese Journal of International Politics*, v. 3, p.5-36, 2010.

CONFERÊNCIA de Munique virtual e reduzida foca na relação Europa-EUA. *Deutsche Welle*. [S.l.], 18 fev. 2021. Disponível em: https://www.dw.com/

pt-br/confer%C3%AAncia-de-munique-virtual-e-reduzida-foca-na-rela%C3%A7%C3%A3o-europa-eua/a-56603202. Acesso em: 2 mar. 2021.

CONTIGUGLIA, C. Trump: EU is One of United States' Biggest Foes. *Politico,* 15 jul. 2018. Disponível em: https://www.politico.eu/article/donald-trump-putin-russia-europe-one-of-united-states-biggest-foes/. Acesso em: 15 out. 2020.

EMMANUEL Macron Warns Europe: NATO Is Becoming Brain-dead. *The Economist,* 7 nov. 2019. Disponível em: https://www.economist.com/europe/2019/11/07/emmanuel-macron-warns-europe-nato-is-becoming-brain-dead. Acesso em: 22 mar. 2021.

EUROPEAN COMMISSION. *EU and U.S. Agree to Suspend All Tariffs Linked to the Airbus and Boeing Disputes.* [S.l.], 5 mar. 2021. Disponível em: https://ec.europa.eu/commission/presscorner/detail/en/IP_21_1047. Acesso em: 15 mar. 2021.

EUROPEAN COUNCIL. *Iran: Declaration by the High Representative on Behalf of the EU on the Joint Comprehensive Plan of Action (JCPoA), Following Latest Iranian Activities.* [S.l.], 11 jan. 2021. Disponível em: https://www.consilium.europa.eu/en/press/press-releases/2021/01/11/iran-declaration-by-the-high-representative-on-behalf-of-the-eu-on-the-joint-comprehensive-plan-of-action-jcpoa-following-latest-iranian-activities/#:~:text=The%20EU%20has%20upheld%20its,Participants%20of%2021%20December%202020. Acesso em: 21 mar. 2021.

FORREST, B. Biden Administration Reviews Nord Stream 2 Gas Pipeline. *The Wall Street Journal,* 16 fev. 2021. Disponível em: https://www.wsj.com/articles/biden-administration-reviews-nord-stream-2-gas-pipeline-11613476815. Acesso em: 21 mar. 2021.

KRISTENSEN, Hans M.; KORDA, Matt. Status of World Nuclear Forces. *Federation of American Scientists,* [s.d.]. Disponível em: https://fas.org/issues/nuclear-weapons/status-world-nuclear-forces/. Acesso em: 20 mar. 2021.

MOST Nato Countries Set to Miss Military Spending Target. *Financial Times,* 21 out. 2020. Disponível em: https://www.ft.com/content/9bf3fe51-f6c2-4c74-86b0-db2918e33745. Acesso em: 14 ago. 2021.

OFFICE OF THE U.S. TRADE REPRESENTATIVE. *2019 Trade Policy Agenda and 2018 Annual Report of the President of the United States on the Trade Agreements Program.* [S.l.], 2019. Disponível em: https://ustr.gov/sites/default/files/2019_Trade_Policy_Agenda_and_2018_Annual_Report.pdf. Acesso em: 15 mar. 2021.

NATO Support Act. *Congress.gov,* 2019. Disponível em: https://www.congress.gov/bill/116th-congress/house-bill/676. Acesso em: 15 mar. 2021.

POSEN, B. Europe Can Defend Itself. *Survival,* v.62, n.6, p.7-34, dez. 2020-jan. 2021.

THE UNITED STATES SENATE COMMITTEE ON FOREIGN RELATIONS. *The United States and Europe: A Concrete Agenda for Cooperation on China.* [S.l.], nov. 2020 Disponível em: https://www.foreign.senate.gov/imo/media/doc/SFRC%20Majority%20China-Europe%20Report%20FINAL%20(P&G).pdf. Acesso em: 12 jan. 2021.

U.S.-EU TRADE and Economic Issues. *Congressional Research Service,* 28 ago. 2019. Disponível em: https://fas.org/sgp/crs/row/IF10931.pdf. Acesso em: 18 fev. 2021.

11
Os Estados Unidos da América e a América Latina e o Caribe na era Trump (2017-2021): uma análise sobre a tragédia anunciada

Roberto Moll Neto

Introdução

A Era Trump escreveu um novo capítulo na história das relações entre os Estados Unidos e a América Latina e o Caribe. Em meio à crise prolongada e ao declínio do poder estadunidense na região, a administração Donald Trump (2017-2021), imersa em uma base de apoio que combinou setores do capital e trabalhadores precarizados e atomizados, deu à América Latina e Caribe um papel relevante. Nas próximas páginas, este artigo apresentará uma análise da política da administração de Donald Trump para a América Latina e Caribe. Partirá da constatação de que a administração Trump e, consequentemente, sua política internacional estavam inseridas em um contexto de crise prolongada e deteriorização das condições políticas e socioeconômicas dos Estados Unidos, em curso desde os anos 1970, como resultado das contradições globais do capitalismo. E sustentará a ideia central de que, nesse contexto, a administração Trump adotou uma abordagem agressiva e quase belicosa diante da América Latina e Caribe, a fim de alimentar a cruzada que prometeu tornar os Estados Unidos grandes novamente e construir um novo Sonho Americano. Mas não assumiu os custos políticos e econômicos consoantes com essa abordagem, o que não tornou a política para a região menos trágica. Por fim, este artigo fará uma breve análise sobre a política da

Sebastião C. Velasco e Cruz e Neusa Maria P. Bojikian (Orgs.)

administração de Joseph Biden (2021-) para a América Latina e Caribe, com base nas promessas de campanha e nos primeiros meses de 2021.

A crise e a deteriorização do Sonho Americano

Após a Segunda Guerra Mundial, o arranjo corporativista que viabilizou o Sonho Americano – no qual os trabalhadores brancos gozavam de conforto material e larga capacidade de consumo – e os Estados Unidos grandes, sobretudo na esfera industrial e militar, exigiu ampliar investimentos externos para intensificar a exploração de trabalho barato em regiões periféricas, principalmente na aquisição de insumos baratos, e estimular o consumo global de produtos estadunidenses. Somente assim seria possível garantir lucratividade suficiente para responder às pressões dos sindicatos e à missão de conter o comunismo na Guerra Fria. Como sugerem Vigevani, Mendonça e Lima (2018, p263), a posição dos Estados Unidos implicou a liberalização assimétrica do seu próprio mercado para os aliados.

A partir do final dos anos 1960, os Estados Unidos entraram em colapso. Os gastos com a ampliação da arquitetura corporativista e o dispêndio com recursos militares para manter o equilíbrio de poder com a União das Repúblicas Socialistas Soviéticas (URSS), somados à supercompetitividade de Alemanha e Japão – viabilizada pelos planos de ajuda econômica e pelo acesso ao mercado estadunidense –, produziram uma crise econômica e política que atingiu em cheio a grandeza dos Estados Unidos no sistema internacional. As medidas neoliberais e neoconservadoras que se seguiram à crise, particularmente a desindustrialização e os cortes nos programas e políticas públicas, impactaram diretamente na sindicalização e, consequentemente, nos salários e benefícios que garantiam o Sonho Americano, enterrando-o. Assim, a partir dos anos 1970, duas gerações, principalmente de homens brancos que viram seus pais e avós viverem o sonho, submergiram lentamente no pesadelo de uma vida cada vez mais precarizada. Em termos espaciais, após o ápice na década de 1950, cidades industriais ricas como Detroit, Pittsburgh e Cincinnati entraram em franco declínio populacional e econômico. Por outro lado, regiões pobres no interior do país, como o condado de Lewis and Clark, em Montana, cresceram substancialmente. A confiança nas instituições políticas e econômicas tradicionais para resolver os problemas socioeconômicos desmoronou.

A vitória de Barack Obama – um candidato negro e pouco conhecido – na corrida presidencial em 2008 exprimiu a busca por alternativas. Oito anos mais tarde, Trump e seus assessores captaram muito bem esse cenário. Na campanha presidencial, o magnata repetiu algumas vezes: "Eu me recuso a permitir que outra geração de crianças americanas seja excluída do sonho americano" (Trump, 2016) Trump aproveitou sua penetração nas

214

redes sociais para conquistar corações e mentes do operariado, que, atomizado no mundo digital, viu o sonho virar pesadelo e aderiu gradativamente ao credo neoliberal e ao nacionalismo como salvação para tornar os Estados Unidos grandes novamente, opondo-se a supostos privilégios que os programas sociais e as políticas públicas ofereciam a minorias, imigrantes e corporações em outros países. Fora das redes, Trump costurou apoio com proprietários de corporações importantes no mercado financeiro, principalmente com fundos multimercado, como a Renaissance Technologies; no mercado imobiliário, com a G.H. Palmer Associates; nas comunicações e entretenimento, com destaque para a McMahon Ventures (proprietária da World Wrestling Entertainment, que monopoliza o milionário mercado de shows de luta livre e produtos licenciados), Disney e Marvel Entertainment; e no setor de negócios diversos, compreendido pela legislação estadunidense como manufatura, têxteis, aço, produtos químicos, bens de consumo de varejo, restaurantes e as indústrias de jogos de azar, turismo e alimentos e bebidas. Com isso, nas eleições de 2016, Trump abocanhou uma parcela significativa dos eleitores pobres brancos acima dos 35 anos que viviam nas cidades do interior e também teve um excelente desempenho entre os super-ricos.

Em nome dos empregos e da segurança dos trabalhadores estadunidenses, Trump se comprometeu a controlar a imigração e expulsar os imigrantes latino-americanos (tema que é abordado no Capítulo 5 desta coletânea), canalizar investimentos e recursos da América Latina e Caribe de volta para os Estados Unidos e conter a presença de potências estrangeiras, especialmente China, Rússia e seus parceiros na América Latina, a fim de salvaguardar a segurança e interesses estadunidenses na região. A administração Trump não conseguiu concretizar nenhum desses objetivos; faltou destinar recursos e esbarrou em interesses contraditórios. Mas submeteu milhares de imigrantes a violência física e psicológica, legitimou políticas protecionistas nos Estados Unidos combinadas com pressão para abertura de mercados na América Latina e Caribe, aprofundou tensões e conflitos na região e produziu Trumps tropicais.

Donald Trump e a política para a América Latina e Caribe

Sustentada em interesses tão diversos, a administração Trump adotou uma política externa contraditória, mas estratégica. Dombrowsky e Reich (2017) apontam que o governo se deparou com um "Estado profundo", burocratizado e quase autônomo, principalmente no Departamento de Defesa, sob direção de falcões e neoconservadores desde os atentados de 11 de setembro de 2001. Em paralelo, teve que lidar com uma base eleitoral heterogênea e com demandas diversas, que também entram em rota de colisão com o Estado profundo. Esse cenário provocou o embate interno. Como resultado, de acordo com Dombrowsky e Reich (2017), a administração desenvolveu uma política externa calcada em múltiplas estratégias seletivas voltadas especificamente para cada desafio e calibradas de acordo com os constrangimentos. Para Kahl e Brands (2017), a política externa do governo Trump está fundada em quatro pilares: uma perspectiva de segurança doméstica atrelada ao cenário internacional, que toma as ameaças internas como consequência das relações internacionais, em especial a imigração; um nacionalismo econômico, que ataca as desvantagens nas relações comerciais e na posição econômica dos Estados Unidos; um projeto de segurança internacional, que tem como pedra fundamental incrementar as Forças Armadas, mas hesita em utilizá-las; e a construção de relações bilaterais assentada em um "transacionalismo amoral", que busca estabelecer acordos com parceiros que têm interesses afinados com os Estados Unidos, sem preocupação com adequação aos valores estadunidenses. De forma articulada, esses quatro pilares sustentaram a relação entre Estados Unidos e América Latina e Caribe.

Nacionalismo econômico: "comércio em vez de ajuda" e "comércio justo"

Inspirada no governo de Ronald Reagan (1981-1989), a administração Trump adotou as concepções de "comércio em vez de ajuda" e "comércio justo" na política para a América Latina e Caribe. A administração atacou veementemente os programas de assistência humanitária e desenvolvimento econômico para a América Latina e Caribe, rompendo inclusive com a perspectiva liberal de governos anteriores, que buscaram resolver os problemas de imigração e segurança através da promoção da prosperidade econômica e social. Para 2017, o governo Obama requisitou US$ 925,324 milhões para a América Latina e Caribe no orçamento de operações no exterior do Departamento de Estado (DoS), com a finalidade de promover apoio econômico e desenvolvimento. Para 2018, a administração Trump solicitou, respectivamente, US$ 516,081 milhões, um decréscimo de aproximadamente 46%, que se repetiu nos dois anos seguintes. Para 2021, em função dos efeitos severos da pandemia de coronavírus, a administração elevou a requisição orçamentária para o DoS, alcançando US$ 760,900 milhões para promover apoio econômico e desenvolvimento na América Latina e Caribe.

Em 2018, com relação apenas aos três países do Triângulo Norte da América Central (TNAC),[1] origem do maior fluxo de imigrantes da América Latina e Caribe para os Estados Unidos, Trump avisou que: "Honduras, El Salvador e todos esses países estão recebendo milhões e milhões de

---

1 Os três países que formam o TNAC são Honduras, El Salvador e Guatemala.

dólares. Eles não estão fazendo nada por nós [...]. Eles deixam seu povo vir e eles formam suas caravanas no campo. [...] Adivinha? Esse dinheiro vai parar muito em breve" (Trump, 2018d). Para 2017, a administração Obama requisitou US$ 310,929 milhões no orçamento de operações no exterior do DoS para o TNAC, com a finalidade de promover apoio econômico e desenvolvimento. Com muito menos preocupação, a administração Trump requisitou valores menores para os três anos seguintes: US$ 189,500 milhões em 2018; US$ 175,649 milhões em 2019; e US$ 175,650 milhões em 2020. De forma ainda mais impactante, desidratou a Aliança para Prosperidade (A4P), o plano lançado no final de 2014 em parceria com os governos do TNAC e o Banco Interamericano de Desenvolvimento (BID). A A4P tinha como objetivo aprimorar a governança, a transparência institucional e a segurança e promover a prosperidade e o desenvolvimento, com foco no setor produtivo e no capital humano, através de estratégias calcadas na construção de infraestrutura e atração de investimentos para atingir as causas da migração e dos problemas relacionados ao mercado de narcóticos. No biênio 2016-2017, a A4P teve um orçamento programado de, respectivamente, US$ 2,65 bilhões e US$ 2,66 bilhões. Em 2018, o orçamento, definido no ano anterior, subiu para US$ 3,3 bilhões. Os países do TNAC e o BID despenderam a maior parte dos recursos através de crédito e financiamento. Os Estados Unidos, capitaneados pelo então vice-presidente, Joe Biden, destinaram de forma direta US$ 750 milhões para a A4P. No ano seguinte, sob a administração Trump, a contribuição estadunidense para o orçamento da A4P caiu para US$ 655 milhões. Em paralelo, a administração Trump criou a Estratégia Estadunidense para a América Central (USSCA), a fim de canalizar os recursos para A4P, de forma complementar, com o objetivo de impedir a migração de pessoas não autorizadas e requerentes de asilo na fronteira sul. Entretanto, a iniciativa recebeu um orçamento de apenas US$ 401 milhões para toda a América Central. Em março de 2019, a administração suspendeu a maior parte da assistência ao TNAC via A4P e USSCA como retaliação ao crescente fluxo contínuo de migrantes (Luna, 2017; Runde et al., 2021).

Ao menos no discurso, Trump adotou uma política de investimentos e comércio calcada em um protecionismo unilateral em relação à América Latina e ao Caribe, recuperando a concepção de "comércio justo" turbinada pelas campanhas "Estados Unidos em primeiro lugar" (*America First*) e "Compre produtos estadunidenses e contrate estadunidenses" (*Buy American, Hire American*), que teve apelo especialmente entre os trabalhadores brancos precarizados. No discurso em que anunciou sua candidatura, em Nova York, Trump atacou duramente os investimentos da Ford no México e ameaçou cobrar 35% de imposto sobre carros, caminhões e peças que atravessassem a fronteira (Trump, 2015). Alguns meses depois, Trump reagiu com fúria à notícia de que a Carrier, tradicional indústria do ramo de ares-condicionados, fecharia uma fábrica em Indianápolis e levaria a produção para Monterrey, no México. Disse ao portal de notícias conservador Breitbart que as fábricas de aço e automóveis estavam trocando os Estados Unidos pelo México e, mais uma vez, ameaçou cobrar impostos sobre a importação de produtos fabricados e montados no México e vendidos quase exclusivamente nos Estados Unidos. O Breitbart deu destaque a uma frase de Trump na manchete: "Eu sou o único que entende o que está acontecendo" (Trump apud Boyle, 2016). Pouco mais de um mês depois de chegar à Casa Branca, Trump afirmou:

> GM, Walmart, Amgen, Amazon, Fiat [...] vão fazer um grande investimento no país. A Carrier e muitas outras anunciarão novos investimentos significativos [...]. A Ford está investindo US$ 700 milhões em Michigan [...]. Muitos dos empregos que estavam indo para o México, eles estão trazendo de volta. (Trump, 2017a.)

Logicamente, o Acordo de Livre Comércio da América do Norte (Nafta) virou um alvo preferencial das críticas de Trump e uma peça fundamental na narrativa de combate à exportação de investimentos e postos de trabalho para a América Latina e Caribe, especialmente para o México. O "pior acordo comercial da história do país", como Trump se referiu várias vezes ao Nafta, era, na sua narrativa, responsável pela transferência de postos de trabalho de estados industriais tradicionais como Michigan para o México e, consequentemente, pelo debacle dos salários e pelo fim do Sonho Americano. Em campanha pela reeleição, em Michigan, Trump afirmou que, desde que os Estados Unidos entraram no Nafta, os trabalhadores estadunidenses perderam um em cada quatro empregos na indústria. Segundo o presidente, as empresas fabricavam peças no exterior, enviavam para o México para montagem e depois as vendiam nos Estados Unidos sem pagar impostos (Trump, 2020).

Entre agosto de 2017 e novembro de 2018, Trump forçou a renegociação e substituição do Nafta. Ameaçou retirar os Estados Unidos do tratado. Condicionou a permanência dos Estados Unidos à capacidade do México em conter a imigração de centro-americanos para além do Rio Grande, arcando com os custos da construção do muro na fronteira sul estadunidense. No fim, culminou com a conformação do Acordo Estados Unidos--México-Canadá (USMCA), que limitou em alguns aspectos importantes as atividades econômicas na zona de livre comércio: exigiu a produção de 75% das peças dos automóveis estadunidenses em um dos três países do bloco; exigiu a fabricação de 45% dos veículos por trabalhadores que recebam no mínimo 16 dólares por hora de trabalho; excluiu qualquer salvaguarda para México e Canadá diante do aumento de tarifas sobre a importação de aço e alumínio; incrementou a proteção sobre a propriedade intelectual, principalmente nos setores agrícola e farmacêutico; proibiu qualquer um dos membros de estabelecer acordos de livre comércio com países não capitalistas, como a China; liberalizou o setor de serviços; e, surpreendentemente, incluiu proteções trabalhistas, com disposições para garantir o direito à negociação coletiva, visando aumentar o valor da mão de obra no México. De acordo com Trump, no mesmo discurso em Michigan, o USMCA "encerra um pesadelo conhecido como NAFTA. Eles [os mexicanos] ocuparam nossos empregos por muito tempo. E agora temos um novo acordo. [...] Estamos trazendo empregos de volta para a América" (Trump, 2020).

Para Bojikian, apesar da retórica crítica ao NAFTA, o USMCA não rompeu completamente com a política para o setor, adotando regras já estabelecidas no Acordo de Parceria Transpacífico (TPP). O acordo apenas legitimou, junto com o Canadá e o México, medidas que os Estados Unidos adotaram nas últimas décadas – inclusive com amplo suporte bipartidário – como reação à internacionalização da economia estadunidense. Trump tomou e conduziu o processo em curso à sua maneira, com uma agenda nacionalista e uma abordagem agressiva e conflituosa, a fim de convencer os governos de México e Canadá a reverem termos e condições instituídos no Nafta (Bojikian, 2019, p.175). De forma geral, as bravatas de Trump tiveram pouco impacto sobre o estoque de investimento estrangeiro direto (IED) dos Estados Unidos na América Latina, que se manteve estável, com média de US$ 956,4 bilhões no primeiro triênio, ligeiramente superior aos três últimos anos do governo Obama, com média de US$ 898,2 bilhões. Em 2017, o estoque de IED dos Estados Unidos na América Latina chegou a alcançar US$ 1,008 trilhão, mas declinou ligeiramente nos dois últimos anos para, respectivamente, US$ 948,7 bilhões e US$ 911,8 bilhões. O México manteve a posição de principal destino dos investimentos diretos com origem nos Estados Unidos, com uma média de US$ 98,9 bilhões nos três primeiros anos do governo Trump. Considerando apenas o setor manufatureiro, os IEDs também se mantiveram estáveis: no primeiro triênio de Trump, os Estados Unidos destinaram US$ 41,1 bilhões em média em IEDs para o México, pouco acima dos US$ 35,5 bilhões que enviaram em média no último triênio da administração Obama (BEA, 2020).

Como apontam Mendonça et al. (2019), a administração Trump, como Reagan, se interessou pelo livre comércio e por acordos de liberalização na medida em que ofereciam vantagens significativas na balança comercial de manufaturas. Nesse sentido, Trump não propôs uma ruptura completa com o sistema de trocas internacionais construído após 1944, ainda que apresente um discurso protecionista e nacionalista. Sua administração buscou colocar o sistema multilateral e liberal de trocas "de volta nos trilhos" para recuperar perdas econômicas e a liderança estratégica, utilizando de forma unilateral e seletiva estratégias para revisar acordos, como o Nafta, e criar novas barreiras comerciais. Nesse sentido, de acordo com os autores, a administração não pretendeu reconstruir o sistema multilateral e liberal de trocas comerciais, e sim radicalizá-lo a partir do controle dos mecanismos de "comércio justo" instituídos internamente e em regimes internacionais (Mendonça et al., 2019, p.120-121, 137). Trump atacou o déficit com o México, opondo a concepção de "comércio justo" ao Nafta. Ainda em 2017, Wilbur Ross, o secretário de Comércio Exterior entre 2017 e 2020, e Maria Bartiromo, apresentadora de notícias de negócios da rede *Fox News*, conversaram sobre o "comércio justo" e o Nafta diante dos telespectadores. Em tom de queixa, Bartiromo afirmou que, pelas regras do Nafta, uma empresa poderia produzir produtos no México por um preço muito mais barato do que nos Estados Unidos e depois vendê-los aos Estados Unidos sem problemas, e que isso prejudicou o trabalhador estadunidense. Ross replicou: "Sem dúvida. Há empregos exportados e não apenas para o México, para muitos outros países também. Esse equilíbrio precisa ser restaurado um pouco e deve ser feito não apenas com livre comércio, mas com livre comércio justo [...]. Adicionaremos um 'F' extra que será o Naffta" (Trump, 2017b). Diante de líderes da indústria, Trump elogiou Ross e estabeleceu uma relação entre o déficit com o México e o crime. Segundo o presidente, naquele momento, os Estados Unidos tinham um déficit comercial de US$ 70 bilhões com o México "e isso não inclui as drogas que passam pela fronteira como água" (Trump, 2017a).

Sob a mesma premissa de "comércio justo", em 2018, Trump elevou as tarifas de importação de alumínio e aço em 10% e 25%, respectivamente. A medida atingiu em cheio Brasil e México, que, junto com o Canadá, eram os maiores fornecedores de alumínio e aço para os Estados Unidos. Além disso, Trump buscou utilizar os mecanismos de "comércio justo" para pressionar países da América Latina e Caribe a abrir setores da economia para os produtores estadunidenses. Em um caso emblemático, em 2020, a administração Trump pressionou o governo do Brasil a estender o prazo da isenção tarifária para a exportação de até 750 milhões de litros de etanol produzido nos Estados Unidos, sob pena de sofrer retaliação através da elevação de tarifas para produtos brasileiros. Entretanto, especificamente para a América Latina e Caribe, a estratégia comercial da administração teve efeitos muito limitados sobre a balança comercial. Nos três primeiros anos do governo Trump, a balança comercial dos Estados Unidos com a região, que voltou a ter resultados positivos crescentes a partir de 2009, se manteve estável, com média de US$ 82,7 bilhões, resultado ligeiramente acima da média dos anos anteriores. Especificamente em relação ao México, no primeiro triênio de Trump, o déficit na balança comercial estadunidense chegou, em média, a US$ 84,6 bilhões. Em 2019, alcançou impressionantes US$ 104,1 bilhões, um crescimento de 62% em relação ao último ano do governo Obama (BEA, 2020). Vale ressaltar que a balança de produtos manufaturados continuou sendo o foco do déficit e a de serviços manteve resultados positivos pouco expressivos, nos mesmos patamares da administração anterior, revelando a ineficiência, ao menos temporária, da negociação que transformou o Nafta em USMCA.

Segurança hemisférica hostil e hesitante: a Doutrina Monroe e os Trumps tropicais

Na América Latina e Caribe, a partir da década de 1990, a persistência das crises econômicas e os efeitos socioeconômicos funestos das reformas neoliberais fortaleceram movimentos sociais e grupos políticos críticos ao "Consenso de Washington" e à ascendência da Casa Branca sobre a região. Como resposta, reivindicavam o protagonismo do Estado dinante do mercado para promover equidade social e a autonomia nas relações internacionais, ampliando parcerias com outras potências. Nesse sentido, alçaram ao poder políticos com trajetória de esquerda, ainda que com origens diversas e características distintas, como Hugo Chávez, Daniel Ortega, Michelle Bachelet, Luiz Inácio Lula da Silva, Nestor Kirchner, Rafael Correa e Evo Morales. Assim, nos primeiros anos do século XXI, o cenário da América Latina e Caribe combinou: o esgotamento do modelo neoliberal; a ascensão de movimentos sociais e forças políticas em busca de alternativas; e a instalação de governos que buscaram revalorizar o papel do Estado como promotor de desenvolvimento e equidade social com maior autonomia no cenário internacional (Ayerbe, 2008, p.265) Entretanto, a partir de 2013, essas experiências entraram em curto-circuito, principalmente, em decorrência da queda dos preços de *commodities.*

Sob os auspícios de Monroe, a administração Trump esboçou uma retomada do intervencionismo na região, com a finalidade de minar a presença de potências estrangeiras, como Rússia e China, e formas plurais de governo e desenvolvimento autônomo na região, sobretudo em Cuba, Venezuela, Nicarágua e Bolívia. Em 2013, na Organização dos Estados Americanos (OEA), John Kerry, então secretário de Estado na administração Obama, anunciou o fim da Doutrina Monroe, que, em 1821, introduziu a ideia de que os Estados Unidos deveriam encarar qualquer tentativa estrangeira de expansão política sobre o hemisfério como uma ameaça à paz e à segurança. Cinco anos mais tarde, em meio à crescente presença da China na América Latina e Caribe, Rex Tillerson, secretário de Estado entre 2017 e 2018, momentos antes de iniciar uma viagem diplomática para a região, afirmou que a Doutrina Monroe "é tão relevante hoje quanto no dia em que foi escrita" (Tillerson apudBrands, 2018). O próprio Trump, na Organização das Nações Unidas (ONU), disse que

> [...] aqui no Hemisfério Ocidental, estamos comprometidos em manter nossa independência da invasão de potências estrangeiras expansionistas. Tem sido a política formal de nosso país, desde o presidente Monroe, que rejeitemos a interferência de nações estrangeiras neste hemisfério e em nossos próprios assuntos. (Trump, 2018b.)

Os interesses da Rússia na América Latina e Caribe estavam articulados em, pelo menos, dois sentidos: aumentar o controle sobre produção e preços do petróleo – em oposição ao redirecionamento da política energética dos Estados Unidos nos anos Obama, que apostou na exploração de óleo e gás em seu próprio território e em energias limpas – e equilibrar a expansão econômica e militar dos Estados Unidos e da Organização do Tratado do Atlântico Norte (OTAN) no Leste Europeu, em especial na Crimeia. Por outro lado, como bem lembram Pires e Nascimento (2020), desde o início de 2000 as relações entre China e América Latina e Caribe ganharam volume e intensidade em virtude do acelerado crescimento econômico chinês, que impôs forte demanda por alimentos, minerais e *commodities*.

Assim, entre 2000 e 2016, o fluxo comercial entre China e América Latina e Caribe saltou de aproximadamente US$ 15 bilhões para US$ 244 bilhões, atingindo um pico em 2014, com impressionantes US$ 280 bilhões. Até 2015, a China concentrava a produção de mercadorias de baixo valor agregado e sem inovação, inserida no processo de redução dos custos através do deslocamento de plantas industriais, exportação de trabalho e terceirização. Entretanto, a partir de 2015, a China buscou investir na produção de bens de consumo de alta tecnologia, sistemas e aplicativos, inclusive em parceria com empresas multinacionais estadunidenses. Com isso, aumentou sua presença econômica na América Latina e Caribe, comprando insumos para a produção industrial de bens de consumo baratos, que garantem lucros das multinacionais estadunidenses e das empresas chinesas. Além disso, o governo chinês convidou os países da América Latina e Caribe a ingressar na iniciativa Belt and Road (BRI), a fim de estreitar a cooperação econômica, e intensificou a concessão de empréstimos e linhas de financiamento (Pires; Nascimento, 2020, p.121-122). Como parte da integração e cooperação econômica na BRI, os chineses investiram em grandes projetos estratégicos na região, como a Ferrovia Transoceânica Brasil-Peru e o Canal da Nicarágua – ambos interligando os oceanos Atlântico e Pacífico como alternativa ao Canal do Panamá, onde a presença dos Estados Unidos é intensa. Em especial, a América Central tem uma importância geopolítica fulcral para a China, uma vez que permite o envio de mercadorias para as costas Leste e Oeste dos Estados Unidos e uma rota entre a Ásia e a América Atlântica.

Ainda segundo Pires e Nascimento, até 2013, os Estados Unidos adotaram uma política de boa vontade e sem muitas preocupações com a presença da China na região. Desde então, as preocupações aumentaram, inclusive na administração Obama (Pires; Nascimento, 2020, p.123). O governo Trump, sob pressão de setores conservadores, adotou uma política agressiva contra a presença econômica da China na América Latina e Caribe, potencializada pela guerra tecnológica em torno da adoção do padrão 5G na internet. Em outubro de 2018, Mike Pence, então vice-presidente dos Estados Unidos, afirmou que "a China usa a chamada 'diplomacia da dívida' para expandir sua influência [...], oferecendo centenas de bilhões de dólares em empréstimos de infraestrutura para governos da Ásia, África, Europa e até América Latina". Ainda segundo Pence, "em nosso próprio hemisfério [...] o Partido Comunista Chinês convenceu três nações latino-americanas a romper os laços com Taipei" (Pence, 2018).

A utilização do vocábulo "até" (*even*) dá a dimensão da preocupação e perturbação dos Estados Unidos com uma ousada presença da China no subcontinente. Em articulação com o pronome "nosso" (*our*), direcionado a uma plateia majoritariamente estadunidense, revela que Pence compreende a América Latina e Caribe como um espaço de poder exclusivo dos Estados Unidos, diferente da Europa, África e Ásia. Em uma declaração no Congresso, Craig S. Faller, comandante do Comando Sul dos Estados Unidos (Southcom), responsável pelas operações militares na América Latina e no Caribe, afirmou que os Estados Unidos e a China estavam em um conflito direto na região. Segundo Faller, os chineses conquistaram grandes áreas de desenvolvimento, ocuparam posições em ambos os lados do Canal do Panamá e realizaram investimentos significativos em infraestrutura de TI. Além disso, a China teria interesses militares em seu envolvimento em estações espaciais em algumas nações na América Latina e Caribe (Faller apud U.S. Southern Command, 2019)

John Bolton, conhecido falcão da política externa estadunidense e conselheiro de Segurança Nacional na administração Trump entre 2018 e 2019, cunhou o epíteto "Troica da Tirania" para se referir a Cuba, Venezuela e Nicarágua. Para Bolton, os cubanos, venezuelanos e nicaraguenses sofrem na miséria porque o socialismo foi implementado com eficácia. Segundo o conselheiro,

> [...] em Cuba, uma ditadura brutal sob a fachada de uma nova figura de proa continua a frustrar as aspirações democráticas e a prender e torturar os oponentes. Na Venezuela e na Nicarágua, líderes autocráticos desesperados, decididos a manter o controle do poder, juntaram-se a seus colegas cubanos no mesmo comportamento opressor de prisão injusta, tortura e assassinato. Esta Troica da Tirania, este triângulo de terror que se estende de Havana a Caracas a Manágua, é a causa de um imenso sofrimento humano, o ímpeto de uma enorme instabilidade regional e a gênese de um sórdido berço do comunismo no Hemisfério Ocidental. [...] Sob esta administração, não vamos mais apaziguar ditadores e déspotas perto de nossas costas. [...] Defenderemos a independência e a liberdade de nossos vizinhos. (Bolton, 2018)

Após décadas de dependência em relação à URSS, Cuba promoveu reformas econômicas que atraíram investidores e interesses comerciais na Europa, China e Estados Unidos, além da parceria com a Venezuela. Após as crises de 2008 e 2013, o processo de aproximação econômica de Cuba com Europa e Venezuela enfraqueceu, mas não se pode dizer o mesmo sobre a aproximação com a China. Além disso, em 2014 os governos de Rússia e Cuba assinaram um acordo para reabertura de uma base militar de inteligência russa na ilha (Lourdes SIGINT). O acordo aconteceu meses após o início da guerra civil no leste da Ucrânia, que levou definitivamente os Estados Unidos e a Otan para a fronteira com a Rússia. Enquanto isso, do outro lado do estreito da Flórida, os grupos interessados em rever a relação entre Cuba e Estados Unidos estavam travados pelo bloqueio comercial. Diante desse quadro, o governo Obama tentou mudar a relação entre Estados Unidos e Cuba. Em 2012, os governos Obama e Raúl Castro (2008-2018) deram início às negociações secretas que, em 17 de dezembro de 2014 (17D), culminaram com o anúncio de um conjunto de medidas para estabelecer uma reaproximação entre os dois países. Como consequência ou não, o acordo entre Cuba e Rússia acabou sem sair do papel (Moll Neto, 2019).

O governo Trump atacou significativamente os esforços de aproximação entre Estados Unidos e Cuba durante a administração Obama. Antes da corrida presidencial, Trump chegou a considerar a aproximação como um bom negócio. Disse que abriria um hotel da sua rede em Cuba. Em alguns momentos da corrida presidencial, que ocorreu em paralelo ao processo de aproximação entre os dois países, Trump criticou a estratégia do governo Obama, alegando que era capaz de estabelecer acordos mais vantajosos para os Estados Unidos; todavia, no fim do processo eleitoral, passou a criticar a aproximação a fim de conquistar os votos da fração anticastrista do estado da Flórida e, consequentemente, vencer a eleição naquele estado. Trump inclusive afirmou que poderia reverter o processo. De fato, seu governo reverteu medidas de flexibilização do comércio e do turismo e diminuiu a quantidade de funcionários da embaixada dos Estados Unidos em Havana, reaberta no processo de aproximação. Entretanto, manteve a regulamentação que permitiu aos estadunidenses investirem na expansão das telecomunicações e no acesso à internet na ilha, possivelmente sob influência de interesses de setores do capital estadunidense e/ou como estratégia para desestabilizar o governo cubano. Mais tarde, Trump alegou que a representação diplomática estadunidense na ilha sofreu um ataque sônico. Como apontam Pedroso, Martínez e Franzoni, "o resultado desse evento foi um incremento das tensões entre os dois países" (Pedroso; Martinez; Franzoni, 2018).

Em Miami, após assinar o conjunto de medidas que desfez o processo de aproximação, Trump disse que os acordos entre Cuba e Estados Unidos eram sem sentido, terríveis e equivocados. Em suas palavras, o processo "espalha violência e instabilidade na região". O presidente afirmou que Cuba era governada pelas mesmas pessoas que tentaram propagar uma ideologia repressiva e fracassada pelo hemisfério, inclusive abrigando armas nucleares inimigas. Além disso, acusou o governo cubano de enviar armas para a Coreia do Norte e alimentar o caos na Venezuela. Segundo

De Trump a Biden

o presidente, os Estados Unidos deveriam assumir maior responsabilidade pela estabilidade na região (Trump, 2017c). Nove dias antes de deixar a Casa Branca, a administração Trump, na figura do secretário de Estado Mike Pompeo (2018-2019), anunciou que colocou Cuba de volta na lista de patrocinadores do terrorismo, citando o acolhimento de dez líderes rebeldes colombianos e estadunidenses procurados por crimes cometidos na década de 1970.

No início de 2018, Trump abriu outra frente de ataque, na Nicarágua. O governo Ortega (2006-) respondeu com violência às manifestações populares contra a proposta de reforma da previdência e à insatisfação com os efeitos socioambientais do projeto para construção de um canal concorrente ao Canal do Panamá, que recebeu aportes de capital chinês de aproximadamente US$ 50 bilhões de dólares. Nikki Haley, embaixadora dos Estados Unidos no Conselho de Segurança da ONU entre 2017 e 2018, tentou caracterizar a instabilidade na Nicarágua como estado de alerta, uma vez que poderia ameaçar a segurança regional, inclusive com uma crise migratória. Todavia, os representantes de China, Rússia e Bolívia não aceitaram. De acordo com Ayerbe, as manifestações do governo Trump apontavam uma tentativa articulada de provocar a substituição do governo na Nicarágua. Primeiro, acusou Ortega de se manter no poder com eleições fraudulentas e repressão aos dissidentes; em seguida, tentou definir a situação da Nicarágua como uma crise internacional, comparando-a a Venezuela e Síria (Ayerbe, 2019). No final do ano, a administração Trump promulgou a Lei de Direitos Humanos e Anticorrupção da Nicarágua, que suspendeu vistos e bloqueou o acesso a bens e propriedades de membros do governo nicaraguense em território ou poder estadunidense. No ano seguinte, a administração renovou as sanções. Na ocasião, em nota à imprensa, Trump afirmou que o enfraquecimento das instituições democráticas e do Estado de direito, o uso de violência indiscriminada e táticas repressivas contra civis e a corrupção que levou à desestabilização da economia da Nicarágua representavam uma ameaça incomum e extraordinária à segurança nacional e à política externa dos Estados Unidos (Trump, 2019b).

Em 2017, quando Trump chegou à Casa Branca, a Venezuela afundava ainda mais em uma crise institucional aguda. O presidente Nicolás Maduro (2013-) impôs novas restrições para a atuação política da oposição, aumentou o número de juízes do Tribunal Supremo de Justiça (TSJ) e, com apoio dos novos magistrados, diminuiu os poderes da Assembleia Legislativa, controlada pela oposição – mormente a Mesa de Unidade Democrática (MUD) – desde 2015. Logo Maduro convocou eleições para a formação de uma Assembleia Constituinte, com o objetivo de se sobrepor definitivamente à oposição, sobretudo no Legislativo. A MUD e outros grupos de oposição boicotaram a eleição para formação da Constituinte e, com isso, o Partido Socialista Unido da Venezuela (PSUV), base de apoio de Maduro,

225

obteve todas as cadeiras da Assembleia. Neste quadro, o país passou a ter dois legislativos, a Assembleia Nacional, oposicionista, e a Assembleia Constituinte, governista.

Em 2018, Maduro venceu mais uma vez o pleito nacional, que ocorreu em meio a um novo boicote da oposição, com comparecimento de apenas 46% dos eleitores às urnas. No ano seguinte, no dia da posse, a Assembleia Nacional considerou a vitória de Maduro ilegítima, declarou o cargo de presidente vago e elegeu o deputado Juan Guaidó, oposicionista, para a presidência legislativa e, consequentemente, presidência nacional. Nos Estados Unidos, em meio às eleições legislativas, Trump afirmou várias vezes que, caso os democratas vencessem o pleito, "viraremos a Venezuela" (Trump, 2018c). No governo, a administração Trump estabeleceu um bloqueio econômico sobre o governo da Venezuela, proibindo instituições financeiras de comprar ou vender títulos emitidos pela autoridade governamental ou pela companhia estatal Petróleos de Venezuela (PDVSA). Além disso, suspendeu o acesso de membros do governo venezuelano aos vistos de entrada nos Estados Unidos e às contas no país e rapidamente reconheceu a legitimidade do governo de Guaidó.

A partir de 2018, a administração Trump tensionou a relação com a Venezuela, acusando o país de servir como base de operação para todas as ameaças ao continente; logo, definiu a instabilidade da Venezuela como uma ameaça à segurança e aos interesses nacionais, sobretudo em virtude do fluxo migratório e da presença de potências estrangeiras rivais em uma das regiões mais ricas em petróleo no mundo. Bolton afirmou que a estabilidade e a democracia na Venezuela eram do interesse nacional, uma vez que, com sua economia em colapso, 4 milhões de refugiados fugiram para os Estados Unidos (Bolton apud Trump, 2019a). Pedroso, Martínez e Franzoni (2018) lembram que "o cerne da questão, todavia, não era preservar a população, mas sim o comércio de petróleo". Desde 2013, a empresa estatal russa Rosfnet investiu mais de US$ 13 bilhões na extração de petróleo venezuelano, tornando-se a principal comerciante deste no exterior (Pires; Nascimento, 2020, p.126).

Em meio ao momento mais delicado da investigação sobre a interferência da Rússia nas eleições estadunidenses de 2016 e a querela eleitoral na Venezuela, Trump recebeu Fabiana Rosales, companheira de Juan Guaidó, na Casa Branca. O presidente ordenou que a Rússia deixasse a Venezuela e ameaçou usar todas as opções, sugerindo que poderia intervir diretamente para expulsar o inimigo (Holland; Wroughton, 2019). Alguns dias depois, a administração Trump publicou um comunicado dizendo que a interferência do governo russo e sua assistência ao regime de Maduro eram extremamente problemáticas e inaceitáveis, e que a Rússia deveria sair e renunciar a seu apoio ao regime de Maduro (Trump, 2019a). No mesmo ano, Bolton denunciou a suposta ameaçadora presença de militares cubanos e dos interesses estratégicos iranianos na Venezuela. Segundo o secretário, a Venezuela era, na verdade, uma "Cubazuela", devido ao controle que as forças militares e de segurança de Cuba exerciam sobre o regime de Maduro, e uma ameaça estratégica significativa para os Estados Unidos (Bolton apud Trump, 2019a). Já o vice-presidente Pence acusou Pequim de subsidiar Maduro. Segundo Pence, "Pequim estendeu uma tábua de salvação ao regime corrupto e incompetente de Maduro na Venezuela, que oprime seu próprio povo" (Pence, 2018). Diante do Congresso, Faller sintetizou:

> Todos os desafios e ameaças à segurança em nosso hemisfério são agravados pela crise na Venezuela. A Rússia fornece empréstimos, apoio técnico e militar e retórica. A China é o maior credor estatal da Venezuela, sobrecarregando o povo venezuelano com mais de US$ 50 bilhões em dívidas e exportando tecnologia de vigilância usada para monitorar e reprimir. O Irã reiniciou voos diretos de Teerã e revigorou os laços diplomáticos. A sempre presente Cuba fornece pessoal e recursos essenciais para sustentar um ditador corrupto e ilegítimo. (Faller apud U.S. Southern Command, 2019.)

Como nos últimos sessenta anos, o tráfico de narcóticos, além de funcionar como ingrediente aglutinador moral para justificar o controle da imigração através da fronteira sul, também serviu para legitimar as intervenções contra a presença de potências estrangeiras indesejadas e de governos não alinhados. Em 2017, Trump relacionou o crescente consumo de opioides nos Estados Unidos à China, através da fronteira com a América Latina. Em um memorando para os chefes de departamento e agências executivas sobre o tema, a administração acusou a China de manufaturar e importar fentanil de forma ilegal através da fronteira sul (Trump, 2017d). Em 2018, Trump assinou o Interdict Act, que instruiu o Departamento de Segurança Interna a fornecer ferramentas e recursos adicionais para detectar e interceptar o fornecimento de fentanil ilícito. Durante a solenidade, Trump e o senador Ed Markey, do Partido Democrata de Massachusetts, estabeleceram um cordial diálogo, que terminou com a afirmação do representante democrata de que os opioides da China vão para o México e depois para os Estados Unidos (Trump, 2018a).

Em março do mesmo ano, William Barr, procurador-geral dos Estados Unidos entre 2019 e 2020, anunciou que estava indiciando Maduro por tráfico de drogas. Segundo Barr, promotores de Miami e Nova York acusaram Maduro por lavagem de dinheiro, tráfico de drogas, corrupção e uma série de outras acusações criminais. Como consequência, o Departamento de Estado dos Estados Unidos anunciou uma recompensa de US$ 15 milhões por informações que levassem à prisão ou processo contra Maduro. Geoffrey Berman, procurador federal sediado em Nova York, afirmou que o alcance e a magnitude do suposto tráfico de drogas só foram possíveis porque Maduro e outros membros do governo corromperam as instituições da

Venezuela e forneceram proteção política e militar para os crimes de narcoterrorismo desenfreados. Ainda segundo Berman, Maduro e outras autoridades venezuelanas pretendiam inundar os Estados Unidos com cocaína a fim de minar a saúde e o bem-estar dos estadunidenses, e corromperam as instituições venezuelanas para atacar os Estados Unidos e lucrar com o tráfico de drogas (Berman apud Johnson, 2020). Mike Pompeo afirmou que membros do governo venezuelano facilitaram o embarque de narcóticos para os Estados Unidos através de portos marítimos e bases aéreas (Pompeo apud Johnson, 2020). Diante do Congresso, Faller afirmou que o fluxo de cocaína da Colômbia, heroína do México, fentanil da China e outras drogas da Venezuela através do Caribe e de campos de aviação na América Central eram um desafio à segurança nacional, uma vez que matava estadunidenses e que terroristas e outros materiais ilícitos passavam pelas mesmas rotas. Em 2020, Faller contou ainda que se reuniu com representantes das Forças Armadas do México e da Guatemala para compartilhar informações e traçar estratégias para combater o tráfico de narcóticos na região (Faller apud U.S. Southern Command, 2020).

Os recursos para defesa hemisférica não acompanharam a retórica belicista e os esforços de Faller. Para 2020, a administração Trump destinou, através dos recursos militares para o DoS para operações no hemisfério, US$ 526,4 milhões, incluindo ações de combate ao tráfico internacional de narcóticos, aplicação da lei, financiamento e treinamento e educação militar, 15% a menos do que os US$ 617,3 milhões que a administração Obama destinou em 2016 com o mesmo propósito. Em média, a verba do Departamento de Estado para operações militares nos anos Trump foi de US$ 460,4 milhões. Vale destacar que os recursos para financiamento militar caíram de US$ 71,25 milhões, no último orçamento da administração Obama, para US$ 20 milhões em 2020. Em 2016, a administração Obama, através do Departamento de Defesa (DoD), destinou ao Southcom US$ 187 milhões. Em 2020, o governo Trump destinou ao comando de Faller US$ 191,8 milhões, um incremento de apenas 2,5%. No mesmo período, os recursos destinados à Força-Tarefa Bravo, sediada na base aérea de Soto Cano em Honduras, que opera treinamento e ações militares na região, passou de US$ 32,9 milhões para US$ 38,7 milhões, um crescimento pequeno de 17,6%. Não se trata de negligência: Trump deu continuidade a um processo de militarização da política dos Estados Unidos para a América Latina e Caribe, em curso desde 11 de setembro de 2001.

Como aponta Ayerbe, a retórica monroísta, com tons de Guerra Fria, arquitetou inimigos e ameaças, mas não encontrou correspondência nos recursos destinados à política externa para a região; então, buscou estabelecer alianças com atores e grupos políticos dispostos a assumir os custos da retórica. De todo modo, isso não significa que os governos da região adotaram uma política de alinhamento automático com os Estados Unidos,

De Trump a Biden

mesmo aqueles animados com a retórica de Trump, uma vez que estão permeados por diversos grupos com interesses em ampliar as parcerias de comércio exterior e investimentos externos, sobretudo com a China (Ayerbe, 2019, p.238-242). A administração Trump reforçou a lógica do "comércio em vez de ajuda" também no setor de defesa, autorizando a venda de grande quantidade de armas, munições e equipamentos bélicos para os países aliados na região, um padrão consoante com as administrações anteriores, e dividiu o vocabulário monroísta e bélico com outros líderes políticos na região.

No Brasil, Jair Bolsonaro se elegeu presidente em 2018 desferindo diversos ataques à China e assegurando aos seus correligionários que "o Brasil não pode virar uma Venezuela". Na prática, o governo brasileiro tentou isolar a Venezuela na América do Sul, defendeu a visita de Pompeo na fronteira com o país vizinho e chegou a indicar, brevemente, que poderia realizar ações militares para desestabilizar o governo Maduro. No Chile, o empresário José Antonio Kast frequentemente ataca a Venezuela e Cuba nos mesmos termos de Trump. Em sua conta no Twitter, Kast afirmou: "Não podemos aceitar que o Chile se converta em Venezuela. Temos que deter o marxismo e isolar os partidos que negam a violação dos Direitos Humanos" (Kast, 2020). Entretanto, no programa *Tolerancia cero*, Kast afirmou que não romperia relações com a China, que está no "caminho da democracia" e do "respeito pelos direitos humanos" (Kast apud Guzmán, 2017). Na Guatemala, Alejandro Giammattei definiu a Venezuela como um "narcoestado" responsável pelo envio de drogas ao território guatemalteco; além disso, cortou os laços diplomáticos entre a Guatemala e a Venezuela. Atacou duramente a China, principalmente em relação à pandemia do coronavírus, direcionando a política externa para um alinhamento mais próximo dos Estados Unidos, inclusive no que se refere a acordos para investimento, e de Taiwan.

Nesse sentido, a Bolívia se tornou um caso emblemático. O país ficou apenas nas margens do discurso monroísta e belicoso de Trump; entretanto, assistiu a uma intervenção direta através da OEA, liderada pelo embaixador estadunidense. Em outubro de 2019, Evo Morales, presidente do país entre 2006 e 2019, se candidatou a um quarto mandato. Um dia após o resultado, que confirmou a vitória de Morales, a OEA, que observou o pleito, emitiu um comunicado de imprensa "expressando sua profunda preocupação e surpresa com a mudança drástica e difícil de explicar na tendência dos resultados preliminares", sem apresentar nenhuma prova (Cashman, 2020). Carlos Trujillo, embaixador dos Estados Unidos na OEA, liderou a equipe de observação e o relato de fraude. Os protestos eclodiram em um país que já estava polarizado. Morales concordou em realizar novas eleições, mas em novembro, os militares bolivianos, com apoio do Legislativo e do Judiciário, deram um ultimato a Morales, que renunciou. A deputada Jeanine Áñez

Sebastião C. Velasco e Cruz e Neusa Maria P. Bojikian (Orgs.)

assumiu o governo. Na sua conta no Twitter, Trump anunciou o apoio dos Estados Unidos a Áñez e denunciou a violência que agentes promovem "de dentro da Bolívia e de longe" (Trump, 2019c). Áñez, por sua vez, afirmou que a Bolívia se livrou "de um destino como o da Venezuela" (Áñez apud Deutsche Welle, 2019). Dez meses depois, a OEA revelou os dados do processo de observação, que, repletos de erros, não puderam confirmar a ilegalidade do pleito. Em 2020, Luis Arce, com apoio de Morales, venceu novas eleições e assumiu a presidência do país.

Biden: os primeiros dias e algumas expectativas

Trump não conseguiu fazer os Estados Unidos grandes novamente. Não logrou construir um novo Sonho Americano. As questões estruturais que impactam as relações entre Estados Unidos e América Latina e Caribe não mudaram. Portanto, as propostas iniciais da administração Biden para a região não apresentam grandes rupturas, mas anunciam algumas mudanças de abordagem em relação ao governo anterior.

A administração Biden promete voltar à abordagem liberal sobre a América Latina e Caribe. O governo Biden deve direcionar novos incentivos para os investimentos diretos e as relações comerciais com a América Latina, de acordo com a viabilidade do projeto de adequar a indústria estadunidense às pressões ambientais. Entretanto, não dá indícios de que vai reverter o viés protecionista do governo anterior. Além disso, durante a campanha, prometeu combater o fluxo de narcóticos e pessoas sem documentos com a infusão de ajuda humanitária e investimentos para gerar emprego e capacitar as instituições de segurança pública, principalmente no México e no TNAC. Biden sempre apoiou a guerra às drogas dentro e fora do território nacional. Na campanha presidencial, prometeu legalizar o consumo de maconha em todo território, medida que precisa ser aprovada pelo Legislativo e deve mudar parcialmente a política de segurança para a América Latina.

Entretanto, durante a campanha, Biden teceu algumas críticas à reversão da política de aproximação com Cuba e à abordagem do governo Trump sobre a Venezuela. No final de janeiro de 2020, a secretária de imprensa Jen Psaki confirmou que o governo vai revisar as políticas de Trump para Cuba. Biden pode usar a autoridade executiva para desfazer algumas restrições sobre o fluxo de pessoas e remessa de bens e capitais enviados de cidadãos que vivem nos Estados Unidos para Cuba; todavia, para retomar a reaproximação, precisará de apoio do Legislativo para retirar Cuba da lista de países terroristas. De todo modo, a retomada do processo de reaproximação política e comercial com Cuba deve ser condicionada ao alinhamento com os Estados Unidos e ao compromisso com a abertura política e comercial da ilha. Biden ensaiou um processo semelhante em relação à Venezuela: apesar de reconhecer Juan Guaidó como presidente, criticou a abordagem agressiva da administração Trump e enviou para Caracas sinais de que estaria aberto a flexibilizar as medidas coercitivas contra o país, mediante a realização de eleições livres.

Conclusão

A política da administração para a América Latina e Caribe não foi a materialização da estratégia de um homem que queria parecer louco para colocar seus adversários contra a parede. Ao contrário, foi uma resposta racional, ainda que contraditória, construída em meio aos efeitos disruptivos mais recentes de uma crise que se arrasta desde os anos 1970. O discurso agressivo buscou recolocar a América Latina e Caribe no papel subordinado em que sempre esteve, fundamental para que os Estados Unidos fossem grandes novamente e um novo Sonho Americano fosse possível. Com isso, tentou capturar e animar, permanentemente e sobretudo, uma fração da classe trabalhadora, majoritariamente masculina e branca, que, atomizada, continua sonhando com um país que não pode existir mais. Nesse esforço, retomou as políticas de "comércio ao invés de ajuda". Prometeu reverter os investimentos na América Latina e Caribe de volta para os Estados Unidos e desfazer o déficit comercial com a região, sobretudo com o México. Mas esbarrou em interesses de grupos transnacionais sediados nos Estados Unidos pouco dispostos a abandonar completamente as estratégias de investimento na América Latina e Caribe. Ameaçou derrubar governos e expulsar potências concorrentes. Contudo, encontrou limites nos custos geopolíticos e geoeconômicos. Mesmo assim, ou talvez por isso, a política da administração Trump para América Latina e Caribe deixou feridas profundas na região, patrocinando, com apoio de frações das elites locais, Trumps tropicais, dispostos a assumir parcialmente a retórica e os custos da estratégia. Nada disso ajudou a retomar a grandeza dos Estados Unidos ou construir um novo Sonho Americano. A administração Biden ainda é uma incógnita. Uma análise prematura indica que mudará a abordagem da administração anterior. Mas terá que se mover pelo mesmo contexto de crise prolongada e deteriorização ainda mais profunda das condições políticas e socioeconômicas dos Estados Unidos.

Referências

AYERBE, L. F. A política da administração Trump para a América Latina: a reinvenção da Doutrina Monroe? In: VELASCO E CRUZ, S. C.; BOJIKIAN, N. M. P. *Trump:* primeiro tempo. São Paulo: Editora Unesp, 2019.

_____. *Novas lideranças políticas e alternativas de governo na América do Sul.* São Paulo: Editora Unesp, 2008.

BEA (Bureau of Economic Analysis). U.S. Direct Investment Abroad: Balance of Payments and Direct Investment Position Data. *Bureau of Economic Analysis*, Suitland, 18 dez. 2020. Disponível em: https://www.bea.gov/international/di1usdbal. Acesso em: 9 mar. 2021.

BOYLE, M. Exclusive – Donald Trump on Ford, Carrier, Shipping Jobs to Mexico: "I'm the Only One Who Understands What's Going On". *Breitbart*, Washington, D.C., 12 fev. 2016. Disponível em: https://www.breitbart.com/politics/2016/02/12/exclusive-donald-trump-on-ford-carrier-shipping-jobs-to-mexico-im-the-only-one-who--understands-whats-going-on/. Acesso em: 9 mar. 2021.

BOJIKIAN, N. M. P. Regimes internacionais sobre serviços e investimentos: o padrão norte-americano traduzido no USMCA. In: VELASCO E CRUZ, S. C.; BOJIKIAN, N. M. P. *Trump:* primeiro tempo. São Paulo: Editora Unesp, 2019.

BOLTON, J. R. Remarks by National Security Advisor Ambassador John R. Bolton on the Administration's Policies in Latin America. In: The American Presidency Project. [S.l.], 2 nov. 2018. Disponível em: https://www.presidency.ucsb.edu/documents/remarks--national-security-advisor-ambassador-john-r-bolton-the-administrations-policies. Acesso em 8 mar. 2021.

BRANDS, H. Tillerson Was Sorta Right about the Monroe Doctrine. *Bloomberg*, 6 fev. 2018. Disponível em: https://www.bloomberg.com/opinion/articles/2018-02-06/tillerson-was-sorta-right-about-the-monroe-doctrine. Acesso em: 9 mar. 2021.

CASHMAN, K. The OAS Helped Facilitate Last Year's Coup Against Evo Morales. Now It's Observing Today's Bolivian Elections. *Jacobin Magazine*, 18 out. 2020. Disponível em: https://www.jacobinmag.com/2020/10/oas-evo-morales-bolivia-presidential--elections-fraud-mas. Acesso em: 9 mar. 2021.

DEUTSCHE WELLE. Áñez: Bolivia se libró de "un destino como el de Venezuela". *Deustche Welle*, 23 jan. 2020. Disponível em: https://www.dw.com/es/%C3%A1%C3%B1ez-bolivia-se-libr%C3%B3-de-un-destino-como-el-de-venezuela/a-52115919. Acesso em: 8 mar. 2021.

DOMBROWSKI, P.; REICH, S. Does Donald Trump Have a Grand Strategy? *International Affairs*, v.93, n.5, p.1013-1037, 2017.

GUZMÁN, P. La cero tolerancia de José Antonio Kast se mostró al desnudo em Tolerancia Cero. *Pousta*, 2017. Disponível em: https://pousta.com/jose-antonio-kast-tolerancia-cero/. Acesso em: 9 mar. 2021.

HOLLAND, S.; WROUGHTON, L. Trump tells Russia to Get Its Troops Out of Venezuela. *Reuters*, Washington, 27 mar. 2019. 2020. Disponível em: https://www.reuters.com/article/us-venezuelan-politics-usa-idUSKCN1R81OQ. Acesso em: 9 mar. 2021.

JOHNSON, K. Venezuelan President Nicolas Maduro, Other Top Officials Charged in US Drug Trafficking Inquiry. *USA Today*, 26 mar. 2020. Politics. Disponível em: https://www.usatoday.com/story/news/politics/2020/03/26/venezuela-president--nicolas-maduro-charged-drug-trafficking-inquiry/2914758001/. Acesso em: 9 mar. 2021.

KAHL, C.; BRANDS, H. Trump's Grand Strategic Train Wreck. *Foreign Policy*, 31 jan. 2017. Disponível em: http://foreignpolicy.com/2017/01/31/trumps-grand-strategic--train-wreck/. Acesso em: 11 nov. 2019.

KAST, J. A. No podemos aceptar que Chile se convierta en Venezuela. Hay que detener el marxismo y aislar a los partidos que niegan la violación de los DDHH. Chile, 22. set. 2020. Twitter: @joseantoniokast. Disponível em: https://mobile.twitter.com/joseantoniokast/status/1308540468758753288?lang=ca. Acesso em: 8 mar. 2021.

LUNA, K. Alliance for Prosperity Plan: Hope for Curbing Northern Triangle Emigration? *Center for Immigration Studies*, 21 jun. 2017. Disponível em: https://cis.org/Luna/Alliance-Prosperity-Plan-Hope-Curbing-Northern-Triangle-Emigration. Acesso em: 9 mar. 2021.

MENDONÇA, F. et al. America First But Not Alone: uma (nem tão) nova política comercial dos Estados Unidos com Trump. In: VELASCO E CRUZ, S. C.; BOJIKIAN, N. M. P. *Trump:* primeiro tempo. São Paulo: Editora Unesp, 2019.

MOLL NETO, R. Cuba e Estados Unidos da América: a reaproximação em perspectiva histórica global e sistêmica. *Revista de História Comparada*, v.14, n.1, p.258-287, 2020.

PEDROZO, C.; MARTINEZ, A.; FRANZONI, M. Trump e a América Latina. Mundo e Desenvolvimento. *Revista do Instituto de Estudos Econômicos e Internacionais*, v.1, n.1, 2018.

PENCE, M. Remarks by Vice President Pence on the Administration's Policy Toward China. In: *The White House*. Washington, D.C., The Hudson Institute, 4 out. 2018. Disponível em: https://trumpwhitehouse.archives.gov/briefings-statements/remarks-vice-president-pence-administrations-policy-toward-china/. Acesso em: 9 mar. 2021.

PIRES, M. C.; NASCIMENTO, L. G. The Monroe Doctrine 2.0 and U.S.–China–Latin America Trilateral Relations. Trilateral Relations. *International Organizations Research Journal*, v.15, n.3, p.202-222, 2020.

RUNDE, D. et al. An Alliance for Prosperity 2.0. *Center for Strategic and International Studies*, 28 jan. 2021. Disponível em: https://www.csis.org/analysis/alliance-prosperity-20. Acesso em: 9 mar. 2021.

TRUMP, D. J. Remarks Announcing Candidacy for President in New York City. In: WOOLLEY, J.; PETERS, G. *The American Presidency Project*. [S.l.], 16 jun. 2015. Disponível em: https://www.presidency.ucsb.edu/documents/

remarks-announcing-candidacy-for-president-new-york-city. Acesso em: 8 mar. 2021.

_____. Remarks at the Charlotte Convention Center in Charlotte, North Carolina. In: WOOLLEY, J.; PETERS, G. *The American Presidency Project*. [S.l.], 18 ago. 2016. Disponível em: https://www.presidency.ucsb.edu/documents/remarks-the-charlotte-convention-center-charlotte-north-carolina. Acesso em: 8 mar. 2021.

_____. Remarks at a Listening Session with Manufacturing Industry Leaders. In: WOOLLEY, J.; PETERS, G. *The American Presidency Project*. [S.l.], 23 fev. 2017a. Disponível em: https://www.presidency.ucsb.edu/documents/remarks-listening-session-with-manufacturing-industry-leaders. Acesso em: 8 mar. 2021.

_____. Press Release – Top Highlights from Sunday's Shows. In: WOOLLEY, J.; PETERS, G. *The American Presidency Project*. [S.l.], 12 mar. 2017b. Disponível em: https://www.presidency.ucsb.edu/documents/press-release-top-highlights-from-sundays-shows-3. Acesso em: 8 mar. 2021.

_____. Remarks on Signing a Memorandum on Strengthening the Policy of the United States Toward Cuba in Miami, Florida. In: WOOLLEY, J.; PETERS, G. *The American Presidency Project*. [S.l.], 16 jun. 2017c. Disponível em: https://www.presidency.ucsb.edu/documents/remarks-signing-memorandum-strengthening-the-policy-the-united-states-toward-cuba-miami. Acesso em: 8 mar. 2021.

_____. Memorandum on Combatting the National Drug Demand and Opioid Crisis. In: WOOLLEY, J.; PETERS, G. In: *The American Presidency Project*. [S.l.], 26 out. 2017d. Disponível em: https://www.presidency.ucsb.edu/documents/memorandum-combatting-the-national-drug-demand-and-opioid-crisis. Acesso em: 8 mar. 2021.

_____. Remarks on the National Economy and an Exchange With Reporters Prior to Departure for Huntington, West Virginia. G. In: The American Presidency Project. [S.l.], 2 nov. 2018d. Disponível em: https://www.presidency.ucsb.edu/documents/remarks-the-national-economy-and-exchange-with-reporters-prior-departure-for-huntington. Acesso em: 8 mar. 2021.

_____. Remarks on Signing Legislation to Combat International Narcotics Trafficking. In: WOOLLEY, J.; PETERS, G. In: *The American Presidency Project*. [S.l.], 10 jan. 2018a. Disponível em: https://www.presidency.ucsb.edu/documents/remarks-signing-legislation-combat-international-narcotics-trafficking. Acesso em: 8 mar. 2021.

_____. Remarks to the United Nations General Assembly in New York City. In: WOOLLEY, J.; PETERS, G. *The American Presidency Project*. [S.l.], 25 set. 2018b. Disponível em: https://www.presidency.ucsb.edu/documents/remarks-the-united-nations-general-assembly-new-york-city-14. Acesso em: 8 mar. 2021.

_____. Remarks in an Exchange with Reporters Prior to Departure for Orlando, Florida. In: WOOLLEY, J.; PETERS, G. In: *The American Presidency Project*. [S.l.], 8 out. 2018c. Disponível em: https://www.presidency.ucsb.edu/documents/remarks-exchange-with-reporters-prior-departure-for-orlando-florida. Acesso em: 8 mar. 2021.

_____. Press Briefing by Press Secretary Sarah Sanders. In: WOOLLEY, J.; PETERS, G. In: *The American Presidency Project*. [S.l.], 28 jan. 2019a. Disponível em: https://www.presidency.ucsb.edu/documents/press-briefing-press-secretary-sarah-sanders-44. Acesso em: 8 mar. 2021.

_____. Notice–Continuation of the National Emergency with Respect to the Situation in Nicaragua. In: WOOLLEY, J.; PETERS, G. *The American Presidency Project*. [S.l.], 25 nov. 2019b. Disponível em: https://www.presidency.ucsb.edu/documents/notice--continuation-the-national-emergency-with-respect-the-situation-nicaragua. Acesso em: 8 mar. 2021.

_____. Tweets of December 17, 2019. In: WOOLLEY, J.; PETERS, G. *The American Presidency Project*. [S.l.], 17 dez. 2019c. Disponível em: https://www.presidency.ucsb.edu/documents/tweets-december-17-2019. Acesso em: 8 mar. 2021.

_____. Presidential Determination on Major Drug Transit or Major Illicit Drug Producing Countries for Fiscal Year 2021. In: WOOLLEY, J.; PETERS, G. *The American Presidency Project*. [S.l.], 16 set. 2020. Disponível em: https://www.presidency.ucsb.edu/documents/presidential-determination-major-drug-transit-or-major-illicit-drug-producing-countries-11. Acesso em: 8 mar. 2021.

U.S. SOUTHERN COMMAND. SOUTHCOM'S 2019 Posture Statement to Congress. *U.S. Southern Command*, 1 maio 2019. Disponível em: https://www.southcom.mil/Media/Special-Coverage/SOUTHCOMs-2019-Posture-Statement-to-Congress/. Acesso em: 9 mar. 2021.

_____. SOUTHCOM'S 2020 Posture Statement to Congress. *U.S. Southern Command*, 11 mar. 2020. Disponível em: https://www.southcom.mil/Media/Special-Coverage/SOUTHCOMs-2020-Posture-Statement-to-Congress/. Acesso em: 9 mar. 2021.

VIGEVANI, T.; MENDONÇA, F.; LIMA, T. *Poder e comércio: a política comercial dos Estados Unidos*. São Paulo: Editora Unesp, 2018.

12
UMA NAÇÃO FRAGMENTADA: O FEDERALISMO TRUMPISTA EM TEMPOS DE PANDEMIA

Débora Figueiredo Mendonça do Prado

Introdução

O governo de Donald Trump (2017-2020) foi marcado por um período de crises institucionais, polarizações e acirramento nas relações federativas (Kincaid, 2017; Bowling; Fisk; Morris, 2020) com maior ativismo de estados e localidades para implementar ações contrárias à agenda do governo federal, caracterizando um período federalista menos cooperativo e mais conflituoso.

Em um primeiro momento, a atuação subnacional esteve direcionada para a construção de uma agenda alternativa a de Trump em temas relacionados à migração e ao meio ambiente. Não obstante, o estiramento deste modelo federalista e a exacerbação de suas contradições ganhou novos contornos com o início da emergência de saúde global em decorrência da pandemia da covid-19 em 2020.

O avanço da pandemia foi acompanhado pela fragmentação das políticas de enfrentamento em nível federal e subnacional. As rupturas e divisões foram intensificadas quando parte dos governadores adotou medidas de prevenção ao vírus, seguindo recomendações de especialistas na área e da Organização Mundial da Saúde (OMS), enquanto o presidente optava pela negação da pandemia e pela forte oposição aos governadores que defendiam o controle da crise sanitária com a recomendação do uso de máscaras, distanciamento social e implementação de *lockdowns* em seus estados.

Ao analisar o federalismo estadunidense do governo Trump no período anterior à emergência sanitária, Kincaid (2018) indicava tendências de longo prazo que apontavam para mais centralização e polarização nas relações intergovernamentais, maior independência de estados e localidades, relegitimização dos direitos dos estados e redução da confiança pública no governo federal. As ações de Trump durante a crise produziram instabilidades no modelo federalista que denominaremos por "federalismo trumpista".

Esse federalismo trumpista trouxe também mais vulnerabilidade ao sistema norte-americano e à gestão da crise sanitária. A conduta adotada por Trump durante a pandemia contribuiu para o debate sobre os limites do modelo federalista norte-americano, ganhando inclusive espaço na mídia e na academia ao expor uma nação dividida e com capacidade limitada para enfrentar uma emergência de saúde global.

Para analisar este processo, a pesquisa parte de três hipóteses: 1) o fracasso inicial no enfrentamento da pandemia nos Estados Unidos está relacionado com a chegada do federalismo trumpista, caracterizado por um modo de governar marcado pelo tensionamento com os governadores da oposição, pela negação da pandemia, por um método de governo marcado por frequentes ataques às instituições e por governar no limite da constitucionalidade; 2) a pandemia do novo coronavírus contribuiu para fortalecer o papel dos estados, que passaram a ampliar sua atuação tanto no plano doméstico quanto internacional, tensionando a centralidade do governo federal; 3) o fator político partidário exerceu um papel central no comportamento dos estados durante a pandemia.

A pesquisa considerou em sua análise fontes primárias e secundárias sobre a relação entre governadores e Donald Trump desde o início de seu governo, com destaque para o ano de 2020, com a emergência da covid-19. Para desenvolver esta análise o capítulo será dividido em quatro seções principais: 1) "O federalismo norte-americano e suas características históricas"; 2) "O governo Trump e as tensões no federalismo"; 3) "Características do federalismo trumpista"; e 4) "Considerações finais".

O federalismo norte-americano e suas características históricas

Os embates entre governo nacional e estados são históricos e remetem ao processo de formação do federalismo norte-americano, quando, durante a Convenção Constitucional de 1787, os representantes dos treze estados se reuniram para debater o modelo de confederação até então vigente. A possibilidade de formação de um modelo de federação com um governo nacional ocorreu em meio a intensos debates a respeito do processo de centralização e descentralização entre governo nacional e estados (Prado, 2013).

Ao contrário do mito fundacional que reforça a ideia de uma harmonia de interesses no processo de formação da nação, a aprovação da Constituição norte-americana enfrentou muitos embates. Nesse processo podemos citar o papel exercido pelos debates entre os federalistas e os antifederalistas (Cornell, 1999): enquanto os federalistas apoiavam a formação de um governo nacional centralizado, com mais autonomia e capacidade deliberativa, os antifederalistas apoiavam a manutenção de um sistema semelhante ao modelo de confederação que existiu desde a independência até a realização da Convenção Constitucional de 1787. O formato de confederação oferecia grande autonomia às antigas treze colônias, que mantinham sua independência em um sistema no qual o governo federal tinha capacidade limitada para interferir nos assuntos individuais de cada estado.

O federalismo norte-americano, desde sua fundação, passou por três principais fases de desenvolvimento histórico (Kincaid, 2018). Em sua primeira fase, o modelo adotado ficou conhecido como "federalismo dual" por estabelecer um sistema federativo no qual governo federal e estados possuíam uma mesma capacidade de autonomia e de poder, o que levava a um relacionamento caracterizado muitas vezes pelo conflito e pela disputa (Zimmernan, 1996; Corwin, 1950; Grodzins, 1966). Em um segundo momento, as relações intergovernamentais passaram por uma fase marcada pela cooperação entre estas esferas subnacionais e federal, contribuindo para a caracterização do "federalismo cooperativo" (Elazar, 1966). A partir de 1960, as relações intergovernamentais e a interferência federal em assuntos antes exclusivos aos governos estaduais ocorrem de forma mais acentuada (Kincaid 1996, 2018). Essa fase é definida pela literatura como "federalismo regulatório ou coercivo", com a ampliação do sistema federal e de sua atuação. Essas fases históricas não configuram uma substituição de uma pela outra, sendo a cooperação e o conflito elementos característicos e definidores das relações intergovernamentais no sistema norte-americano. De todo modo, ao analisar este processo, Kincaid (2018) aponta que os federalismos dual e cooperativo são amplamente reconhecidos e continuam moldando o sistema federal.

Para além do relacionamento intergovernamental em nível doméstico, os entes subnacionais norte-americanos também possuem envolvimento no cenário internacional. Ao analisar o envolvimento dos estados e localidades na condução das relações exteriores, Palumbo (1960) indica como principais formas de participação: a) o envolvimento por meio da aprovação de leis estaduais ou ações administrativas com vistas a afetar diretamente uma nação estrangeira ou os assuntos de política externa; b) a aprovação de leis ou ações estaduais administrativas com impactos nas relações exteriores; c) a criação de iniciativas que buscam influenciar os interesses dos estados na legislação nacional em assuntos que afetam as relações exteriores; e, por fim, d) as ações autorizadas pelo Executivo federal em assuntos de interesse

Sebastião C. Velasco e Cruz e Neusa Maria P. Bojikian (Orgs.)

ou de jurisdição dos próprios estados que causam impactos importantes nas relações exteriores.

No campo de estudos sobre a paradiplomacia, voltado para a análise da atuação de atores subnacionais no cenário internacional, a busca de investimentos e a promoção do comércio representam um dos principais eixos de atuação de atores subnacionais norte-americanos, destacando essas ações como estratégias bastante reconhecidas que se caracterizam por uma articulação paralela e cooperativa ao governo. Nos Estados Unidos, os governos subnacionais estabeleceram diversas estratégias de envolvimento no comércio internacional através da criação de redes de articulação entre os estados, tais como a National Governments Association (NGA) e o Council of State Governments (CSG), e do estabelecimento de escritórios e missões voltadas à promoção do comércio e investimentos (Bueno, 2010).[1]

Contudo, há especificidades importantes no caso norte-americano que abrem espaços para ações não cooperativas entre estados e governo federal. Para além dos eixos citados acima, os estados norte-americanos atuam diretamente na condução da política externa comercial do país com a aplicação de boicotes que estabelecem restrições de investimentos e atividades comerciais a terceiros países. Este último tipo de atuação gerou tensionamentos inclusive em instâncias internacionais. Como exemplo desse tipo de atuação, podemos citar os boicotes estaduais à África do Sul no período do *apartheid* (Fry, 1998) e as sanções contra o governo de Myanmar sob alegação de violação aos direitos humanos. Os dois casos geraram conflitos com o governo federal, sendo que este último motivou a criação de um painel na Organização Mundial de Comércio (OMC) para questionar a lei do estado de Massachussets que, em 1996, implementava boicotes a Burma, contrariando interesses da União Europeia e Japão (Prado, 2013). Ao analisar a atuação dos atores subnacionais nestes espaços, Sager (1998) argumenta que a cooperação e o conflito andam lado a lado. Segundo a autora, na arena internacional "a cooperação existe lado a lado com o "federalismo conflituoso" em questões como sanções comerciais e potencial preempção de leis estaduais" (Sager, 1998, p. 301).

O envolvimento dos estados e localidades na temática imigratória também é um mecanismo importante de atuação que pode gerar conflitos com a esfera federal. As legislações estaduais sobre a temática imigratória abarcam tanto medidas voltadas à restrição da migração quanto leis estaduais voltadas à proteção dos imigrantes. As leis restritivas caracterizam-se por

---

1 Além das tradicionais articulações, os estados e governos locais possuem estratégias de engajamento importantes e com impacto também na formulação da política externa dos Estados Unidos no âmbito das agências multilaterais, como a Organização Mundial de Comércio (OMC). Pesquisa realizada por Sager (1998), por exemplo, destaca a importância da atuação destes atores na formulação da política de comércio dos Estados Unidos durante as rodadas de negociação do Acordo Geral sobre Tarifas e Comércio (Gatt, na sigla em inglês).

De Trump a Biden

ações voltadas à limitação da elegibilidade para benefícios sociais, educacionais e de participação eleitoral; a verificação do status imigratório de trabalhadores; a proibição de arrendamento de bens a indocumentados e a implementação de leis de identificação que restrinjam o acesso a licenças ou documentos de identidade aos não cidadãos (Gulasekaram; Ramakrishnan, 2015).

As legislações inclusivas tendem a ampliar o acesso a licenças de direção aos indocumentados; prover o acesso a benefícios e financiamentos a estudantes indocumentados, os chamados *state dream acts*, bem como legislações voltadas a ampliar a proteção dos imigrantes no ambiente de trabalho (Elias, 2013). Há outros tipos de engajamento das regiões-santuário[2] para proteger os imigrantes indocumentados, destacando-se duas ações principais: 1) a implementação das políticas *Don't ask, don't tell* e *Don't enforce* destinadas a limitar o compartilhamento de informações com a polícia imigratória federal (ICE); e 2) questionamentos judiciais nas cortes federais e Suprema Corte contra as políticas restritivas implementadas pelo governo federal (Prado; Bevilacqua, 2019).

Ações deste tipo são identificadas no país desde o século XIX[3] (Frank, 1998; Kline, 1983). E, apesar da literatura sobre federalismo imigratório apontar a doutrina do poder pleno para reforçar a prerrogativa do governo federal para regular totalmente a questão da imigração, observa-se um aumento no ativismo dos atores subnacionais nessa temática nas últimas duas décadas, contribuindo para levar a novos direcionamentos no federalismo imigratório norte-americano, com a ampliação da importância desses atores na promulgação de leis de imigração com potencial para complementar e ocasionalmente contrariar as ações em nível federal (Bevilacqua, 2019; Elias, 2013).

Outra frente de atuação dos governos subnacionais nos Estados Unidos está vinculada à agenda ambiental. Os governos subnacionais vêm assumindo compromissos importantes de redução da poluição, além de

---

2 Termo utilizado para localidades e estados que implementam ações voltadas à proteção de imigrantes indocumentados. O memorando *Enhancing Public Safety in the Interior of the United States*, de 2017, define como cidades-santuário aquelas que protegem os imigrantes indocumentados ao recusar o compartilhamento de informações relacionadas ao status de imigração com funcionários federais. Não à toa, o governo intensificou a pressão nessas regiões. Atualmente, considera-se que o termo cidade-santuário define aquelas cidades, condados e estados que possuem regulamentos, políticas ou outras práticas que possam obstruir a atuação da Agência de Imigração e Alfândega do Departamento de Segurança Interna (ICE), seja pela recusa ou a proibição das agências em cooperar com os funcionários do ICE (Center for Immigration Studies, 2019).

3 Em 1823, por exemplo, os estados sulistas e a Grã-Bretanha entraram em disputa na corte federal por conta das legislações estaduais destinadas à regulação do tráfico de escravos e da imigração. O governo federal não conseguiu solucionar a disputa, e a solução encontrada foi o estabelecimento pela Grã-Bretanha de consulados nos estados sulistas para negociar diretamente com eles a situação de seus marinheiros.

Sebastião C. Velasco e Cruz e Neusa Maria P. Bojikian (Orgs.)

reafirmar ações e cumprimento de acordos estabelecidos no âmbito das Nações Unidas, muitas vezes contrariando a Casa Branca. A intensificação das ações estaduais nessa temática ocorreu justamente como resposta à rejeição do governo federal nessa agenda. A rejeição do governo de George Bush em implementar o Protocolo de Kyoto, em 2011, contribuiu para impulsionar a ação de estados nessa agenda com a participação desses atores em alianças e a criação de leis estaduais destinadas à redução dos efeitos das mudanças climáticas (Eatmon, 2009; Lopes, 2019). Dessa maneira, o ativismo de estados e localidades ocorre tanto pela contraposição à postura do governo nacional quanto pela ausência de uma política consistente no nível nacional, como na temática migratória (Reich, 2018). No caso das ações voltadas aos imigrantes, o autor destaca como principais resultados: 1) a conquista das reivindicações dos atores subnacionais por meio de legislações, resoluções, ações executivas e contestações judiciais; 2) o estabelecimento de grandes diferenças políticas entre os estados, elevando as contradições e conflitos; e 3) a usurpação de fato da autoridade do governo federal sobre a política migratória por parte de estados e localidades (Reich, 2018).

O estudo dessas relações ao longo do tempo demonstra que o federalismo norte-americano passa por períodos em que as relações conflituosas são mais acentuadas que as cooperativas. Nesse sentido, os Estados Unidos estão mais próximos de uma nação desagregada na qual as tensões entre os níveis de governo são parte do modelo estabelecido no país. Não obstante, o federalismo acentuadamente conflituoso e desagregador implementado por Donald Trump traz novos contornos e não se enquadra nas definições de federalismo dual.

O governo Trump e as tensões no federalismo

O governo de Donald Trump foi marcado pela forte polarização política e crises institucionais motivados também por tensões com os governos locais e estaduais. De perfil populista e alinhado a ideias de extrema direita, Trump alimentou tensões na sociedade que remetem a conflitos históricos do país. O debate sobre os símbolos confederados e a retirada destes de espaços públicos ganhou intensidade quando, em 2015, o país enfrentou um período de intenso debate a esse respeito após Dylann Roof, um supremacista fascinado pela Confederação, assassinar nove pessoas em uma igreja na Carolina do Sul. A veneração por parte da sociedade e de estados sulistas ao movimento dos confederados no país ganhou novo fôlego durante o governo Trump. O massacre em Charlottesville é um caso emblemático nesse sentido.

O conflito teve início com um protesto contra a remoção da estátua do general confederado General Robert E. Lee de uma praça pública em

Charlottesville, na Virgínia. No dia 25 de agosto de 2017, movimentos de extrema direita e movimentos antifascistas tiveram fortes confrontos que culminaram com o assassinato de Heather Heyer além de vários feridos causados por um apoiador supremacista que atirou seu carro contra uma multidão de pessoas (Sweeny, 2019). A reação do presidente Trump foi bastante criticada por ele ter defendido os manifestantes de extrema direita, além de criar falsas equivalências morais entre neonazistas, neoconfederados, supremacistas brancos e apoiadores da extrema direita com os manifestantes que confrontaram as mensagens de ódio perpetradas por esses movimentos.

Mesmo após a tragédia em Charlottesville, a simpatia de Trump com movimentos de extrema direita e com supremacistas brancos continuou. Republicanos apoiadores do presidente seguiram essa conduta ao denominar os ativistas negros do movimento Black Lives Matter como terroristas, além de minimizar ou ignorar os gestos e condutas racistas e xenófobos de Trump em discursos de ódio contra afro-americanos, muçulmanos, mexicanos, porto-riquenhos e outras vítimas de discriminação racial e étnica (Taylor, 2018). Esse tipo de posicionamento de Trump não ficou restrito a seus discursos. Durante seu governo, diversas medidas e políticas implementadas reverberavam essa conduta, como o caso das medidas restritivas aos imigrantes.

O tema da migração ampliou os atritos entre as esferas governamentais. O aumento no número de deportações era uma das principais promessas de campanha de Trump. Ao assumir o governo, ele implementou diversas medidas restritivas à imigração, entendidas em seu governo como problema de segurança nacional. Nesse período, novas diretrizes foram estabelecidas para restringir a entrada de imigrantes e ampliar o número de deportações. Como exemplos, vale destacar: a) a ampliação dos poderes e capacidade de atuação da Agência de Imigração e Alfândega do Departamento de Segurança Interna (ICE); b) a suspensão do principal programa de proteção aos imigrantes menores de idade: a Ação Diferida para Chegadas na Infância (Daca); c) as ações voltadas à construção do muro no México; d) a aplicação de ordens executivas estabelecendo o veto migratório; e d) o veto à entrada de migrantes de países majoritariamente muçulmana (Prado; Bevilacqua, 2019).

Os decretos assinados também tiveram como alvo as localidades e estados-santuário ao considerar a atuação dessas regiões uma violação às leis federais e prever o corte de orçamento federal para os santuários que não contribuírem com a polícia imigratória. Essa medida foi questionada pelos estados na Suprema Corte e declarada inconstitucional. Além do questionamento na esfera judicial, os estados reagiram às medidas adotadas por Trump com a aprovação de legislações voltadas à proteção dos imigrantes indocumentados, gerando novos embates. Em 2017, por exemplo, o estado da Califórnia aprovou a Lei SB54 (California Senate Bill, 2017), tornando-se

Sebastião C. Velasco e Cruz e Neusa Maria P. Bojikian (Orgs.)

o primeiro estado-santuário. A lei restringe a colaboração dos agentes com o ICE e prevê fornecimento de assistência aos imigrantes visando combater abusos e ameaças de deportações.

Já na área ambiental, a chegada de Trump representou uma quebra em vários padrões, normas e convenções estabelecidas na vida política norte-americana com impactos importantes, uma área na qual a presidência errática de Trump teve efeitos particulares (Grab; Livermore, 2018). O discurso negacionista de Trump quanto às mudanças climáticas esteve presente desde o período de campanha. Quando assumiu, o presidente posicionou-se contrário à implementação de diversas ações e compromissos voltados ao tema. O afastamento concreto dessa agenda ocorreu quando, ainda no início de seu governo, Trump anunciou a retirada do país do Acordo de Paris[4] e a reversão do Plano de Energia Limpa e de outros esforços para reduzir a poluição (America's Pledge, 2017) sob o argumento de que a adoção dessas ações comprometeria a economia do país. Outra estratégia adotada pelo governo foi a de reduzir a capacidade de atuação das agências governamentais comprometidas com a redução da poluição. Nesse sentido, Trump alterou o funcionamento da Agência de Proteção ambiental (EPA), colocando funcionários que negavam os efeitos das mudanças climáticas em cargos-chave na agência (Reis, 2018). Koninsky e Woods (2018, p. 364) apontam que objetivo do governo foi conter os avanços obtidos durante o governo de Obama:

[...] A Administração Trump não expressou qualquer intenção de buscar novas iniciativas de proteção ambiental. O administrador da EPA, Pruitt, em vez disso, enfatizou sua agenda "De volta ao básico", que tem um foco estreito na implementação de programas existentes, [...] ajudando estados e comunidades a atingir os padrões nacionais atuais de poluição do ar ambiente.

Konisky e Woods (2018, p.346) enfatizam que as ações da administração Trump estiveram voltadas a retroceder as políticas de proteção ambiental estabelecidas até então, recalibrando o federalismo ambiental estadunidense ao transferir responsabilidades aos estados:

Uma dimensão importante desse redirecionamento de política é uma visão do federalismo ambiental que transfere mais responsabilidade para os governos estaduais. Embora essas ações constituam uma mudança dramática na política e na filosofia sobre o papel do governo federal, a administração Trump, como seus

---

4 O Acordo de Paris foi assinado em 2016 e estabelece metas para limitar o aumento da temperatura global e reduzir a poluição emitida por fábricas e veículos, bem como frear o desmatamento, objetivando limitar o aumento da temperatura do planeta (United Nations, 2015).

predecessores, está empregando as ferramentas do executivo para atingir seus objetivos políticos. Esta estratégia consome tempo e está sujeita a contestação legal, o que torna seu sucesso ou fracasso final difícil de antecipar. Além disso, reorientar a política ambiental por meio do uso de ferramentas administrativas em vez de legislação é uma estratégia tênue para alcançar mudanças de longo prazo.

Em reação a essas medidas, os governadores intensificaram seu ativismo, utilizando como principais estratégias a criação e fortalecimento de redes e alianças internacionais comprometidas com a manutenção dos compromissos assumidos pelo Acordo de Paris[5] e o acionamento de canais judiciais contra as medidas implementadas pelo governo federal.[6] O ativismo dos estados nas coalizações voltadas ao tema fortaleceu o papel exercido por esses atores nas agências multilaterais, em clara oposição ao posicionamento do governo federal. O estado da Califórnia liderou essas atividades, tendo participado das conferências internacionais sobre o Acordo de Paris e aumentado as metas de redução de emissões com outros governos subnacionais (Lopes, 2019).

O federalismo trumpista e a pandemia

Embora no início do governo Trump seja possível identificar elementos de um tipo de federalismo mais conflituoso, as tensões e os embates no federalismo estadunidense ganharam novo patamar e intensidade com a emergência da pandemia da covid-19 no início de 2020, trazendo à tona questionamentos importantes sobre os limites e desafios do sistema federalista do país. A crise de saúde pública sem precedentes com a pandemia do novo coronavírus afetou de forma dramática os Estados Unidos. Em pouco tempo, o país tornou-se epicentro da pandemia, assumindo o primeiro lugar no número de infectados e de mortes.[7] O fracasso do país no enfrentamento da pandemia tem sido vinculado frequentemente à gestão negacionista de Donald Trump, que demorou para tomar as medidas necessárias ao enfrentamento da crise sanitária, abandonando os estados, sem estabelecer uma política de coordenação em nível federal para apoiar e coordenar as ações.

---

5 Em reação ao abandono do governo federal do Acordo de Paris, dezesseis estados anunciaram a criação da US Climate Alliance com o objetivo de estabelecer a liderança na promoção de políticas de mudanças climáticas e o cumprimento das metas do Acordo (US Climate Alliance, 2018).

6 Em 2018, a Califórnia e outros dezessete estados processaram a administração Trump por flexibilizar e reconsiderar as leis estabelecidas pela administração Obama que regulava a liberação de gases de efeito estufa de veículos produzidos no país (United States Court of Appeals for the District of Columbia, 2018).

7 Atualmente o país conta com 33.260.493 milhões de casos e 594.461 mortes, seguido da Índia, com 28.047.534 milhões de casos e 329.100 mortes, e Brasil, com 16.515.120 milhões de casos e 461.931 mortes (CSSE, 2021).

Em abril de 2020 o presidente reuniu-se com os governadores virtualmente para mencionar que eles estavam por sua própria conta na condução da pandemia. Ao delegar o combate da covid-19 aos estados, o governo não apresentou nenhuma padronização de medidas de enfrentamento, mapeamento ou diagnóstico. A ausência de uma norma nacional resultou numa grande variação das medidas adotadas pelos estados e diferenças expressivas na adesão voluntária da sociedade nas recomendações feitas pelos órgãos de saúde (Adolph et al., 2020).

Pesquisas realizadas por Adolph et al. (2020) e Grossman et al. (2020) apontam que a identificação partidária influenciou decisivamente na implementação de ações de prevenção da covid-19. Mais ainda, o indicador mais importante para avaliar a adoção de medidas sanitárias no país foi a identificação do partido do governador:

> O indicador mais importante é se um estado é liderado por um governador republicano. Esses estados demoraram muito mais para adotar medidas, se é que o fizeram. Indicadores sobre COVID-19, como casos confirmados ou mortes por milhão, são preditores muito menos importantes em questões como o uso de máscaras. (Adolph et al., 2020, p.1.)

Dessa maneira, a adoção de medidas para evitar a disseminação do vírus, tais como os *lockdowns*, o uso de máscaras e distanciamento social ocorreu de forma aleatória e permeada por vieses político-partidários. As ações foram ancoradas mais em adesão partidária do que em evidências científicas. Os governadores republicanos que atuaram alinhados a Trump demoraram semanas para tomar medidas, mesmo com altos índices de contágios, enquanto os democratas foram mais rápidos na implementação dessas ações:

> Por exemplo, dezesseis dos dezessete estados que não adotaram mandatos amplos são liderados por governadores republicanos. Também é verdade que a maioria dos primeiros estados adotantes eram liderados por governadores democratas. [...] De longe, o preditor mais poderoso da adoção e do momento do mandato da máscara é o partido político do governador. Mantendo a ideologia do estado constante e a taxa de mortes por milhão, em qualquer momento os governadores democratas têm 7,33 vezes [...] mais probabilidade de adotar um mandato de máscara do que os governadores republicanos. (Adolph, 2020, p.6-7.)

As primeiras ações registradas para prevenir a disseminação do vírus aconteceu também a partir do ativismo dos estados, à revelia da posição do governo federal. A Califórnia foi o primeiro estado a adotar medidas de prevenção em março de 2020. Em abril os governadores criaram coalizações para enfrentar a crise: uma delas lideradas pelo estado de Nova Jersey e outra pela Carolina do Norte.

A diplomacia paralela dos estados tornou-se a saída encontrada para a aquisição de insumos cada vez mais escassos. Como exemplos das ações paralelas durante 2020 podemos citar as aproximações do Colorado, Maryland e Ohio com a China e Coreia do Sul na busca por equipamentos médicos (Nicholas; Gilsinan, 2020). Apesar das ações cooperativas entre os estados, um cenário caótico se firmou com disputas entre os estados para a aquisição de testes, ventiladores, máscaras e outros insumos para combater a pandemia. Outra consequência desse processo foi a ampliação da desigualdade no sistema de saúde entre os estados.

Em entrevista, o governador de Nova York, Andrew Cuomo, falou sobre a crise: "Esta não é a maneira de fazê-lo, este é ad hoc, eu estou competindo com outros estados, eu estou licitando outros estados sobre os preços" (Estes, 2020). Em outra entrevista a esse respeito, o governador reforçou: "Não consigo encontrar mais nenhum equipamento. Não é uma questão de dinheiro [...]. Precisamos da ajuda federal e precisamos da ajuda federal agora" (Whalen et al., 2020). O governador do Kentucky também apresentou o quadro de competição entre eles: "É um desafio. O governo federal diz que 'estados, você precisa encontrar sua cadeia de suprimentos' e então o governo federal acaba comprando dessa cadeia de suprimentos" (Estes, 2020).

Nesse período, buscando contrariar os governadores que adotavam medidas de prevenção da pandemia, o presidente chegou a afirmar que a autoridade para definir as medidas de enfrentamento à pandemia eram exclusivas do governo federal (Trump..., 2020). Em reação, os estados estabeleceram diversas coalizações buscando coordenar em conjunto as medidas para enfrentar a crise por meio de alianças. Governadores da Costa Nordeste e estados na Costa Oeste (Califórnia, Oregon e Washington); e os estados da Costa Leste (Nova York, Nova Jersey, Connecticut, Pennyslvania, Delaware, Rhode Island e Massachusetts) firmaram pactos para coordenar os planos de reabertura (Vera, 2020; Trump..., 2020).

Em abril, Trump mudou sua estratégia contra os governadores ao afirmar que a responsabilidade pelo gerenciamento da crise seria dos governadores. Em reunião com os governadores, Trump apresentou o *Guidelines for Opening Up America Again* (White House, 2020), que correspondia a um guia para a reabertura dos estados. O documento foi bastante criticado por não apresentar dados e análises detalhadas sobre os planos para o bloqueio ou para a abertura nas regiões. Durante a reunião de apresentação, o presidente deixou claro que a decisão pela reabertura ficaria a cargo dos governadores, além de deixar o ônus da aquisição de testes, sistemas de rastreamento de contatos e insumos aos estados. Durante a reunião, o presidente disse aos governadores:

Vocês vão tomar as suas próprias decisões [...] Eu consegui conhecer quase todos vocês. A maioria de vocês eu conheci e alguns muito bem de antemão. Vocês são pessoas muito capazes. Acho que, em todos os casos, são pessoas muito capazes. E vocês darão as cartas. Estaremos bem ao seu lado. (O'Keefe; Watson, 2020.)

Além de não liderar a condução da crise, Donald Trump atuou ativamente para deslegitimar governadores ao incentivar manifestações contrárias ao *lockdown*. Na semana em que se reuniu com os governadores, Trump utilizou suas redes sociais para apoiar movimentos negacionistas que defendiam o fim das medidas de isolamento e de *lockdown* (Shear; Mervosh, 2020). Juliette Kayyem, ex-funcionária do departamento de Homeland Security durante a administração Obama, criticou publicamente a ação do governo ao apontar que:

Há décadas que nós lidamos do mesmo modo com o desastre. Os governos locais executam, os estaduais coordenam e o federal apoia [...]. O governo federal sob Donald Trump decidiu essencialmente ir à guerra, criar um aparato paralelo de reação, e está ganhando. Esse é o problema. (Rose, 2020.)

O acirramento das tensões entre governadores e presidente em um contexto de crise de saúde pública sem precedentes abriu espaço para reflexões sobre a relação entre estados e governo federal bem como o papel da administração Trump na crise. O próximo tópico buscará analisar esse processo identificando as principais características do modelo federalista adotado pelo governo.

Características do federalismo trumpista

Como vimos, o federalismo estadunidense possui uma estrutura caracterizada por ações ora cooperativas ora conflituosas entre estados, governos locais e governo nacional. Contudo, a chegada de Trump à presidência acirrou conflitos já existentes e colocou o sistema e as instituições em seus limites, além de colocar em xeque a capacidade do modelo federativo de enfrentar uma crise sanitária. Trump chegou ao poder adotando um discurso populista e defendendo uma agenda antifederalista (Geltman, 2018).

Apesar da aparente desorganização de suas ações, Trump agiu de forma estratégica para impor sua agenda em temas relevantes. O governo adotado por ele teve como característica essencial o estabelecimento de um modelo de federalismo desagregador que levou ao extremo as tensões entre os diferentes níveis de governo, expondo limites e desafios para o desenho institucional do país. Para cumprir seus objetivos de campanha, Trump mobilizava a capacidade e o poder do governo nacional para impor, através de ordens executivas, medidas restritivas aos imigrantes e punir as regiões santuário. A autoridade do governo federal era relembrada por ele para punir governadores que implementavam as medidas de prevenção à disseminação do novo coronavírus ou para exigir ações rígidas por parte dos governadores para a contenção dos protestos antirracistas motivados pelo assassinato de George Floyd.

Em outros momentos o presidente mobilizava o discurso da descentralização e da transferência de autonomia e poder aos estados e localidades para esvaziar as agências federais de regulação ambiental e transferir aos estados a responsabilidade para implementar ações nessa agenda (Konisky; Woods, 2018; Grab; Livermore, 2018; Geltman, 2018). Como resultado disso,

> [...] o papel dos estados ganhou mais destaque. [...] a noção de federalismo cooperativo promovida pelo Administrador da EPA requer que se delegue mais autoridade aos governos estaduais para gerenciar as questões ambientais. O que isso significará na prática ainda é uma incógnita, mas a experiência histórica há de ser informativa. Na ausência de um governo federal assertivo, tanto na definição de metas políticas quanto no desempenho da supervisão, os estados terão um poder de decisão adicional para deliberar como executar a proteção ambiental. (Konisky; Woods, 2018, p.364.)

O mesmo aconteceu durante a condução da pandemia, quando a gestão de Trump não coordenou as ações de enfrentamento ao novo coronavírus, deixando a responsabilidade e os custos dessas ações para os estados. Para Bowling, Fisk e Morris (2020), Trump trabalhou, desde o primeiro dia de governo, para redefinir o papel tanto do presidente quanto do federalismo no país. Os autores definem o modelo como imprevisível, variável e confuso:

> Trump parece disposto a aplicar o poder do governo nacional como uma arma, punindo os estados (ou governadores) que atraírem a ira presidencial; em outras ocasiões, ele se mostra disposto a honrar com generosidade federal os estados (ou governadores) que lhe agradarem. O resultado líquido desse padrão é um caos aparente – uma coleção destrambelhada de declarações, decisões e ações improvisadas que têm semeado incerteza e deixado os estados, os administradores e os estudiosos do federalismo em estado de confusão. (Bowling; Fisk; Morris, 2020, p.512.)

Segundo os autores, a estratégia adotada nas relações com os estados foi o da punição e da recompensa. Como exemplos desse tipo de posicionamento, temos as situações nas quais os governadores adotaram medidas vinculadas à prevenção da pandemia e foram criticados ou ameaçados por Trump ou quando os governadores se posicionavam favoráveis à reabertura da economia e foram elogiados pelo presidente. Outro exemplo da conduta de punição/recompensa aos governadores está relacionado a momentos nos quais Donald Trump governou exclusivamente para seus aliados, rejeitando qualquer articulação com lideranças do partido democrata, mesmo em um contexto de crise sanitária (Perez, 2020).

Não obstante, Kincaid (2019) argumenta que o comportamento transgressor de Trump foi contido pelo sistema federal, que impôs barreiras significativas ao seu governo. Ao comparar as três fases do federalismo (dual, cooperativo e coercivo), o autor argumenta que, apesar da forte polarização na administração de Trump, essas fases do federalismo estadunidense seguem mais como uma continuidade do que uma ruptura, uma vez que esses elementos coexistem em um sistema altamente institucionalizado:

> O federalismo dual, posto que menos robusto do que no passado, ainda permite a inovação saudável do Estado e neutraliza a transgressiva presidência de Trump. O burocratizado sistema de federalismo cooperativo garante que os 1.319 programas de subsídios do sistema funcionem relativamente livres de interferência congressual e presidencial. Por isso, por exemplo, Trump não conseguiu cortar os fundos de subsídios para jurisdições de santuário. No entanto, o federalismo coercivo, por problemático que seja, garante muitas proteções uniformes dos direitos individuais e da igualdade social em todo o país. (Kincaid, 2019, p.4.)

Por outro lado, essa barreira institucional imposta a Trump pelo sistema federativo acaba tornando-se frágil ao longo do tempo, alcançando seu limite com a emergência da pandemia. Nesse momento, o governo rejeita uma coordenação nacional de enfrentamento ao vírus. O negacionismo do presidente e a dificuldade em reconhecer a gravidade da pandemia eleva a novos patamares a crise federativa no país. Esse momento, segundo Bowling, Fisk e Morris (2020, p.512), indica um cenário de redefinição do federalismo por Trump, no meio da crise, que passa a deixar estados, localidades e cidadãos "lutando para lidar da melhor maneira possível com uma crise de saúde pública sem precedentes".

No centro destas diferenças e fricções está o sistema de governança norte-americano (Kettl, 2020), que passa a ter sua capacidade para lidar com um cenário de crise questionada. Para o autor, as dificuldades enfrentadas pelo país para o enfrentamento da crise estariam relacionadas ao modelo federalista adotado. Portanto, as perguntas mais relevantes que devem ser feitas quando analisamos a condução do país durante a pandemia são: qual o papel exercido pela figura do presidente neste contexto? Em que medida o fracasso na condução da pandemia no país está relacionado à conduta adotada pelo presidente?

A maior parte das críticas estão vinculadas ao posicionamento do presidente Trump durante a pandemia, ao negar os perigos da crise sanitária exercendo uma administração caótica e descoordenada (Agnew, 2020). O perfil populista, agressivo e negacionista de Trump certamente contribuiu para o agravamento da pandemia no país. Os estados não tiveram articulações e coordenações em nível nacional para implementar medidas de prevenção, buscaram insumos por conta própria, agravando os desequilíbrios já existentes no sistema de saúde dos estados, e adotaram medidas impopulares sem o apoio do presidente. Mais que isso, Trump atuou para desestabilizar os governadores, atacando e incentivando publicamente as manifestações contrárias a essas medidas.

Mas, para além da postura de um governante populista e nacionalista, o cenário de crise expôs também fraturas importantes no modelo de governança do país (Agnew, 2020; Kettll, 2020). Ainda que Trump tenha um papel relevante nesse processo, o sistema federalista, neste caso mais próximo da fase coerciva, permitiu que o governo federal adotasse medidas contrárias aos interesses dos estados e localidades. O modelo também reforçou uma estrutura desigual na capacidade de resposta que cada estado teve quando buscou por meio de negociações internacionais a aquisição de materiais e insumos fundamentais para o enfrentamento. O próprio sistema federativo no país permitiu alguns espaços de resistência em nível subnacional que reduziram os impactos da lentidão e da falta de ação por parte de Trump. Nesse sentido, os estados buscaram articulações conjuntas, entraram em conflito com o governo nacional e tensionaram também para que o movimento de resistência a Trump saísse fortalecido. Isso permitiu maior ativismo estadual na agenda ambiental (Konisky; Woods, 2018; Grab, Livermore, 2018), imigratória (Somin, 2019) e alguma reação por parte dos estados para implementar ações e medidas de combate à covid-19.

A corrida presidencial em 2020 e a vitória do democrata Joe Biden trouxe novos elementos para o debate sobre os limites do federalismo estadunidense. Ao contrário de Donald Trump, Biden reforçou desde o início de sua campanha a necessidade de uma coordenação nacional com os estados e as agências federais para a condução da pandemia. O estilo agressivo de Trump ganhou novos contornos ao final de seu governo, após sua derrota para Joe Biden em novembro de 2020.

Tradicionalmente o período de transição de governos conta com a ação cooperativa e coordenada entre as administrações federais. Contrariando isso, Trump negou cooperar com a equipe de Biden, limitando avanços e progressos concretos que poderiam ajudar os governadores a enfrentar a pandemia. Naquele período, o número de mortos pela vocid-19 era de 250 mil pessoas em um cenário ainda sem vacinas disponíveis para a maioria da população.

Em novembro, Biden reuniu-se virtualmente com lideranças da National Governors Association, incluindo governadores republicanos, para discutir o enfrentamento da covid-19. Durante a reunião, Biden garantiu a existência de um consenso bipartidário para lidar com a pandemia bem como prometeu medidas de alívio econômico e de recursos financeiros para localidades e estados (Eichmann, 2020). Enquanto isso, Trump continuava questionando o resultado e a legitimidade da eleição com falsas denúncias sobre a contagem de votos em estados-chave: "Em vez disso, ele continuou a minimizar os riscos do COVID-19 e a intensificar seus esforços para conseguir que funcionários estaduais o ajudassem a invalidar os resultados eleitorais" (Prakash, 2020).

Em seus últimos dias de governo, Trump seguiu atacando as instituições no país e questionando os resultados da votação. O presidente foi denunciado por pressionar aliados em estados-chave a se posicionarem contrários ao resultado eleitoral, buscando reforçar suas afirmações falsas sobre a contagem dos votos. A crise ganhou contornos dramáticos com a invasão do Capitólio por apoiadores de Trump, durante a certificação formal da vitória de Biden no Senado, no dia 6 de janeiro de 2021. A sessão foi interrompida, causando choques com a polícia e levando à morte de quatro invasores e um policial (Tan; Shin; Rindler, 2021; Barrett; Raju; Nickeas, 2021). Trump foi acusado por incitar a invasão quando, no mesmo dia, declarou sua vitória na eleição.

Considerações finais

O governo de Donald Trump marcou uma fase do federalismo acentuadamente conflituoso e desagregador que agiu em vários momentos nos limites constitucionais estabelecidos para o governo nacional. Em determinadas situações, a conduta do presidente ultrapassou tais limites, como ocorreu ao final de seu mandato com a invasão do Capitólio por simpatizantes de seu governo. O federalismo implementado por Donald Trump traz novos contornos e não se enquadra nas definições tradicionais de federalismo dual. O governo liderado por ele elevou as tensões já existentes no país ao mesmo tempo que inaugurou outras estratégias que colocaram em xeque a capacidade do modelo federalista estadunidense de lidar com um momento de crise sem precedentes, tendo como liderança um presidente que contribuiu para alimentar o caos, a tensão e a desagregação.

Como observado, os estados intensificaram seu ativismo durante o governo de Trump, consolidando um movimento de resistência às ações do governo federal, com destaque para as agendas migratória e ambiental. Em contrapartida, Trump intensificou os ataques a essas regiões ao esvaziar os espaços que permitiam arranjos cooperativos, alimentando os atritos intergovernamentais com a aplicação de ordens executivas e questionamentos da atuação desses estados e localidades na justiça.

Como a pandemia trouxe elementos importantes para pensar o desenho institucional dos Estados Unidos? Tendo em vista a dependência dos estados em relação aos recursos da União, em que medida o modelo de federalismo conflituoso pode representar um fortalecimento democrático? Caberá então a defesa do sistema federado, da democracia e a contenção do avanço autoritário no país à atuação de estados com maior capacidade financeira e institucional? Entendemos que estes são diques de contenção frágeis, trazem uma configuração bastante inconstante, não apenas para o gerenciamento de uma crise de saúde pública, mas também, de maneira mais ampla, para a defesa das instituições.

Essa discussão é importante para pensar também o Brasil, já que essa estratégia de delegação descoordenada, de enfrentamento com os governadores e da adoção de um modelo federalista agressivo e conflituoso também ocorre aqui. Os conflitos entre estados e localidades durante o governo Bolsonaro são frequentes e ganharam nova intensidade com a crise da covid-19 (Abrucio et al., 2020). Os conflitos intensificaram-se à medida que o discurso do governo federal passou a adotar uma postura negacionista, contrária às medidas sanitárias recomendadas pelas autoridades de saúde. As estratégias do governo Bolsonaro para limitar, questionar e esvaziar a capacidade e gerenciamento dos atores subnacionais no gerenciamento da crise também ocorrem através de embates judiciais.

A ausência de uma estratégia nacional durante o governo de Donald Trump para o enfrentamento da crise sanitária levou a consequências graves, com um alto número de infectados e mortos por covid-19 em um sistema totalmente desarticulado. Cada estado teve uma condução e um tempo de resposta distinto, inclusive competindo entre si no cenário internacional para a aquisição de insumos necessários para combater o novo coronavírus. Essa situação teve e terá impactos importantes no debate conceitual e teórico sobre o federalismo e nos estudos sobre paradiplomacia, com destaque para a análise das relações intergovernamentais, o debate sobre a subsidiariedade e transferência de competência para os atores subnacionais, o papel da Suprema Corte na definição da autonomia dos governos subnacionais e do governo federal e a capacidade do sistema estadunidense para impor limites a governantes que, como Trump, atuam de modo a criar instabilidade na democracia.

A chegada do democrata Joe Biden à presidência no início de 2021 trouxe novos elementos para o debate. Biden implementou ações visando estabelecer uma coordenação nacional para o combate da crise, com apoio financeiro e maior articulação com os governadores para o enfrentamento da pandemia. Entre as principais medidas adotadas pelo governo nos primeiros três meses de governo, temos: a) declaração de emergência nacional em decorrência da pandemia causada pelo novo coronavírus com a Proclamação 9994; b) estabelecimento de memorando em janeiro de 2021 para ampliar a assistência aos estados, com a utilização da Guarda Nacional para implementar ações de prevenção à covid-19; c) aplicação das ordens executivas 13987, 13994, 13996, 13997 e 14002, que tiveram como objetivo aplicar medidas de alívio econômico e financeiro no país; organizar ações da Casa Branca para o combate à pandemia da covid-19 e outras ameaças futuras; d) criação de um conselho de resposta e coordenação vinculado ao presidente; e) melhoria no sistema de compartilhamento de informações e acesso a dados sobre a pandemia de todas as agências e departamentos federais; f) fortalecimento de políticas de saúde pública com grupos de trabalho para lidar com a covid-19 e outras ameaças biológicas; e f) ampliação do acesso ao cuidado e tratamento da covid-19 (White House, 2021).

A atuação do novo presidente em conjunto com as demais agências federais contribuiu para reduzir a disseminação do vírus bem como traçar novas ações para reduzir os impactos econômicos e sociais da crise. Durante seu governo, o índice de mortes e infectados pelo novo coronavírus entrou em queda no país, sendo que até 10 de abril de 2021 o país contava com um total de 198.454.471 doses de vacina aplicadas (CDC, 2021). Apesar de bem-sucedido em suas ações, o governo enfrentou algumas resistências com governadores republicanos, muitos destes alinhados às políticas implementadas por Trump e contrários a adoção das medidas de controle da disseminação do vírus, tais como distanciamento social e uso de máscaras (Durkee, 2021). Um exemplo deste atrito foi a suspensão precipitada da obrigatoriedade do uso de máscaras em março de 2021 pelos governadores republicanos do Texas e Mississipi (Shepherd, 2021), contrariando as orientações dos órgãos de saúde federais, tais como o Centers for Disease Control and Prevention (CDC). Biden reagiu classificando de um pensamento neandertal a decisão de afrouxar o uso de máscaras.

A mudança de governo em um momento bastante crítico do país mostrou que a atuação do presidente teve impactos importantes e significativos na implementação de ações que reduziram significativamente o impacto da crise. A ação coordenada de Biden com órgãos federais e os estados, associada à aplicação em massa das vacinas, contribuiu para reduzir o número de mortes e infecções. Ainda que o federalismo trumpista, marcado pelo forte tensionamento e crise entre governo federal e estaduais, tenha dado lugar a uma estratégia mais cooperativa e um discurso mais focado na reconciliação, esses desentendimentos entre Biden e governadores republicanos reforça a percepção de que o modelo federalista estadunidense possui limites importantes para lidar com esta pandemia e com outras possíveis crises sanitárias. Isso porque as diferenças político-partidárias tiveram um peso maior do que as evidências científicas para determinados governadores tanto no governo de Donald Trump quanto agora, durante os primeiros meses do governo de Biden. E o impacto dessas decisões políticas afeta o país como um todo sob vários aspectos, não apenas no número de mortes e infecções, mas também nas consequências sociais e econômicas enfrentadas com esta pandemia.

Referências

ABRUCIO, F. L. et al. Combate à COVID-19 sob o federalismo bolsonarista: um caso de descoordenação intergovernamental. *Revista de Administração Pública* [online], v.54, n.4, p.663-677, 2020. Disponível em: https://doi.org/10.1590/0034-761220200354. Acesso em: 4 jun. 2021.

ADOLPH, C. et al. Governor Partisanship Explains the Adoption of Statewide Mandates to Wear Face Coverings. *MedRxiv*, p.1-22, ago. 2020.

AGNEW, J. American "Populism" and the Spatial Contradictions of US Government in the Time of COVID-19. *Geopolítica(s): Revista de Estudios sobre Espacio y Poder*, n.11(Especial), p. 15-23, 2020.

AMERICA'S PLEDGE. *Report: States, Cities, and Business in the United States are stepping up on Climate Action.* [S.l.], 2017. Disponível em: https://www.bbhub.io/dotorg/sites/28/2017/11/AmericasPledgePhaseOneReportWeb.pdf. Acesso em: 10 mar. 2021.

BARRETT, T.; RAJU, M.; NICKEAS, P. 2021. "US capitol secured, 4 dead after rioters stormed the halls of Congress to block Biden's win", CNN. 7 jan. 2021. Disponível em: https://edition.cnn.com/2021/01/06/politics/us-capitol-lockdown/index.html. Acesso em: 6 set. 2021.

BEVILACQUA, R. M. B. *Para além dos muros:* uma análise da inserção e do comportamento dos estados-santuário frente aos governos de Barack Obama e Donald Trump (2009-2019). Uberlândia, 2019. Dissertação (Mestrado) – Programa de Pós-graduação em Relações Internacionais da Universidade Federal de Uberlândia.

BOSMAN, J. U.S. "Governors, at Center of Virus Response, Weigh What It Will Take to Reopen States". *The New York Times*, 14 abr. 2020. Disponível em https://www.nytimes.com/2020/04/14/us/coronavirus-governors-trump.html. Acesso em: 15 mar. 2021.

BOWLING, C. J.; FISK, J. M.; MORRIS, J. C. Seeking Patterns in Chaos: Transactional Federalism in the Trump Administration's Response to the COVID-19 Pandemic. *The American Review of Public Administration*, 2020. doi:10.1177/0275074020941686

BUENO, I. *Paradiplomacia contemporânea:* trajetórias e tendências da atuação internacional dos governos estaduais do Brasil e dos Estados Unidos. Brasília, 2010. Tese (Doutorado) – Instituto de Relações Internacionais, Universidade de Brasília.

CENTERS FOR DISEASE CONTROL AND PREVENTION (CDC). *Covid Data Tracker*, 2021. Disponível em: https://covid.cdc.gov/covid-data-tracker/#datatracker-home. Acesso em: 4 jun. 2021.

CENTER OF IMMIGRATION STUDIES. *Maps:* Sanctuary Cities, Counties, and States. [S.l.], 2019. Disponível em: https://cis.org/Map-Sanctuary-Cities-Counties-and-States. Acesso em: 24 abr. 2021.

CORNELL, S. *The Other Founders: Anti-Federalism and the Dissenting Tradition in America, 1788-1828.* London: Published for the Omohundro Institute of Early American, 1999.

CORNELL, Saul. 1999. The Other Founders: Anti-federalism and the dissenting tradition in America, 1788-1828. Chapel Hill and London: University of North Carolina Press, 335p.

CORNELL, S. *The Other Founders*: Anti-federalism and the dissenting tradition in America, 1788-1828. Chapel Hill; London: University of North Carolina Press, 1999.

CORWIN, E. S. The Passing of Dual Federalism. *Virginia Law Review*, v.36, n.1, p.1-24, 1950.

CSSE (Center for Systems Science and Engineering). *Covid-19 Dashboard*. [S.l.]: Johns Hopkins Coronavirus Resource Center, 2021. Disponível em: https://coronavirus.jhu.edu/map.html. Acesso em: 31 maio 2021.

DURKEE, A. Republican-Led states weigh dropping mask mandates following Texas and Mississipi. *Forbes*, 4 mar. 2021. Disponível em: https://www.forbes.com/sites/alisondurkee/2021/03/04/republican-led-states-weigh-dropping-mask-mandates-following-texas-and-mississippi/?sh=124321d59ecf. Acesso em: 6 set. 2021.

DYER, O. Covid-19: State Governors Assert Control over US Response as Trump Struggles for a Role. *BMJ*, p.1-2, 17 abr. 2020. Disponível em: https://www.bmj.com/content/bmj/369/bmj.m1564.full.pdf. Acesso em: 5 abr. 2021.

EATMON, T. D. Paradiplomacy and Climate Change: American States as Actors in Global Climate Governance. *Journal of Natural Resources Policy Research*, v.I, n.2, p.153-165, 2009.

EICHMANN, M. Biden Talks Transition, COVID-19 in Meeting with Bipartisan Governors' Group. *Whyy*, 19 nov. 2020. Disponível em: https://whyy.org/articles/biden--reaches-out-to-governors-as-trump-stymies-transition/. Acesso em: 16 ago. 2021.

ELAZAR, D. J. *American Federalism: a View from the States*. New York: Crowell, 1966.

ELIAS, S. B. The New Immigration Federalism. *Ohio State Law Journal*, Columbus, v.74, n.5, p.704-752, out. 2013.

ESTES, C. States Are Being Forced into Bidding Wars to Get Medical Equipment to Combat Coronavirus. *Forbes*, 28 mar. 2020. Disponível em: https://www.forbes.com/sites/claryestes/2020/03/28/states-have-are-being-forced-into-bidding-wars-to-get-medical-equipment-to-combat-coronavirus/?sh=5c021d481cde. Acesso em: 2 jun. 2021.

EXECUTIVE ORDER 13987. Presidential Documents: Organizing and Mobilizing the United States Government to Provide a Unified and Effective Response to Combat COVID-19 and to Provide United States Leadership on Global Health and Security. *Federal Register*, v.86, n.14, 25 jan. 2021.

FRANK, P. E. *Global Governors: Foreign Affairs Activities among the 50 American States*. California, 1998. Dissertação (Mestrado) – California State University.

FRY, E. H. *The Expanding Role of State and Local Government in US Foreign Affairs*. New York: Council on Foreign Relation Press, 1998.

GELTMAN, E. G. "The New Anti-Federalism: Late Term Obama Environmental Regulations and the Rise of Trump. *North Dakota Law Review*, v.93, n.2, artigo 2, 2018. Disponível em: https://commons.und.edu/ndlr/vol93/iss2/2. Acesso em: 16 ago. 2021.

GRAB, D. A; LIVERMORE, M. A. Environmental Federalism in a Dark Time. *Ohio State Law Journal*, p.665-684, 2018.

GRODZINS, M. *The American System*. Chicago: Rand McNally, 1966

GROSSMAN, G. et al. Political Partisanship Influences Behavioral Responses to Governors' Recommendations for COVID-19 Prevention in the United States. *PNAS*, v.117, n.39, set. 2020. Disponível em: https://www.pnas.org/content/pnas/117/39/24144. full.pdf. Acesso em: 26 jun. 2021.

GULASEKARAM, P.; RAMAKRISHNAN, S. Karthick. *The New Immigration Federalism*. New York: Cambridge University Press, 2015.

HOBSON, J. "We'll Make the Decisions": Delaware Governor Explains Why His State Joined Northeast Pact on Coronavirus. *WBUR*, 14 abr. 2020. Disponível em: https:// www.wbur.org/hereandnow/2020/04/14/governor-pact-coronavirus. Acesso em: 16 ago. 2021.

JACOBS, B.; LAUGHLAND, O. Charlottesville: Trump Reverts to Blaming Both Sides Including "Violent Alt-left". *The Guardian*, 16 ago. 2017. Disponível em: https://www. theguardian.com/us-news/2017/aug/15/donald-trump-press-conference-far-right--defends-charlottesville. Acesso em: 16 ago. 2021.

KETTL, D. F. States Divided: The Implications of American Federalism for Covid-19. *Public Administration Review*, v.80, n.4, p.595-602, 2020. Disponível em: https://online-library.wiley.com/doi/full/10.1111/puar.13243. Acesso em: 16 ago. 2021.

KINCAID, J. From Dual to Coercive Federalism in American Intergovernmental Relations. In: JUN, J. S.; WRIGHT, D. S. (Ed.). *Globalization and Decentralization*. Washington, D.C.: Georgetown University Press, 1996. p.29-47.

_____. Introduction: The Trump Interlude and the States of American Federalism. *State and Local Government Review*, v.49, n.3, p.156-169, 2017.

_____. Why Coercion and Cooperation Coexist in American Federalism. In: STENBERG, C. W.; HAMILTON, D. K. (Ed.). *Intergovernmental Relations in Transition: Reflections and Directions*. New York: Routledge, 2018. p.35-57.

_____. "The Three Shades of American Federalism". *50 Shades of Federalism*, 2019. Disponível em: http://50shadesoffederalism.com/case-studies/the-three-shades-of-american-federalism/. Acesso em: 16 ago. 2021.

KLINE, John. *State Government Influence in U.S. International Economic Policy*. Lexington: Lexington Books, 1983.

KONISKY, D. M.; WOODS, N. D. Environmental Federalism and the Trump Presidency; A Preliminary Assessment. *Publius: The Journal of Federalism*, v.4,8 n.3, p.345-371, 2018.

LOPES, I. F. F. *A atuação internacional dos estados norte-americanos para a implementação das políticas de mudanças climáticas:* o caso da Califórnia. Uberlândia, 2019. 125f. Dissertação (Mestrado em Relações Internacionais) – Universidade Federal de Uberlândia.

NICHOLAS, P.; GILSINAN, K. The End of the Imperial Presidency. *The Atlantic*, 2 maio 2020. Disponível em: https://www.theatlantic.com/politics/archive/2020/05/trump--governors-coronavirus/611023. Acesso em: 5 jun. 2021.

O'KEEFE; E.; WATSON, K. You're Gonna Call Your Own Shots, Trump Tells Governors about Guidelines to Reopen States. *CBS News*, 16 abr. 2020. Disponível em: https://

www.cbsnews.com/news/trump-guidelines-on-opening-up-america-leave-much-up--to-governors/. Acesso em: 16 ago. 2021.

PALUMBO, D. J. *States and American Foreign Relations*. Chicado, 1960. Tese (PhD) –University of Chicago.

PEREZ, M. Trump Encourages Pence to Ignore Democratic Governors: "If They Don't Treat You Right, I Don't Call". *Forbes*, 27 maio 2020. Disponível em: https://www.forbes.com/sites/mattperez/2020/03/27/trump-encourages-pence-to-ignore-democratic-governors-if-they-dont-treat-you-right-i-dont-call/?sh=1a61cb95a45c. Acesso em: 16 ago. 2021.

PERRY, S. President Trump and Charlottesville: Uncivil Mourning and White Supremacy. *Journal of Contemporary Rhetoric*, v.8, n.1/2, p. 57-71, 2018.

PRADO, D. F. M. *Federalismo e política internacional:* os conflitos entre a União e os governos estaduais nos Estados Unidos. Campinas, 2013. Tese (Doutorado) – Unicamp.

PRADO, D. F. M.; BEVILACQUA, R. A reação dos governos estaduais à política imigratória de Donald Trump. *Perspectivas: Revista de Ciências Sociais*, v.54, p.207-234, 2019.

PRAKASH, N. Joe Biden is Working with Governors on COVID-19, but There's Not Much They Can Do without Trump. *BuzzFeed*, 19 nov. 2020.

REICH, G. Hitting a Wall? The Trump Administration Meets Immigration Federalism, *Publius: The Journal of Federalism*, v.48, n.3, p.372-395, verão 2018.

REIS, S. Saída do acordo de Paris reduz liderança dos Estados Unidos. Observatório Político dos Estados Unidos. *Opeu*, 27 jun. 2017. Disponível em: http://www.opeu.org.br/2017/06/27/saidaacordo-de-paris-reduz-lideranca-dos-eua/. Acesso em: 20 jun. 2021.

ROSE, J. A "War" for Medical Supplies: States Say FEMA Wins by Poaching Orders. *NPR*, 15 abr. 2020. Disponível em: https://www.npr.org/2020/04/15/835308133/governors-say-fema-is-outbidding-redirecting-or-poaching-their-medical-supply-or. Acesso em: 4 jun. 2021.

SAGER, M. A. *Cooperation without Borders:* Federalism and International Trade. Virginia: George Mason University Press, 1998.

SHEAR, M. D.; MERVOSH, S. Trump Encourages Protest Against Governors Who Have Imposed Virus Restrictions. *The New York Times*, 17 abr. 2020. Disponível em: https://www.nytimes.com/2020/04/17/us/politics/trump-coronavirus-governors.html. Acesso em: 15 maio 2021.

SHEPHERD, K. As Texas and Mississipi Move to Open "100%" and Lift Mask Mandates, Health Officials Warn: "It's Still Too Early. *The Washington Post*, 3 mar. 2021. Disponível em: https://www.washingtonpost.com/nation/2021/03/03/texas-mississippi--mask-mandate-backlash/. Acesso em: 26 jun. 2021.

SOMIN, I. Making Federalism Great Again: How the Trump Administration's Attack on Sanctuary Cities Unintentionally Strengthened Judicial Protection for State Autonomy. *Texas Law Review*, v.97, p.1247-1294, 2019.

SWEENY, J. Incitement in the Era of Trump and Charlottesville. *Capital University Law Review*, v.47, p.585-637, 2019.

TAN, S.; SHIN, Y.; RINDLER, D.. "How One of America's Ugliest Days Unraveled Inside and Outside the Capitol. *The Washington Post*, 6 jan. 2021. Disponível em: https://www.washingtonpost.com/nation/interactive/2021/capitol-insurrection-visual--timeline/. Acesso em: 16 ago. 2021.

TAYLOR, K.-Y.. The White Power Presidency: Race and Class in the Trump Era. *New Political Science*, v.40, n.1, p.103-112, 2018.

TRUMP Insists He Has "Total" Authority to Supersede Governors. *The New York Times*, 13 abr. 2020. Disponível em https://www.nytimes.com/2020/04/13/us/coronavirus--updates.html. Acesso em: 12 abr. 2021.

UNITED NATIONS. *The Paris Agreement, United Nations Climate Change (UNFCCC)*, 2015. Disponível em: https://unfccc.int/sites/default/files/english_paris_agreement.pdf. Acesso em: 6 set. 2021.

UNITED STATES CLIMATE ALLIANCE. *Annual Report*, 2018. "Fighting for our future". Disponível em: http://www.usclimatealliance.org/annual-report. Acesso em: 5 set. 2021.

UNITED STATES COURT OF APPEALS FOR THE DISTRICT OF COLUMBIA CIRCUIT. *California v. EPA*. Challlenges to EPA determination to withdraw its Mid-Term Evaluation of Greenhouse Gas Emissions Standards for Model Year 2022-2025 Light--Duty Vehicles because the standards appeared to be too stringent, 2018. Disponível em: http://climatecasechart.com/climate-change-litigation/case/california-v-epa-4/. Acesso em: 6 set. 2021.

VERA, A. These States Have Formed Regional Coalitions to Fight Coronavirus and Reopen Their Economies. *CNN*, 14 abr. 2020. Disponível em https://edition.cnn.com/2020/04/13/us/states-reopen-coronavirus/index.html. Acesso em: 16 ago. 2021.

WHALEN, J. et al. Scramble for Medical Equipment Descends into Chaos as U.S. States and Hospitals Compete for Rare Supplies. *The Washington Post*, 24 mar. 2020. Disponível em: https://www.washingtonpost.com/business/2020/03/24/scramble-medical--equipment-descends-into-chaos-us-states-hospitals-compete-rare-supplies/. Acesso em: 15 jun. 2021.

WHITE HOUSE. Memorandum to Extend Federal Support to Governor's Use of the National Guard to Respond to COVID-19 and Increase Reimbursement and Other Assistance Provided to States. *Presidential Actions*, 21 jan. 2021.

_____. *President Donald J. Trump Announces Guidelines for Opening Up America. 16 de abril de 2020*. [S.l.], 16 abr. 2020. Disponível em: https://trumpwhitehouse.archives.gov/briefings-statements/president-donald-j-trump-announces-guidelines-opening-america/. Acesso em: 16 ago. 2021.

ZIMMERMAN, J. F. *Interstate Relations:* The Neglected Dimension of Federalism. London: Praeger Publishers, 1996.

13
COLÉGIO ELEITORAL: O ARCAÍSMO NÃO ACIDENTAL DO SISTEMA ELEITORAL DOS ESTADOS UNIDOS[1]

Tatiana Teixeira

Introdução

Invasão ao Capitólio. Dia 6 de janeiro de 2021.

Partidários de Donald Trump – uma turba heteróclita armada e em fúria composta de indivíduos ressentidos atomizados, mas também de membros de diferentes grupos e movimentos de extrema direita[2] – invadem o Congresso dos Estados Unidos. A despeito de seu aspecto desorganizado e espontâneo, investigações[3] indicam que foram semanas de preparação on-line por parte de células extremistas, estimuladas pela retórica incendiária e inconformada de políticos trumpistas e do próprio presidente republicano, após a derrota na eleição de 2 de novembro prestes a ser oficialmente confirmada.

---

1 Agradeço aos pesquisadores doutores Tatiana Carlotti, da Universidade (USP), e Rafael Seabra, da Universidade Federal do Rio de Janeiro (UFRJ) aos organizadores deste livro e aos revisores da Editora Unesp pela revisão atenta e pelas sugestões que melhoraram este capítulo. Como de praxe, eventuais omissões e imprecisões são de minha total responsabilidade.

2 Entre os já identificados estão Proud Boys, Oath Keepers, Three Percenters, Texas Freedom Force e QAnon. Para mais informações, conferir: Mogelson (2021); Pape e Rubin (2021); e Thompson e Fischer (2021).

3 Para acompanhar o andamento da investigação, ver a página do FBI (a Polícia Federal dos Estados Unidos): https://www.fbi.gov/wanted/capitol-violence. O noticiário local traz inúmeras reportagens a esse respeito, como: Barry, McIntire e Rosenberg (2021); Hymes, McDonald e Watson (2021); Jaffe et al. (2021); Pilkington (2021); Timberg e Harwell (2021).

Sebastião C. Velasco e Cruz e Neusa Maria P. Bojikian (Orgs.)

Além de representar algo sem precedentes na "terra da liberdade e da virtude", o violento episódio deixou cinco mortos, levou a mais de quinhentas detenções e causou enorme perplexidade, dentro e fora do país. E, ainda mais importante, expôs a fragilidade de uma república que, por seu caráter longevo e pelo sempre lembrado ineditismo histórico de tamanho e especial experimento, tomou como tradição e hábito disseminar *seu* regime político e valores relacionados como modelo para o mundo. O que se viu na primeira semana do ano, porém, foi o impacto (metafórico, cabe esclarecer, diante do arsenal levado pelos trumpistas para o Capitólio) de uma bomba de fragmentação em uma democracia em crise político-partidária que se alonga e se agrava de forma constante, a cada alternância de governo.

Naquele dia 6, o Congresso se encontrava reunido para cumprir a última etapa do processo eleitoral estadunidense antes da posse. Na data, mesmo com a invasão, aconteceram a abertura dos envelopes enviados pelos estados, a contagem e a certificação dos votos do Colégio Eleitoral (CE), assim como o consequente anúncio da chapa vencedora da eleição de 2020. Como é de conhecimento (e manifesto alívio para aliados europeus dos Estados Unidos, especialmente a alemã Angela Merkel e o francês Emmanuel Macron, que celebraram sem qualquer discrição), os democratas Joe Biden e Kamala Harris derrotaram a dupla Donald Trump e Mike Pence com uma ampla margem de 306 votos contra 232. Apesar das reiteradas e nunca comprovadas alegações de fraude eleitoral, o processo e seu resultado foram considerados legítimos e dentro da lei por diferentes cortes estadunidenses e por republicanos moderados. Trump tentou, mas não levou.

O que todo o tumulto[4] criado pelo ex-apresentador de *reality show* acarretou não foi, contudo, de pequena monta: 1) colocou democracia, partidos e instituições políticas em geral em xeque, questionando sua legitimidade e mesmo utilidade; 2) contaminou o debate político e contribuiu para aprofundar as contradições e a crise identitária de sua sigla, o GOP;[5] 3) e, entre outros aspectos que extrapolam o recorte temático deste capítulo, reavivou, mais uma vez, a perene e interminável discussão sobre o CE, sobre a legislação eleitoral e sobre a pertinência e a necessidade de se manter um sistema que se mostra vulnerável, exclusivista, datado e anacrônico. Ou, nas palavras da American Bar Association, em relatório de 1967 (American Bar Association, 1967), um método para eleger o presidente dos Estados

---

4 Além de "invasão", um amplo léxico foi usado nos Estados Unidos por acadêmicos, analistas e jornalistas especializados na cobertura política para se referir a este acontecimento, como "ataque", "cerco" (em inglês, *siege*), "golpe (frustrado)", "(tentativa de) autogolpe", "insurreição", "multidão" (em inglês, *mob*) e "rebelião" (em inglês, *riots*). Embora este seja um comentário sem o devido rigor metodológico, aos interessados no tema, cumpre observar a relação entre escolha vocabular e posição política do enunciador.

5 *Grand Old Party*, como o Partido Republicano também é chamado.

Unidos que é "arcaico, não democrático, complexo, ambíguo, indireto e perigoso".[6]

A cada ciclo eleitoral, o tema ressurge, assumindo, eventualmente, tons dramáticos. Em 2020, a candidata democrata, a ex-secretária de Estado e senadora Hillary Clinton, superou o rival Donald Trump por mais de 3 milhões de votos, mas perdeu no CE, por 227 votos contra 304 (2016 Electoral..., [s.d.]). Em 2000, a acirrada e polêmica disputa entre o democrata Al Gore e o republicano George W. Bush deixou o país em suspenso até a decisão da Suprema Corte sobre os votos do estado da Flórida. O então vice do presidente Bill Clinton venceu no voto popular por cerca de 540 mil votos, mas foi derrotado no CE por 266 contra 271 (2000 Electoral..., [s.d.]) – um dos resultados mais apertados da história do país. Nesta mesma extensa linha do tempo, há outros três registros de situação similar: com Andrew Jackson, derrotado por John Quincy Adams em 1824, apesar de ter mais votos; com Samuel Tilden, que perdeu para Rutherford B. Hayes em 1876; e com Grover Cleveland, vencido por Benjamin Harrison em 1888.

A pergunta que abre e orienta este capítulo está diretamente relacionada com o parágrafo anterior. Se é verdade, neste sistema de escolha indireta do presidente, que o eleito pode não ser aquele diretamente "escolhido" pelo povo, conforme o princípio democrático de "uma pessoa, um voto", por que os estadunidenses preservam um sistema tão complexo, apesar de todas as mudanças sociais e demográficas ocorridas nas últimas décadas? Por que o CE persiste, apesar de a maioria da população se declarar consistentemente a favor de sua reforma, como mostram diferentes pesquisas (Brenan, 2020; Jones, 2021)? A resposta talvez não esteja no eleitor.

Os pontos de partida

Quando se trata do CE,[7] a piada preferida dos analistas, especialmente estrangeiros, é dizer que este é um sistema que nem os estadunidenses entendem. Há sua parcela de folclore nessa observação, mas nem tanto. Parte dessa dificuldade está no fato de os estados serem responsáveis pelas normas e pelos detalhes desse processo. Cabe aos estados, entre outras

---

6 Esta e as demais citações em língua estrangeira deste capítulo foram traduzidos livremente pela autora.

7 Ao leitor ou leitora que se interessar pelo tema, sugiro alguns textos em português com detalhada narrativa histórica e explicação alongada sobre o funcionamento do objeto em questão: Limoncic (2021); Pereira (2016); Teixeira (2021). Muito completo, o verbete "Electoral College" também pode ser consultado em: Sabato e Ernst (2007). Sugiro ainda a visita a sites oficiais, como: https://history.house.gov/Institution/Electoral-College/Electoral-College/ (Câmara de Representantes) e https://www.archives.gov/electoral-college/electors (National Archives).

Sebastião C. Velasco e Cruz e Neusa Maria P. Bojikian (Orgs.)

tarefas: estabelecer como serão o sistema de votação e as regras para os registros dos "eleitores"; regular as diferentes modalidades de votos (se presencial, se pelo correio); decidir como será a cédula, como os votos serão contados e como será a certificação dos votos. Sim: são praticamente cinquenta eleições diferentes acontecendo em um mesmo país, não necessariamente ao mesmo tempo, como fazemos no Brasil.

É pela mediação desse mecanismo intrincado que presidente(a) e vice-presidente(a) são eleitos(as) nos Estados Unidos. É composto de 538 "eleitores", o que inclui o número de representantes da Câmara (de distribuição variável, conforme a população registrada nos estados pelo censo nacional realizado a cada dez anos) e de senadores (sempre dois) de cada um dos cinquenta estados, mais três do Distrito de Colúmbia. Salvo nos casos de Maine e Nebraska, o que ainda vigora é o *winner-take-all*, ou seja, quem tiver a maioria dos votos, ganha *todos* os "eleitores". Para vencer no CE, é necessário obter a supermaioria de 270 – o "número mágico", como se diz em Washington, D.C.

O CE aparece no artigo II, na seção 1, da Constituição,[8] que teve seu texto aprovado em 17 de setembro de 1787 na Convenção Constitucional da Filadélfia,[9] e ratificado em 21 de junho de 1788. Em relação ao CE, duas emendas foram aprovadas desde então: a 12ª (Twelfth..., [s.d.]), proposta em 1803 e ratificada em 1804, que estabelece voto separado para presidente e vice; e a 23ª, ratificada em 1961, que concedeu os três votos a D.C. Aqui, chamo a atenção do leitor para um ponto. De George Washington (1789) a Joe Biden (2020), são as mesmas regras, desde os séculos XVIII e XIX, com pouquíssimas mudanças (e todas de procedimento, sem implicar uma reforma e/ou atualização real do sistema), que elegem o(a) presidente dos Estados Unidos.[10] Esta é uma das principais críticas ao CE.

Para entender o presente, devemos recorrer ao conhecido e proveitoso exercício de olhar para o passado, ou para o *ponto de partida*, porque, assim ensina Tocqueville (2001, p. 37), "não há uma só opinião, um só hábito, uma lei, [...] um só acontecimento, que o ponto de partida não explique sem dificuldade". Neste caso, refiro-me à já mencionada Convenção Constitucional. Como explica Izecksohn (2021, p. 167), "a Constituição federal foi ratificada para que o governo central dispusesse de poder suficiente para conduzir as relações internacionais e fortalecer o poder da elite política nacional [...] com

---

8 Na página do National Constitution Center, há uma explicação interativa do Article II, disponível em: https://constitutioncenter.org/interactive-constitution/interpretation/article-ii/clauses/350. E mais uma fonte de Constituição comentada em: https://www.law.cornell.edu/constitution-conan.

9 Consultar o verbete "Philadelphia Convention" em Sabato e Ernst (2007, p.271-273).

10 No site da Casa Branca, há uma galeria com o perfil de todos eles, em ordem cronológica: https://www.whitehouse.gov/about-the-white-house/presidents/.

o objetivo de manter a unidade entre um grupo muito diverso de comunidades políticas".

E era, realmente, um grupo bastante diverso. Para além da fé e da crença em si mesmos – como *Pais Fundadores*[11] de uma nação firme em seus desígnios, "escolhida por Deus" e promissora – e na excepcionalidade incontestável daquilo que ora estavam construindo, estes homens tinham interesses e visões distintas sobre como unir os estados (outrora colônias) e sobre como fazer esse conjunto heterogêneo funcionar sem sacrificar liberdades e virtude, e sem ceder às tiranias da maioria e da minoria e à interferência de um Poder sobre o outro. Entre os *federalistas*, aqueles que defendiam um poder central mais forte, e os *antifederalistas*, as diferenças eram notáveis e nos mostram que o dissenso é parte constituinte da América e estende seu eco até o presente, afetando as eleições e a vida político-partidária. As visões de Thomas Jefferson e de Alexander Hamilton, por exemplo, eram antagônicas em muitas áreas, algo próximo do inconciliável.

No caso da república jeffersoniana (Izecksohn, 2021, p.39-40), "o avanço do comércio e da indústria" era visto como uma "ameaça real à manutenção da virtude cívica original", "a riqueza trouxera a desigualdade, intensificando o potencial para a luta de classes", e a política deveria ser "descentralizada" – ao contrário do ataque à soberania local promovido por Hamilton –, tendo na "agricultura" a "base da economia estadunidense". Destaco ainda as seguintes posições, que acrescento com base em Whisker (1980, p.9): "um governo muito limitado", "democracia natural entre homens" (brancos), "liberdades civis e direitos para todos os homens" (brancos), "controle mínimo do governo sobre os indivíduos", "subordinação do Exército a uma autoridade civil", "medo e desconfiança de exércitos permanentes" e "direitos naturais colocados na natureza por Deus". Este embate entre o Norte rico, mais industrializado e abolicionista, e o Sul agrário, atrasado e escravagista, ou entre governo central e descentralizado, também terá importantes consequências para a escolha do sistema eleitoral.

No caso de Hamilton (Izecksohn, 2021, p.38-39), temos um apreciador do "sistema político inglês", do "fortalecimento do comércio e da indústria", de um país dotado de "forças militares" e contrário aos "excessos de democracia", com o governo sendo "exercido por uma minoria qualificada, insulada dos conflitos e demandas dos setores mais humildes". Este foi um dos poucos pontos de clara convergência entre os Pais Fundadores, a seu momento, também com implicações para as futuras decisões político-eleitorais.

Como Madison (Hamilton; Madison; Jay, 1993, p.128) expõe nos *Artigos federalistas*, "uma firme união será a oportunidade máxima para a paz e a liberdade dos Estados como barreira contra o faccionismo e as insurreições

---

11 Para mais informações sobre os Pais Fundadores, ver About the... ([s.d.]).

domésticas". O objetivo da república[12] é garantir "estabilidade" e "amortizar e reprimir a violência das facções", entendidas por ele como "uma reunião de cidadãos [...] unidos e dirigidos pelo impulso de uma paixão ou interesse contrário aos direitos dos outros cidadãos..." (Hamilton; Madison; Jay, 1973, p.100, 101). A distinção que mais nos importa virá logo adiante, nas páginas 103 e 104: no federalismo *à la* estadunidense, *república*, como sinônimo de "governo representativo", não é o mesmo que uma "pura democracia".[13] Citarei o trecho completo (Hamilton; Madison; Jay, 1973, p.104), porque nos ajudará a entender a proeminência da virtude sobre a representatividade, parte da rejeição do voto direto (popular) para presidente, e a adoção da uma instância intermediadora:

> A república aparta-se da democracia em dois pontos essenciais; não só a primeira é mais vasta e muito maior o número de cidadãos, mas os poderes são nela delegados a um pequeno número de indivíduos que o povo escolhe.
>
> O efeito desta segunda diferença é de depurar e de aumentar o espírito público, fazendo-o passar para um corpo escolhido de cidadãos, cuja prudência saberá distinguir o verdadeiro interesse da sua pátria e que, pelo seu patriotismo e amor da justiça, estarão mais longe de o sacrificar a considerações momentâneas ou parciais.
>
> Num tal governo é mais possível que a vontade pública, expressa pelos representantes do povo, esteja em harmonia com o interesse público do que no caso de ser ela expressa pelo povo mesmo, reunido para este fim.

Três alternativas foram apresentadas para a escolha daquele que seria o chefe do Executivo: eleição pelo voto popular, votação pelo Congresso, ou votação pelas legislaturas estaduais. À exceção da primeira, de imediato menos favorecida, cada uma delas teve sua cota de apoiadores e de críticos, em defesa, quase sempre, de seus interesses particulares.

A primeira delas (a eleição pelo voto popular) tinha entre seus principais defensores Morris, Madison e Hamilton, que também apoiavam o CE como uma alternativa à eleição por parte do Congresso. Foi de pronto rejeitada. Isso significa, como afirma Alexander Keyssar (2020), que o CE não foi uma ideia em oposição à eleição popular do presidente, porque essa proposta nunca esteve, de verdade, no horizonte de possibilidades dos *Framers*. O caráter exclusivista está lá, desde a origem. Entre justificativas e considerações feitas contra a eleição direta, estavam as baixas taxas de alfabetização (algo que, alegadamente, afetaria o discernimento do eleitor comum); e a dificuldade de um candidato e de sua agenda serem conhecidos em todas

---

12 No texto de 1993, o termo que aparece é "república confederada" (Hamilton; Madison; Jay, p. 131). Sugiro consulta às duas versões, ou ao original, em inglês, cf. Full... ([s.d.)].

13 Robert Dahl discute e questiona brevemente a distinção feita por Madison. Cf.Dahl (2003, p.159-162).

De Trump a Biden

as regiões de um país tão extenso, em uma época de escassos recursos tecnológicos, de ausência de veículos de comunicação de alcance nacional e de precariedade da rede de transportes nos níveis locais e federal (algo que poderia beneficiar os candidatos de áreas mais densamente povoadas, como os do Sul, e tenderia a um voto paroquialista).

No artigo 68 dos *Federalistas*, Hamilton (Hamilton; Madison; Jay, 1993, p.430-434) argumenta em favor de homens (brancos) preparados, instruídos, bem-educados e capacitados para a realização de elevada tarefa, integrando um ente político instituído para isso – e somente isso. Assim, afirma ele, seria possível garantir a independência do Poder Executivo em relação ao Congresso e aos estados. A parte selecionada abaixo é bastante ilustrativa:

> Era desejável que o julgamento do povo atuasse na escolha da pessoa a quem tão importante missão seria confiada [o presidente]. Esta finalidade será atendida entregando-se o direito de fazê-la não a um corpo preestabelecido, mas a homens escolhidos pelo povo para esse objetivo específico, numa conjuntura particular.
>
> Era igualmente desejável que a eleição direta fosse feita pelos homens mais capazes de analisar as qualidades adequadas à posição [...] Um pequeno número de pessoas, escolhidas por seus concidadãos a partir do conjunto da população terá a máxima probabilidade de possuir a informação e o discernimento exigidos por tão complicada investigação.
>
> Era também particularmente desejável dar tão pouca oportunidade quanto possível ao tumulto e à desordem [...] A escolha de várias pessoas para compor um corpo intermediário de eleitores tenderá muito menos a convulsionar a comunidade com quaisquer movimentos extraordinários ou violentos [...] E como os eleitores escolhidos de cada Estado deverão se reunir e votar no Estado em que foram escolhidos, essa situação isolada e dividida os exporá muito menos a paixões e fermentações que poderiam ser comunicadas a eles pelo povo que se devessem reunir-se todos ao mesmo tempo, num único lugar.
>
> Nada era mais desejável do que opor todos os obstáculos possíveis ao conluio, à intriga e à corrupção. [...] Não pôs a designação do presidente na dependência de um corpo preexistente de homens, que poderiam ser previamente convencidos a prostituir seus votos; ao contrário, associou-a em primeira instância a um ato direto do povo da América, a ser exercido na escolha de pessoas para o propósito temporário e exclusivo de fazer a designação [...]
>
> Este processo de eleição proporciona a certeza moral de que o cargo de presidente raramente será alcançado por um homem não dotado, em grau eminente, das qualificações necessárias.

A escolha do presidente por parte do Congresso era vista com preocupação por alguns, temendo que dividisse e paralisasse os trabalhos da Casa, além de estimular a troca de favores, o excesso de barganha política, ou

Sebastião C. Velasco e Cruz e Neusa Maria P. Bojikian (Orgs.)

mesmo ser suscetível à influência estrangeira. Ou seja: era uma ameaça em potencial à separação de poderes e ao pleno funcionamento do mecanismo de *checks & balances*, ou sistema de pesos e contrapesos (Sabato; Ernst, 2007, p.134). No caso da terceira opção, a de eleição pelo voto das legislaturas estaduais, o risco alegado era de desgaste do poder federal, pois o presidente poderia beneficiar um estado em detrimento do outro, causando muitos atritos e disputas.

Em meio aos embates estendidos até o último minuto da Convenção Constitucional, a narrativa que prevalece até os dias atuais e que compõe parte das justificativas para se manter tudo como está é a de que o pragmatismo venceu e trouxe uma solução. Chegou-se não exatamente à melhor fórmula, e sim ao desfecho mais viável naquele contexto histórico e político específico, capaz de acomodar demandas aparentemente incompatíveis. Quando se olha para duzentos, trezentos séculos atrás, há sentido nessa explicação, mas ela parece insustentável como argumento em pleno século XXI.

Assim, por pressão dos delegados do Sul, que temiam que a eleição popular colocasse seus estados em desvantagem, o voto seria baseado na densidade populacional, e não no número de eleitores. Junto com isso, os mesmos estados conseguiram aprovar, para a composição dos votos do CE, o Compromisso dos Três Quintos adotado durante a escravidão: cada escravo desses estados "contava" como 3/5 de uma "pessoa". Esse ponto está na base da tese de Keyssar (2020), no livro *Why Do We Still Have the Electoral College?*, considerado hoje a principal obra sobre o tema. Segundo ele, a escravidão se encontra na origem da formação do sistema eleitoral americano. O autor aponta que o número de votos no CE dado a cada estado continua sendo a representação de cada estado em ambas as casas do Congresso estadunidense. Esse desenho constitucional, insiste Keyssar (2020), deu aos brancos do Sul uma influência desproporcional na escolha dos presidentes.

Para os que defendem o Colégio Eleitoral, tratou-se, conforme descrito, do caminho possível diante de uma parte (o Sul) que era contra o voto de escravos e de outra (o Norte) favorável a leis eleitorais menos restritivas. O CE espelhava a distribuição do poder no Congresso. Como seus "eleitores" seriam determinados pelas assembleias estaduais, com independência dos governos no mesmo nível subnacional, e se dispersariam após a eleição, não ameaçariam a independência do Executivo. Além de resguardar o Executivo em sua relação com estados e Congresso, o CE teria um papel insubstituível no equilíbrio da federação, garantindo uma representação regional mais equilibrada, e combateria a tirania de um e outro extremo da sociedade, assim como as tais "facções políticas" e o paroquialismo.

Dessa forma, mantendo-se a pujança e a autonomia dos governos estaduais, como entidades políticas distintas, e resguardando-se a divisão de poderes federal e estaduais, o federalismo idealizado pelos *Framers* estaria a salvo. Ainda no entendimento dos Pais Fundadores, o voto dos "eleitores" (*electors*) também seria "mais bem informado" do que o dos "votantes" (*voters*). Extinguir o CE seria, hoje, na visão de seus partidários, uma tentativa de ataque aos direitos políticos dos brancos, buscando dar voz apenas às minorias. Séculos se passaram, e a questão racial permanece como ponto nevrálgico da política e da sociedade estadunidenses.

Conforme mencionado no início deste capítulo, a maioria da população pede reformas no mecanismo do CE, ou até mesmo seu fim, com claras diferenças de posicionamento – sobretudo em relação ao perfil político-partidário do entrevistado. Conforme a Figura 13.1, em pesquisa divulgada em

Figura 13.1 – Perfil de quem é a favor/contra a reforma do Colégio Eleitoral

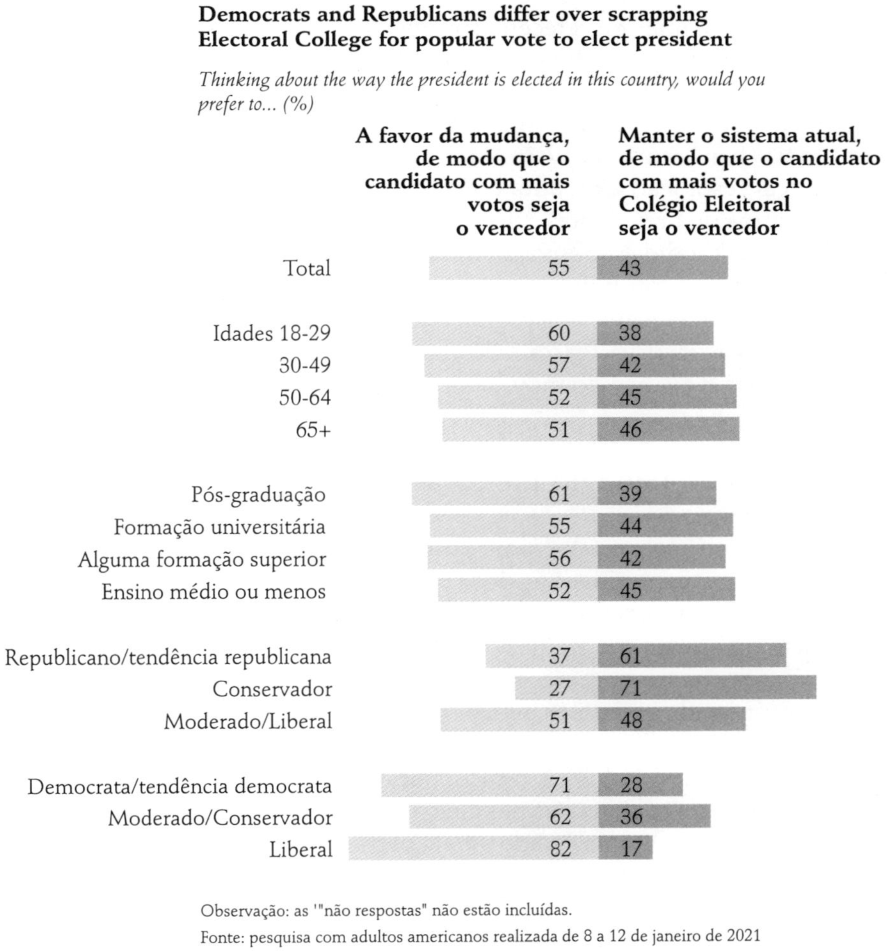

Democrats and Republicans differ over scrapping Electoral College for popular vote to elect president

Thinking about the way the president is elected in this country, would you prefer to... (%)

	A favor da mudança, de modo que o candidato com mais votos seja o vencedor	Manter o sistema atual, de modo que o candidato com mais votos no Colégio Eleitoral seja o vencedor
Total	55	43
Idades 18-29	60	38
30-49	57	42
50-64	52	45
65+	51	46
Pós-graduação	61	39
Formação universitária	55	44
Alguma formação superior	56	42
Ensino médio ou menos	52	45
Republicano/tendência republicana	37	61
Conservador	27	71
Moderado/Liberal	51	48
Democrata/tendência democrata	71	28
Moderado/Conservador	62	36
Liberal	82	17

Observação: as '"não respostas" não estão incluídas.

Fonte: pesquisa com adultos americanos realizada de 8 a 12 de janeiro de 2021

Fonte: Jones (2021).

Sebastião C. Velasco e Cruz e Neusa Maria P. Bojikian (Orgs.)

janeiro de 2021 pelo Pew Research Center, 61% dos eleitores republicanos, ou que tendem a votar com os republicanos, disseram preferir o *status quo*, enquanto 37% se disseram favoráveis a uma mudança nos moldes do voto direto. Entre os democratas, essa distribuição se inverte, com 28% contra e 71% a favor da reforma.

Segundo Keyssar (2020), enquetes realizadas desde os anos 1940 mostram que o público critica a presença de intermediários entre seu voto e aquele que governará o país. Mexer nesta mais do que centenária instituição da política estadunidense não é tarefa fácil, porém. Para se aprovar uma emenda constitucional, são necessários 2/3 do Congresso, somados à aquiescência de 3/4 dos estados, ou à convocação de uma convenção por parte de 2/3 dos estados. Uma outra opção (polêmica) é abolir o CE e adotar o voto popular, mas isso ainda encontra forte resistência dos partidos. Desde seu surgimento, mais de setecentas propostas foram apresentadas no Congresso para reformar ou abolir o CE, ainda de acordo com Keyssar (2020).

A década de 1970 foi o único momento, desde o início do século XIX, em que se chegou mais perto de transformar a eleição presidencial. Em 1969, em sua 91ª legislatura (1969-1971), a Câmara de Representantes aprovou em peso a Resolução Conjunta 681, a qual propunha a abolição do CE, a eleição direta de presidente e vice e a possibilidade de um segundo turno, caso nenhum candidato obtivesse mínimo de 40%. O texto foi rejeitado no Senado. À época, dois indicados do Sul à Suprema Corte haviam sido rejeitados pelo Senado, e a Voting Rights Act foi renovada, apesar dos protestos do Sul. Em reação, o CE foi tomado como um bastião de resistência conservadora contra o avanço do movimento dos direitos civis.

Problemas do Colégio Eleitoral

Para seus críticos, o CE é uma anomalia histórica e de baixa legitimidade. Não incorpora cidadãos dos territórios estadunidenses e acentua a desigualdade da representação, ao privilegiar estados maiores e menores, prejudicando os estados médios, assim como os mais populosos. Já "favorecidos" com sua super-representação no Senado, onde cada estado tem o mesmo número de senadores, independentemente de sua população, e com mais votos eleitorais per capita no CE, os estados menores estariam sendo "duplamente beneficiados". É o caso, por exemplo, dos estados rurais, que têm sido redutos republicanos nas eleições contemporâneas. Inversamente, as grandes cidades e seus estados mais densamente povoados, que costumam optar pelos democratas, ficariam em desvantagem.

Além disso, aqueles que não são considerados competitivos são deixados de lado na campanha. Afinal, são cinquenta estados em um imenso território. Os candidatos e suas equipes fazem escolhas todo o tempo, diante do excesso de compromissos e de deslocamentos. Aponta-se também o déficit democrático, diante da inexistência, na prática, do princípio "uma pessoa, um voto", ou quando o candidato da maioria popular é derrotado pelos votos dos "eleitores" do CE.

Outro aspecto característico do sistema eleitoral estadunidense, o *winner-take-all*, também seria um desestímulo à participação do povo, que já tem de enfrentar dificuldades aparentemente triviais que fazem do ato (não obrigatório) de votar uma maratona de obstáculos – entre eles, o fato de a eleição acontecer em um dia útil de trabalho (e não em um domingo, como no Brasil), haver um número reduzido de seções eleitorais em determinadas localidades, ou a exigência de documentos que impediriam o voto de determinadas minorias, por exemplo. Por conta disso, as campanhas se concentram nos estados mais populosos (com maior número de eleitores) e nos *swing states*, ou estados-pêndulo, onde é maior a chance de alternância no voto (se democrata, se republicano). Keyssar (2020) nos lembra que, quando a Constituição foi escrita, em 1787, ainda não havia partidos (Tabela 13.1). O *winner-take-all* foi sendo adotado pelos estados gradualmente desde o século XIX, surgindo e se instituindo como resultado da dinâmica de competição partidária, cada vez mais presente e cada vez maior.

Tabela 13. – Evolução do sistema partidário nos Estados Unidos

Sistema partidário dos Estados Unidos	Principais partidos (dominante em negrito)
1º (1789-1828)	**Federalistas**/Democrata-Republicano
2º (1829-1856)	**Democrata**/W*hig*
3º (1857-1892)	Democrata/**Republicano**
4º (1893-1932)	Democrata/**Republicano**
5º (1933-1968)	**Democrata**/Republicano
6º (1969-atualmente)	Democrata/Republicano (nenhum é dominante)

Fonte: adaptado de Bianco e Canon (2019, p. 222).

Outro problema – estrutural e, portanto, mais difícil de se lidar – é o peso da escravidão no texto constitucional e da (ainda) visão escravagista e racista em determinados segmentos da sociedade estadunidense. Como apontado em seção anterior, Alexander Keyssar (2020) argumenta que o legado da escravidão e o dos interesses da supremacia branca impedem o fim ou a reforma do Colégio Eleitoral. Sua tese é que uma reforma do CE ameaça uma estrutura política que mantém homens brancos no poder às custas da população negra e de outros grupos historicamente marginalizados. É esse legado que, segundo o autor, tem garantido a sobrevivência e a preservação do CE.

A questão da escravidão também é levantada por outro autor crítico do Colégio Eleitoral. Em *How Democratic Is the American Constitution?*, Robert Dahl (2003) apresenta uma série de elementos antidemocráticos na origem da Constituição, os quais contribuíram (e ainda contribuem) para perpetuar desigualdades incompatíveis com aquilo que os Estados Unidos do presente defendem, dentro de casa e para o mundo. Nesse sentido – de como a América se vê, acredita e quer ser vista –, os discursos presidenciais costumam ser boas peças de evidência.

Tomando o princípio de "uma pessoa, um voto" como base para um modelo de democracia realmente representativa, Dahl destaca como aspectos antidemocráticos a tolerância à escravidão, em referência ao Compromisso dos 3/5 (assim como Keyssar); os direitos civis (de voto) não garantidos das mulheres e das minorias, como afro-americanos e americanos nativos, ou indígenas (uma pauta importante na agenda do atual presidente, o democrata Joe Biden, que terá muito a fazer – se conseguir barrar o bloqueio republicano); a representação no Senado (um problema já abordado em parágrafos anteriores); a eleição dos senadores, que passaram a ser escolhidos pelo voto direto somente depois da aprovação da Sétima Emenda, em 1913; o Colégio Eleitoral e a eleição do presidente; o Poder Judiciário; e o que ele considera como limitações do Poder Legislativo. Ao leitor, antes de desenvolver cada um desses tópicos, Dahl (2003, p. 2) lança a questão que transcrevo abaixo, convidando à "dessacralização" da Carta Magna:

> Por que devemos nos sentir ligados hoje por um documento produzido mais de dois séculos atrás, por um grupo de 55 homens mortais, na verdade, assinado por apenas 39, dos quais um bom número era proprietário de escravos, e adotado em apenas treze estados pelos votos de menos de 2 mil homens, dos quais todos estão mortos há muito tempo e a maioria esquecida?

Reforma do CE e impacto do censo 2020

A provocação que encerra a seção anterior é necessária em um país apegado e orgulhoso de todos os elementos que compõem o quadro de sua narrativa fundacional,[14] imersa na construção retórica e simbólica de sua excepcionalidade e na ideia de um *destino manifesto*. Entre esses elementos, a mitologia que envolve as primícias de uma Constituição "do povo e para o povo" e de uma república criada com sabedoria e genialidade pelos Pais Fundadores também surge como aspecto subjetivo desmobilizador de maiores esforços para grandes alterações na Constituição.

---

14 Para uma discussão sobre a narrativa da nação, recomendo a leitura de Junqueira (2018).

Além disso, especificamente no caso do CE, uma vez que a eleição tenha se resolvido, o tema se esvai, sai das manchetes dos jornais e dos debates em bares, cafés e Starbucks até reaparecer quatro anos depois. Esta tem sido a dinâmica, eleição após eleição, com algumas variações, sem resultado concreto. Ainda não há uma pressão contínua e incisiva por parte da sociedade. Como antecipa Keyssar (2020), algo com que eu concordo, não há possibilidade de reforma à vista – pelo menos não no curto nem no médio prazo.

Primeiramente, discorre o autor, pela própria complexidade do sistema. Mexer em uma parte dele, pequena que seja, altera todo seu conjunto, envolvendo um enorme número de atores. Adicionalmente, em meio a uma polarização extrema na política washingtoniana, que não parece dar sinais de arrefecimento, com o trumpismo em escalada no GOP, com as diferentes alas democratas tentando se entender, com as eleições de meio de mandato de 2022 (*midterms*) à espreita e com os republicanos lutando para conter a agenda de Biden "para a classe média", nem tão cedo este será um tema em pauta – seja por necessidade e urgência, seja por vontade. Não nos próximos três anos e meio.

A principal proposta dos críticos do Colégio Eleitoral se encontra materializada no *National Popular Vote Interstate Compact*[15] (NPVIC, ou "Pacto Interestadual do Voto Popular Nacional", em tradução livre), um acordo entre estados que daria todos os votos do CE para o candidato vencedor no voto popular. De acordo com o NPVIC, o pacto poderá entrar em vigor "se os estados que representam pelo menos 270 votos do Colégio Eleitoral adotarem a legislação". No monitoramento feito pelo site Ballotpedia (National..., [s.d.]), até maio de 2021, quinze estados[16] e Washington, D.C. haviam aderido. Juntos, ainda conforme a mesma fonte, eles representam 195 votos no CE. A mudança seria possível porque, como determina o Artigo II, Seção 1 da Constituição, os estados têm a autoridade para determinar como os votos dos "eleitores" serão distribuídos. Uma ressalva: não se trata da abolição do CE, mas da transferência de votos. O sistema permanece.

Além da iniciativa NPVIC, a lista de propostas[17] inclui o fim do CE, com sua substituição definitiva pelo voto direto; mudanças no sistema *winner-take-all*; no financiamento público de campanha; e na lógica de

---

15 Para mais informações, consultar Agreement... ([s.d.]).

16 São eles (com números já atualizados do Censo 2020, conforme a Ballotpedia): Maryland (10 "eleitores"), Nova Jersey (14), Illinois (19), Havaí (4), Washington (12), Massachusetts (11), Washington, D.C. (3), Vermont (3), Califórnia (54), Rhode Island (4), Nova York (28), Connecticut (7), Delaware (3), Novo México (5), Oregon (8) e Colorado (10). Conforme a classificação do NPVIC, trata-se de quatro estados pequenos (DE, HI, RI, VT), oito médios (CO, CT, MD, MA, NJ, NM, OR, WA), três grandes (CA, IL, NY), mais D.C.

17 Este relatório do Congressional Research Service (CRS) apresenta um bom histórico do debate sobre a reforma. Cf. Congressional Research Service (2009). Para mais detalhes, consultar o verbete "Electoral College Reform Plans" em: Sabato e Ernst (2007, p.136-138).

gerrymandering. Este último é um processo polêmico de desenho dos distritos eleitorais nos estados, levado ao extremo do retalhamento por parte de algumas legislaturas e feito com base nas alterações demográficas apontadas pelo Censo a cada dez anos. Será acompanhado com atenção este ano, em cada assembleia estadual. Mas por quê? Qual é a relação entre *midterms*, *gerrymandering*, Censo e CE? E por que isso ganha relevo agora?

Com a conclusão de mais um Censo, as assembleias legislativas estaduais começarão a se debruçar sobre o redesenho dos mapas para os distritos legislativos e as circunscrições para o Congresso. Uma derrota nas eleições estaduais retira de determinado partido, portanto, o poder sobre algo que estabelecerá, baseado na população contabilizada pelo Censo, o número de representantes de cada estado. Lembrando: este é também o número de "eleitores" do CE que escolherá o próximo presidente, e será válido pela próxima década.

Pois bem. Em abril de 2021, o Censo (Epstein; Lofquist, 2021)[18] divulgou os primeiros dados sobre sua edição de 2020, realizada em meio à pandemia de covid-19 e sob forte pressão de Trump, que tentou obstacularizar o processo de diferentes formas. Uma delas seria especialmente prejudicial para seus adversários democratas: a inclusão da questão sobre cidadania no formulário. A pergunta poderia intimidar uma parcela considerável de minorias (muitos de seus membros migrantes em situação ilegal no país). Sem uma informação precisa da população/eleitorado, os partidos ficam no escuro no momento de redesenhar os mapas distritais.

Desde a última edição, em 2010, a população estadunidense registrou um aumento de 7,4%, totalizando em torno de 331,4 milhões de habitantes. Nesta nova distribuição,[19] das 435 cadeiras da Câmara de Representantes (*apportionment*), para as *midterms* de 2022 (Skelley; Nathaniel, 2021; Wang; Jin; Levitt, 2021), Texas ganha duas; Colorado, Flórida, Montana, Carolina do Norte e Oregon, cinco; enquanto Califórnia, Illinois, Michigan, Nova York, Ohio, Pensilvânia e Virgínia Ocidental perdem uma. Nessa contagem (Skelley; Rakich, 2021; Wang; Jin; Levitt, 2021), legislaturas em que republicanos têm total controle ganharam quatro assentos, perdendo dois; e, no caso dos democratas, ganharam um, perdendo dois. Isso significa que os republicanos vão redesenhar sozinhos 187 distritos (43%), e os democratas, 75 (17%). Em outros 167 (38%), nenhum dos dois partidos lidera.

Junto com outros dados que ainda serão divulgados pelo Censo, como o perfil demográfico detalhado, esses números deverão ser analisados em profundidade, levando-se em conta o perfil de votação do estado (e/ou sua tendência de mudança). O resultado de 2022 será crucial para o andamento

---

18 Todas as informações referentes ao Censo foram retiradas deste documento.

19 Prevista pela Constituição em seu Artigo I, Seção 2, para acontecer a cada dez anos, conforme levantamento populacional feito pelo Censo.

da agenda do atual presidente, tendo impacto, portanto, na próxima corrida pela Casa Branca, em 2024. Como se vê, todas as partes se conectam. Qualquer mudança no Colégio Eleitoral sempre dependerá, em última análise, dessa dança das cadeiras.

Referências

2016 ELECTORAL College Results. *National Archives*, [s.d.]. Disponível em: https://www.archives.gov/electoral-college/2016. Acesso em: 16 ago. 2021.

2000 ELECTORAL College Results. *National Archives*, [s.d.]. Disponível em: https://www.archives.gov/electoral-college/2000. Acesso em: 16 ago. 2021.

ABOUT THE Founding Fathers. *ConstitutionFacts.com*, [s.d.]. Disponível em: https://www.constitutionfacts.com/us-founding-fathers/about-the-founding-fathers/. Acesso em: 17 ago. 2021.

AGREEMENT Among the States to Elect the President by National Popular Vote. National Popular Vote, [s.d.]. Disponível em: https://www.nationalpopularvote.com/written-explanation. Acesso em: 17 ago. 2021.

AMERICAN BAR ASSOCIATION. *Electing the President*: a Report of the Commission on Electoral College Reform. Chicago, 1967.

BARRY, D.; MCINTIRE, M.; ROSENBERG, M. "Our President Wants Us Here": The Mob That Stormed the Capitol. *The New York Times*, 9 jan. 2021. Disponível em: https://www.nytimes.com/2021/01/09/us/capitol-rioters.html. Acesso em: 16 ago. 2021.

BIANCO, W. T.; CANON, D. T. *American Politics Today*. 2.ed. New York: W. Norton & Company, 2019.

BRENAN, M. 61% of Americans Support Abolishing Electoral College. *Gallup*, 24 set. 2020. Disponível em: https://news.gallup.com/poll/320744/americans-support-abolishing-electoral-college.aspx. Acesso em: 16 ago. 2021.

CONGRESSIONAL RESEARCH SERVICE. Electoral College Reform: 110th Congress Proposals, the National Popular Vote Campaign, and Other Alternative Developments. [S.l.], 2009. Disponível em: https://crsreports.congress.gov/product/pdf/RL/RL34604/7. Acesso em: 17 ago. 2021.

DAHL, R. *How Democratic Is the American Constitution?* New Haven: Yale University Press, 2003.

EPSTEIN, B.; LOFQUIST, D. U.S. Census Bureau Today Delivers State Population Totals for Congressional Apportionment. *U.S. Census*, 26 abr. 2021. Disponível em: https://www.census.gov/library/stories/2021/04/2020-census-data-release.html. Acesso em: 17 ago. 2021.

FULL Text of The Federalist Papers. Library of Congress, [s.d.]. Disponível em: https://guides.loc.gov/federalist-papers/full-text. Acesso em: 17 ago. 2021.

HAMILTON, A.; MADISON, J.; JAY, J. Os artigos federalistas 1787-1788. In: WEFFORT, Francisco C. (Org.). *Federalistas*. São Paulo: Abril Cultural, 1973 (coleção Os Pensadores). cap.3, p.91-189.

HAMILTON, A.; MADISON, J.; JAY, J. *Os artigos federalistas 1787-1788*. Ed.integral. Rio de Janeiro: Nova Fronteira, 1993.

HYMES, C.; MCDONALD, C.; WATSON, E. 500 Arrested So Far in Capitol Riot Case, Including 100 Charged with Assaulting Federal Officers. *CBS News*, 24 jun. 2021. Disponível em: https://www.cbsnews.com/news/capitol-riot-arrests-latest-2021-06-24/. Acesso em: 16 ago. 2021.

IZECKSOHN, Vitor. *Estados Unidos:* uma história. São Paulo: Editora Contexto, 2021.

JAFFE, L. et al. Capitol Rioters Planned for Weeks in Plain Sight. The Police Weren't Ready. *ProPublica*, 7 jan. 2021. Disponível em: https://www.propublica.org/article/capitol-rioters-planned-for-weeks-in-plain-sight-the-police-werent-ready. Acesso em: 16 ago. 2021.

KEYSSAR, A. *Why Do We Still Have the Electoral College?* Cambridge: Harvard University Press, 2020.

JONES, B. Majority of Americans Continue to Favor Moving Away from Electoral College. *Pew Research Center*, 27 jan. 2021. Disponível em: https://www.pewresearch.org/fact-tank/2021/01/27/majority-of-americans-continue-to-favor-moving-away-from--electoral-college/. Acesso em: 16 ago. 2021.

JUNQUEIRA, M. A. *Estados Unidos:* Estado nacional e narrativa da nação (1776-1900). São Paulo: Edusp, 2018

LIMONCIC, F. Os sentidos de 1776. *Informe Opeu*, 14 jan. 2021. Disponível em: https://www.opeu.org.br/2021/01/14/os-sentidos-de-1776/. Acesso em: 16 ago. 2021.

MOGELSON, L. Among the Insurrectionists. *The New Yorker*, 15 jan. 2021. Disponível em: https://www.newyorker.com/magazine/2021/01/25/among-the-insurrectionists. Acesso em: 16 ago. 2021.

NATIONAL Popular Vote Interstate Compact. *Ballotpedia*, [s.d.]. Disponível em: https://ballotpedia.org/National_Popular_Vote_Interstate_Compact. Acesso em: 17 ago. 2021.

PAPE, R. A.; RUBY, K. The Capitol Rioters Aren't Like Other Extremists. *The Atlantic*, 2 fev. 2021. Disponível em: https://www.theatlantic.com/ideas/archive/2021/02/the--capitol-rioters-arent-like-other-extremists/617895/. Acesso em: 16 ago. 2021.

PEREIRA, A. C. A. Fundamentos histórico-constitucionais do sistema eleitoral dos Estados Unidos da América. *Quaestiop Iuris*, v.9, n.4 p.2227-2247, 2016. Disponível em: https://www.e-publicacoes.uerj.br/index.php/quaestioiuris/article/view/25841/18890. Acesso em: 16 ago. 2021.

PILKINGTON, E. Seditionaries: FBI Net Closes on Maga Mob That Stormed the Capitol. *The Guardian*, 6 fev. 2021. Disponível em: https://www.theguardian.com/us-news/2021/feb/06/us-capitol-insurrection-fbi-investigation. Acesso em: 16 ago. 2021.

SABATO, L. J.; ERNST, H. R. *Encyclopedia of American Political Parties and Elections*. New York: Facts on File, 2007. p.133-136.

SKELLEY, G.; RAKICH, N. Which States Won – and Lost – Seats In The 2020 Census? *FiveThirtyEight*, 26 abr. 2021. Disponível em: https://fivethirtyeight.com/features/which-states-won-and-lost-seats-in-the-2020-census/. Acesso em: 17 ago. 2021.

TEIXEIRA, C. G. P. As origens históricas do processo eleitoral nos Estados Unidos: breves comentários. In: GÓES-NETO, A.; SALIBA, A. T.; LOPES, D. B. (Org.). *Desafios globais. V.2. América do Norte*. Belo Horizonte: Editora UFMG, 2021. cap.7, p.203-215. Disponível em: http://www.mpsp.mp.br/portal/page/portal/documentacao_e_divulgacao/doc_biblioteca/bibli_servicos_produtos/BibliotecaDigital/BibDigitalLivros/TodosOsLivros/Desafios-globais_n.2-America-do-Norte.pdf. Acesso em: 16 ago. 2021.

THOMPSON, A. C.; FISCHER, F. Members of Several Well-Known Hate Groups Identified at Capitol Riot. *Frontline*, 9 jan. 2021. Disponível em: https://www.pbs.org/wgbh/frontline/article/several-well-known-hate-groups-identified-at-capitol-riot/. Acesso em: 16 ago. 2021.

TIMBERG, C.; HARWELL, D. Pro-Trump Forums Erupt with Violent Threats Ahead of Wednesday's Rally against the 2020 Election. *The Washington Post*, 5 jan. 2021. Disponível em: https://www.washingtonpost.com/technology/2021/01/05/parler-telegram-violence-dc-protests/. Acesso em: 16 ago. 2021.

TOCQUEVILLE, A. de. *A democracia na América. Livro I. Leis e Costumes*. 2.ed. São Paulo: Martins Fontes, 2001.

TWELFTH amendment. [S.l.]: Authenticated U.S. Government Information, [s.d.]. Disponpivel em: https://www.govinfo.gov/content/pkg/GPO-CONAN-1992/pdf/GPO-CONAN-1992-10-13.pdf. Acesso em: 16 ago. 2021.

WANG, H. L. W.; JIN, C. H.; LEVITT, Z. Here's How the 1st 2020 Census Results Changed Electoral College, House Seats. *NPR*, 26 abr. 2021. Disponível em: https://www.npr.org/2021/04/26/983082132/census-to-release-1st-results-that-shift-electoral-college-house-seats. Acesso em: 17 ago. 2021.

WHISKER, J. B. *A Dictionary of Concepts on American Politics*. New York: John Wiley & Sons, 1980.

14
ESTADOS UNIDOS 2020: UMA ELEIÇÃO NÃO COMO AS OUTRAS. IMPLICAÇÕES INTERNACIONAIS

Sebastião C. Velasco e Cruz[1]

Uma situação inusitada

Pode não ser edificante, mas os Estados Unidos oferecem ao mundo neste final de ano um espetáculo inimitável.

Não me refiro, evidentemente, à contestação dos resultados da eleição presidencial. Esse tipo de ocorrência é bem conhecido nosso e tem se repetido na América Latina, na Europa Oriental e em outras regiões do globo com frequência notável. Mas em que outro lugar encontraríamos, depois do pleito em causa, mobilização tão grande de advogados empenhados em impugnar, em vários cantos do país, a contagem de votos? E onde mais veríamos tamanha reação de escândalo ante a negativa do candidato vencido em cavalheirescamente reconhecer sua derrota?

É verdade, houve um precedente nos Estados Unidos, há não tanto tempo atrás. Em 2000 o democrata Al Gore venceu o republicano George W. Busch no voto popular, mas teria perdido por uma margem ínfima (537 votos) no estado da Flórida, decisivo para o resultado do pleito no Colégio Eleitoral. Como agora, o resultado no referido estado – então governado, aliás, pelo irmão do candidato tido como vencedor – foi judicialmente contestado, o que deu lugar a um processo longo e laborioso de recontagem de

---

1 Agradeço a Alex Keyssar, Argelina Cheibud Figueiredo, David Trubek, Inderjeet Parmar e Michel Dobry a leitura atenta e os generosos comentários.

votes. O qual, entretanto, não chegou ao fim, interrompido que foi por decisão apertada da Suprema Corte.

Mas em 2000 esse desfecho, de legitimidade para lá de duvidosa, foi serenamente aceito por Al Gore. A partir daí a Casa Branca, sob o comando do democrata Bill Clinton, deu início ao processo de transição, comunicando à equipe do futuro presidente informações sigilosas sobre as diversas esferas de ação governamental, em particular aquelas afetas à segurança nacional.

O que vemos agora é bem diferente. Derrotado nas urnas, Trump multiplica-se em denúncias de fraudes – a rigor tais alegações precedem em muito a realização do pleito – e toma decisões de governo como se o horizonte deste fosse de quatro anos, e não os dois meses restantes, de acordo com o veredicto das urnas. Enquanto isso, a equipe do presidente eleito aguarda desconcertada que o funcionário encarregado de tomar as devidas providências – o titular do General Service Administration – acate o resultado do pleito e tome as medidas administrativas correspondentes – como a cessão de espaço para que a equipe de Joe Biden possa trabalhar e a liberação dos recursos financeiros legalmente destinados a esse fim.

Com muito atraso, em virtude das condições excepcionais criadas pela pandemia, a vitória de Joseph Biden foi proclamada no sábado, 7 de novembro, e desde então vem sendo reconhecida pelos governos de quase todos os países do mundo (o Brasil é um dos poucos que se furtam a esse ato de diplomacia). Mas até o momento os Estados Unidos vivem em *sursis*, aguardando o gesto de reconhecimento de Donald Trump que ninguém sabe se algum dia virá.

Esse breve relato sugere algumas perguntas. Como entender a recusa de Trump em admitir uma derrota tão nítida (para se ter uma ideia comparativa dela, em 2000 Bush alcançou 271 votos no Colégio Eleitoral, apenas um além do mínimo necessário para ganhar a presidência, enquanto Biden conta hoje com 306 votos)? Qual o sentido de seu intento desesperado de inverter o resultado da eleição de 3 de novembro, e como explicar o apoio que, apesar de tudo, ele tem recebido nessa empreitada? Por fim, como o impasse assim criado tende a afetar a posição dos Estados Unidos no mundo?

Antes de abordá-las frontalmente, contudo, convém fornecer ao leitor alguns dados.

A eleição presidencial e as demais: resultados gerais e significado político

Durante quase uma semana, os olhos de todos estiveram fixados na apuração de votos em andamento nos Estados Unidos. Não sem razão. Ao contrário do que ocorrera em ocasiões passadas, o trabalho de contagem de votos atravessou a noite e seguiu pelo dia seguinte sem nenhum resultado claro. Algo estranho parecia estar ocorrendo. As agências de notícias divergiam marginalmente em suas totalizações, e durante dias os números atribuídos aos dois contendores permaneceram inalterados. Foi apenas na noite de sábado que todas proclamaram a vitória democrata.

Ao longo desse período tenso, que certamente mobilizou por toda parte o trabalho em tempo integral de uma infinidade de jornalistas, o foco da atenção era a disputa pela presidência dos Estados Unidos. Aqui e ali uma informação sobre eleições para o Senado ou para a Câmara de Deputados. Mas em geral ela vinha descontextualizada. O que mesmerizava a ambos – profissionais da imprensa e grande público – era o drama da competição pelo cargo mais poderoso do mundo.

No entanto, o duelo Donald Trump × Joe Biden era apenas uma parte do grande jogo político que estava em curso naquele momento. Com efeito, além da Câmara, cujas 435 cadeiras são renovadas a cada dois anos, estavam em disputa no dia 3 de novembro 35 cadeiras no Senado; o cargo de governador em onze estados, e 5.876 postos nos Legislativos estaduais, distribuídos por 86 das 99 câmaras existentes no país – com exceção de Nebraska, o Poder Legislativo nos estados norte-americanos é bicameral. Por razões facilmente compreensíveis, o significado da vitória de um ou outro partido na luta pela presidência varia de acordo com o resultado desses outros embates.

Nas eleições de 2020 eles foram muito resumidamente os seguintes.

Na Câmara, os democratas perderam nove dos 232 assentos que detinham, mantendo sua posição majoritária com os 222 assentos conquistados; já os republicanos ganharam dez, nove dos quais do Partido Democrata, formando uma bancada de 210 deputados.

No Senado, dos 33 mandatos plenos em disputa, 21 eram republicanos, e doze democratas (continuam em jogo ainda dois assentos, a serem preenchidos em eleições especiais para mandatos curtos de dois anos). A desigualdade na distribuição dos postos abertos à competição contribuía para alimentar o otimismo da oposição democrata, que esperava ganhar a maioria na Câmara Alta necessária para que o futuro governo Biden pudesse aprovar seus projetos sem maiores percalços. Tais expectativas, contudo, foram frustradas: encerrada a apuração de votos, o Partido Republicano havia perdido apenas uma cadeira, preservando cinquenta membros em sua bancada; os democratas, por sua vez, passavam a contar com 46 senadores, aos quais se somavam dois independentes que votam com a bancada. O controle do Senado continua indefinido, dependendo da eleição em 5 de janeiro das duas vagas não preenchidas em 3 de novembro no estado da Geórgia.

Os resultados no plano estadual não desmentiram essa tendência de relativa estabilidade. Dos onze cargos de governador em disputa, sete eram ocupados por republicanos, e quatro por democratas; nove governadores tentaram a reeleição e todos lograram renovar os seus mandatos. A única mudança ocorreu no estado de Montana, onde o candidato republicano bateu o vice-governador democrata.

Situação similar observamos no tocante aos legislativos estaduais. Finda a apuração dos votos para a renovação do Legislativo em 44 estados, os republicaram mantinham o controle de 59 câmaras, e os democratas de 39; em apenas quatro delas houve mudança de controle entre os partidos – o número mais baixo de transferências desde 1944 (Election..., 2020). Justifica-se assim o balanço amargo feito por um articulista de esquerda ao examinar o quadro dos resultados eleitorais: "[...] em nenhum lugar as notícias foram piores do que no nível legislativo estadual, em que, apesar do investimento sem precedentes por organizações democratas e grupos externos... o partido perdeu terreno" (Walsh, 2020).

Confirmada a maioria provável dos republicanos no Senado, esses dados manifestam um elevado grau de inércia política – que se torna mais surpreendente ainda quando se leva em conta que a disputa eleitoral nos Estados Unidos foi travada em ano de pandemia e crise econômica.

O registro feito aqui é importante, não apenas para enriquecer o estoque de informações do leitor, mas para a condução da análise. Com efeito, sem ele corremos o risco de atribuir a situação anômala vivida pelos Estados Unidos hoje à ação idiossincrásica de um indivíduo. Não resta dúvida, Trump é um demagogo histriônico, cujo comportamento trai sérios desequilíbrios de personalidade. Mas explicar o impasse criado por sua atitude com base em suas características pessoais é não explicar nada. O fato decisivo é que a morada de Trump – com toda sua psicopatia – não é um sanatório, mas a Casa Branca. Esta constatação singela nos força a mudar o foco.

Labirinto jurídico

Em texto seminal, Joseph Schumpeter observou argutamente que a competição pelo poder é um traço universal dos sistemas políticos; o próprio da democracia é a forma em que esta se dá: a escolha de dirigentes mediante a "competição livre pelo voto livre" (Schumpeter, 1976).

A democracia é um método político, aquele no qual o poder decisório advém da competição pelo voto popular. Com sua simplicidade aparente, a definição de Schumpeter obteve enorme sucesso entre os praticantes da Ciência Política. Não por acaso. Em uma tacada, ela excluía as entidades abstrusas da Filosofia Política – o bem comum, a vontade geral – e preparava o terreno para a investigação empírica das instituições democráticas. Mas o próprio Schumpeter parecia suspeitar da enganosa simplicidade da fórmula, o que insinuava ao apontar as condições sociopolíticas por ela subentendidas: liberdade de expressão, de locomoção e de reunião, entre outras, ou seja, a tábua das liberdades básicas do liberalismo.

Não só isso. Para Schumpeter, algumas condições indiretamente relacionadas ao processo eleitoral seriam indispensáveis ao êxito da democracia: presença de burocracia profissional bem preparada; raio relativamente restringido das questões submetidas à decisão pública; lealdade dos atores relevantes ao país; qualidade da liderança política; lideranças com razoável grau de autocontrole e respeito mútuo.

Na obra de seus continuadores, a lista das condições requeridas pela democracia foi sucessivamente ampliada. Ao revisitá-las, Guillermo O'Donnell (2011) demonstrou que, examinadas em profundidade, elas pressupunham uma condição logicamente anterior – a instituição dos indivíduos como sujeitos de direitos –, o que passava a situar a discussão do tema da democracia no plano do Direito e do Estado, não do regime. Nesse movimento, O'Donnell abria a caixa de Pandora e reintroduzia no debate os grandes temas da Teoria Política.

Não caberia reconstituir em detalhes essa passagem, mas referi-la é preciso porque ela salienta um aspecto crucial da questão analisada neste artigo: a importância, nem sempre reconhecida na literatura sobre democracia, das "condições internas" para o funcionamento regular e legítimo do mecanismo do voto. Essa observação nos traz de volta ao tema da eleição presidencial deste ano nos Estados Unidos.

Com efeito, para que a competição pelo voto ocorra de forma desembaraçada e limpa, é preciso que vários procedimentos sejam observados, de acordo com regras claras, precisas, previamente estabelecidas. Ora, essa condição é dificultada por uma das características mais salientes do sistema eleitoral norte-americano: o caráter barroco de sua estrutura.

Seu elemento mais conhecido é o Colégio Eleitoral, em que cada estado se faz representar por um número de eleitores equivalente à sua representação no Legislativo federal (dois votos pelas vagas de cada um deles no Senado, e um número variável de acordo com o tamanho de sua bancada na Câmara de Deputados); seguindo a tradição do sistema distrital vigente no país desde sua origem, a escolha desses eleitores obedece à regra da maioria (o vencedor leva a totalidade deles, independentemente de como se distribua o voto popular).

As distorções advindas desse sistema são notáveis: dada a grande estabilidade espacial dos alinhamentos partidários, as campanhas presidenciais são travadas naqueles poucos estados onde o resultado é incerto – os *swing states*. É nesses estados que os partidos investem o essencial de seus recursos, e é do desfecho da disputa neles, às vezes por uma margem muito reduzida (537 votos na Flórida, em 2000), que depende a eleição do presidente dos Estados Unidos.

Tão ou mais grave é o problema da desigualdade da representação. Dada a existência de um patamar mínimo de eleitores por unidade da federação, os estados mais populosos são severamente prejudicados – cada eleitor

Sebastião C. Velasco e Cruz e Neusa Maria P. Bojikian (Orgs.)

californiano representa mais de 710 mil pessoas, ao passo que não chega a 200 mil o número de indivíduos representados pelo eleitor do Wyoming.

O resultado combinado das duas regras – voto majoritário e peso relativo de cada estado – é a possibilidade de descompasso entre o voto popular e a distribuição das forças no Colégio, o que aconteceu em duas das seis eleições presidenciais realizadas no século presente.

O Colégio Eleitoral sofre muitas críticas, e em diferentes momentos foi objeto de projetos legislativos com vistas à sua alteração, ou pura e simples supressão. O argumento em sua defesa é o papel insubstituível que ele desempenharia na manutenção do equilíbrio da federação.

Pois reside no compromisso federalista mesmo a razão de ser da enorme complexidade do sistema eleitoral norte-americano, e dos muitos pontos de vulnerabilidade que ele exibe.

A rigor, a própria ideia de um sistema eleitoral único nos Estados Unidos deve ser afastada. Com efeito, o Artigo II da Constituição dos Estados Unidos atribui aos legislativos estaduais a competência de organizar sua lista de eleitores. Inicialmente, estes eram indicados pelos corpos legislativos de cada estado; aos poucos, foram aprovadas em todos os estados leis prevendo a eleição popular para esse efeito – a Carolina do Sul, em 1832, foi a última a adotar o sistema.

Mas, observada a lei federal que criou em 1845 o *Election Day* ("primeira terça-feira seguinte à primeira segunda-feira de novembro") e os dispositivos gerais fixados na Lei de Contagem Eleitoral, de 1887, cada estado goza de ampla autonomia para organizar a eleição a seu critério. Eles estabelecem por conta própria o modo de composição da lista para o Colégio Eleitoral (o Maine e o Nebraska atribuem um eleitor a cada um dos seus dois distritos eleitorais, e dois ao partido que vencer a disputa no conjunto do estado); o sistema de votação (o Maine, para ficar nesse exemplo, adotou neste ano o sistema de escolha graduada [*ranked-choice voting system*]); as regras para o registro dos eleitores (de enorme importância em um sistema de voto facultativo, em que a participação maior ou menor no pleito é uma variável decisiva no seu resultado); a regulação das distintas modalidades de voto (presencial e por correio); a forma da cédula; os procedimentos de contagem e certificação dos votos. E as leis estaduais atribuem a competência para decidir questões operacionais aos condados.

Por lei federal, as etapas que se seguem à eleição popular devem obedecer a um cronograma preestabelecido referido a dias de semanas, não a datas fixas do calendário. No caso presente, esse cronograma é balizado pelas seguintes datas: 1) 8 de dezembro: prazo para conclusão do processo de apuração dos votos e certificação dos resultados; assinatura da lista de eleitores pelo governador, que a encaminha ao Escritório do Registro Federal (Office of the Federal Register, National Archives and Records Administration); 2) 14 de dezembro: encontro dos eleitores, em seus respectivos estados, para depósito, em envelope lacrado, de seus votos; 3) 6 de janeiro de 2021: sessão conjunta do Congresso para a solenidade de abertura dos votos e proclamação do vencedor.

A legislação relativa a prazos, contudo, é ambígua: a Lei de Contagem Eleitoral, de 1887, concede aos estados um prazo de 41 dias para a indicação de sua lista de eleitores, mas há outra lei com previsão de que esta seja escolhida no próprio Dia da Eleição.

Outro aspecto pouco comentado, mas instrutivo, da lei eleitoral norte-americana concerne ao voto dos eleitores – como garantir que, ao registrar o nome do candidato presidencial de sua escolha, eles se mantenham fiéis ao resultado do voto popular? Vários estados aprovaram leis específicas sobre o tema, mas, ainda assim, em 2016, sete eleitores quebraram o compromisso de votar no candidato da lista da qual faziam parte (cinco contra Hillary Clinton, dois contra Trump).

Por fim, existem dispositivos legais para lidar com casos de controvérsia sobre o resultado do voto popular – mas eles variam de um a outro estado – e com a eventual ocorrência de discrepância na composição do Colégio Eleitoral: em última instância, a eleição do presidente pela Câmara, mas por voto de bancada, não dos Deputados, o que favorece os republicanos.

Muitos estados aprovaram leis determinando explicitamente que a lista de eleitores de cada estado não pode contrariar o resultado das urnas. Mas, em sua decisão sobre o caso Gore vs. Bush, a Suprema Corte abriu uma brecha nessa armadura jurídica, ao dispor que os legislativos estaduais "podem, se assim escolherem, indicar eles mesmos os eleitores".

Levando em conta ainda a informação de que não existe nos Estados Unidos nada parecido com uma autoridade eleitoral formalmente neutra e independente, como a nossa Justiça Eleitoral – ao contrário, em todos os níveis a solução das pendências está a cargo de políticos, em conjunção com órgãos judiciais altamente partidarizados –, somos levados a aceitar o juízo do articulista, segundo o qual ao principais obstáculos que impedem os legislativos estaduais de ignorar o voto popular não são jurídicos, mas políticos (Sarat, 2020).

Eleições contenciosas

Em suas linhas gerais, esse complicado arcabouço jurídico foi montado em 1887, como resposta ao impasse criado em torno do resultado da eleição de 1876, quando os partidários de um e outro candidato – o democrata Samuel Tilden e o republicano Rutherford Hayes – confrontaram-se no Congresso, cada um dos lados brandindo sua própria lista de eleitores, em meio a denúncias generalizadas de fraudes e irregularidades.

Os especialistas são unânimes em criticar essa lei, no dizer de muitos de obscuridade impenetrável. Mas ela veio como remendo em um sistema normativo lacunar e caótico, que se formou anarquicamente, como sedimentação de respostas dadas, em diferentes momentos históricos, a problemas práticos encontrados na aplicação do texto constitucional.

Caótico e irracional como possa ser, esse sistema funcionou satisfatoriamente e pode se gabar de sua invejável longevidade. Com efeito, durante quase 140 anos, eleições presidenciais foram disputadas nos Estados Unidos, e em todas o derrotado dobrou-se ao resultado das urnas, cumprindo galhardamente o seu papel no ritual – como Hillary Clinton, que, no dia seguinte ao pleito, congratulou seu adversário e lhe desejou sucesso na condução do país, embora tenha sido atacada por ele com espantosa agressividade e o tenha vencido no voto popular.

Não é assim agora.

É verdade, houve o precedente de 2000. Mas as duas situações não são comparáveis. Então o candidato democrata vencera no voto popular, e estava certo de ter sido vitorioso no único estado que lhe faltava para confirmar o resultado das urnas no Colégio Eleitoral. E mesmo assim aceitou a decisão da Corte Suprema em seu desfavor, tomada por maioria de um voto, em uma Corte partidariamente alinhada.

A situação de hoje é bem diferente. Embora tenha perdido a eleição por margem expressiva (mais de 6 milhões de votos populares, e 74 votos no Colégio Eleitoral), Trump está patrocinando uma contestação inédita por sua amplitude e pela fragilidade das alegações em que se apoia. Enquanto isso, pressiona legisladores republicanos nos estados-alvos a se valerem da maioria que detêm nas respectivas câmaras para inverter o resultado das urnas, formando listas fechadas, com nomes fiéis.

Seria uma expressão paroxística de distúrbio psicológico se a manobra fosse obra isolada de Trump. Não é. Apesar das vozes republicanas que vêm se fazendo ouvir crescentemente em prol da aceitação dos fatos, a verdade é que Trump continua a contar com o apoio ativo ou com a anuência passiva da maioria dos políticos republicanos eleitos e dos dirigentes partidários. E sondagens de opinião indicam que – falsas como são – suas denúncias de fraude generalizada na eleição de 3 de novembro calam fundo em seu eleitorado.

Mas não é tudo. Ao avaliar o sentido da movimentação de Trump, é preciso considerar também o que seus aliados estão a fazer em suas respectivas esferas. Aqui, merece registro a disposição do poderoso Mitch McConnell, líder da maioria no Senado, de confirmar, com o apoio unânime de seus pares, a nomeação para a Suprema Corte da ultraconservadora Amy Coney Barrett, poucos dias antes da eleição presidencial, que, tudo indicava, terminaria com a vitória de Biden. E a impavidez com que o mesmo McConnell, depois de encerrada a contagens de votos, continua validando juízes federais escolhidos a dedo por Trump por seu perfil ideológico. O apoio tácito ou explícito da máquina republicana a Trump não é fortuito: em que pesem as diferenças pontuais, eles travam o mesmo combate.

O que nos leva a encarar de frente a realidade perturbadora. Trump obteve um resultado eleitoral surpreendente – em termos absolutos e relativos – logrando avançar em terrenos tradicionalmente inóspitos aos republicanos – em particular o eleitorado latino. E não realizou esses feitos apesar de ser quem é, mas por ser e se apresentar exatamente como quem é.

Tratei em outro lugar do fenômeno Trump (Velasco e Cruz, 2019). Não vou me repetir: direi apenas que ele expressou o inconformismo de amplas camadas da população norte-americana, previamente trabalhadas por intensa propaganda erguida sobre uma concepção da política como modalidade de guerra. Como argumenta convincentemente uma estudiosa do tema, o mito da fraude eleitoral – manejado sistematicamente para desqualificar o voto de setores subordinados da sociedade – foi já há décadas incorporado no repertório dessa propaganda (Minnite, 2010).

Nessa perspectiva, a renitência de Trump assume um sentido político mais geral, e a eleição de 2020 passa a ser vista como um caso de eleição contenciosa.

A noção foi cunhada pelos editores de um livro pioneiro, que a definiram assim: "*disputas envolvendo grandes desafios, com diferentes graus de severidade, à legitimidade dos atores, procedimentos ou resultados eleitorais*" (Norris; Frank; Martínez, 2015, p.2).Norris e colegas formulam hipóteses sobre a natureza e os condicionantes do fenômeno, sem dar, a meu ver, a devida ênfase à ação deliberada de atores coletivos. Mas não caberia insistir nesse ponto. O que importa é expressar minha forte discordância em relação a um aspecto de máxima relevância para a análise que faço aqui. Segundo os autores, as eleições contenciosas são características de sistemas políticos pouco institucionalizados, situação encontradiça nos países da periferia. Os países centrais (os autores não usam essas categorias) estariam defendidos do fenômeno por fortes barreiras. Em suas palavras,

> Deixando de lado a hipérbole... esses problemas refletem uma forma não letal da doença. As democracias estabelecidas há muito tempo podem ser consideradas como semelhantes a pacientes saudáveis, onde as instituições acumularam reservas culturais de aceitação em eleições sucessivas, que as tornam amplamente imunes a uma grave crise de legitimidade. (Norris; Frank; Martínez, 2015, p.2.)

O erro consiste, no meu entender, em tomar as instituições como dados objetivos, "coisas", que determinam exteriormente o comportamento dos atores políticos e sociais, e não como expressões de compromissos sociais cristalizados, que mantêm uma relação dialética com os agentes e suas práticas. Por essa via, os autores se interditam de pensar os processos de

Sebastião C. Velasco e Cruz e Neusa Maria P. Bojikian (Orgs.)

desinstitucionalização (ou desobjetivação) das relações sociais, e não conseguem sequer imaginar a possibilidade de que os países em questão venham a viver situações graves de crise hegemônica.

Pois é disso que se trata no empenho do presidente dos Estados Unidos em deslegitimar o processo eleitoral, coluna mestra do sistema político que seu país sempre projetou como modelo para todo o mundo.

Estados Unidos: eleição, crise de hegemonia, implicações internacionais

Quanta água passou debaixo da ponte desde que Bush pai pôs em voga a expressão "nova ordem mundial"! Isso se deu em 1991, quando os Estados Unidos lideraram uma coalizão enorme na Guerra do Golfo. Pouco tempo depois a União Soviética estava em pedaços, e com ela findava também a Guerra Fria.

Na ordem internacional que se desenhou a seguir, a democracia, em sua versão diluída, e a "economia livre de mercado" conjugavam-se, como peças axiais do projeto de globalização neoliberal que lhe infundia vida.

Desde então, mudanças cumulativas minaram os pilares materiais sobre os quais essa ordem repousava, a saber, a superioridade econômica dos Estados Unidos e aliados, de um lado, e, de outro, sua supremacia militar indiscutível. A manifestação mais notável desse processo no plano das relações internacionais é o soerguimento da Rússia e a ascensão da China.

Mas a ordem neoliberal foi corroída por dentro também, pelos deslocamentos sociais nela implicados, com as respostas que os grupos sociais negativamente afetados por eles produziam.

Desconsiderado esse pano de fundo, o fenômeno Trump torna-se incompreensível. Sem ele não entendemos a inflexão feita por seu governo na conduta exterior dos Estados Unidos: atritos com aliados históricos; denúncia de acordos e organizações multilaterais; desprezo dos direitos humanos e da democracia como princípios normativos; defesa indisfarçada de interesses econômicos egoísticos e disposição manifesta de empregar em sua promoção meios coercitivos; competição geopolítica e guerra tecnológica-comercial com a China.

Expressão de uma sociedade profundamente cindida, Trump rejeitou o papel de direção intelectual-moral que os Estados Unidos, desde a Segunda Guerra Mundial, sempre se atribuíram.

Hoje, dias depois da derrota eleitoral que amargou, a pergunta é inescapável: assistiremos com seu sucessor a uma forte mudança de rumo? Mais especificamente, veremos com Biden os Estados Unidos de volta à condição de regente de orquestra na execução da partitura liberal-internacionalista?

A análise, mesmo quando teoricamente bem amarrada, não autoriza profecias. Os elementos que se combinam na produção de um resultado histórico são incontáveis, e vários deles imprevisíveis. Tudo que podemos dizer, para terminar, é que a eleição ainda inconclusa de 2020 contribui para que olhemos essa possibilidade com grande ceticismo.

Referências

ELECTION Results, 2020: State Legislative Chambers That Change Party Control. *Ballotpedia*, 20 nov. 2020. Disponível em: https://ballotpedia.org/Election_results,_2020:_State_legislative_chambers_that_changed_Party_control. Acesso em: 17 ago. 2021.

MINNITE, L. C. *The Myth of Voter Fraud*. Ithaca/London, Cornell University Press, 2010.

NORRIS, P.; FRANK, R. W.; MARTÍNEZ I COMA, F. (Ed.). *Contentious Elections:* from Ballots to Barricades. New York: Routledge, 2015

O'DONNELL, G. *Democracia, agência e estado Teoria com intenção comparativa*. São Paulo: Paz e Terra, 2011.

SARAT, A. Could a Few State Legislatures Choose the Next President? *The Conversation*, 1 out. 2020.

SCHUMPETER, J. A. *Capitalism, Socialism and Democracy*. London: George Allen & Unwin, 1976.

VELASCO E CRUZ, S. Uma casa dividida: Donald Trump e a transformação da política americana. In: VELASCO E CRUZ, S.; BOKIKIAN, N. (Org.). *Trump:* primeiro tempo. Partidos, políticas, eleições e perspectivas. São Paulo, Editora Unesp, 2019. p.11-43.

WALSH, J. How to Understand Democrats' Disappointing Losses in State Legislatures. *The Nation*, 18 nov. 2020.

15
O PLEITO DA INDEFINIÇÃO: AS ELEIÇÕES NORTE-AMERICANAS DE 2020, DIMENSÕES, SIGNIFICADOS E PERSPECTIVAS

Rafael R. Ioris

Introdução

Se, como modelo na execução de eleições, os Estados Unidos não seriam um bom candidato, como fenômeno midiático, ninguém está à altura. De fato, após manter o mundo inteiro em suspense por vários dias, ficamos sabendo que Donald Trump foi derrotado na sua tentativa de reeleição. Normalmente nos Estados Unidos, a tendência é que seus presidentes sejam reeleitos.

Mas, em meio às celebrações da vitória do oponente democrata, precisamos lembrar que o trumpismo saiu muito vivo dessa eleição e que, mesmo derrotado, 74 milhões de norte-americanos optaram por manter na presidência da maior potência militar da história o personagem político mais bizarro, personalista e autoritário da sua história.

O pleito de 2020 nos Estados Unidos tinha tudo para ser um evento definidor e transformativo. Mas, apesar de terem dado um basta nos rumos autocráticos da presidência de Donald Trump, ao tirar do seu alcance um segundo mandato, as eleições de novembro de 2020 talvez venham a ser lembradas mais pela indefinição e aprofundamento da divisão que vem definindo a sociedade norte-americana ao longos dos últimos anos do que por ter apontado um caminho claro ao país, algo cada dia mais urgente.

É certo que, sem Trump na presidência, os Estados Unidos poderão retomar a normalidade da sua atuação ao redor do mundo, e desafios internos

Sebastião C. Velasco e Cruz e Neusa Maria P. Bojikian (Orgs.)

imensos, em especial a crise da covid-19 e a associada crise econômica aguda que o país enfrenta, poderão ser finalmente administrados de uma maneira mais previsível e eficiente. Os resultados de novembro impediram também que republicanos trumpistas pudessem aprofundar os rumos xeno-fóbicos, protecionistas, patrimonialistas e autoritários dos últimos anos.

Por outro lado, as eleições não ofereceram um mandato claro aos demo-cratas, que, mesmo ganhando, não receberam do eleitorado a legitimidade para tentar repactuar o tecido social nos moldes de algo como o New Deal dos anos 1930. E, assim, o que de fato existe hoje nos Estados Unidos é um país profundamente dividido, em grande parte definido pela manutenção ou então pelo aprofundamento de problemas estruturais que o país enfrenta há tempos (Ioris, 2019).

Será Joe Biden, político experiente, moderado e conciliador, capaz de estabelecer pontes entre lados hoje mais distantes do que nunca? A resposta a essa pergunta ajudará a definir os rumos da maior potência militar do pla-neta e ainda o país com maiores recursos de poder político, diplomático e simbólico para moldar os rumos do século XXI.

Mas, por mais que Biden tenha até agora apontado que quer unificar o país, esse feito não dependerá somente da boa vontade de alguns, já que requererá mudanças profundas na lógica de governança, rumos econômicos e narrativa política dos últimos trinta anos. E, se até recentemente havia a percepção de que essa tarefa era necessária, sua urgência é hoje ainda maior dado o contexto global em que a competitividade econômica, tecnológica e mesmo de influência ao redor do mundo se encontra em um patamar sem precedentes desde o final da Guerra Fria.

Embora tentar analisar eventos em curso sempre apresente grandes difi-culdades, já que seus significados mais amplos ainda não estão totalmente claros, o presente capítulo busca refletir sobre os reflexos e possíveis impli-cações de médio prazo das eleições norte-americanas de novembro de 2020. Em linhas gerais, o argumento central aqui apresentado, conforme indicado no título acima, é o de que, apesar de termos tido um grau de funciona-mento institucional acima do esperado, a crise enfrentada nos últimos anos pela sociedade norte-americana, seja nas suas dimensões política, socioeco-nômica e mesmo cultural, permanecerá, podendo mesmo vir a se aprofun-dar no futuro próximo.

2020: a indefinição permanece

Muitos esperavam que as eleições de 2020 dessem um mandato claro a um dos lados da disputa. O que saiu das urnas, porém, foi um país profun-damente dividido, onde o oponente político tende a ser visto como uma ameaça direta à própria existência de cada lado em disputa. Ainda assim, o inepto, descentralizado e anacrônico processo eleitoral norte-americano, que muitos esperavam que fosse colapsar, acabou funcionando dentro da sua normalidade, e os níveis de violência esperado não se materializaram. Poder-se-ia mesmo afirmar que a democracia norte-americana provou sua vitalidade. O risco que então se corre é que muitos vejam tal resultado como demonstração de que as instituições políticas do país – eleições realizadas pelos estados, sem supervisão federal, colégio eleitoral e ausência de órgãos não partidários de controle do processo eleitoral, todos remetendo ao século XVIII – não precisariam ser atualizadas para os dias de hoje; como é, de fato, o caso.

Mesmo tendo perdido a Casa Branca e o Congresso, os republicanos permanecem como uma das forças políticas mais decisivas do país, tendo inclusive aumentado e diversificado sua base de votos. Os democratas, mesmo na vitória, saem das urnas com a sensação de que a nação não está tão alinhada com sua plataforma eleitoral, já que não conseguiram derrotar de maneira clara e definitiva um político errático que esteve presidindo uma das maiores crises sanitárias e econômicas jamais vistas.

De fato, Trump sai dessa eleição com mais votos do que obteve em sua vitória em 2016, e o que poderíamos chamar de trumpismo é hoje a maior força política dos Estados Unidos. A narrativa trumpista de que a América está sendo destruída por aqueles que "não pertencem" vai continuar influente no Partido Republicano e sendo torpedeada pelas ondas AM de rádio ao redor do país, assim como no canal de TV *Fox News*, entre outros, verdadeiros porta-vozes de todo tipo de teoria conspiratória aceita pela base mais aguerrida do partido, especialmente na figura do ex-presidente.

Fraturas importantes entre o suposto eleitorado naturalmente democrata também foram reveladas. De maneira surpreendente, a narrativa de que Biden seria um socialista radical que iria destruir a "terra da liberdade", minimizada como absurda por tantos, provou-se mais eficiente do que se esperava, especialmente em segmentos-chave da base do partido, como entre comunidades latinas, especialmente na Flórida. Mesmo eleitores afro-americanos, embora ainda majoritariamente democratas, vieram a oferecer mais votos aos republicanos do que em 2016. E, com as cortes federais, em especial a Suprema Corte, dominadas por juízes indicados por Trump, Biden tenderá a ser um presidente forçado a negociar muito para implementar uma agenda em grande parte mais moderada do que a base mais progressista do partido gostaria de ver aprovada.

Se tivesse obtido um mandato mais claro, o novo presidente poderia (e deveria) tentar reorganizar o *pacto social norte-americano*, que se encontra há tempos numa encruzilhada enorme. Que país querem os Estados Unidos ser nas próximas décadas? Um país mais diverso e mais aberto para o mundo ou uma nação mais xenofóbica? Uma sociedade mais integrada racialmente ou mais segregada entre diferentes grupos raciais? Uma economia mais

Sebastião C. Velasco e Cruz e Neusa Maria P. Bojikian (Orgs.)

inclusiva e com melhores níveis de um estado de bem-estar social ou uma sociedade mais estratificada em termos econômicos e de classe? Um país mais cosmopolita, interessado e engajado no mundo por canais institucionais, ou um estado de viés isolacionista e de comportamento unilateral e mesmo errático?

A eleição norte-americana que acaba de ser concluída não conseguiu dar uma resposta definitiva sobre que rumo a grande maioria dos norte-americanos deseja trilhar. E, mesmo em meio a uma economia em crise e sob o peso de 500 mil mortes (grande parte delas evitáveis!), metade do país se manteve fiel ao político mais divisionista, autoritário, racista e misógino da história moderna do país. Nesse sentido, apesar da enorme importância da derrota de Trump, o que poderia ter sido uma eleição histórica na resolução dos rumos do país mais influente do mundo parece estar sendo definida pela postergação da definição do curso para os próximos anos.

De fato, um dos aspectos mais instigantes do pleito de novembro de 2020 foi sua ambiguidade. Se, por um lado, não houve quebra institucional (golpe), como alguns temiam ao longo de todo o processo eleitoral, houve, sim, a consecução de um inédito e grave precedente, em que, pela primeira vez desde 1876, a transferência pacífica de poder entre candidatos de partidos diferentes foi posta em dúvida (Gellman, 2020). No mesmo sentido, embora houvesse muita especulação sobre as restrições ao acesso ao voto, tanto decorrentes de empecilhos legais impostos por estados nas mãos do Partido Republicano como decorrentes da crise da pandemia, o que se viu foi um recorde histórico, desde o início do século XX, de eleitores que, de diferentes formas, conseguiram exercer seu direito ao voto (Desilver, 2021).

E, embora tenha havido uma participação de cerca de 160 milhões de eleitores no processo eleitoral, cabe apontar que isso derivou não tanto da crença no processo em si, ou seja, de uma suposta vitalidade da democracia norte-americana, mas, sim, da preocupação em garantir que seu voto não fosse desrespeitado, refletindo, portanto, mais debilidades institucionais no processo eleitoral do que sua eficiência ou mesmo lisura (Bush, 2020). Nesse sentido, as eleições de 2020 demonstraram também o crescente descompasso entre a *vontade popular*, pelo menos no seu sentido majoritário, e sua expressão no nível institucional.

Lembremos que, embora nas últimas nove eleições presidenciais os democratas tenham ganho o voto popular em sete, os republicanos foram capazes de chegar ao poder em um número igual de vezes. E o que se vê na composição do Senado que saiu das urnas é que, ainda que os republicanos representem somente cerca de 40% da população, eles detêm metade das cadeiras naquela casa legislativa (Brownstein, 2020).

Negociações entre partidos que divergem profundamente sobre temas vitais serão, de fato, muito difíceis. Os dois lados, especialmente em suas bases, divergem profundamente sobre questões centrais da sociedade norte-americana, como violência policial, injustiças de base racial e de gênero, matriz energética e mesmo sobre o lugar do país no mundo. Enquanto mais de 75% dos democratas que votaram em Biden afirmaram que injustiças raciais era um problema que tinha que ser enfrentado, menos de um quarto dos eleitores de Trump partilhavam dessa visão.

Muitos políticos, e eleitores em geral, tenderão, pois, a ver o outro lado como composto por agentes em quem não se pode confiar, um oponente (inimigo?) tomado como causa dos problemas do país e cuja própria participação no sistema político é questionada por ser quem estaria provocando a erosão da própria democracia (Important..., 2020). E assim, junto à crescente deslegitimação de um sistema de tomada de decisão cada vez mais engessado – haja vista o fato de que o Congresso levou nove meses para aprovar um pacote de ajuda emergencial, em meio a um cenário de mais de 3 mil mortes diárias (Cowan, 2020) –, é de se esperar que a atual polarização social permaneça ou até mesmo se aprofunde (Deane, 2020).

Enquanto isso, a base trumpista, mesmo que ligada a setores em decrescente representatividade da sociedade, continua expressiva e ativa em um sistema político que tende a sobrerrepresentar estados de baixa população, negando, pois, a lógica democrática básica da igualdade do voto. Vozes da supremacia branca continuarão com forte expressão no mundo digital, mobilizando deputados de muitos distritos e dominando eleições em diversos estados, como analiso a seguir.

Impactos duradouros do trumpismo: país cindido, descrença política e paralisia institucional

Dizer que a presidência de Donald Trump foi *sui generis* já se tornou um lugar comum. Desde 2015, quando do lançamento de sua campanha presidencial como o *outsider* que iria resolver os problemas de um sistema político em crise, até a incitação de uma insurreição popular contra o processo de confirmação do resultado do Colégio Eleitoral, no dia 6 de janeiro de 2021, e passando por uma presidência definida pela comunicação direta do líder com seus apoiadores via mídias sociais, Trump forçou todos os limites e amarras institucionais do sistema político norte-americano.

Tendo anunciado, já na primeira campanha, que seria um presidente que não buscaria o centro e a negociação com o outro lado, na presidência Trump materializou e aprofundou essa postura, implementando uma política de terra arrasada, como, por exemplo, nas legislações ambientais e na linha diplomática perseguida pelos Estados Unidos desde a Segunda Guerra. Trump tentou reverter também proteções a minorias em vários setores da vida norte-americana, como nas áreas de educação, moradia, acesso ao voto e migração, forçando mesmo uma forte desregulamentação nas políticas de cunho social (Pierce, 2020; Cole, 2020; Luhby, 2018). Da mesma forma, dada sua postura negacionista continuadamente mantida ao longo de 2020, Trump acabou seu mandato com recordes históricos de desempregados e cerca de 12% da população estão hoje na faixa da pobreza, nível histórico desde os anos 1960 (Luhby, 2020).

Muitos têm apontado que, desde a Guerra Civil de 1860, o país nunca esteve tão dividido, e que os eventos de 6 de janeiro passado representam uma quebra institucional inédita (Brownstein, 2021). Vários indicadores apontam que os norte-americanos se encontram hoje fragmentados ao longo de linhas ideológicas em níveis também históricos. Mas, enquanto mais da metade dos norte-americanos se consideram "liberais" (ou progressistas, no sentido brasileiro) – número que cresceu muito ao longo dos últimos anos, já que há trinta anos esse número correspondia a cerca de um quarto da população –, três quartos dos apoiadores do Partido Republicano se definem como muito conservadores – número que, por sua vez, também subiu cerca de 50% em relação a cerca de vinte anos atrás (Saad, 2021).

Esse aprofundamento das posições nos extremos dos posicionamentos ideológicos se confirma também no parlamento do país. Durante o governo Trump, quase todos os deputados republicanos aprovaram qualquer proposta legal que viesse da Casa Branca, enquanto somente 15% dos democratas votaram dessa maneira (Tracking..., 2021). Essa diferença de quase 80% entre as posições das bancadas democratas e republicanas se torna ainda mais significativa quando examinada sob a luz de semelhantes medições ao longo dos últimos anos. Por exemplo, durante a intransigente oposição republicana no Congresso ao governo de Bill Clinton, nos anos 1990, essa diferença era de somente 30%, ou seja, apesar da narrativa violenta contra o presidente democrata, que chegou a envolver um processo de impeachment, em 1998, um número altíssimo, para os padrões de hoje, de membros do partido da oposição acabava por aprovar medidas legais enviadas pela Casa Branca (Lewis, 2021).

Lembremos também que, mesmo após os eventos de janeiro passado, cerca de dois terços dos deputados republicanos rejeitaram a certificação dos votos do estado da Pensilvânia, o que, na prática, significa que se recusavam a ver a legitimidade da eleição do novo presidente! Além disso, a quase totalidade dos distritos eleitorais para a Câmara de Deputados é composta por uma maioria de um partido ou outro, e não de distritos que poderiam ser considerados como competitivos; realidade que também se expressa no Senado, onde os senadores tendem a ser do partido do presidente que ganhou aquele respectivo estado (com a exceção de Susan Collins, do estado de Maine). Ou seja, a tal ideia do dito *compromise* (ou fazer acordo com base na necessidade de ceder sua posição original), algo que sempre foi muito valorizado na cultura política norte-americana, mas que ao longo dos últimos dez anos tem se tornado quase como um defeito político, tenderá a ser

De Trump a Biden

recusada na bases eleitorais de cada distrito eleitoral ou estado da federação nos próximos anos.

A distância das visões de mundo entre democratas e republicanos também vem aumentando de maneira significativa ao longo dos últimos anos. De fato, como aponta o importante instituto de pesquisa The Pew Research Center, essa distância mais que dobrou desde meados dos anos 1990, sendo que em alguns pontos (em especial na questão racial) esse distanciamento se acelerou muito ao longo da presidência de Donald Trump.

Particularmente importante, entre 2015 e 2020, os números de republicanos que entendem que as universidades desempenham um papel negativo na sociedade aumentou de um terço para quase dois terços (!), enquanto 70% das pessoas que se dizem democratas veem um papel positivo dessas instituições na sociedade norte-americana (The Partisan..., 2017; The Growing..., 2020). Também indicativo da gravidade do distanciamento ideológico, e mesmo simbólico, entre grupos sociais autoidentificados como republicanos e democratas, cerca de três quartos dos entrevistados de cada partido afirmam não só que acreditam não ter quase nada em comum com o outro lado, mas também que acreditam não partilhar dos próprios fatos pelos quais avaliam a realidade (Partisan..., 2019).

Assim, de dois campos ideológicos, o país passou a ter duas grandes facções de forças que se veem mutuamente como autoexcludentes dentro de uma lógica cada vez mais entendida como de soma zero. De fato, divisões partidárias tornam-se cada dia mais tribais, em que múltiplos pontos de vista sobre um grande número de temas de entendimento não binário são forçados a se enquadrar em linhas excludentes nas quais a posição de um lado necessariamente implica a não existência do entendimento do outro lado. Aborto, porte de armas, pena de morte, saúde pública etc., assuntos complexos sobre os quais cabem múltiplas abordagens, acabam se alinhando em linhas exclusivas, cuja posição contrária é vista como uma ameaça à própria existência e sentido do engajamento político de cada parte.

Além disso, genuínas noções a respeito da identidade de cada um, por exemplo, sobre sua sexualidade, religião e etnia, são forçadas a se fixar dentro de um dos dois lados binários de uma disputa cada vez menos sobre políticas públicas e cada vez mais sobre a imagem e modo de vida de cada polo em uma disputa sem reconciliação possível (Dimock; Gramlich, 2021). De maneira efetiva, a maioria esmagadora (cerca de 90%) dos eleitores de cada lado na disputa de novembro 2020 afirmou, de maneira consistente (várias vezes ao longo da campanha), que a vitória do outro candidato provocaria danos terríveis à nação como um todo, já que viam os apoiadores do outro lado, e seu respectivo candidato, como representantes de valores e visões de mundo perigosos, os quais não poderiam em nenhuma hipótese apoiar (Voters'..., 2020).

Sebastião C. Velasco e Cruz e Neusa Maria P. Bojikian (Orgs.)

Tais divisões vêm assumindo cada vez mais contornos geográficos, dificultando ainda mais a possibilidade de reconciliação. Eleitores de um lado não convivem mais com eleitores do outro. Eleitores de estados de economia rural ou de condados rurais tendem a ser republicanos, e eleitores urbanos, especialmente nas grandes conurbações dos grandes estados, de maneira especial nas costas litorâneas, tendem a ser quase que exclusivamente democratas.

Redutos eleitorais de um partido tendem, pois, a se consolidar, a menos que haja uma alteração na sua composição demográfica, em geral por razões de mobilidade geográfica, como visto nos últimos anos nos condados urbanos dos estados do Colorado, Geórgia e Arizona. Cidades grandes, onde o poder aquisitivo médio e nível educacional são maiores, tendem a votar cada vez mais nos democratas, ao passo que cidades pequenas, com crescimento econômico e padrão de formação mais baixos, assim como cada vez mais zonas rurais, se consolidam como redutos republicanos. De maneira concreta, das cem maiores cidades do país, Biden ganhou em 91 delas. Ao mesmo tempo, sua vitória ocorreu em somente 17% de todos condados do país, mas que juntos representam mais de 70% do PIB do país (Muro et al., 2020).

A polarização atual nos Estados Unidos é, portanto, histórica, mas não é única. Fenômenos semelhantes vêm ocorrendo em outros países ao redor do mundo, algo certamente associado à crescente fragmentação ideológica alimentada e aprofundada pela mídia eletrônica, especialmente as redes sociais. O que talvez distinga o que ocorre nos Estados Unidos de países como Reino Unido e Brasil, onde fortes divisões têm tido consequências significativas recentemente, é a lógica binária do sistema partidário norte--americano, dentro do qual temas em que possíveis acomodações poderiam ser construídas acabam sendo subsumidas em questões tidas como não negociáveis e ao redor das quais linhas divisórias irreconciliáveis são traçadas. Como esse cenário tem se traduzido no contexto partidário e possíveis cenários de tais dinâmicas são temas que analiso na próxima seção.

Dimensão estrutural do problema: a crescente crise do sistema partidário

Por décadas os partidos políticos norte-americanos serviram como frentes, heterogêneas, mas estáveis, de ordenamento das forças sociais e grupos de interesse em disputa. A tradição bipartidária norte-americana foi responsável por longos períodos de estabilidade institucional, ainda que ao custo da exclusão estrutural de importantes segmentos da população que foram sistematicamente excluídos do processo eleitoral ou cujas demandas demoraram muito a serem vistas como legítimas. Assim, o sistema funcionou de forma efetiva (mesmo quando comparado com outras democracias

De Trump a Biden

estabelecidas, como a França), pelo menos no sentido de conseguir administrar eleições regulares, assim como no de manter posições ideológicas antissistêmicas à margem da institucionalidade.

Mas lá se vão pelo menos uns vinte anos de existência de uma sensação, até recentemente difusa, mas hoje cada dia mais perceptível, de que o sistema como um todo já não consegue dar conta das demandas de uma sociedade cada vez mais complexa e com níveis históricos de polarização, seja ela medida em níveis ideológicos ou simbólico-culturais, assim como com um grau de desigualdades socioeconômicas crescentes. E a arraigada noção do excepcionalismo norte-americano – entendimento de que seu sistema político, entre outros elementos da nação, seria tão superior a qualquer outro, e cuja durabilidade, de fato notável, seria sua comprovação mais clara – parece mesmo estar em crise.

Em seu lugar, o país tem vivido uma crescente sensação de que suas instituições políticas não só não são tão eficientes assim, como tampouco são tão democráticas como sua mitologia nacionalista típica gostaria de admitir. De fato, mesmo após sucessivas expansões no acesso ao voto – aos homens brancos em meados do século XIX e às mulheres, também, em sua maioria, brancas, no início do século XX –, o sufrágio continuou a se definir por reiteradas exclusões em bases étnico-raciais, e por um bom tempo, especialmente durante a existência da política oligárquica da virada do século XIX para o século XX, por altos níveis de corrupção.

E, mesmo após a maior inclusão econômica advinda da expansão das responsabilidades do Estado, criadas na era do New Deal e continuadas no pós-Segunda Guerra, ainda se tratava de uma lógica majoritária que não reconhecida como viável, ou talvez mesmo legítima, a inclusão plena das minorias raciais (afro, latina e indígeno-americanas) no funcionamento do sistema político. E, não obstante as mudanças históricas no acesso ao voto desses grupos, processo ancorado especialmente nas legislações de direitos civis de meados dos anos 1960, o que se viu a partir de então foram novas formas de exclusão direta e táticas de divisionismo eleitoral por parte das maiorias brancas autopercebidas como sob ameaça em uma América que estaria mudando rápido demais.

Nesse sentido, com a chamada estratégia sulista de Nixon, no final dos anos 1960 – que efetivamente surrupiou os votos dos segmentos sociais brancos nos estados do Sul do país que estavam nas mãos do Partido Democrata havia mais de meio século –, o Partido Republicano passou a ser o porta-voz do ressentimento de base racial (depois também religiosa) diante das mudanças em curso na sociedade norte-americana. Da mesma forma, no final da década de 1990, com a expansão dos republicanos também sobre os trabalhadores brancos em estados no Norte do país, especialmente nos estados em desindustrialização do Meio-Oeste, a inversão de base eleitoral entre os dois partidos majoritários se consolidou.

Tudo isso fez com que o eleitor republicano se tornasse – também por causa do voto de viés religioso (especialmente evangélico) – muito mais fiel e confiável do que os que tendem a votar nos democratas. De fato, os votos democratas, por serem mais heterogêneos, requerem, em cada eleição, rearranjos e acomodações complexas para garantir apoio entre eleitores afro-americanos e latinos, pobres e de classe média, assim como brancos, especialmente com educação superior, dos aglomerados urbanos, em especial nos estados litorâneos.

Dentro desse processo de consolidação de uma fragmentação política e social duradoura, há uma crescente preocupação com a própria viabilidade do sistema. De fato, segundo importantes indicadores internacionais, a democracia norte-americana vem se erodindo de maneira mais acelerada do que se tem visto em outras democracias ocidentais, estando hoje mais próxima das experiências similares que ocorrem no Brasil, India e Turquia nos últimos anos (How..., 2021).

No mesmo sentido, muitos estudiosos apontam que os Estados Unidos se encontrariam hoje em uma transição que talvez nenhuma outra democracia estável e rica tenha experimentado. Este seria um processo no qual a maioria histórica do país estaria se encaminhando rapidamente para se tornar a minoria na medida em que mudanças (demográfica e ideológica) se desdobraram ao longo dos últimos cinquenta anos, ao passo que o sistema político, de natureza conservadora, não estaria dando conta de prover canais de expressão efetiva dessas mesmas mudanças na sociedade norte-americana (Appelbaum, 2019; Bello, 2021; Diamond, 2021; Norris, 2021).

Não se trata mais, pois, somente das tradicionais insuficiências das "regras do jogo" com um viés histórico elitista e mesmo antidemocrático (um caso especial é o anacrônico Colégio Eleitoral), mas, sim, de partidos que não mais conseguem dar conta de expressar as diferentes posições de grupos sociais de uma nação em rápidas transformações dentro de um sistema de deliberação política cada dia mais engessado. Mas não caiamos na armadilha de entender, cínica ou ingenuamente, que se trata de níveis de responsabilidades partilhadas de formas iguais entre os dois partidos, já que é certo que o Partido Republicano, cada vez mais um partido de extrema direita, carrega muito mais e de forma sistemática o peso da culpa pela paralisia crescente do sistema político partidário norte-americano (Barr, 2010).

De fato, o que se tem visto nos últimos anos são repetidas experiências de descompasso entre o voto popular e o resultado oficial das eleições presidenciais, sucessivos processos de impeachment, repetidas suspensões do funcionamento do Executivo (*shutdown*), crises orçamentárias e aprovações orçamentárias de urgência. Dentro desse acirramento entre partidos cada dia mais ideologicamente definidos – algo novo na história recente do país! –, presencia-se um processo de perda da legitimidade do próprio sistema político, especialmente no que tange à (in)capacidade de atender demandas,

De Trump a Biden

cada vez mais diversas (talvez mesmo autoexcludentes) de grupos sociais diversos. E, ao passo que as táticas mais recentes dos republicanos descambam (novamente) para a intimidação física e moral, é bom lembrar que o partido tem se valido de vários outros recursos ao longo dos últimos anos para impedir o acesso ao exercício do direito ao voto a inúmeros segmentos da sociedade norte-americana.

Em vários estados, por exemplo, ex-presidiários (que tendem a ser majoritariamente representantes das minorias raciais) ainda são impedidos de votar. E mesmo onde tais leis foram revertidas, como no decisivo estado da Flórida, por meio de um plebiscito, em 2018, os republicanos na Assembleia Legislativa aprovaram uma nova lei criando uma taxa a ser paga caso esses novos eleitores decidam, de fato, exercer seu direito ao voto. No mesmo sentido, rotineiramente, em especial em estados republicanos, as listas de eleitores são "limpas" de eleitores que não votaram em eleições passadas, sem que estes sejam avisados de tal manobra.

Em tese, esse tipo de ação poderia prejudicar ambos os partidos. Mas como os eleitores republicanos, especialmente os mais idosos, tendem a ser mais assíduos nas urnas, é uma medida que acaba prejudicando, novamente, minorias raciais. E agora, no estado-chave da Geórgia, onde os democratas conseguiram ganhar após vinte anos, o Legislativo estadual, em mãos republicanas, acaba de aprovar novas rigorosas restrições ao acesso ao voto, especialmente por parte de minorias socioeconômicas e raciais (Georgia..., 2021).

A consolidação de divergências irreconciliáveis entre os representantes e eleitores de cada partido que ajuda a definir o contexto político partidário dos Estados Unidos hoje pode ser vista em outras dimensões também. Biden não ganhou porque agregou muitos votos da base republicana, apesar dos enormes esforços feitos pelos democratas na Convenção assim como pelo Lincoln Project (de ex-republicanos) a fim de atrair moderados, e sim por ter motivado sua própria base, especialmente setores mais progressistas e ligados a movimentos sociais, e sobretudo entre as minorias étnicas de centros urbanos de estados decisivos como Michigan, Wisconsin e Pensilvânia.

De maneira talvez ainda mais significativa, a grande coalizão que o Partido Democrata conseguiu criar nesse ano se beneficiou de esforços únicos para registrar novos eleitores para sua base em estados do Sul, tradicionalmente republicanos, como Geórgia e Arizona. Talvez a única exceção em termos de mudar corações e mentes tenha sido com eleitores independentes (não filiados a nenhum dos dois partidos), que, em geral, votaram em Trump em 2016, grupo muito cortejado por Biden ao longo de sua moderada campanha, tanto nas primárias como na eleição geral (Thomas; Siddiqui; Day, 2020).

Mas, se os democratas conseguiram mobilizar suas bases, os republicanos também o fizeram, de forma tão eficiente a ponto de impedir que a dita "onda azul" tomasse conta do país. Cada lado se vê, pois, como sob uma ameaça existencial vindo de um grupo cada dia menos entendido como legítimo. E é essa polarização que ajuda a entender que, mesmo em meio a uma das maiores crises econômicas e sanitárias que o país já enfrentou, Trump tenha conseguido receber 8 milhões a mais de votos do que em 2016. O próprio slogan da sua campanha, "Mantenha a America Grande" (*Keep America Great*), é certamente de difícil compreensão com relação ao seu apelo. Tanto que caberia mesmo perguntar o que, na visão de tantas pessoas, estaria indo tão bem assim sob o governo de Trump que deveria ser mantido?

Parece plausível supor que, caso a crise da covid-19 não tivesse existido e, assim, a economia estivesse nos padrões baixos de desemprego do início de 2020, Trump teria provavelmente sido reeleito. Parece também certo que, pelo menos no curto prazo, o Partido Republicano continuará sendo pautado pela agenda e estilo político de Trump. É mesmo provável que ocorram mais disputas entre políticos republicanos querendo herdar o legado eleitoral de Trump do que haja disputas de peso entre alas trumpistas e alas ditas antitrumpistas dentro do partido. Por fim, especialmente na Câmara de Representantes, com reeleição já em 2022, nos distritos artificialmente criados ao redor do país para dar vitórias aos republicanos (*gerrymandered*), a grande maioria dos atuais congressistas temerá assumir posições que desagradem a Trump e seus asseclas, dado o risco de serem derrotados nas primárias do partido para candidatos que se apresentem mais verdadeiramente alinhados ao ex-presidente.

No reverso da medalha, o Partido Democrata, embora vitorioso no Executivo e Legislativo nacionais, certamente teve menos votos do que esperava e, além de manter o populismo trumpista sob xeque, terá o desafio adicional de tentar resolver as diferenças entre as alas mais conservadoras e progressistas do partido em meio ao processo de implementação da agenda do novo governo. Lembremos que talvez as diferenças não sejam tão profundas no que se refere ao pacote de ajuda às famílias durante a crise econômica em curso e o combate à covid-19. Mas, no que se refere à questão ambiental e ao chamado Green New Deal, por exemplo, fortes divergências existem entre democratas de diferentes alinhamentos ideológicos ou base eleitorais distintas.

A atual crise na sociedade norte-americana não começou com a pandemia da covid-19, embora esse processo tenha se acentuado muito ao longo do último ano. Para além da crise humanitária e econômica, o aprofundamento da cisão política e social entre grupos sociais que se veem como autoexcludentes, em bases em grande parte raciais, talvez seja a maior expressão do processo político eleitoral dos últimos meses. E, embora Trump seja o principal responsável pela acentuação dessa lógica, o Partido Republicano certamente não pode mais ser visto como veículo sequestrado por Trump para esses fins, já que hoje grande parte de seus membros se alinha, por convicção ou pragmatismo, ao trumpismo vivo e forte no país.

De Trump a Biden

De fato, o partido fundado na tradição política majoritária de Lincoln vem, desde pelo menos 2008, se consolidando como veículo de viabilização eleitoral e legitimação cultural de segmentos há pelo menos cinquenta anos à margem do sistema político, em especial supremacistas brancos e milícias raciais e anti-Estado. Mas apresentando-se (falaciosamente, diga-se de passagem) desde Bush filho (no ano 2000) como o partido mais alinhado aos interesses e necessidades do dito homem comum (entenda-se homem branco sem educação superior), os republicanos, ao longo dos últimos vinte anos, surrupiaram o voto desses eleitores do Partido Democrata, historicamente ligado aos sindicatos, especialmente nos estados do cinturão da ferrugem (desindustrializados) do Meio-Oeste. E, como já foi apontado, as turbas ensandecidas que atacaram o Congresso no dia 6 de janeiro não o fizeram por terem deixado de acreditar no funcionamento da democracia, e sim por não concordarem com o fato de que essa mesma democracia tenha crescentemente servido a interesses de grupos vistos cada vez mais como não legítimos (Jefferson, 2021).

Que tais "outros" grupos (não brancos, em sua maioria, ou brancos privilegiados economicamente) sejam vistos como recebendo mais do que deviam, enquanto eles (brancos menos favorecidos, autoentendidos como os verdadeiros norte-americanos patriotas e merecedores de vantagens governamentais) estariam cada vez mais à mercê de processos de exclusão econômica e uma redução relativa de sua influência política que não conseguem entender, muito menos controlar, poderia ser, assim, entendido como o grande motivador da crescente "normalização" de posições até uma década atrás tidas como radicais, excessivas e talvez mesmo não aceitáveis. Exatamente esses mesmos grupos (em sua maioria brancos) são economicamente cada vez mais marginais, mas crescentemente chave para a mobilização política ativada por Trump.

De maneira concreta, embora de fato governando para os grandes interesses econômicos do país e com grande apoio entre os mais ricos da sociedade, o que o ex-presidente fez foi se valer, de forma claramente cínica e instrumental, de uma suposta defesa dos interesses "do homem simples" como seu cavalo de batalha na eleição de 2016, enquanto o imigrante não branco e pobre tornou-se o bode expiatório de uma campanha xenofóbica, chauvinista e divisionista que, não obstante, foi suficiente para dar-lhe a presidência. Agora, na derrota ainda não reconhecida por ele, nem por seus apoiadores mais aguerridos dentro e fora do partido, Trump continuará a instrumentalizar sua guarda pretoriana, raivosa e constantemente instrumentalizada pelas redes sociais, a fim de manter a lógica e discurso antissistêmicos ativos de maneira sem precedente na história moderna do país, colocando, assim, um enorme dilema ao Partido Republicano e ao sistema político em geral.

Se os Estados Unidos serão (ou não!) capazes de administrar as consequências desse processo dentro das normas, regras e procedimentos políticos

303

Sebastião C. Velasco e Cruz e Neusa Maria P. Bojikian (Orgs.)

existentes dependerá, acima de tudo, de como o Partido Republicano responderá ao que está em curso. Ou retorna à normalidade da sua narrativa *pro-business*, mas dentro dos marcos institucionais, como ainda querem alguns, ou se consolida como o partido de extrema direita populista mais importante no mundo, com consequências profundas, nefastas e mesmo imprevisíveis.

Perspectivas e cenários: desafios continuados no horizonte

O novo governo norte-americano terá enormes desafios pela frente. No plano imediato, o país sofre uma das suas maiores crises e o novo presidente certamente estará, em grande parte, focado nas questões domésticas, em especial o controle da pandemia da covid-19 e a recuperação econômica. De todo modo, sendo (ainda) a maior potência global, o país irá buscar recompor sua presença e imagem no mundo. Ainda não está certo como isso se daria dentro de um contexto cada dia menos unipolar e com crescentes rivalidades entre os Estados Unidos e vários outros focos de poder global. Mas é certo que dessas ações decorrerão os rumos de como serão definidos padrões mundiais de governança (democrática ou não) nos próximos anos.

Temas como migração, policiamento e segurança pública e desigualdades raciais continuarão a ser marcos divisórios para as próximas eleições. E, embora o funcionamento diário da política tenha se pautado mais por paralisia decisória, a participação eleitoral foi histórica, demonstrando o interesse e ativismo de largos segmentos da população. Embora ainda seja reduto preferencial dos democratas, o tão cobiçado e crescentemente decisivo voto latino se tornou também mais competitivo, e Trump conseguiu o feito de, ao mesmo tempo, perder votos entre mulheres e mesmo homens brancos, mas aumentar especialmente entre eleitores homens latinos e negros.

No plano internacional, Biden trará os Estados Unidos de volta à Organização Mundial da Saúde (OMS) e ao Acordo de Paris, refletindo, assim, um retorno à normalidade da tradição diplomática da ordem multilateral liberal da qual o país foi o principal artífice até os inconsequentes e destoantes anos da era Trump. Ainda assim, no que se refere à sua principal área de parceria, as chamada relações atlânticas, o outro lado da equação, ou seja, a Europa, seja dentro da União Europeia ou não, traumatizada pelas ações erráticas de Trump, e ciente de que o trumpismo ainda continua muito vivo no país de Washington, já deu sinais de que, embora valorize a vitória democrata, tem, não obstante, planos firmes para se fortalecer como região mais autônoma, especialmente nos quesitos segurança e dependência energética. E assim, embora pareça certo que haverá uma reaproximação, especialmente com relação à Otan, não ocorrerá, como, em outras áreas, um retorno ao *status quo ante* Trump (France's..., 2020).

De Trump a Biden

Um dos poucos pontos de concordância entre os partidos Democrata e Republicano, a rivalidade geopolítica e concorrência comercial com a China deverá continuar, e em algumas áreas, como as disputas tecnológicas dos próximos anos (5G e energia solar), até mesmo se aprofundar. Embora se espere que venhamos a presenciar um relacionamento mais institucional e a tentativa de retomar a lógica de engajamento com fins a atingir mudanças de comportamento a longo prazo. A preocupação com relação à crescente influência chinesa ao redor do mundo talvez assuma um caráter mais intenso, não só na Ásia e na Europa, mas também na nossa região.

É de se esperar que Biden busque uma maior interação com a América Latina, especialmente em vista da crescente presença chinesa, sobretudo no que se refere ao comércio e aos investimentos. Mas não parece tão claro que haja grande definição na escolha entre os rumos a serem seguidos por parte da maioria dos países da região, cada dia mais integrados (ou mesmo dependentes) com o mercado e investimentos da segunda economia mundial. Mesmo no caso do Brasil, embora até o momento Bolsonaro tenha mantido uma postura de alinhamento (e subserviência) aos Estados Unidos (de fato, ao governo Trump!), a pressão do agronegócio e de setores de tecnologia poderá forçar o governo a fortalecer relações com a China no cenário futuro.

Indo além da tentativa de resgate de um padrão de negociação centrado na diplomacia formal e por meio dos organismos regionais de representação diplomática, em especial a Organização dos Estados Americanos (OEA), não se deve esperar mudanças profundas no relacionamento com a região. Possíveis exceções seriam a tentativa de retomar o processo de aproximação com Cuba, embora hoje o governo da ilha talvez não tenha o mesmo interesse em repetir os termos da negociação da era Obama. Além disso, a derrota de Biden entre a comunidade cubana do sul da Flórida representa hoje mais resistência interna nos Estados Unidos a um possível *rapprochement* mais ambicioso.

Fora das questões que afetam diretamente o ambiente doméstico (como a temática migratória e fronteiriça), a América Latina deverá continuar a ser percebida como uma prioridade secundária (de cima do famigerado muro fronteiriço!), quase que exclusivamente como produtor de problemas internos ao "colosso do Norte", em especial na questão migratória, mas também na do narcotráfico, sendo também um foco de disputa entre as grandes potências globais. E uma das poucas áreas em que talvez nossa região, ou, mais precisamente, parte dela, venha a assumir alguma centralidade seja na temática ambiental. De fato, tanto para mostrar ao eleitorado mais jovem e mais progressista seu compromisso com a questão ambiental, quanto para diminuir a competitividade da agroindústria regional, especial do Brasil, Biden poderá usar nosso país como um exemplo negativo e, consequentemente, impor novas dificuldades para oportunidades comerciais e políticas com parceiros regionais.

Torna-se importante frisar também que se deve esperar grandes inovações hemisféricas, dado que a nossa região se encontra hoje em um contexto de maior divisão interna, polarização ideológica, turbulências políticas e dificuldades econômicas e sanitárias do que durante os anos de Obama. Acima de tudo, não há clareza sobre quem seria o interlocutor regional claro, especialmente na América do Sul, uma vez que as organizações regionais de representação (como a União de Nações Sul-Americanas [Unasul], a Comunidade de Estados Latino-Americanos e Caribenhos [Celac] e mesmo o Mercado Comum do Sul [Mercosul]) se encontram hoje em uma situação de grande fragilidade, e alternativas propostas por novas lideranças regionais (como o Grupo de Lima) não foram capazes de se estabelecer como vozes regionais legítimas. Por fim, Brasil e México, que, em tese, poderiam aglutinar interesses regionais, parecem desinteressados e/ou incapazes de assumir a tarefa de falar pela região.

Com relação aos que se pode esperar de uma forma mais geral tanto no âmbito global como, especialmente, no doméstico, Biden, assim como Obama, foi um candidato, e agora se apresenta como um presidente, que quer buscar o diálogo e a união para responder aos graves problemas enfrentados pela sociedade norte-americana. Mas, dentro do atual quadro político do país, é difícil ser otimista e acreditar que o novo presidente encontre o apoio bipartidário necessário para avançar reformas legislativas ambiciosas, como sobre investimentos em infraestrutura pública, reformas ambientais, educacionais etc. Por fim, não obstante tudo que ocorreu no início do ano, a fracassada segunda tentativa de um impeachment de Trump no Senado demonstra bem o que é hoje o Partido Republicano (Bacon Jr., 2021; Brownstein, 2021).

Como em outros países ao redor do mundo ultimamente, em especial no Brasil desde 2015, a viabilidade e a continuidade da institucionalidade democrática e mesmo a ausência de altos níveis de violência na esfera pública dependerão, de maneira especial, do comportamento da direita, nesse caso, o Partido Republicano. Caso o partido se consolide como uma força antissistêmica, efetivamente como o Partido de Trump, cujos membros estão ativamente agindo para restringir o acesso ao voto (Inskeep, 2021), a erosão da democracia norte-americana tenderá a se acelerar, com provável aumento dos níveis de violência e desgaste do prestígio internacional do país, em meio à crescente complexificação e concorrência por influência global entre Estados Unidos e China.

Até o momento, de forma certamente inesperada para um político com uma trajetória bastante moderada, Biden tem sinalizado a intenção de implementar uma agenda bastante progressista. Embora frágil, sua maioria no Congresso conseguiu aprovar um pacote de ajuda econômica de cerca de 2 trilhões de dólares. E a próxima proposta legislativa do novo presidente, um pacto de investimentos em infraestrutura e mudança na matriz energética do país, no mesmo valor, parece ter alguma chance de aprovação, embora não seja garantido que isso ocorra.

A depender do que venha, de fato, a acontecer, Biden pode vir a ser o presidente que, no último meio século pelo menos, buscou redefinir de forma mais ambiciosa o papel do Estado na economia e sociedade norte--americanas, no sentido da ativação econômica e dos ajustes necessários na crescente desigualdade social do país. Indicativo de suas ambições e desafios, em seu pronunciamento ao Congresso em celebração aos cem primeiros dias no governo, Biden afirmou entender que seu sucesso estaria ligado à própria necessidade de se demonstrar que o modelo de democracia liberal ainda seria capaz de atender às demandas sociais de maneira mais efetiva do que os modelos autocráticos em expansão ao redor do mundo (War, 2021).

Será a política pragmática de reconstrução de padrões mínimos de um estado de bem-estar social de Joe Biden capaz de trazer de volta à esfera pública racional os milhões de seguidores de Trump, e a política do ódio que ele representa? Ainda é muito cedo para sabermos.

Muito dependerá do que vai acontecer com Trump e da sua capacidade de manter seu apelo entre os mais de 74 milhões de eleitores que, apesar de tudo, preferiram que ele se mantivesse na Casa Branca. O que parece mais certo é que, como fenômeno político e social de um país em crise, o trumpismo veio para ficar, e seus efeitos continuarão a atormentar a democracia e a sociedade norte-americanas por um bom tempo.

Como diria o famoso escritor sardo, em frase muito popularizada tratando da emergência do fascismo nos anos 1920, "a crise consiste precisamente no fato de que o velho está morrendo e o novo ainda não pode nascer. Nesse interregno, uma grande variedade de sintomas mórbidos aparecem". (Gramsci, 2007, p.134). Frequentemente esses sintomas se revelam de maneira mais clara na personificação de um líder populista de extrema direita que, embora não seja a causa estrutural dos problemas, certamente os aprofunda.

Como tais dinâmicas tenderão a se desdobrar nos próximos dois anos nos Estados Unidos ajudará a definir os rumos daquele país e, por consequência, do mundo com um todo. Teremos, pois, que continuar a examinar a dramática crise enfrentada hoje pela terra fundadora da democracia representativa moderna, já que, apesar dos resultados das importantes eleições de 2020, um quadro de indefinições e dilemas profundos permanece.

Referências

APPELBAUM, Y. How America Ends: A Tectonic Demographic Shift Is under Way. Can the Country Hold Together? *The Atlantic*, dez. 2019. Disponível em: https://www.theatlantic.com/magazine/archive/2019/12/how-america-ends/600757/. Acesso em: 18 ago. 2021.

BACON, P. Biden Won – But THE Deep Partisan Divide IN America Remains. *FiveThirtyEight*, 7 nov. 2020. Disponível em: https://fivethirtyeight.com/features/biden--may-have-won-the-election-but-the-deep-partisan-divide-in-america-remains/. Acesso em: 18 ago. 2021.

BACON JR., P. With Trump's Acquittal, the Fragility of America's Democracy Is Even More Clear. *FiveThirtyEight*, 13 fev. 2021. Disponível em: https://fivethirtyeight.com/features/with-trumps-acquittal-the-fragility-of-americas-democracy-is-even-more--clear/?ex_cid=story-facebook&fbclid=IwAR1YPwgrADpTh6DTBmVyYVvBrSVgCKph2fBAPQtzhHWnmR5wt7xsWqEr4_s. Acesso em: 18 ago. 2021.

BARR, A. The GOP's No-Compromise Pledge. *Politico*, 28 out. 2010. Disponível em: https://www.politico.com/story/2010/10/the-gops-no-compromise-pledge-044311. Acesso em: 18 ago. 2021.

BELLO, W. America Has Entered the Weimar Era. *Foreign Policy in Focus*, 7 jan. 2021. Disponível em: https://fpif.org/america-has-entered-the-weimar-era/. Acesso em: 18 ago. 2021.

BROWNSTEIN, R. Is the GOP's Extremist Wing Now Too Big to Fail? *CNN Politics*, 14 fev. 2021. Disponível em: https://www.cnn.com/2021/02/14/politics/republican--extremism-trump-impeachment/index.html. Acesso em: 18 ago. 2021.

_____. Fight over Ginsburg Succession Poses Stark Question: Can Majority Rule Survive in US? *CNN Politics,* 20 set. 2020. Disponível em: https://www.cnn.com/2020/09/20/politics/ruth-bader-ginsburg-supreme-court-successor/index.html/. Acesso em: 18 ago. 2021.

_____. Trump Leaves America at Its Most Divided Since the Civil War. *CNN Politics*, 19 jan. 2021. Disponível em: https://www.cnn.com/2021/01/19/politics/trump-divided--america-civil-war/index.html. Acesso em: 18 ago. 2021.

BUSH, Daniel. In a Year of Uncertainty, Voters' Fears of Not Being Counted Prompt Record Early Turnout. *PBS News Hour,* 22 out. 2020. Disponível em: https://www.pbs.org/newshour/politics/in-a-year-of-uncertainty-voters-fears-of-not-being-counted-prompt-record-early-turnout. Acesso em: 22 out. 2021.

COLE, D. Trump Administration Wants to End Another Obama-era Protection for Transgender People. *CNN Politics*, 1 jul. 2020. Disponível em: https://www.cnn.com/2020/07/01/politics/transgender-homeless-shelters-rule-change-ben-carson/index.html. Acesso em: 18 ago. 2021.

COWAN, R. After Months of Inaction, U.S. Congress Approves $892 Billion COVID-19 Relief Package. *Reuters*, 21 dez. 2020. Disponível em: https://www.reuters.com/article/us-health-coronavirus-usa-congress/after-months-of-inaction-u-s-congress-approves-892-billion-covid-19-relief-package-idUSKBN28V176. Acesso em: 18 ago. 2021.

DEANE, C. 2020 Election Reveals Two Broad Voting Coalitions Fundamentally at Odds. *The Pew Research Center,* 6 nov. 2020. Disponível em: https://www.pewresearch.org/fact-tank/2020/11/06/2020-election-reveals-two-broad-voting-coalitions-fundamentally-at-odds/. Acesso em: 18 ago. 2021.

DESILVER, D. Turnout Soared in 2020 as Nearly Two-thirds of Eligible U.S. Voters Cast Ballots for President. *The Pew Research Center*, 28 jan. 2021. Disponível em: https://www.pewresearch.org/fact-tank/2021/01/28/turnout-soared-in-2020-as-nearly-two--thirds-of-eligible-u-s-voters-cast-ballots-for-president/. Acesso em: 18 ago. 2021.

DIAMOND, L. The Capitol Siege Is the Wake-up Call America Shouldn't Have Needed. *Foreign Affairs*, 7 jan. 2021. Disponível em: https://www.foreignaffairs.com/articles/united-states/2021-01-07/capitol-siege-wake-call-america-shouldnt-have-needed. Acesso em: 18 ago. 2021.

DIMOCK, M.; GRAMLICH, J. How America Changed During Donald Trump's Presidency. *The Pew Research Center*, 29 jan. 2021. Disponível em: https://www.pewresearch.org/2021/01/29/how-america-changed-during-donald-trumps-presidency/. Acesso em: 18 ago. 2021.

ENTEN, H. The Events of This Week Show the GOP Has a Big Problem. *CNN Politics*, 9 jan. 2021. Disponível em: https://www.cnn.com/2021/01/09/politics/capitol-riots--objections-analysis/index.html. Acesso em: 18 ago. 2021.

FRANCE's Macron Says Europe Needs to Be Less Dependent on China, U.S. *Reuters*, 14 jun. 2020. Disponível em: https://www.reuters.com/article/us-health-coronavirus--france-macron-euro/frances-macron-says-europe-needs-to-be-less-dependent-on--china-u-s-idUSKBN23L0Q5. Acesso em: 18 ago. 2021.

GELLMAN, B. The Election That Could Break America: If the Vote is Close, Donald Trump Could Easily Throw the Election into Chaos and Subvert the Result. Who Will Stop Him? *The Atlantic,* 23 set. 2020. Disponível em: https://www.theatlantic.com/magazine/archive/2020/11/what-if-trump-refuses-concede/616424/. Acesso em: 18 ago. 2021.

GEORGIA Republicans Pass Sweeping Voting Restrictions. *CBS News,* 26 mar. 2021. Disponível em: https://www.cbsnews.com/news/georgia-voting-bill-restricting--early-voting-signed-into-law-governor-kemp/. Acesso em: 18 ago. 2021.

GRAMSCI, A. *Cadernos do cárcere – Maquiavel*: notas sobre o Estado e a política. Vol. 3. Rio de Janeiro: Civilização Brasileira, 2007.

HOW Much Danger Is American Democracy In? *FiveThirtyEight*, 12 jan. 2021. Disponível em: https://fivethirtyeight.com/features/how-much-danger-is-american-democracy--in/. Acesso em: 18 ago. 2021.

IMPORTANT Issues in the 2020 Election. *The Pew Research Center*, 13 ago. 2020. Disponível em: https://www.pewresearch.org/politics/2020/08/13/important-issues-in-the-2020-election/#trump-and-biden-voters-diverge-over-importance-of-covid-19-to-their-vote-this-fall. Acesso em: 18 ago. 2021.

IORIS, R. R. Trump no Contexto da Crise que Atravessa a Sociedade Norte-Americana: Apontamentos Gerais sobre as Eleições de 2018 no País, Seus Significados e Perspectivas. *Tempo do Mundo*, v.5, n.1, v.5, n.1, p.267-284, 2019.

INSKEEP, S. Why Republicans Are Moving To Fix Elections That Weren't Broken. *NPR News*, 28 fev. 2021. Disponível em: https://www.npr.org/2021/02/28/970877930/

why-republicans-are-moving-to-fix-elections-that-werent-broken. Acesso em: 18 ago. 2021.

JEFFERSON, H. Storming the US Capitol was about Maintaining Power in America. *FiveThirtyEight*. 8 jan. 2021. Disponível em: https://fivethirtyeight.com/features/storming--the-u-s-capitol-was-about-maintaining-white-power-in-america/?ex_cid=story-fac ebook&fbclid=IwAR3W1CZqFbF279oaQSzWJiAKU4p_dYapNPZR_CX6GUPx-1L2OYam0yiJUAso. Acesso em: 18 ago. 2021

LEWIS, J. Calculating Presidential Support Scores from Voteview. *VoteView.com*, 13 jan. 2021. Disponível em: https://voteview.com/articles/presidential_support_scores. Acesso em: 18 ago. 2021.

LUHBY, T. Trump Administration Allows States to Make Medicaid Recipients Work. *CNN Business*, 11 jan. 2018. Disponível em: https://money.cnn.com/2018/01/11/news/economy/trump-medicaid-work-requirements/index.html. Acesso em: 18 ago. 2021.

_____. Five Stark Measures Show Rising American Suffering as Congress Finalizes Aid Deal. *CNN Politics*, 20 dez. 2020. Disponível em: https://www.cnn.com/2020/12/18/politics/pandemic-america-poverty-unemployment/index.html. Acesso em: 18 ago. 2021.

MURO, M. et al. Biden-voting Counties Equal 70% of America's Economy. What Does This Mean for the Nation's Political-economic Divide? *Brookings Report*, 10 nov. 2020. Disponível em: https://www.brookings.edu/blog/the-avenue/2020/11/09/biden--voting-counties-equal-70-of-americas-economy-what-does-this-mean-for-the--nations-political-economic-divide/. Acesso em: 18 ago. 2021.

NORRIS, P. It Happened in America. *Foreign Affairs*, 7 jan. 2021. Disponível em: https://www.foreignaffairs.com/articles/united-states/2021-01-07/it-happened--america?utm_medium=newsletters&utm_source=twofa&utm_campaign=It%20 Happened%20in%20America&utm_content=20210107&utm_term=FA%20 This%20Week%20-%20112017. Acesso em: 18 ago. 2021.

PARTISAN Antipathy: More Intense, More Personal. *The Pew Research Center*, out. 2019. Disponível em: https://www.pewresearch.org/politics/2019/10/10/partisan-antipathy-more-intense-more-personal/. Acesso em: 18 ago. 2021.

PIERCE, S. Dismantling and Reconstructing the U.S. Immigration System: A Catalog of Changes under the Trump Presidency. *Migration Policy Institute*, jul. 2020. Disponível em: https://www.migrationpolicy.org/research/us-immigration-system-changes--trump-presidency. Acesso em: 18 ago. 2021.

SAAD, L. America's Political Ideologies Hold Steady in 2020. *Gallup Report*, 11 jan. 2021. Disponível em: https://news.gallup.com/poll/328367/americans-political-ideology--held-steady-2020.aspx. Acesso em: 18 ago. 2021.

THE GROWING Partisan Divide in Views of Higher Education. *The Pew Research Center*, 14 maio 2020. Disponível em: https://www.pewresearch.org/social--trends/2019/08/19/the-growing-partisan-divide-in-views-of-higher-education-2/. Acesso em: 18 ago. 2021.

THE PARTISAN Divide on Political Values Grows Even Wider. *The Pew Research Center*, set. 2017. Disponível em: https://www.pewresearch.org/politics/2017/10/05/the--partisan-divide-on-political-values-grows-even-wider/. Acesso em: 18 ago. 2021.

THOMAS, K.; SIDDIQUI, S.; DAY, C. How Joe Biden Won the Election: Votes From Blue America with Few Gains in Trump World. *The Wall Street Journal*, 8 nov. 2020. Disponível em: https://www.wsj.com/articles/how-joe-biden-won-the-election-votes--from-blue-america-with-few-gains-in-trump-world-11604862528. Acesso em: 18 ago. 2021.

TRACKING Congress in the Age of Trump. *FiveThirtyEight*, 13 jan. 2021. Disponível em: https://projects.fivethirtyeight.com/congress-trump-score/. Acesso em: 18 ago. 2021.

VOTERS' feelings about the election and possible outcomes. *The Pew Research Center*, 9 out. 2020. Disponível em: https://www.pewresearch.org/politics/2020/10/09/voters--feelings-about-the-election-and-possible-outcomes/#many-see-lasting-harm-if-the--other-Partys-candidate-wins-in-november. Acesso em: 18 ago. 2021.

WAR, A. Joe Biden Wants to Prove Democracy Works – Before It's Too Late. *Vox*, 28 abr. 2021. Disponível em: https://www.vox.com/2021/4/28/22408735/joe-biden--congress-speech-democracy-autocracy. Acesso em: 18 ago. 2021.

16
A ELEIÇÃO CONTESTADA: A DISPUTA PRESIDENCIAL DE 2020 E A CRISE DA DEMOCRACIA NORTE-AMERICANA

Felipe Loureiro

Introdução

A eleição presidencial de 2020 nos Estados Unidos entrará para a história como a primeira na qual o candidato perdedor, o republicano Donald J. Trump, não somente se negou a reconhecer a derrota, como buscou reverter o resultado eleitoral, utilizando-se dos vastos poderes da presidência da República para tal. O ápice desse processo foi a incitação de uma insurreição popular pelo próprio presidente, cujos apoiadores invadiram o Congresso em 6 de janeiro de 2021 visando impedir a confirmação do resultado das urnas. O golpe fracassou: após a retirada dos invasores do Capitólio, o Congresso norte-americano consagrou, praticamente no mesmo dia, o democrata Joseph Biden Jr. como o 46º presidente do país.

Não há paralelo para as ações de Donald J. Trump na história política norte-americana. Mesmo no caso das eleições presidenciais mais disputadas do país, nunca um candidato derrotado, ainda mais na qualidade de presidente, buscou subverter os resultados mediante insurreição popular. O episódio mais grave até então havia se dado com as eleições de 1876, quando o Congresso declarou o republicano Rutherford Hayes vitorioso ante o democrata Samuel Tilden, processo que quase desencadeou um novo conflito armado entre as regiões Norte e Sul dos Estados Unidos. A própria Guerra de Secessão norte-americana, que havia eclodido na década anterior (1861-1865), também estivera diretamente relacionada à disputa pela presidência.

No entanto, ambos os episódios diferem da contestação de Trump às eleições de 2020. Estritamente falando, a guerra civil não decorreu de uma controvérsia sobre a legalidade das eleições de 1860, mas do fato de os estados sulistas terem se recusado a aceitar o resultado do pleito, por considerarem inadmissíveis as posições antiescravistas do candidato vencedor – o republicano Abraham Lincoln –, proclamando, assim, a secessão da União. No caso das eleições de 1876, o candidato derrotado, o democrata Samuel Tilden, não só tinha base legal para contestar o resultado – houve claros indícios de irregularidades na contagem de votos de pelo menos um dos estados (Flórida), além de autoridades de quatro unidades federativas (Carolina do Sul, Flórida, Louisiana e Oregon) terem enviado dois ou mais certificados conflitantes ao Congresso –, como ainda Tilden, ao final, acabaria por reconhecer a derrota eleitoral um dia antes da posse de Hayes, desmobilizando seus apoiadores mais radicais, favoráveis a uma contestação pela via armada. Trump, ao contrário, buscou sistematicamente alterar um resultado eleitoral sobre o qual não existia qualquer evidência de fraude, a fim de se manter no poder a qualquer custo.[1]

Apesar de inédita na história política norte-americana, a reação de Trump frente ao resultado das eleições de 2020 não foi surpreendente. Desde a campanha eleitoral vitoriosa de 2016, Trump deu sinais frequentes de que não reconheceria a legitimidade de qualquer resultado que lhe fosse desfavorável. Na realidade, Trump não deixava de levantar suspeitas sobre a lisura de eleições até mesmo quando se sagrava vencedor. Logo após o pleito de 2016, Trump alegou, sem provas, que a candidata democrata Hillary Clinton só teria vencido no voto popular devido à participação eleitoral de milhões imigrantes ilegais. Trump chegou até a montar uma comissão investigativa no início do seu governo para analisar as supostas fraudes perpetradas pela campanha de Hilary. Liderada pelo vice-presidente Mike Pence, essa comissão seria desmontada em menos de um ano sem ter produzido qualquer evidência de fraude (Hasen, 2020). Ao longo de 2020, da mesma forma, Trump preparou o terreno para contestar as eleições, colocando em xeque continuamente a lisura do processo, em particular o sistema de voto por correio, que vinha sendo ampliado devido à necessidade de isolamento social no contexto da pandemia de covid-19. Trump alegou inúmeras vezes, sem qualquer evidência, que votos por correio potencializariam fraudes eleitorais a favor dos democratas, na medida em que viabilizariam, segundo ele, desde votos realizados em nome de pessoas falecidas até roubo e fabricação de cédulas em massa (Trump Sows..., 2021).

A retórica antidemocrática de Trump acendeu o sinal de alerta em vários grupos da sociedade civil norte-americana, que passaram a se preparar para

---

1 Para excelentes trabalhos sobre a Guerra Civil Norte-americana e a eleição de 1876, ver, respectivamente, McPherson (1988); Foley (2016, cap. 5).

a eventualidade de uma eleição contestada e até mesmo de uma crise institucional. Um dos exemplos nesse sentido é o Transition Integrity Project (TIP), criado em junho de 2020 pelos professores Rosa Brooks (Georgetown University) e Nils Gilman (University of California). O TIP reuniu mais de uma centena de membros com significativa experiência em política norte-americana, entre os quais ex-políticos, profissionais de campanha, autoridades públicas, jornalistas e acadêmicos, com o intuito de traçar cenários sobre como atores e instituições do país, especialmente aquelas responsáveis pela garantia da democracia, deveriam responder em caso de grave contestação ao resultado eleitoral. Entre os elementos presentes nos piores cenários projetados pelo TIP, quatro se destacam: a existência de uma realidade alternativa, promovida pela mídia conservadora em apoio às mentiras de Trump sobre as eleições; o uso extensivo do aparato governamental, especialmente do Departamento de Justiça (DoJ), para realizar investigações e até operações em condados e estados sob a falsa premissa de fraude; o apoio inquestionável de autoridades republicanas estaduais a Trump – de governadores e secretários de Estado a legisladores –, tomando medidas duras e, se necessário, ilegais para garantir a vitória de Trump em suas jurisdições; e, por fim, manifestações populares de massa a favor do presidente, colocando pressão sobre autoridades, funcionários eleitorais e na mídia a favor da reversão do resultado eleitoral.

Muitos desses elementos não se concretizariam ao longo das dez semanas de ataque de Trump e de seus apoiadores ao resultado das eleições presidenciais. Ainda assim, há consenso entre estudiosos de que poucas vezes a ameaça à democracia norte-americana foi tão concreta como no período imediatamente após as eleições de 2020. Como explicar essa aparente contradição? Na realidade, a contestação trumpista foi assumindo um caráter crescentemente radical e abertamente golpista porque o panorama pós-eleitoral nos Estados Unidos demonstrou, diferentemente do que os cenários mais pessimistas do TIP previam, que Trump não exercia domínio absoluto sobre todas as instituições capazes de dar um verniz de legalidade ao seu projeto antidemocrático. Conforme os limites desse domínio foram aparecendo, seja no Judiciário, na mídia, no Partido Republicano ou mesmo com a base social do trumpismo, Trump foi obrigado a se apoiar nas franjas mais radicais da direita norte-americana e a se despir de qualquer áurea, mesmo que mínima e simbólica, de respeito formal às instituições. O auge desse processo, evidentemente, foi a incitação do presidente à insurreição em 6 de janeiro e a subsequente invasão ao Capitólio.

Para explorar como esse processo ocorreu, este capítulo se desenvolverá em três seções, além desta introdução. Na primeira seção, apresentamos uma breve e reconhecidamente simplificada cronologia da contestação de Trump às eleições presidenciais de 2020; na seção seguinte, descrevemos como os quatro elementos considerados fundamentais pelo Transition

Sebastião C. Velasco e Cruz e Neusa Maria P. Bojikian (Orgs.)

Integrity Project (TIP) para um cenário de grave contestação trumpista às eleições acabaram não se concretizando; e na terceira, por fim, a título de conclusão, exploramos o porquê de, em que pese a ausência dos elementos previstos pelo TIP, Trump ter conseguido desfechar uma das mais graves – se não a mais grave – ameaça à democracia norte-americana em seus mais de dois séculos de existência.

A cronologia da contestação trumpista às eleições presidenciais de 2020

A contestação trumpista ao resultado do pleito presidencial norte--americano de 3 de novembro de 2020 começou já na própria madrugada após as eleições. Em discurso feito na Casa Branca nas primeiras horas de 4 de novembro, quando grande parte dos votos por correio ainda não tinha sido contabilizada nos principais estados-chave, o presidente falsamente proclamou vitória, acrescentando, sem provas, que fraudes estariam sendo cometidas por meio do acréscimo de votos ilegais após o fechamento das urnas. Trump também ameaçou, sem qualquer base legal, ir à Suprema Corte demandando que a contagem de votos parasse (Trump's..., 2021).

Nesse sentido, a palavra de ordem da campanha de Trump nos primeiros dias após as eleições foi a de "parar a contagem" ("*stop the count*"). Sob a ótica do presidente, a estratégia fazia sentido, já que, até o fim da noite da eleição, em 3 de novembro, Trump ainda detinha vantagem na contagem de votos em quatro dos estados cruciais – Geórgia, Michigan, Pensilvânia e Wisconsin (Biden estava na frente em Arizona e Nevada). No entanto, conforme os votos por correio foram sendo contabilizados nesses estados, Biden assumiria a dianteira – primeiro em Wisconsin, ainda na própria madrugada do dia 4, e depois em Michigan, no início da manhã do mesmo dia. Biden seria declarado oficialmente vencedor pelos meios de comunicação em ambos os estados no próprio dia 4 de novembro (Charts..., 2021). Geórgia e Pensilvânia ainda apresentavam leve vantagem pró-Trump. Se Biden levasse também a Pensilvânia, a eleição acabaria. Daí o porquê de o estado ter se tornado foco imediato para a campanha trumpista no imediato pós-eleição.

Os advogados de Trump buscaram parar a contagem de votos na Pensilvânia entre os dias 4 e 5 de novembro, alegando que observadores do Partido Republicano estavam sendo impedidos de fiscalizar a contabilização de votos por correio no Centro de Convenções da Filadélfia, principal base de processamento de votos do estado. A campanha de Trump até conseguiu uma modesta vitória em uma corte estadual de primeira instância no dia 5 de novembro, que determinou que os observadores republicanos ficassem mais perto dos funcionários eleitorais para melhor visualização do seu trabalho (essa determinação seria depois revertida pela Suprema Corte do estado) (PA..., 2021). No ponto mais importante, porém, que era o de parar a contagem de votos, congelando a vantagem artificial de Trump sobre Biden no estado, a equipe de Trump não teve sucesso. Em um dos momentos mais emblemáticos da falta de embasamento dos processos judiciais impetrados pela campanha de Trump, um juiz federal na Pensilvânia, quando demandado que a contagem fosse interrompida sob alegação de que observadores republicanos estariam sendo impedidos de fiscalizá-la, perguntou se havia observadores republicanos no Centro de Convenções. O advogado de Trump respondeu que havia "um número de pessoas não zero (sic) na sala", levando o juiz a denegar o pedido (20 Days..., 2020).

Na madrugada do dia 6 de novembro, prosseguindo-se a contagem dos votos por correio, Biden assumiu a dianteira na Geórgia e, no início da manhã do mesmo dia, ultrapassou Trump na Pensilvânia. Desde então, a vantagem do democrata só cresceria em ambos os estados, criando a expectativa de que ele seria anunciado vencedor a qualquer momento. No dia seguinte, 7 de novembro, por volta do meio-dia (horário da Costa Leste norte-americana), os principais meios de comunicação norte-americanos declararam Biden vencedor na Pensilvânia e, consequentemente, presidente eleito do país (Charts..., 2021). A partir deste momento, a estratégia da campanha trumpista ganharia outro tom – o "parem a contagem" (*"stop the count"*) seria substituído pelo "parem o roubo" (*"stop the steal"*) –, e os instrumentos de combate para reverter o resultado eleitoral seriam ampliados. O objetivo principal passou a ser o de impedir a certificação da vitória democrata em seis estados cruciais: dois de forte tradição republicana (Arizona e Geórgia); três de domínio democrata, mas que tinham garantido a vitória de Trump nas eleições de 2016 por pequena margem (Pensilvânia, Michigan e Wisconsin); e um estado de leve tendência democrata (Nevada).[2]

Para impedir a certificação da vitória democrata nesses estados, a campanha de Trump utilizou-se de vários instrumentos. Entre as medidas legais, intensificaram-se as ações na justiça, muitas vezes caracterizadas por solicitações extraordinárias, como a anulação de centenas de milhares, ou até mesmo milhões, de votos por correio, baseadas em frágil enquadramento jurídico e sem provas consistentes, além de inúmeras solicitações de recontagem e auditoria de votos, especialmente na Geórgia e em Wisconsin, onde

---

2 A certificação equivale à oficialização dos resultados eleitorais nos estados. Os Estados Unidos não possuem justiça eleitoral nem sistema eleitoral unificado. Cada estado possui regras e instituições eleitorais particulares. Em geral, porém, comitês eleitorais nos condados, normalmente de composição bipartidária, ratificam os resultados em suas jurisdições, enquanto órgãos superiores certificam os resultados agregados, o que tende a ser feito sob a supervisão e com a chancela de alguma outra autoridade estadual, como governador ou secretário de estado, por exemplo. Para maiores informações sobre o sistema eleitoral norte-americano, ver Polsby et al. (2012, cap. 5, esp. p.203-208).

Sebastião C. Velasco e Cruz e Neusa Maria P. Bojikian (Orgs.)

a diferença entre Trump e Biden foi muito pequena (11.779 e 20.608 votos, respectivamente; ou margem de apenas 0,23% e 0,62%).

Trump e aliados também lançaram mão de táticas que beiravam a ilegalidade – quando não abertamente ilegais –, como assédio e pressão com autoridades eleitorais estaduais, seja no sentido de anular monocraticamente determinado conjunto de votos, dando vitória a Trump; seja a fim de bloquear a certificação do resultado das urnas, abrindo caminho para que eleitores estaduais fossem escolhidos de forma não democrática, via legislativos estaduais, por exemplo (20 Days..., 2020).[3] Nessa fase pré-certificação, Trump interveio pessoalmente em Michigan, chegando ao ponto de ligar em 17 de novembro para um dos membros republicanos do comitê eleitoral do condado de Wayne, onde Detroit está localizada, a fim de que ele rescindisse seu voto a favor da certificação dos resultados no condado (o que de fato aconteceria, mas sem efeito), além de ter convidado – em um gesto também sem precedente histórico – os líderes da Câmara e do Senado de Michigan, ambos republicanos, para uma reunião na Casa Branca no dia 20 de novembro, pressionando-os, sem sucesso, para que o estado não certificasse a vitória de Biden (20 Days..., 2020).

Em que pese todas as medidas legais e ilegais de Trump e aliados para reverter o cômputo das urnas, os seis estados-chave das eleições de 2020 certificaram a vitória de Biden no prazo legal. Arizona e Wisconsin foram os dois últimos a fazê-lo, em 30 de novembro (Wisconsin..., 2020). As inúmeras recontagens e auditorias nos estados, que ainda persistiriam nas semanas seguintes, não mudaram em nada o resultado – ao contrário, tornaram mais sólida a perspectiva de que as eleições tinham sido de fato limpas (Despite..., 2020). Da mesma forma, as ações da campanha de Trump na justiça foram sendo sistematicamente derrotadas por falta de evidências e uma série de inadequações formais ("The Last..., 2020).[4]

Conforme os reveses acumulavam-se nos tribunais, a equipe de advogados que trabalhava para o presidente passou por uma transformação: suas principais lideranças – membros reconhecidos na área e com reputação a zelar – deixaram o grupo, sendo substituídos por figuras mais radicais e dispostas a defender as mais estapafúrdias teorias da conspiração sobre as eleições. Em meados de novembro, a liderança jurídica da campanha de Trump foi transferida para as mãos de Rudolph Giuliani, ex-prefeito

---

3 A eleição norte-americana é indireta: os cidadãos nos estados votam em eleitores que, por sua vez, elegem o presidente da República. O número de eleitores dos estados equivale ao número de deputados federais (proporcional à população) e senadores (dois por unidade federativa) a que cada estado tem direito. Com exceção de Maine e Nebraska, que têm um sistema de alocação mais complexo, todos os eleitores estaduais são alocados para o candidato vitorioso no voto popular no estado. Ver Foley (2020, parte 1).

4 '"The Last Wall": How Dozens of Judges across the Political Spectrum Rejected Trump's Efforts to Overturn the Election', The Washington Post, 12 December 2020.

de Nova York; e Sidney Powell, advogada do ex-conselheiro de Segurança Nacional de Trump, Michael Flynn.[5] Apesar de Giuliani ter participado das ações de contestação desde o início, seu protagonismo cresceria muito a partir desse momento.

A mudança no tom da equipe jurídica de Trump tornou-se nítida na conferência de imprensa que Giuliani, Powell e Jenna Ellis (braço direito de Giuliani) fizeram em 19 de novembro na sede do Comitê Nacional do Partido Republicano em Washington, D.C. Na ocasião, Giuliani alegou, entre outras coisas, que Trump teria ganho na Pensilvânia e em Michigan por uma diferença de 300 mil e 50 mil votos, respectivamente, se não fossem as centenas de milhares de votos por correio fraudulentos – mediante diferentes formas de fabricação de votos – contabilizados a favor de Biden em grandes cidades administradas por democratas, como Filadélfia e Detroit. O mesmo padrão, segundo ele, teria se repetido na Geórgia (Atlanta), Arizona (Phoenix), Wisconsin (Milwaukee) e Nevada (Las Vegas). Vale enfatizar que todas as "evidências" de fraude citadas por Giuliani na conferência já tinham sido derrubadas nos tribunais. Sidney Powell, por sua vez, foi muito além, argumentando que, afora os casos de votos por correio ilegais, as máquinas e os softwares utilizados por vários condados e estados do país – da Dominion Voting Systems e da Smartmatic, respectivamente – teriam sido programados para transferir milhões de votos de Trump para Biden. Powell alegou que ambas as empresas teriam sido criadas na Venezuela de Hugo Chávez com o intuito de fraudar eleições e manter Chávez indefinidamente no poder; disse ainda que as empresas apresentavam elos, entre outros, com George Soros, Fundação Clinton, e movimentos como Vidas Negras Importam (Black Lives Matter) e Antifa (Fact-Checking..., 2020). O descolamento da realidade foi tamanho que até Trump, em um primeiro momento, decidiu afastar Powell da campanha, apesar de esse afastamento ter durado pouco tempo. Logo Powell retornaria ao centro do palco, transformando a teoria sobre as "falhas" (*glitches*) das máquinas da *Dominion* em um dos principais elementos da tese de que as eleições presidenciais de 2020 teriam sido massivamente fraudadas a favor de Biden (For Trump..., 2020).

A reabilitação de Powell coincidiu com a crescente radicalização das ações de Trump para reverter o resultado das eleições. Tendo perdido a batalha da contagem dos votos e depois a da certificação nos estados-chave, Trump partiu para medidas ainda mais ilegais com o intuito de não perder a terceira batalha – a do prazo do chamado "porto seguro" (*safe harbor*). O *safe harbor* é um dispositivo da Lei de Contagem Eleitoral (Electoral Count Act) de 1887 que estabelece que estados devem resolver todos os litígios

---

5 Segundo o *Washington Post*, a derrota da campanha de Trump em ação julgada pela 3ª Corte de Apelação, Filadélfia, em 13 de novembro, teria sido o momento da virada nesse sentido. Ver 20 Days... (2020).

que envolvem seu grupo de eleitores selecionados para participar da eleição no Colégio Eleitoral até seis dias antes da data da eleição, caso contrário o Congresso – instância máxima e última do processo eleitoral, responsável por ratificar a escolha do presidente – teria maior prerrogativa para questionar os grupos de eleitores dos estados que estivessem em desacordo com o dito prazo legal (Siegel, 2004). Como o Colégio Eleitoral elegeria o presidente em 14 de dezembro, o *safe harbor* das eleições presidenciais de 2020 caiu em 8 de dezembro.

Diante da proximidade do *safe harbor*, a campanha de Trump não apenas manteve o conjunto de ações na justiça (litígios judiciais em aberto sobre recontagem e auditorias de votos representam desrespeitos à cláusula do *safe harbor*), como aumentou a pressão sobre autoridades estaduais dos estados-chave para que elas desconsiderassem os certificados eleitorais recém-emitidos, nomeando, na prática, um novo grupo de eleitores para representar esses estados no Colégio Eleitoral. Em iniciativa sem precedentes na história política norte-americana, Trump interveio pessoalmente em pelo menos dois estados com esse intuito, tendo pressionado o governador da Geórgia, Brian Kemp, a chamar uma sessão extraordinária do Legislativo estadual, bem como o presidente da Câmara da Pensilvânia, para pautar o tema da necessidade de os legisladores nomearem novos eleitores para o estado (Trump Asks..., 2020). Ao final, essas pressões não surtiram efeito, enquanto todas as ações na justiça seriam indeferidas, com exceção de Wisconsin, que ainda tinha um processo sobre recontagem de votos a ser julgado pela suprema corte estadual. Com isso, todos os estados, salvo Wisconsin, acabaram respeitando o *safe harbor*, tendo apenas um grupo de eleitores certificados (e sem pendências judiciais) para representá-los no Colégio Eleitoral em 14 de dezembro (The US..., 2020).

A partir desse momento, portanto, esgotadas as principais possibilidades de questionar o resultado das eleições por vias legais, Trump e aliados partiram para ações sem qualquer precedente na história do direito político consuetudinário norte-americano. O símbolo dessa quarta fase de contestação eleitoral trumpista foi a ação judicial impetrada pelo secretário de Justiça do estado do Texas, o republicano Ken Paxton – apoiado por outros dezessete secretários de justiça estaduais e 129 congressistas, todos republicanos –, na Suprema Corte norte-americana, solicitando intervenção nas eleições de quatro estados (Geórgia, Michigan, Pensilvânia e Wisconsin) sob alegação de fraude no pleito por eles conduzido. O intuito era impedir que os votos dos eleitores certificados desses estados fossem contabilizados no Colégio Eleitoral no dia 14 de dezembro (Texas..., 2021).

Especialistas em legislação eleitoral e judiciário nos Estados Unidos foram consensuais ao apontar que a ação de Paxton, caso acatada, representaria uma quebra institucional inédita na história do país (An Indelible..., 2020). A constituição norte-americana confere a prerrogativa de

De Trump a Biden

organização e administração de eleições aos estados. A solicitação do secretário de Justiça do Texas constituía, portanto, uma grave afronta a essa normativa constitucional, já que representava nada menos do que uma solicitação de interferência, proveniente de um estado, sobre o processo eleitoral de outras quatro unidades federativas, e isso após a fase de certificação ter sido completada em todos elas, em conformidade com leis e instituições estaduais. A Suprema Corte, que já havia se manifestado em 8 de dezembro (data limite para o *safe harbor*) de forma unânime contra uma injunção da campanha de Trump contra a Pensilvânia, manteve a mesma posição, rejeitando a solicitação de Paxton em 11 de dezembro, também por unanimidade. Dessa forma, com a legalidade de todos os seus eleitores ratificada pela maior corte do país, o Colégio Eleitoral reuniu-se em 14 de dezembro e elegeu oficialmente o democrata Joe Biden como o 46º presidente dos Estados Unidos (What's..., 2020).

Apesar disso, Trump não parou o ataque às eleições. Após ter perdido as batalhas da interrupção da contagem de votos, a da certificação dos resultados dos estados, a do *safe harbor* e, por fim, a do próprio Colégio Eleitoral, Trump tinha apenas mais uma oportunidade oficial, em conformidade com a legislação norte-americana, para impedir a eleição de Biden: 6 de janeiro de 2021, quando as duas casas do Congresso se reuniriam, sob a liderança do presidente do Senado – posto que, no caso dos Estados Unidos, é exercido pelo vice-presidente da República, Mike Pence –, para ratificar o resultado eleitoral. O padrão do período pós-*safe harbor* repetiu-se: Trump e aliados partiram para ações interpretadas por quase toda a comunidade acadêmica e jurídica norte-americana como explicitamente ilegais, mesmo que algumas dessas ações tenham se expressado por canais que, sob ângulo formal, parecessem respeitar a institucionalidade.

A estratégia de Trump pós-14 de dezembro foi baseada em três eixos: primeiro, garantir que o maior número possível de congressistas republicanos estivesse disposto a contestar os votos de eleitores dos estados-chave. Isso, porém, não seria suficiente para mudar o resultado, dado que contestações de congressistas, segundo a Lei de Contagem Eleitoral de 1887, deveriam ser aprovadas pela Câmara e pelo Senado, algo improvável de ocorrer em razão da maioria que os democratas tinham à época na Câmara. Assim sendo, Trump apostou em mais dois outros movimentos: de um lado, pressionar o vice-presidente Mike Pence a utilizar sua posição de presidente da sessão do Congresso que ratificaria o resultado eleitoral para, monocraticamente, implementar aquilo que o secretário de Justiça do Texas, Ken Paxton, havia solicitado sem sucesso à Suprema Corte antes da votação do Colégio Eleitoral – anular os votos dos eleitores dos estados-chave; e, do outro, organizar uma grande manifestação popular em Washington para o dia 6 de janeiro, a fim de pressionar Pence e os demais congressistas republicanos a desrespeitar a constituição e reelegê-lo presidente.

Semelhante à fase pré-votação do Colégio Eleitoral com Ken Paxton, Trump também receberia aqui apoio de aliados dispostos a acionar o Judiciário, sustentando a linha de ação presidencial. O protagonista nesse caso foi o deputado federal republicano – e apoiador da teoria de conspiração QAnon – Louie Gohmert (Texas), que entrou com ação na justiça federal contra o vice-presidente Mike Pence, apoiado pela liderança do Partido Republicano do Arizona. Em sua ação, o deputado argumentou que a lei que estabelece regras sobre as formas pelas quais o Congresso pode contestar eleitores dos estados (a Lei de Contagem Eleitoral de 1887) seria, na realidade, inconstitucional, já que limita a autoridade única que o vice-presidente possui para reconhecer e rejeitar, de forma monocrática, na qualidade de presidente do Senado, os votos de eleitores estaduais (Trump Allies..., 2020). Em outras palavras, Gohmert estava processando o vice-presidente Mike Pence para conferir mais poder ao próprio Pence. O próprio advogado do vice-presidente, ao se manifestar perante o juiz em 31 de dezembro, posicionou-se contrário à solicitação do deputado, argumentando que a ação seria uma "contradição legal ambulante" (*walking legal contradiction*). Não à toa, no dia seguinte à manifestação do advogado de Pence, o juiz indeferiu a solicitação de Gohmert (Judge..., 2021).

Isso não foi suficiente para que Trump diminuísse a pressão sobre Pence, que continuaria incessante até 6 de janeiro, data de ratificação do resultado eleitoral pelo Congresso (77 Days..., 2021). Concomitantemente, Trump ampliou o assédio a autoridades eleitorais estaduais, visando produzir contestações oficiais aos resultados nos estados, apesar de os votos do Colégio Eleitoral já terem sido realizados em meados de dezembro. O caso mais gritante nesse sentido foi a ligação de Trump para o secretário de Estado da Geórgia, Brad Raffesperger, em 2 de janeiro de 2021, na qual o presidente não só solicitou que o secretário "encontrasse 11.780 votos" como o ameaçou com a possibilidade de ser alvo de processo criminal (Trump Knows..., 2021). Nesse mesmo período, evidências apontam que Trump também teria articulado a substituição do secretário provisório de Justiça por uma pessoa adepta às suas teorias de conspiração e disposta a tomar medidas duras nos estados contra o suposto "roubo" perpetrado pelos democratas. Os indícios sugerem que Trump recuou apenas quando ficou claro que os próprios funcionários do Departamento de Justiça estariam planejando um pedido de demissão coletivo em protesto pelo possível gesto do presidente (Watchdog..., 2021).

As pressões de Trump e aliados a autoridades eleitorais estaduais continuaram a todo vapor porque o presidente precisava oferecer resultados concretos a congressistas republicanos dispostos a contestar votos de estados-chave na sessão do Congresso de 6 de janeiro. Para a contestação ocorrer, ainda seguindo a Lei de Contagem Eleitoral de 1887, era necessário que ao menos um deputado e um senador levantassem obstrução ao conjunto de votos de um determinado estado. Inicialmente, apenas os deputados republicanos mais fiéis ao trumpismo se disseram dispostos a apresentar contestação; no início de 2021, porém, surgiu um grupo de senadores disposto a fazê-lo também (Once..., 2021). Por isso, quanto mais Trump conseguisse produzir elementos que colocassem em xeque as eleições presidenciais, mais força esse grupo de congressistas teria para levar adiante a contestação, e mais pressionado o vice-presidente Pence ficaria para tomar medidas sem qualquer embasamento jurídico a favor de Trump, como rejeitar monocraticamente grupos de eleitores estaduais sob pretexto de fraude. Ao final, às vésperas da sessão de 6 de janeiro, ao menos treze senadores e aproximadamente 140 deputados republicanos planejavam contestar resultados em estados-chave (Republicans..., 2021).

No fatídico dia 6 de janeiro de 2021, momentos antes de o Congresso iniciar seus trabalhos, e enquanto Trump discursava para apoiadores em frente à Casa Branca, incitando-os a se insurgir contra o Congresso, o vice-presidente Mike Pence lançou uma declaração dizendo-se impedido de tomar as medidas que o presidente queria que ele tomasse (Pence..., 2021). Trump criticou duramente Pence no Twitter, colocando ainda mais lenha na fogueira dos revoltosos que, pouco tempo depois, invadiriam o Capitólio. A ação golpista de Trump mostrava-se agora nua e crua, sem qualquer disfarce institucional. Em gesto de enfrentamento ao presidente, o Congresso decidiu manter a sessão de ratificação dos resultados logo após os invasores terem sido expulsos do Capitólio. Biden foi então declarado, de modo oficial e irreversível, o 46º presidente dos Estados Unidos, assumindo a presidência no dia 20 de janeiro de 2021. A longa tentativa de subversão das eleições de 2020 havia sido finalmente derrotada.

Limites e obstáculos à contestação trumpista às eleições de 2020

Apesar da gravidade dos atos do presidente Trump e de seus aliados ao longo do processo eleitoral de 2020, instituições da sociedade civil nos Estados Unidos preocupadas com os riscos à democracia norte-americana projetavam cenários ainda piores. O TIP, por exemplo, que reuniu dezenas de atores com significativa experiência sobre o sistema político do país, concluiu que a ocorrência de quatro fatores potencializaria enormemente o perigo às instituições em caso de contestação eleitoral por Trump: (i) a promoção de uma realidade alternativa pela mídia trumpista, sustentando falsas afirmações do presidente sobre o processo eleitoral, em especial quanto a fraudes em votos por correio; (ii) uma utilização sistemática e profundamente partidarizada do aparato do Departamento de Justiça, mediante a realização de investigações infundadas e até intervenção em estados e

Sebastião C. Velasco e Cruz e Neusa Maria P. Bojikian (Orgs.)

condados, o que poderia abrir a possibilidade de confisco – e posterior des-qualificação – de cédulas eleitorais; (iii) o emprego fortemente partidari-zado do aparato eleitoral em estados-chave que estivessem sob controle dos republicanos, garantindo que Trump fosse o vencedor oficial nessas jurisdições – por meios ilegais, se necessário; e, por fim, (iv) a ocorrência de expressivas manifestações populares em apoio à falsa narrativa conspirató-ria presidencial.

Evidentemente, esses quatro elementos têm enorme interação entre si, além de serem fortemente influenciados por outras variáveis, como a pró-pria natureza do resultado eleitoral. O golpismo do presidente tenderia a se fortalecer com uma vitória apertada de Biden, seja no caso de um triunfo dependente dos votos de apenas um estado, como ocorreu com George W. Bush em 2000 na Flórida, seja no caso de vantagens estreitas em um grupo de estados-chave, como se deu com o próprio Trump em 2016, alçando-o à presidência devido a magras vitórias em Michigan, Pensilvânia e Wisconsin. O contrário ocorreria, em tese, no caso de uma vitória democrata obtida por ampla margem em várias unidades da federação, como aconteceu em 2008 e 2012, com as duas eleições de Barack Obama.[6]

De certa forma, em termos agregados, pode-se dizer que as eleições de 2020 pareceram-se mais com o resultado de 2016 do que com os casos nos quais houve vitórias folgadas. É verdade que a diferença a favor de Biden em escala nacional foi grande (mais de 7 milhões de votos), e que Biden ven-ceu em alguns dos estados-chave – como na Pensilvânia (81 mil votos) e em Michigan (154 mil votos) – por uma significativa margem absoluta, mesmo que as diferenças relativas ali tenham sido pequenas (1,2% e 2,8%, respec-tivamente). Por outro lado, em que pesem esses elementos, Trump perdeu por margens bem menores em outros estados cruciais, como no Arizona (10,4 mil; 0,31%); na Geórgia (11,7 mil; 0,24%); em Wisconsin (20,6 mil, 0,62%); e em Nevada (33,5 mil; 2,4%). Em outras palavras: o saldo de Biden nessas quatro unidades federativas foi de apenas 77,6 mil votos, o equiva-lente a minúsculo 0,047% do total de votos das eleições presidenciais – algo muito próximo, em termos absolutos, à margem de Trump diante de Hillary nas eleições de 2016.[7]

Apesar disso, as vantagens conquistadas por Biden em todos os estados acabaram ficando muito acima daquilo que advogados e especialistas em sistema eleitoral norte-americano chamam de "margem de contestação" – ou seja, a margem mínima de votos para que solicitações de recontagem ou

---

6 Tive a oportunidade de explorar melhor esse argumento em texto escrito dois dias antes das eleições de novembro de 2020. Ver Loureiro (2020).

7 Caso Trump tivesse vencido nesses quatro estados, ele teria sido reeleito presidente (275 a 263 votos no Colégio Eleitoral). Para os resultados eleitorais de 2020, ver Presidential... ([s.d.]).

contestações judiciais apresentassem chances reais de sucesso.[8] Isso demandou, consequentemente, que a campanha de Trump tivesse que se basear em mirabolantes teorias da conspiração e narrativas flagrantemente falsas para justificar medidas antidemocráticas de enorme envergadura e sem precedentes na história de eleições presidenciais nos Estados Unidos, como a anulação de dezenas – quando não de centenas – de milhares de votos de cidadãos norte-americanos. Para tal, como os cenários mais pessimistas do TIP projetavam, Trump precisaria de apoio de vários atores e instituições, em especial da mídia, de órgãos do governo federal, de autoridades eleitorais republicanas estaduais, e de ampla mobilização da sua base de apoio. Isso não aconteceu na intensidade e extensão necessárias. Vejamos cada um desses elementos separadamente.

Em primeiro lugar, a mídia conservadora. Não há dúvida de que os mais trumpistas dos programas de rádio, como o *The Rush Limbaugh Show*; dos *youtubers* e influenciadores em redes sociais da extrema direita; e das redes de televisão, como One America News (OAN) e Newsmax, embarcaram de cabeça nas narrativas e teorias de conspiração de Trump sobre fraude eleitoral, disseminando-as *ad nauseam* e criando uma verdadeira realidade alternativa para dezenas de milhões de pessoas. Mas a mais importante dessas redes, que é a Fox News – o mais assistido canal de notícias de cabo dos Estados Unidos, segundo dados de visualização de fevereiro de 2021 do Statista, à frente da CNN e da MSNBC –, não seguiu a mesma linha; pelo menos não de forma tão inequívoca quanto os demais.[9]

É verdade que os âncoras trumpistas da Fox News, entre os quais Laura Ingraham, Lou Dobbs, Sean Hannity e Tucker Carlson, mantiveram apoio às narrativas de Trump de fraude eleitoral em muitos episódios dos seus programas. Isso também ocorreu em outras peças jornalísticas da emissora, que deram espaço frequente a advogados de Trump e a suas teorias da conspiração. Apesar disso, a Fox News não apresentou uma narrativa inequívoca, como o fizeram a OAN e a Newsmax, por exemplo. Até mesmo alguns dos apresentadores mais trumpistas da Fox recuaram em determinados momentos. Tucker Carlson, por exemplo, criticou Sidney Powell, advogada de Trump, em 19 de novembro pelo fato de ela não ter apresentado qualquer evidência que sustentasse acusações sobre máquinas e softwares de votação (Tucker..., 2020). Laura Ingraham foi além dias depois, dizendo que Biden já seria de fato presidente eleito, e que reconhecer tal fato constituía "viver na realidade" (Laura..., 2020).

---

8 Sobre o tema, ver o relatório final do TIP em Preventing... (2020).
9 Sobre dados de audiência citados, ver relatório do Statista de fevereiro de 2021 em: https://www.statista.com/statistics/373814/cable-news-network-viewership-usa/. Acesso em: 15 mar. 2021.

O maior exemplo de desalinhamento da Fox em comparação a outros meios de comunicação da direita, porém, foi o fato de a emissora ter projetado a vitória de Biden no estado do Arizona na própria noite das eleições (3 de novembro), ao contrário de todas as demais redes, inclusive meios de comunicação críticos a Trump, como CNN e o jornal *The New York Times*, que só o fariam dias depois (20 Days..., 2020). Esse gesto da Fox destruiu as chances de Trump declarar vitória na própria noite da eleição – sem o Arizona entre os estados garantidos, o caminho para a vitória de Trump dificultava-se enormemente. Apesar disso, Trump desafiou a emissora e, mesmo sem qualquer base legal ou empírica, declarou-se vitorioso na madrugada do dia 4, requerendo a suspensão da contagem de votos nos estados. Sua fala, porém, não teve a credibilidade e alcance necessários sem a fundamental homologação da Fox News.

Quando analisamos o segundo elemento presente nas projeções pessimistas do TIP para uma contestação eleitoral de Trump – isto é, o uso extensivo do aparato do governo federal –, encontramos um cenário ainda mais adverso do que no caso da mídia conservadora. Surpreendentemente, Trump não conseguiu mobilizar a enorme estrutura do Executivo, especialmente o Departamento de Justiça (DoJ), para apoiá-lo em sua escalada antidemocrática. Dizemos que esse desenvolvimento foi surpreendente tendo em vista que o próprio secretário de Justiça de Trump, William Barr, havia se notabilizado antes das eleições não só por ter dado declarações que lançavam suspeitas infundadas sobre votos por correio, como ainda por ter se negado a declarar se Trump teria ou não poder para mudar de forma unilateral a data das eleições – o que o presidente indubitavelmente não tem (What..., 2020).

A resistência de órgãos do governo federal às narrativas e ações trumpistas tornou-se clara pouco tempo depois da realização das eleições presidenciais. Já no dia 12 de novembro, dois órgãos pertencentes à Agência de Segurança de Infraestrutura e Cibersegurança do Departamento de Segurança Doméstica (Cisa-DHS, na sigla em inglês) – responsáveis por dar apoio a estados e condados e por garantir a segurança eletrônica das eleições – lançaram nota conjunta contradizendo diretamente a declaração de Trump de que as máquinas do sistema de votação teriam apagado 2,7 milhões de votos a favor dele em todo o país. Na nota, apesar de não ter mencionado Trump nominalmente, os órgãos da Cisa assinalaram que as eleições presidenciais de 3 de novembro de 2020 teriam sido "as mais seguras da história dos Estados Unidos", e que não haveria "qualquer evidência de que sistemas de votação" tenham "perdido, deletado ou alterado votos", ou de que votos "tenham sido comprometidos de qualquer forma" (Cisa-DHS, 2021). Menos de uma semana depois, Trump demitiu o diretor da Cisa, Christopher Krebs, que passaria, a partir de então, a ser uma das mais vozes mais enfáticas no debate público contra a campanha de desinformação trumpista acerca da integridade das eleições de 2020 (Trump Fires..., 2021).

De Trump a Biden

O golpe mais duro contra Trump, porém, viria algumas semanas depois. Em 1º de dezembro, o próprio secretário de Justiça do governo Trump, William Barr, declarou à Associate Press que procuradores federais e agentes da polícia federal norte-americana (o FBI), "até aquela data, não (tinham encontrado) fraude em escala que pudesse ter produzido um diferente resultado eleitoral" (Balsamo, 2020). Foi o sinal mais claro de que o Departamento de Justiça não só se recusaria a apoiar a narrativa de fraude trumpista, como também se negaria a atuar contra a autonomia constitucional de estados e condados no processo de administração eleitoral, como Trump desejava, a fim de forçar mudanças no resultado. Depois disso, a relação entre Barr e Trump, que já estava ruim pelo fato de Barr não ter produzido investigações massivas de corrupção contra a família Biden no período pré-eleitoral, tornou-se insustentável, levando à saída do secretário do cargo no fim de dezembro, antes do término do mandato de Trump. Pouco tempo depois, Trump articularia a substituição do secretário interino da Justiça, Jeffrey Rosen – que, como Barr, manteve-se fiel a uma postura legalista – por um funcionário do Departamento disposto a apoiar medidas sem qualquer embasamento legal a fim de alterar o resultado eleitoral, algo que só foi evitado pela reação coletiva de membros do DoJ, que ameaçaram demissão coletiva caso Trump demitisse Rosen (Watchdog..., 2021). Logo, é pertinente concluir, até onde as evidências disponíveis nos permitem dizer, que o golpismo de Trump foi barrado pelos principais membros do governo federal, seja pelas lideranças nos ministérios (DoJ) e agências especializadas (Cisa-DHS), seja por funcionários de carreira e de médio escalão de vários órgãos do Executivo.

O terceiro elemento presente nos cenários mais pessimistas do TIP para uma eficiente contestação eleitoral trumpista – o apoio de autoridades eleitorais nos estados à mudança de resultados – também se mostrou insuficiente. Tal como no caso do aparato do governo federal, esse também foi um desenvolvimento inesperado, já que muitos indícios apontavam para um domínio quase absoluto de Trump sobre o Partido Republicano. É verdade, como mostramos antes, que o apoio a Trump no partido continuou muito significativo mesmo depois das eleições. Congressistas federais republicanos, por exemplo, em sua maioria sustentaram a narrativa de fraude eleitoral até a confirmação de Biden pelo Congresso em 6 de janeiro de 2021, tendo votado inclusive contra a certificação dos resultados mesmo após a invasão do Capitólio. A absolvição de Trump em seu segundo processo de impeachment, quando já estava fora do poder, em fevereiro de 2021, foi a maior forma de demonstração de apoio de membros do partido ao ex-presidente (Impeachment..., 2021). Em estados e municípios, da mesma forma, assistiu-se a uma grande onda de apoio de políticos republicanos à narrativa trumpista, vide as audiências organizadas por republicanos em legislativos estaduais sobre fraude eleitoral, e a própria ação judicial perpetrada pelo

327

Sebastião C. Velasco e Cruz e Neusa Maria P. Bojikian (Orgs.)

secretário de Estado do Texas contra os resultados eleitorais de algumas unidades da federação, e que recebeu apoio de vários outros secretários de Estado republicanos, como mencionamos na seção anterior.

Apesar disso, os republicanos que realmente importavam para Trump nos estados-chave, isto é, aqueles com poderes e atribuições capazes de causar sérias disrupções no processo eleitoral – de secretários de Estado a governadores, de legisladores a autoridades eleitorais nos condados –, em sua maioria não sustentaram o ataque trumpista às instituições, tendo sido responsáveis, ao contrário, pela garantia dos resultados das urnas, apesar de muitos terem sofrido ameaças à sua integridade física e à de suas famílias. Talvez o maior símbolo dessa resistência tenha sido o do secretário de Estado da Geórgia, Brad Raffensperger, alvo de pressão e assédio do próprio presidente durante o famigerado telefonema em 2 de janeiro de 2021, quando Trump lhe solicitou, em tom de ameaça, que "achasse 11.800 votos". Os governadores republicanos do Arizona, Doug Ducey, e da Geórgia, Brian Kemp, também foram objeto de uma campanha sistemática e ostensiva de Trump pelo fato de terem se recusado a implementar inúmeros atos sem embasamento legal, desde barrar o processo de certificação em seus estados até substituir o conjunto de eleitores do Arizona e da Geórgia pós-certificação por eleitores trumpistas. Mesmo assim, ambos não se curvaram à pressão presidencial. No cômputo geral, portanto, em que pesem os vários apoios que Trump recebeu da parte de republicanos federais e estaduais, ele não conseguiu forçar os membros republicanos com poder para reverter o resultado eleitoral a embarcar no golpismo.

Por fim, o quarto e último elemento levantado pelo TIP – a ampla mobilização da base trumpista por meio de manifestações de massa – também não se concretizou na intensidade necessária. Isso não quer dizer que não tenha havido mobilização, evidentemente. Como assinalado antes, os trumpistas mais radicais não apenas se mobilizaram, organizando manifestações em estados e municípios pós-3/11, principalmente nos estados-chave, como também uma minoria significativa e bastante barulhenta – parte da qual formada pelos mesmos terroristas domésticos que protagonizariam a invasão ao Capitólio em 6 de janeiro (milícias patrióticas, QAnonistas e supremacistas brancos) – realizou diversos tipos de pressão e assédio, para além de ameaças à integridade física, àqueles que supostamente teriam sido responsáveis e/ou coniventes com a "fraude eleitoral", especialmente autoridades e funcionários eleitorais nos estados. Além disso, a grande manifestação a favor de Trump ocorrida em Washington em 12 de dezembro – dois dias antes da votação do Colégio Eleitoral – e, claro, a própria invasão ao Capitólio em 6 de janeiro mostram que a mobilização da base trumpista não só foi muito real, como trouxe graves consequências para a democracia norte-americana.

Apesar disso, a onda de manifestações projetada pelos piores cenários de contestação eleitoral do TIP não se materializou. Mais do que isso: o maior

De Trump a Biden

símbolo da mobilização da base trumpista – os atos em Washington que culminaram com a invasão do Capitólio em 6 de janeiro – foi diretamente incitado, de forma sistemática e ao longo de um extenso período, pelo próprio Trump. Os primeiros tuítes do presidente sobre a manifestação, por exemplo, datam de 19 de dezembro – mais de duas semanas antes do ato, portanto –, e eles só cresceriam com o tempo (A Timeline..., 2021). Para piorar, descobriu-se que membros da própria campanha trumpista não só ajudaram a divulgar os diversos chamados do presidente a seus apoiadores, como ainda estiveram diretamente envolvidos na organização do evento (Records..., 2021). Em outras palavras: ao invés de uma ampla e espontânea mobilização da base trumpista, o que se viu inicialmente foi algo menor, levado a extremos por seus elementos mais radicais, e que, em seu ato mais simbólico – a invasão do Capitólio –, dependeu diretamente do esforço do próprio presidente e de membros da sua campanha.

É evidente que uma mobilização pró-Trump e contra os resultados eleitorais menos extensa do que aquela projetada pelos priores cenários do TIP não a torna menos grave. Além disso, o fato de Trump ter conseguido levar a contestação às eleições de 2020 a níveis tão extraordinários, com efeitos sobre a democracia nos Estados Unidos e no mundo ainda difíceis de aferir, só foi possível exatamente por causa dos obstáculos que ele encontrou ao longo do processo e, ao mesmo tempo, devido ao apoio que recebeu – ainda que insuficiente – de muitos atores políticos e sociais norte-americanos. É sobre este aparente paradoxo que nos debruçaremos na próxima e última seção do capítulo.

Conclusão: como explicar a natureza da contestação trumpista às eleições?

Mesmo não tendo conseguido reverter o resultado das eleições presidenciais de 2020, o golpismo de Trump foi muito longe, tendo atingido seu clímax com a invasão do Capitólio de 6 de janeiro. Apesar disso, se os elementos projetados pelo Transition Integrity Project não se materializaram, tal como apontado na última seção, como é possível explicar que Trump tenha conseguido ser tão bem-sucedido em seu ataque à democracia norte-americana? A resposta está na força e na fraqueza que o trumpismo demonstrou no período pós-eleitoral: de um lado, sua fraqueza, expressa pela resistência de atores e instituições às ações antidemocráticas do presidente, impeliu Trump a adotar medidas cada vez mais abertamente golpistas, tornando explícitos seus ataques à democracia; e sua força, por outro lado, manifestada pelo apoio que Trump continuou a angariar junto a setores da imprensa, do Partido Republicano e da sua base eleitoral – mesmo que insuficientes para que o golpe fosse concretizado –, e que se tornou,

Sebastião C. Velasco e Cruz e Neusa Maria P. Bojikian (Orgs.)

em última instância, aquilo que viabilizaria que Trump buscasse medidas cada vez mais extremas contra as instituições democráticas sem que fosse interrompido.

Comecemos pela fraqueza do trumpismo. Como analisamos na seção anterior, Trump demonstrou no período pós-eleições que não tinha controle completo sobre a mídia conservadora, governo federal, autoridades eleitorais estaduais e muito menos sobre o Judiciário. Com isso, a cada barreira que esses atores e instituições lançavam contra o projeto golpista de Trump – desde a certificação dos resultados estaduais em respeito às urnas até as derrotas nos tribunais e a negativa do Departamento de Justiça de intervir no processo eleitoral nos estados –, o presidente via-se impelido a adotar medidas cada vez mais explícitas contra a democracia. Caso as cortes estaduais e federais tivessem ratificado desde o início as solicitações da campanha de Trump em prol da anulação de determinados conjuntos de votos por correio, por exemplo, revertendo a vitória de Biden nesses estados, Trump não precisaria ter ido tão longe. Sem dúvida, anular milhares de votos nos estados-chave também teria representado uma quebra democrática; a questão é que essa quebra teria se concretizado sob um verniz de respeito à legalidade, já que teria sido implementada por instituições legítimas para julgar casos de fraudes eleitorais (no caso, o Judiciário), apesar da flagrante ilegalidade de possíveis anulações de voto sem evidência empírica incontestável de fraude. O mesmo vale para o caso das autoridades eleitorais estaduais. Caso as comissões eleitorais em condados e estados tivessem se negado a ratificar os resultados, cedendo à pressão e ao assédio do presidente, por exemplo, também estaríamos diante de uma quebra inédita do princípio democrático nos Estados Unidos, mas de uma forma que daria oportunidade para Trump manter o mínimo de aparência legal, já que essas comissões têm a prerrogativa legal – que certamente seria contestada nas cortes se fosse utilizada – de confirmar ou não os resultados eleitorais em seus estados.

No entanto, conforme a alternativa de contestação nos estados com um mínimo verniz de legalidade foi se fechando, Trump e aliados foram obrigados a escancarar ainda mais seu ataque às instituições. Simbólicas nesse sentido foram as ações perpetradas por republicanos aliados ao presidente tanto antes quanto depois da votação do Colégio Eleitoral em 14 de dezembro, seja por meio de processos liderados por estados contra outras unidades federativas visando anular resultados eleitorais já certificados, o que representaria inédita e grave interferência na autonomia estadual no que se refere à realização e condução de eleições; seja no sentido de conferir poderes sem qualquer embasamento legal ao vice-presidente Mike Pence quando da ratificação dos votos do Colégio Eleitoral pelo Congresso em 6 de janeiro. Quando mesmo essas portas explicitamente ilegais – mas que ainda se faziam expressar por meio de atores e instituições com funções em grande parte formais no processo eleitoral – também se fecharam, com o próprio vice-presidente negando-se a assumir o papel golpista que Trump o vinha forçando a assumir, o presidente foi impelido, por fim, a se despir de todo e qualquer verniz legalista, partindo literalmente para a agressão contra as instituições. O símbolo máximo disso foi, evidentemente, a incitação à insurreição por Trump dos manifestantes que invadiram o Capitólio no dia 6 de janeiro, em ato que poderia ter terminado em tragédia muito maior do que a que de fato aconteceu, caso os manifestantes tivessem tido a oportunidade de capturar o próprio Pence, ou a líder democrata da Câmara, Nancy Pelosi, a quem alguns deles tinham jurado de morte em postagens em redes sociais.

Em suma, o ataque sem precedentes que Trump desfechou contra a democracia norte-americana no final do seu mandato presidencial foi, em parte, produto de sua fraqueza em não ter conseguido golpear as eleições de 2020 por métodos não tão explicitamente golpistas, como o teria sido caso instituições como o Judiciário, órgãos do governo federal, e membros do Partido Republicano nos estados-chave tivessem se curvado a seus objetivos. Por outro lado, esse ataque à democracia nos Estados Unidos também só foi possível porque a fraqueza do trumpismo conviveu, ao mesmo tempo, com uma enorme demonstração de força do próprio Trump e de seu movimento no período pós-eleitoral. Sem essa força, Trump não teria conseguido levar sua contestação a níveis tão extraordinários.

De que forma a força do trumpismo manifestou-se? No caso da mídia conservadora, por mais que a Fox tenha ensaiado um início de descolamento diante da onda de desinformação e teorias conspiratórias propagadas pela campanha de Trump, a emissora nunca implementou uma quebra clara nesse sentido, garantindo, assim, que dezenas de milhões de pessoas fossem mantidas numa verdadeira realidade alternativa sobre o processo eleitoral. Muitos dos âncoras da Fox continuaram a dar enorme espaço à narrativa trumpista, e alguns nunca chegaram a romper com Trump efetivamente, como foi o caso de Lou Dobbs, por exemplo, mencionado no processo bilionário aberto pela Smartmatic contra a Fox no início de fevereiro de 2021 (Fox..., 2021). Além disso, o fato de outros canais de extrema direita, antes minúsculos, como a OAN e a Newsmax, terem ganho significativo espaço de audiência fez com que a Fox News recuasse da sua postura nas semanas imediatamente anteriores à invasão ao Capitólio, colando-se novamente em Trump tal como no período pré-eleitoral, o que reforçou ainda mais a impressão de muitos trumpistas de que, de fato, teria havido fraude nas eleições (The Fall..., 2021).[10]

---

10 Tucker Carlson, por exemplo, que antes tinha manifestado dúvidas sobre a teoria conspiratória envolvendo a Dominion Voting Machines, fez discursos contendentes de apoio a Trump antes da invasão do capitólio. Ver Boot (2021).

Além da mídia, a força de Trump demonstrou-se principalmente dentro do Partido Republicano, tanto no nível federal quanto no estadual. Em Washington, como já dissemos, os exemplos são inúmeros, indo desde a falta de reconhecimento da vitória de Biden por quase todos os congressistas republicanos – inclusive da figura de mais alto escalão do partido, o senador Mitch McConnell (Kentucky) –, o que durou até a data de eleição de Biden pelo Colégio Eleitoral em 14 de dezembro, até o apoio de uma dezena de senadores e da maioria dos deputados do partido na Câmara de Representantes à contestação dos resultados das eleições quando da ratificação dos resultados pelo Congresso, o que manteve uma falsa esperança em dezenas de milhões de eleitores de Trump de que o resultado poderia ser revertido em 6 de janeiro. Nos estados, da mesma forma, os exemplos da força de Trump no partido abundam: à integridade de algumas figuras republicanas, como o secretário de Estado da Geórgia, Brad Raffensperger, que resistiram às ameaças e assédios de Trump para reverter os resultados eleitorais, contrapuseram-se a grande maioria de legisladores e políticos locais, que, por meio de cartas abertas, manifestações, moções de censura e audiências oficiais em assembleias legislativas, ratificaram a narrativa de que as eleições teriam sido fraudadas e de que os republicanos deveriam resistir para manter Trump no poder (23 State..., 2021; At Georgia..., 2021; Legislature's..., 2021). No cômputo geral, portanto, pode-se dizer que, apesar das resistências significativas que enfrentou, especialmente por parte de figuras republicanas nevrálgicas para a contestação do resultado eleitoral nos estados, como Raffensperger, o golpismo trumpista foi mais apoiado do que rechaçado por caciques federais e estaduais do partido. Esse apoio foi absolutamente central para que Trump levasse a crise política nos Estados Unidos ao ponto ao qual ela chegou no início de 2021.

Por fim, o apoio que Trump teve de grande parte dos membros do Partido Republicano durante sua tentativa de golpear o resultado das eleições de 2020 esteve diretamente assentado em sua popularidade com a base de eleitores do partido. O processo eleitoral de 2020 deixou claro o fato de Trump ter construído nesses últimos anos um movimento político nos Estados Unidos – um movimento que é, antes de tudo, fiel a ele, Trump, e não ao Partido Republicano. Daí o porquê de ser pertinente falarmos na existência nos Estados Unidos de um "ismo" seguido do nome de Trump – em trumpismo, portanto –, já que a fidelização dos eleitores de Trump é essencialmente personalista, e não partidária. Logo, dado o poder que Trump exerce sobre esses eleitores, definindo, apenas mediante simples manifestação de apoio ou rejeição, quem terá chances reais de concorrer a cargos eletivos pelo partido, explicam-se, a partir de uma perspectiva estritamente utilitarista, as motivações da maior parte dos políticos republicanos, cujas carreiras certamente estariam em xeque caso decidissem confrontar Trump. A reação de repúdio dos trumpistas diante da deputada federal Liz Cheney (Wyoming), filha do vice-presidente Dick Cheney e terceira figura mais importante dentro do partido, por exemplo, ilustra bem essa situação. Apesar de Cheney ter se mantido fiel a Trump durante os quatro anos da administração Trump, o fato de ela ter votado a favor do impeachment do ex-presidente após a invasão do Capitólio foi o suficiente para que trumpistas demandassem com sucesso sua cabeça, sob a insígnia de "traidora".[11] O mesmo ocorreu com o vice-presidente Mike Pence e tendeu a se dar com todos aqueles que ousaram discordar de Trump dentro do partido.

No limite, portanto, Trump conseguiu ir tão longe em seu projeto de golpear o resultado das eleições presidenciais de 2020 porque contou com um processo de retroalimentação perverso envolvendo eleitores, membros do Partido Republicano e mídia conservadora. De um lado, meios de comunicação pró-Trump, em que pesem as ambiguidades demonstradas pela Fox depois das eleições, mantiveram quase a metade do país vivendo sob uma realidade alternativa, algo ratificado constantemente pelas lideranças federais, estaduais e locais do Partido Republicano; do outro, grande parte dos eleitores trumpistas, certos de que as eleições teriam sido fraudadas dentro de suas bolhas epistêmicas, aprisionaram membros do Partido Republicano e setores menos radicais da mídia conservadora dentro do compromisso de apoio a Trump a qualquer custo, seja pela ameaça da perda de votos, seja pela ameaça da queda de audiência. Esse processo de retroalimentação perverso não foi capaz, por si só, de tornar o golpe trumpista bem-sucedido, mas viabilizou um ataque às instituições representativas e ao estado democrático de direito, liderados por um presidente, como nunca se havia visto na história dos Estados Unidos.

Referências

20 DAYS of Fantasy and Failure: Inside Trump's Quest to Overturn the Election. *The Washington Post*, 2020.

23 STATE Legislators Send Letter Objecting to Electoral College Votes. *WSMV*, 2021. Disponível em: https://www.wsmv.com/news/23-state-legislators-send-letter-objecting-to-electoral-college-votes/article_43136138-4f88-11eb-9abc-f715718a9357.html. Acesso em: 8 fev. 2021.

77 DAYS: Trump's Campaign to Subvert the Election. *The New York Times*, 31 jan. 2021.

"AN INDELIBLE Stain": How the G.O.P. Tried to Topple a Pillar of Democracy. *The New York Times*, 12 dez. 2020.

A TIMELINE of What Trump Said Before Jan. 6 Capitol Riot. *PolitiFact*, 11 jan. 2021.

---

11 Liz Cheney foi destituída do cargo de liderança do Partido Republicano em maio de 2021. Ver House... (2021).

AT GEORGIA House Hearing, Republicans' Baseless Claims of Voting Fraud Persist. *Georgia Public Broadcasting*, 2021. Disponível em: https://www.gpb.org/news/2020/12/10/at-georgia-house-hearing-republicans-baseless-claims-of-voting--fraud-persist. Acesso em: 8 fev. 2021.

BALSAMO, M. Disputing Trump, Barr Says No Widespread Election Fraud. *The Associated Press*, 1 dez. 2020. Disponível em: https://apnews.com/article/barr-no-widespread-election-fraud-b1f1488796c9a98c4b1a9061a6c7f49d. Acesso em: 15 mar. 2021.

BOOT, M. Sadly, Fox News Can't Be Impeached. *The Washington Post*, 9 fev. 2021

CHARTS Show How Biden Gained on Trump Across the Key Battleground States. *San Francisco Chronicle*, 5 nov. 2021.

CISA-DHS (Cybersecurity & Infrastructure Security Agency – Department of Homeland Security). *Joint Statement from Elections Infrastructure Government Coordinating Council and the Election Infrastructure Sector Coordinating Executive Committee*. Washington, 12 nov. 2021. Disponível em: https://www.cisa.gov/news/2020/11/12/joint-statement-elections--infrastructure-government-coordinating-council-election. Acesso em: 15 mar. 2021.

DESPITE Trump's Intense Hunt for Voter Fraud, Officials in Key States Have So Far Identified Just a Small Number of Possible Cases. *The Washington Post*, 23 dez. 2020.

DOUGLAS, L. *Will He Go*? Trump and the Looming Election Meltdown in 2020. New York/Boston: Twelve, 2020.

FACT-CHECKING the Craziest News Conference of the Trump Presidency. *The Washington Post*, 19 nov. 2020.

FOLEY, E. B. *Ballot Battles:* The History of Disputed Elections in the United States. New York: Oxford University Press, 2016.

_____. *Presidential Elections and Majority Rule:* The Rise, Demise, and Potential Restoration of the Jeffersonian Electoral College. New York: Oxford University Press, 2020.

FOR TRUMP Advocate Sidney Powell, a Playbook Steeped in Conspiracy Theories. *The Washington Post*, 2020.

FOX News Is Sued by Election Technology Company for over $ 2.7 Billion. *The New York Times*, 4 fev. 2021.

HASEN, R. L. *Election Meltdown:* Dirty Tricks, Distrust, and the Threat to American Democracy. New Haven/London: Yale University Press, 2020.

HOUSE Republicans Oust Cheney for Calling out Trump's False Election Claims. *The Washington Post*, 12 maio 2021.

IMPEACHMENT Is Over. But Other Efforts to Reckon with Trump's Post-Election Chaos Have Just Begun. *The Washington Post*, 21 fev. 2021.

JUDGE Dismisses Gohmert Lawsuit Seeking to Stymie Biden Electoral College Count. *The Washington Post*, 2 jan. 2021.

LAURA Ingraham Says That Biden Will Be President: "This Constitutes Living in Reality". *The Washington Post*, 24 nov. 2020.

LEGISLATURE'S GOP-Led Election Hearing Light on Hard Evidence, Heavy on Speculation. *Wisconsin State Journal*, 12 dez. 2021.

De Trump a Biden

LOUREIRO, F. Três cenários da eleição dos EUA podem levar a longa e perigosa disputa. *Folha de S.Paulo*, 1 nov. 2020

MCPHERSON, J. M. *Battle Cry for Freedom:* the Civil War Era. New York/Oxford: Oxford University Press, 1988.

ONCE a Foe of Trump, Cruz Leads a Charge to Reverse His Election Loss. *The New York Times*, 3 jan. 2021.

PA Judge Rules in Favor of Trump Campaign, Causing Philly to Pause Its Vote Count Temporarily. *Forbes*, 5 nov. 2021.

PENCE Rejects Trump's Pressure to Block Certification Saying He "Loves the Constitution". *The New York Times*, 6 jan. 2021.

POLSBY, N. W. et al. *Hopkins, Presidential Elections:* Strategies and Structures of American Politics. 13.ed. Lanham, MD: Rowman and Littlefield, 2012.

PRESIDENTIAL Election Results: Biden Wins. *The New York Times*, [s.d.]. Disponível em: https://www.nytimes.com/interactive/2020/11/03/us/elections/results-president. html. Acesso em: 15 mar. 2021.

PREVENTING a Disrupted Presidential Election and Transition. [S.l.], 3 ago. 2020. Disponível em: https://secureservercdn.net/192.169.223.13/lz3.b02.myftpupload.com/ wp-content/uploads/2020/09/Preventing_a_Disrupted_Presidential_Election_and_ Transition_8-3-20.2.pdf. Acesso em: 19 ago. 2021.

RECORDS: Trump Allies Behind Rally That Ignited Capitol Riot. *Associate Press*, p.1-11, 17 jan. 2021.

REPUBLICANS Plan to Force at Least Three Votes to Invalidate Biden's Election. *The New York Times*, 5 jan. 2021.

SIEGEL, S. A. The Conscientious Congressman's Guide to the Electoral Count Act of 1887. *Florida Law Review*, 2004, LVI.

TEXAS Files an Audacious Suit with the Supreme Court Challenging the Election Results. *The New York Times*, 8 dez. 2021.

THE FALL of Fox? How Rising Rightwing Media Outlets Could Topple the Conservative Giant. *The Guardian*, 2 jan. 2021.

"THE LAST Wall": How Dozens of Judges across the Political Spectrum Rejected Trump's Efforts to Overturn the Election. *The Washington Post*, 12 dez. 2020.

THE US Election's "Safe Harbor" Deadline Is Here. What Does That Mean for Biden? *The Guardian*, 8 dez. 2020.

TRUMP ALLIES Launch Desperate Final Efforts Ahead of Congressional Confirmation of Biden Win. *The Washington Post*, 29 dez. 2020.

TRUMP ASKS Pennsylvania House Speaker for Help Overturning Election Results, Personally Intervening in a Third State. *The Washington Post*, 7 dez. 2020.

TRUMP FIRES Christopher Krebs, Official Who Disputed Election Fraud Claims. *The New York Times*, 17 nov. 2021.

TRUMP KNOWS No Limits as He Tries to Overturn the Election. *The Washington Post*, 3 jan. 2021a.

TRUMP SOWS Doubt on Voting. It Keeps Some People Up at Night. *The New York Times*, 24 maio 2021b.

TRUMP's Brief Speech from the White House Made America's Troubles Worse. *The New Yorker*, 4 nov 2021.

TUCKER Carlson Bashes Trump Attorney Sidney Powell for Lack of Evidence in Fraud Claims: "She Never Sent Us Any". *The Washington Post*, 20 nov. 2020.

WHAT Trump Has Said about Delaying the Election or Not Accepting Its Results. *The Washington Post*, 30 jul. 2020.

WHAT'S Next for Trump Voters Who Believe the Election Was Stolen? *The New York Times*, 14 dez. 2020.

WATCHDOG Probes Whether Justice Department Officials Tried to Alter 2020 Election Results. *The Wall Street Journal*, p.25-28, 25 jan. 2021.

WISCONSIN and Arizona Make It Official as Trump Fails to Stop Vote Certification in All Six States Where He Contested His Defeat. *The Washington Post*, 2020.

17
DA ELEIÇÃO CONTESTADA À INSURREIÇÃO: A CRISE DE LEGITIMIDADE DOS ESTADOS UNIDOS NO PAÍS E NO EXTERIOR[*]

Inderjeet Parmar
Bamo Nouri

Introdução

Os Estados Unidos e a imagem que deles se tem – de uma sociedade liberal, diversa, acolhedora e tolerante, em grande parte construída por imigrantes – foram seriamente prejudicados e continuam sob ameaça. Os quatro anos do presidente Donald Trump na Casa Branca demonstraram que o perigo para a ideia dos Estados Unidos liberais provém não de forças externas, e sim do interior da própria pátria. As tão contestadas eleições presidenciais norte-americanas de 2020 – com uma transição lesada por uma tentativa de golpe e um ataque insurrecional violento e historicamente sem precedentes ao Capitólio estadunidense em 6 de janeiro de 2021 – são mais um sintoma da crise de legitimidade. Atualmente, os estudiosos da política conservadora e do Partido Republicano têm argumentado amplamente que, sob o domínio de Trump, esta agremiação é a maior ameaça à democracia americana (Parmar, 2021).

Esse dilema – alimentado por profundas divisões domésticas – se apresenta como turbulência e incerteza no cenário internacional. A profundidade da crise de legitimidade dos Estados Unidos se revela quando os seus aliados no grupo G7 de nações industrializadas se ocupam de um planejamento de contingência para uma potencial ruptura pós-eleitoral (Connolly,

---

[*] Tradução de Luiz Antônio Oliveira de Araújo.

2020). As crises dos Estados Unidos são oportunidades para os outros, como se vê na emersão continuada da China e de outros, na medida em que os mais autoconfiantes melhoram paulatinamente as suas posições nos mercados e regiões estratégicos em todo o mundo.

Não obstante, as crises dos Estados Unidos também são uma excelente oportunidade política para o presidente Joseph Biden, que ainda pode vir a ser o autor de um programa efetivo de reforma radical pragmática, de uma "revolução passiva" gramsciana, a qual, embora não solucione a crise fundamental do poder norte-americano, pode perfeitamente tirar os Estados Unidos da beira de um abismo. O presidente Biden, que não teve nenhum papel nas lutas pelos direitos cívicos da década de 1960 (a não ser para se opor aos programas de dessegregação do transporte escolar), nem nos protestos contra a Guerra do Vietnã ou pela liberdade das mulheres naquele tumultuoso decênio, nada tem de radical. É um democrata centrista que se opõe à esquerda do partido, vem de um passado relativamente confortável, com educação em escola particular, e de uma carreira senatorial em Delaware, estado que serve de abrigo fiscal a 1 milhão de grandes empresas (Tarver, 2001). Mas é um político pragmático, um líder "cata-vento" com escassas convicções ideológicas. Isso vale tanto em política interna quanto em externa: ele se opôs à intervenção militar para mudar o regime da Líbia e ao assassinato de Osama Bin Laden. É largamente um internacionalista liberal multilateralista, na esteira do populismo *"America First"* de Trump e quando os norte-americanos reivindicam uma alteração doméstica. Tendo se tornado presidente aos 78 anos de idade, com muita possibilidade de ser, intencionalmente ou não, presidente de um único mandato, Biden está de olho no seu lugar na história, ser um presidente "transformacional", não um nomeado temporário. Antes da eleição de novembro de 2020, as pesquisas indicavam que os norte-americanos queriam um presidente incontroverso – um homem branco de meia-idade que governasse em silêncio. Também queriam mudança. O pragmático presidente Biden parece ser exatamente esse homem.

Este capítulo tenciona descrever a situação a norte-mericana, as suas crises, considerar e explicar como ela chegou a essa posição e considerar aonde ainda pode chegar. A nossa conclusão é que o caráter orgânico da crise significa que os Estados Unidos se acham precariamente entre o constitucionalismo e a ameaça de retorno do Partido Republicano trumpista de extrema direita em 2024. Biden tem a oportunidade de lidar decisivamente com as forças por trás da insurreição de 6 de janeiro, de lançar programas de vacinação contra a covid-19 e de propiciar auxílio maciço para os milhões de norte-americanos adversamente afetados pelas consequências econômicas da pandemia. A mais longo prazo, pretende instituir um programa trilionário de reforma doméstica que renove a infraestrutura dos Estados Unidos, crie milhões de novos empregos, inclusive em energia "limpa", estenda a cobertura do atendimento médico sob o "Obamacare" e ponha em prática aquilo que ele chama de "bipartidarismo popular". Em política externa, o presidente Biden *poderia* iniciar uma nova conversação para incorporar o programa norte-americano de recuperação em uma nova grande negociação global que reconheça a emergência de numerosos poderes e economias regionais, reconhecendo e aceitando as aspirações de seus povos e elites de reconhecimento na arena internacional. Reconhecendo a renegociação do aumento do papel do Estado na economia interna, tanto para reduzir a desigualdade quanto para construir um ambiente político mais estável, não seria ilógico estender o princípio ao sistema global. Como afirma John Ikenberry – um barômetro do pensamento do *establishment* da política externa norte-americana – em *A World Safe for Democracy*, por certo está na hora de os Estados Unidos reconsiderarem o equilíbrio entre liberdade econômica e igualdade, individualismo e solidariedade social, soberania nacional e interdependência (Ikenberry, 2020). Em política externa, isso significa reconhecer um papel mais limitado e cooperativo para os Estados Unidos em assuntos mundiais, uma exigência certamente difícil de cumprir, e uma reivindicação cada vez mais ouvida tanto de liberais quanto de realistas (Smith, 2017; Walt, 2018; Parmar, 2020a). É a gestão política interna desse projeto que constitui o maior desafio.

A nossa abordagem teórica é evidentemente gramsciana no que tange à crise de legitimidade da hegemonia dos Estados Unidos, especialmente no seu próprio território, e nos termos das redes da elite transnacional, importantíssimas para a hegemonia norte-americana internacionalmente. Isso desafia a análise liberal de Pippa Norris e Ronald Inglehart (2019) da ascensão do trumpismo. A sua teoria da *reação cultural* explica a ascensão de Trump por meio da priorização das mudanças culturais entre alguns eleitores, causando pedidos de mudança de valores por parte de partido político combinada com um pouco de insegurança econômica, o que levaria ao populismo autoritário. No entanto, essa teoria da reação cultural deixa pouco espaço para as funções políticas da elite governante, atitudes populares moldadas pela mídia, financiamento corporativo das agendas dos partidos ou mudança do terreno político por consórcios doadores bilionários (Williamson; Skocpol; Coggin, 2011). Do mesmo modo, a nossa perspectiva teórica desafia a análise liberal internacionalista de Ikenberry da crise do poder global e da ordem liberal dos Estados Unidos. Ela também elimina os imperativos da elite do poder e avança uma visão benigna do poder estadunidense e da construção e das expansões da sua ordem liberal, inclusive a integração da China e das relações sino-americanas (Ikenberry, 2012). Quanto às redes transnacionais de elite dos Estados Unidos, parece-nos útil a obra de Karl Kautsky, especialmente o seu conceito de "ultraimperialismo". Isso também desafia os relatos realistas da política mundial e externa dos Estados Unidos, inclusive das relações sino-americanas, especialmente o foco dos realistas na virtual inevitabilidade da guerra inter-hegemônica (Walt, 2018). Kautsky define o ultraimperialismo como a tendência das elites e das classes dominantes nacionais a formarem parcerias internacionais para juntas explorarem os recursos naturais e os povos do mundo – levando enfim a níveis significativos de cooperação, assim como de concorrência, entre os Estados capitalistas (Kautsky, 1914). Essa aliança intercapitalista corporativa/estatal pode se manifestar em acordos do tipo cartel e até em uma "liga de Estados" (Holloway, 1983). O modelo de Kautsky é visível nos ajustes internacionais, por exemplo, a União Europeia, nos quais um complexo internacional de sociedades civis coopera coletivamente, malgrado a competição, a fim de superar os legados letais de duas guerras mundiais em uma só geração. Um exemplo de ultraimperialismo em âmbito global é a própria Ordem Liberal Internacional (OLI) liderada pelos Estados Unidos, em relação à qual até mesmo os críticos de Kautsky concordam que suas ideias se aplicam mais às eras posteriores a 1945 e a 1989 do que a períodos anteriores (Thomas, 2002). Entretanto, a rivalidade nas relações ultraimperiais não é incomum, especialmente à medida que as relações internacionais são condicionadas por um desenvolvimento desigual, por diversos níveis de exploração e pela prevalência da hierarquia internacional (Kautsky, 1914), que impacta as alianças. As alianças internacionais sempre fluem e estão sujeitas à renegociação. Por isso, em termos da OLI encabeçada pelos Estados Unidos, esperam-se tensões em uma estrutura propensa a passar por mudanças de poder que pressionam as instituições internacionais e apresentam efeitos desestabilizadores de exigências de redistribuição de poder. O significado específico do ultraimperialismo de Kautsky é ilustrado pela profundidade de compreensão que traz em duas áreas-chave de importância: a possibilidade de guerra entre os Estados Unidos e a China no Indo-Pacífico e a natureza da elite do poder no país e no exterior. Primeiramente, o ultraimperialismo deixa claro que, apesar das tensões – e por outros motivos que não as ideias benignas do internacionalismo liberal sobre interdependência –, a guerra entre as grandes potências não é inevitável. O segundo ponto é uma compreensão aprofundada da aliança entre as elites que têm interesses comuns, muito embora a sua riqueza venha à custa da sua própria população, o que significa que a cooperação transnacional da elite é bastante limitada, mas compartilha interesses, a qual então está sujeita às armadilhas das suas instáveis fundações domésticas.

O que se disse acima sugere que a crise orgânica do poder dos Estados Unidos não pode ser enfim resolvida por uma reforma "passiva", de cima para baixo, liderada pela elite, posto que as reformas "bem-sucedidas" podem perfeitamente estabilizar a ordem política e administrar o descontentamento, renovando e remodelando a coalizão dominante e a distribuição de recompensas. Também sugere o caráter performativo, retórico, mas também potencialmente perigoso das relações sino-americanas. Uma relação retoricamente acalorada e confrontante obscurece os níveis impressionantes e contínuos das interdependências econômica e financeira entre os Estados Unidos e a China, e a influência de ambas na economia global, mas também na política de ameaça de inflação do Pentágono na sua tentativa de obter orçamentos militares cada vez maiores. De modo que este capítulo oferece uma perspectiva gramsciana-kautskiana das crises domésticas dos Estados Unidos como fundamentalmente incorporadas ao sistema internacional imperial liberal posterior a 1945 (Parmar, 2018).

A situação dos Estados Unidos

A propagação de manifestações maciças, nos Estados Unidos e no mundo, após o assassinato de George Floyd pela polícia foi uma pancada na autoridade moral, no *soft power* e na posição de líder global do país (Parmar, 2020c). Ao mesmo tempo que enfrentava com respostas coercitivas do Estado ao descontentamento em massa devido à desigualdade e à brutalidade policial, o país também adotou atitudes coercitivas em relação aos aliados, rivais e concorrentes internacionais, para não mencionar as próprias instituições que ele ajudou a desenvolver e erigir. Com os desafios autoritários de Trump ao constitucionalismo e aos direitos populares, a União Europeia endereçou à superpotência um discurso geralmente reservado para os Estados antidemocráticos e desonestos, na esperança de que as questões internas fossem resolvidas com respeito à lei e aos direitos humanos. A legitimidade norte-americana no exterior ficou ainda mais abalada com as acusações de Trump de fraude eleitoral e manipulação do pleito, tornando os Estados Unidos comparáveis às muitas ditaduras com que eles travaram guerras caríssimas para as "democratizar". Talvez o sintoma mais profundo das crises do país tenha decorrido do manejo incorreto da pandemia pelo governo Trump. Em vez de demonstrar superioridade moral assumindo a liderança global, os Estados Unidos adotaram a tosca política do "nacionalismo da vacina" e cortaram o financiamento da Organização Mundial da Saúde (OMS). As instituições colaboradoras da ordem liberal liderada pelos Estados Unidos foram desacreditadas pelos próprios Estados Unidos.

Tudo quanto se disse acima indica que o país está em uma "crise orgânica" (Hoare; Nowell-Smith,1971, p.210) – como a denominou Antonio Gramsci – que ameaça os fundamentos da estabilidade capitalista em virtude das rupturas nas elites dominantes e da sua indiferença pela vasta massa de norte-americanos. Enquanto o governo Biden tenta a revolução passiva (Hoare; Nowell-Smith, 1971, p.210-11) – um método potencialmente eficaz para a classe dominante restaurar a hegemonia e administrar os desafios à sua autoridade –, a questão é que tais mudanças podem permanecer superficiais, não logrando erradicar as raízes mais profundas da

Sebastião C. Velasco e Cruz e Neusa Maria P. Bojikian (Orgs.)

crise de legitimidade dos Estados Unidos. Essa crise demorou muito a se desenvolver, é recorrente e tem dominado o poder norte-americano interna e externamente. A ascensão de Donald Trump à presidência da República é sintomática desse prolongado processo de mudança. Uma perspectiva relativamente otimista considera que o país já estava a postos desde antes e foi erigido para administrar crises internas e externas. A visão pessimista considera que a atual conjuntura é particular e única, envolve desigualdade em massa e divisões raciais nos Estados Unidos, juntamente com o propósito social em recuo no exterior, com transformações no sistema partidário norte-americano e com as implicações e pressões da pandemia, de modo que torna esta crise uma "tempestade perfeita". A onda de revoltas nos dois últimos anos de mandato de Trump foi uma série de efervescentes demonstrações da divisão incorporada aos Estados Unidos, com manifestações generalizadas contra o racismo institucional, a brutalidade policial e a péssima gestão da pandemia. Quase no fim do seu mandato, no ato que talvez seja o que mais tenha prejudicado a legitimidade dos Estados Unidos, Trump inspirou apoio às alegações infundadas de "eleições roubadas". As manifestações ilustraram a natureza maligna do *America First* à medida que o ultranacionalismo se manifestou através do autoritarismo divisivo, culminando com o violento ataque ao Capitólio norte-americano no dia 6 de janeiro.

Quiçá a história mais reveladora da escala em que a divisão e a confusão dominam a crise tenham sido os abismos internos entre os apoiadores de Trump, que apareceram durante as eleições como grupos no Arizona a cantar "contem os votos" (Romero, 2020), ao passo que, em Detroit, Michigan, os manifestantes instavam, pelo contrário, "parem com a contagem" (McEvoy, 2020). As alegações infundadas de Trump de "votos ilegais" e "eleição fraudada" impuseram aos meios de comunicação uma crise própria, obrigando-os a censurar o presidente da República (Aljazeera, 2020), colocando uma vez mais as ações e a imagem dos Estados Unidos em território desconhecido. Na ala oposta da divisão, os manifestantes do Black Lives Matter (BLM) também marcharam sobre a Casa Branca enquanto os ânimos explodiam com a guarda nacional a observar o desenrolar dos confrontos (Quintana; Yancey-Bragg; Culver, 2020). Foi um planejamento de contingência doméstico para as hostilidades pós-eleitorais que levou os sindicatos e os grupos de resistência civil a cogitarem greves e protestos maciços caso Trump não aceitasse a vitória de Joe Biden (Greenhouse, 2020). Entrementes, as manifestações ocorridas depois da morte de George Floyd – e o próprio fato – pintaram imagens vívidas não só de como o racismo sistêmico funciona no sistema de justiça penal dos Estados Unidos como também o fato de haver consenso contra a injustiça racial, sinalizando ainda mais a divisão interna. Pesquisas do *New York Times* e do Sienna College mostraram que 59% dos eleitores (inclusive 52% dos eleitores brancos) acreditavam que a morte de Floyd fazia "parte de um padrão mais amplo de excessiva violência policial contra os afro-americanos (Herndon; Searcey, 2020).

Uma política externa em harmonia com a política interna: o fracasso do internacionalismo liberal

O desdobramento da abordagem agressiva da política externa dos Estados Unidos de Trump para com os aliados que, supostamente, haviam tirado proveito dos militares e dos recursos norte-americanos sem pagar integralmente a sua parte, ainda que visassem a China em rápido crescimento, tem coerência com as suas políticas internas de alienação. Como os eleitores brancos discriminavam os *"outsiders"* – muçulmanos, minorias, refugiados, imigrantes –, acusando-os de parasitarem os impostos e o Estado de bem-estar social norte-americanos e de não compartilharem os mesmos valores, a política externa tomou o mesmo rumo. Os Estados Unidos mostraram-se relutantes em aceitar como iguais as potências emergentes (Allinson, 2015; Giroux, 2016). Perderam a própria estratégia social que os levou à sua posição de liderança na medida em que novas dinâmicas passaram a emergir em todo o mundo, com pouca influência ou controle dos Estados Unidos. A pandemia e a maneira como o governo norte-americano a abordou exacerbaram as tendências existentes. Em uma série assombrosa de golpes no internacionalismo, o *"America First"* inspirou o "nacionalismo da vacina" (Kaplan, 2020), inclusive a recusa a se envolver em uma conferência liderada pela União Europeia para criar uma abordagem mais coletiva. Trump deixou um legado de isolamento, tirando os Estados Unidos do Acordo Climático de Paris, do Conselho de Direitos Humanos da ONU, do acordo nuclear com o Irã (Plano de Ação Conjunto Global, PACG) e da OMS e sancionando O Tribunal Penal Internacional (Buranyi, 2020).

O surgimento de novas dinâmicas na unidade regional

O vazio do apoio e da ajuda militar dos Estados Unidos impôs o surgimento de novas dinâmicas. Por exemplo, no Oriente Próximo, o recuo norte-americano levou sua posição e seu papel na região ao declínio, com a posição da China e do Irã a ganhar força. Os líderes do Oriente Próximo, que estavam acostumados a procurar os Estados Unidos em primeiro lugar em tempos de necessidade, passaram a confiar em outras potências para substituir a liderança ausente e ineficaz do governo norte-americano. O declínio do país já estava em andamento na região devido à Guerra do Iraque, coisa que levou à fortificação do papel do Irã, especialmente na luta contra o Estado Islâmico (Kirkpatrick, 2020). Nesse ínterim, o corte do financiamento da OMS também afetou os programas de ajuda em todo o mundo, fazendo com que o Iêmen – um país devastado pela guerra e pela fome no coração da região – sofresse ainda mais (Cocid-19..., 2020). A emergência do Irã como uma potência regional – evidente no papel que vem desempenhando no Iraque, na Síria, no Líbano e no Iêmen (Aljazeera, 2019) – tornou-se paralela aos territórios já em mudança na Ásia. A Cúpula de Kuala Lumpur de dezembro de 2019 aproximou Estados-nação muçulmanos – o Irã, a Turquia, o Catar, e a Malásia –, que passaram a se reunir fora da Organização para a Cooperação Islâmica (OCI) para discutir alternativas à liderança da Arábia Saudita no mundo islâmico (Kuala..., 2019). Sentimentos antiamericanos ecoaram em toda a cúpula enquanto os líderes lamentavam as consequências das sanções dos Estados Unidos. Quando o presidente Erdogan da Turquia denunciou a falta de representação dos Estados muçulmanos no Conselho de Segurança da ONU, o presidente iraniano Rouhani conclamou mais nações muçulmanas a combaterem o terrorismo econômico dos norte-americanos. No arsenal de meios coercitivos dos Estados Unidos, figurava a recusa do alívio das sanções (no valor de 5 bilhões de dólares), do qual o Irã precisava desesperadamente – já que era a segunda nação do Oriente Próximo mais duramente atingida no início da crise – para enfrentar a pandemia (Iran..., 2020). A exportação de estratégias domésticas reproduziu-se no exterior apesar da oposição de políticos norte-americanos à política trumpista para o Irã, inclusive a dos ex-candidatos presidenciais democratas Bernie Sanders e Elizabeth Warren (Mousanvian, 2020). A divisão interna nos Estados Unidos voltou a ganhar destaque quando o *New York Times* (This..., 2020) se posicionou – pedindo a suspensão das sanções baseadas em questões de legalidade e de legitimidade – e os *think tanks* de direita, como a Foundation for Defense of Democracies (FDD) e o American Enterprise Institute (AEI), fizeram lobby, juntamente com o *Wall Street Journal*, por uma ação militar contra o Irã. Nesse meio-tempo, a resposta global quanto ao envio de ajuda ao Irã evidenciou a divisão e a desilusão internacionais com os Estados Unidos, quando mais de trinta países – da União Europeia, da Ásia e do Oriente Próximo – enviaram milhões de dólares em socorro e treinamento para auxiliar a nação a enfrentar a pandemia (More..., 2020). Estavam incluídos na lista a Alemanha, a França e o Reino Unido, todos aliados dos norte-americanos.

Além do caráter preocupante do poder dos Estados Unidos no país e no exterior, um desafio maior partiu do seu rival econômico, a China, que capitalizou o declínio dos Estados Unidos. A China foi não só o maior provedor de ajuda ao Irã durante a pandemia, a sua famosa Belt and Road Initiative (BRI) ou Nova Rota da Seda está se conectando e apoiando todos os antigos pontos de tensão de influência dos Estados Unidos, com uma abordagem estratégica maior, mais inclusiva e mais abrangente. A BRI une cinco continentes por corredores terrestres e marítimos e, com 138 países envolvidos, não surpreende que tenha incluído os dez maiores projetos domésticos da lista da BRI, na qual figuram atores-chave como a Rússia, a Arábia Saudita, o Egito, a Malásia e os Emirados Árabes Unidos (How..., 2020). O fato de a Arábia Saudita, aliada de longa data dos Estados Unidos, ter o segundo maior valor de projetos da BRI (195,7 bilhões de dólares) e o quarto mais elevado em termos de volume mostra o papel crescente da China na política global.

Claro está que também há a significativa questão das relações sino-russas – em si e relativamente aos Estados Unidos. Como argumenta Duben, apesar das suas diferenças e das preocupações russas com o crescente poder econômico e militar da China, "não há dúvida de que essa relação sino-americana atualmente é a mais forte parceria de grandes potências existente fora do sistema de alianças norte-americano" (Duben, 2021). No entanto, como afirma Michael Cox, há certa relutância no Ocidente em reconhecer a profundidade daquilo que cada vez mais parece ser uma aliança sino-russa, que indica um grave fator de complicação nos negócios mundiais. De fato, para Cox, esse desenvolvimento afetaria seriamente a ordem internacional liberal liderada pelos Estados Unidos porque "foi justamente a oposição dos dois países ao liberalismo e ao papel desempenhado pelos Estados Unidos no sistema internacional por eles dominado, e cujas regras vêm sendo escritas há mais de cinquenta anos, que antes de mais nada tornou a Rússia e a China parceiros tão próximos" (Cox, 2021).

Tanto a hipótese realista quanto a liberal estão sendo desafiadas por esse desenvolvimento. Os realistas sugerem que as crescentes desigualdades de poder entre a Rússia e a China reduzirão inevitavelmente a cooperação, aumentarão a competição e a rivalidade e possivelmente empurrarão a Rússia para o Ocidente. Os liberais alegam que só os Estados liberais desfrutam tais profundidades de confiança mútua que possibilitam a construção de cooperação internacional duradoura. Contudo, a Rússia e a China continuam a aprofundar as suas inter-relações, a conduzir exercícios militares conjuntos, a colaborar nos foros internacionais, mesmo quando o seu desequilíbrio econômico, tecnológico e militar cresce (Cox, 2021). Entretanto, as implicações são cada vez mais reconhecidas em Washington, D.C., como observa David Shambaugh:

> Assim como a competição entre os Estados Unidos e a China será uma característica indefinida nas relações internacionais nas próximas décadas, um eixo e uma parceria estratégica China-Rússia para se contrapor aos Estados Unidos e solapar a ordem liberal liderada pelo Ocidente permanecerão similarmente um atributo essencial da geopolítica global. O 'triângulo estratégico' pode estar retornando, e tende a se opor aos Estados Unidos e ao Ocidente. (Shambaugh, 2019)

Não há dúvida de que a política doméstica e a externa dos Estados Unidos influenciam coletivamente a sua posição no mundo à medida que emergem novas ordens regionais e potencialmente globais. É preocupante o fato de o país ter pouca influência na formação dessas mudanças quando opta por usar meios coercitivos, distanciando-se claramente do *soft power* tradicional e das abordagens diplomáticas. Também se pode dizer que essas mudanças ocorrem devido às intervenções e ações militares anteriores dos Estados Unidos. A tentativa secular de estabelecer e manter a OLI tinha a cooperação internacional no centro da ideia. A pandemia – uma questão global que exigia uma resposta global unificada – impôs uma pressão grande a ponto de fazer com que as instituições construídas para esse fim, como a OMS, parecessem redundantes e chegassem até a sofrer golpes retóricos dos seus fundadores.

Gramsci e a "crise orgânica" dos Estados Unidos – um dilema histórico atual, mas profundamente enraizado

A crise de legitimidade dos Estados Unidos é quase idêntica à que Gramsci cunhou como "crise orgânica – uma confluência de crises em todos os domínios – que pode ameaçar os fundamentos da estabilidade capitalista em virtude das próprias fissuras que surgiram nas estruturas da ordem burguesa" (Hoare; Nowell-Smith, 1971, p.210). Como observa Gramsci, a ordem de classe é mantida por meio da "hegemonia", fazendo com que o interesse da classe capitalista venha a ser o interesse comum. A crise orgânica ocorre quando a pretensão burguesa de governar se debilita à medida que o consenso social declina porque o interesse de classe deixa de corresponder à promoção do bem-estar geral. Isso se evidenciou claramente na pandemia, quando os famosos "sintomas mórbidos" de Gramsci se intensificaram; "a crise consiste precisamente no fato de o velho estar morrendo e o novo ainda não poder nascer; neste interregno, aparece uma grande variedade de sintomas mórbidos" (Hoare; Nowell-Smith, 1971, p.276). Gramsci presenciou os sintomas – como extensões da ordem "moribunda" – na forma de violência política, descontentamento maciço, ascensão e aprovação de posições políticas extremistas e de seus líderes populistas juntamente com mudanças de magnitude sem precedentes. Os sintomas são mórbidos – especialmente quando as instituições nacionais e globais anteriormente fortes começam a enfraquecer – porque as crises não podem ser resolvidas nas limitações da estrutura antiga ou existente. Nesse meio-tempo, parece não surgirem ordens hegemônicas alternativas e estáveis capazes de substituir a ordem existente. Simplificando: a crise – impulsionada por morbidades que não podem ser administradas – não logra produzir alternativas fundamentalmente diferentes de uma futura ordem viável.

De Trump a Biden

As raízes do presente estão claramente nos desenvolvimentos posteriores a 1945, particularmente a erosão do poder do sistema de Bretton Woods e dos seus propósitos sociais subjacentes. O Plano Marshall para a Europa Ocidental facilitou a globalização da ideia do New Deal e a sua estrutura institucional, juntamente com programas de ajuda estrangeiros para o "desenvolvimento" do mundo pós-colonial através do sistema de Bretton Woods, inclusive o Banco Mundial e o Fundo Monetário Internacional. A cultura da cooperação internacional, assim como da importância e do respeito pela soberania do Estado-nação e pelo interesse nacional, foi promovida como progressista, pacífica e próspera, com pleno respeito por um conjunto de leis aceitas, de fóruns de solução de controvérsias, de diplomacia renovada e, mais importante, de um fórum internacional para discutir questões globais. Enfatizou-se o provimento de serviços públicos – educação, treinamento, saúde, empregos, bem-estar – para cultivar um clima para investimentos do setor privado. Isso, por sua vez, levaria à confiança empresarial, a fortes economias interdependentes e à popular legitimidade política, sendo esta decisiva para a posição de um Estado na esfera internacional. O Estado alcançaria legitimidade essencialmente por meio de amplas provisões sociais e de segurança econômica e competiria com a União Soviética e com a China revolucionária.

Não obstante, a partir da adoção de um modelo político-econômico neoliberal, na década de 1970, produziu-se uma crise significativa que evoluiu ao longo de várias presidências e governos. As raízes da crescente desigualdade econômica e do declínio das oportunidades podem ser rastreadas até a "revolução Reagan" e o subsequente fim do New Deal, no qual o governo foi declarado o problema, não a solução dos problemas da sociedade. Os resultados são cruéis. Um estudo da Rand Corporation mostrou que a transferência de riqueza em enormes faixas dos 90$ mais pobres da população dos Estados Unidos para os ultrarricos chegou a 47 trilhões de dólares (Price; Edwards, 2020). Avançando rapidamente até a pandemia, pouca coisa mudou, sendo que um relatório do Institute for Policy Studies (IPS) confirmou que a riqueza coletiva dos 651 bilionários dos Estados Unidos aumentou mais que 1 trilhão de dólares desde o início da covid-19, totalizando 4 trilhões de dólares. Com os bilionários mais ricos dos Estados Unidos atingindo um valor combinado de mais de 1 trilhão de dólares (Collins, 2021), e a desigualdade em massa mais evidente que nunca, não surpreende que tanto o *establishment* quanto o governo enfrentem desafios da população doméstica. Em janeiro de 2021, pouco antes do ataque ao Capitólio, o país já era considerado parecido com um Estado falido, dado que a maioria dos seus cidadãos acreditava que estava indo na direção errada (Thompson, 2020) e quase 80% acreditavam que o país estava indo por água abaixo (Castronuovo, 2021).

Não há dúvida de que as crises de legitimidade têm sido ainda mais exacerbadas pelas estratégias agressivas do poder norte-americano no exterior e de uma classe dominante a perseguir implacavelmente o globalismo dominado pelo mercado à custa do rápido crescimento das desigualdades domésticas de renda, riqueza e poder político. O argumento aqui é: o que os Estados Unidos fazem em casa importa muito, já que isso afeta as suas orientações de política externa e, mais importante, a sua reputação global como um dos líderes da OLI.

No governo Trump, o próprio propósito social que alçou a posição dos Estados Unidos como líder da OLI foi solapado e substituído pelo transacionalismo coercitivo do *America First*, pela adaptação de quase todas as dimensões do poder norte-americano para uso como arma de guerra. Os Estados Unidos abandonaram quase inteiramente a sua estratégia social e, mais do que em qualquer outra época, a não ser durante a da Guerra de Secessão, enfrentaram a falência do Estado interna e externamente.

Sem embargo, a crise também está enraizada na história e na política do Partido Democrata, cuja filosofia, políticas e falhas de liderança contribuíram para a situação atual dos Estados Unidos. Explicar os fundamentos das divisões raciais e de classe no país requer o reconhecimento das correntes mais profundas da violência racial e da opressão emanada do tráfico negreiro da era colonial. Isso incluiu o subsequente sistema de classes racializado que inspirou, pelo menos em parte, a Constituição norte-americana original, as leis "Jim Crow" posteriores à Guerra de Secessão, o movimento pelos direitos cívicos e a ascensão de Barack Obama à Casa Branca. Superar essas divisões e estabelecer a igualdade eram uma expectativa que foi ostensivamente promovida pela campanha de Obama, *persona* e presidência. No entanto, apesar de ser apontado como a personificação dos Estados Unidos pós-raciais, o otimismo durou pouco (Ledwidge; Verney; Parmar, 2013). As crises de legitimidade do país revelaram-se demasiado profundas para ser resolvidas com uma mera "troca de cara" na Casa Branca.

O presidente Obama era amplamente considerado como a nova autoridade moral do poder dos Estados Unidos depois da desastrosa Guerra do Iraque e do vazio moral da Baía de Guantánamo, "extradição extraordinária"[1]? e tortura, segundo Zbigniew Brzezinski. Este, afinal de contas, também atribuiu a Jimmy Carter um papel parecido depois do Vietnã e do Watergate. Depois de George W. Bush e de Richard Nixon, o poder norte-americano exigiu a restauração da autoridade moral, ainda que os seus fundamentos e objetivos continuassem sendo os mesmos. Os Estados Unidos foram solidamente capazes de ornar o seu militarismo, promessa de inclusão, paz e *soft power* na ideia do sonho norte-americano. No entanto, embora Obama fosse a personificação do sonho, muitos também viram a sua ascensão

---

1 Extradição extraordinária (*extraordinary rendition* no original): transferência de suspeitos de terrorismo de um país a outro para que sejam interrogados sem nenhum tipo de proteção jurídica. [N. T.]

De Trump a Biden

como uma oportunidade de estimular e explorar as ansiedades dos brancos com a inevitável iminência de uma nação de "maioria minoritária".[2] Para o republicano David Duke, um ex-líder da Ku Klux Klan, Obama seria uma força destinada a galvanizar os brancos dos Estados Unidos (White..., 2008). Posto que Obama tenha conseguido vencer em 2012, as previsões de Duke parecem ter dado frutos quando a reação racial aproximou mais os nacionalistas brancos dos conservadores (Jonsson, 2008). As efervescentes manifestações de nacionalismo branco começaram na noite da eleição, quando sites de supremacistas brancos travaram devido ao fluxo maciço de amargura na internet.

A mera presença de Obama como o primeiro presidente afro-americano (ou, mais exatamente, de herança dupla) não foi o único fator que plantou as sementes do descontentamento racial e político. A sua presidência também decepcionou os progressistas. Embora muitos argumentem que ele fez um trabalho notável ao superar a crise financeira, a grave situação dos trabalhadores comuns – particularmente dos afro-americanos – foi desconsiderada em grande medida (Parmar; Ledwidge, 2017). Como a riqueza média das famílias brancas equivalia a dez vezes a das famílias negras em 2016, a lacuna da desigualdade ficou pior que em 2007 (Kochhar; Cilluffo, 2017). Conquanto todos os grupos raciais tenham se beneficiado com o seguro-saúde do "Obamacare", houve um retrocesso evidente para os afro-americanos, pois eles não chegaram aos níveis de renda média que tinham em 2007, uma década depois da grande recessão (Wilson, 2018). Além do aumento da desigualdade de renda e de riqueza entre 2008 e 2016, que foi a mais elevada entre os Estados do G7 (Schaeffer, 2020), Obama pavimentou ainda mais o caminho para Trump quando mostrou distância entre si e os trabalhadores comuns ao declarar que, em Flint, Michigan, se podia beber água com segurança, muito embora estivesse comprovado que era inseguro (Wiener, 2018). Com uma população 50% afro-americana, o apoio de Flint aos democratas caiu antes das eleições presidenciais de 2016, um fator significativo na derrota de Hillary Clinton por Trump.

A política externa de Obama também foi coerente com a do seu predecessor Bush, com continuidade e avanço dos padrões existentes. Por exemplo, a guerra global dos Estados Unidos contra o terrorismo elevou maciçamente as taxas de transferência de armas e hardware das Forças Armadas para a polícia. Embora formalizado através do Departamento da Defesa (Kelepecz, 2015), a transferência de equipamento excedente das Forças Armadas para a polícia existe desde a guerra às drogas da década de 1980, sendo que 6 bilhões de dólares em equipamento foram transferidos

---

2 "Maioria minoritária": expressão que designa a população de um estado ou região dos Estados Unidos em que mais da metade representa minorias sociais, étnicas ou raciais e em que os brancos não hispânicos são minoria. (N. T.)

Sebastião C. Velasco e Cruz e Neusa Maria P. Bojikian (Orgs.)

só a partir de 1991. A pesquisa confirma que as forças policiais com mais elevada apropriação de equipamento militar são as mais inclinadas a usar a violência letal (Delehanty et al., 2017). Obama foi incapaz – ou pelo menos pouco fez – de reduzir ou erradicar a violência policial letal, especialmente contra afro-americanos. Foi durante a sua presidência que o movimento Black Lives Matter, que surgiu quando da absolvição de George Zimmerman, um coordenador de vigilância de bairro responsável pelo assassinato de Trayvon Martin, tornou-se um nome conhecido. Michael Brown foi morto pela polícia em Ferguson, Missouri, em 2014, fornecendo combustível adicional para os protestos locais e nacionais.

A presença e as políticas de Obama criaram – intencionalmente ou não – as próprias condições para a ascensão de Trump à presidência dos Estados Unidos. Este usou habilmente as ansiedades brancas ao mesmo tempo que enfatizava o desapreço de Obama pelos afro-americanos e pelos operários (Parmar, 2017). E foi bem-sucedido em dar destaque ao elitista do *establishment* sem contato com os norte-americanos comuns, cujos empregos eram "dados" a imigrantes ou terceirizados para a China, com "guerras sem fim" no exterior, fazendo pouco pelos norte-americanos. Foi grande a repercussão nos eleitores quando Trump assinalou que as elites se preocupavam mais com a ordem global do que com os indivíduos no próprio país, mais com Paris do que com Pittsburgh. Foi esse punhado de votos nos estados-chave que o ajudou a ter uma vitória esmagadora no colégio eleitoral, ainda que tivesse perdido o sufrágio popular por quase 3 milhões de votos.

O aumento da desigualdade e o crescimento dos bilionários

Com os Estados Unidos divididos internamente e pressionados internacionalmente, a profundidade da crise nunca foi tão clara. A questão é: como o país supera as divisões racializadas quando a classe dominante prioriza os interesses econômico-financeiros? Mais preocupante, as elites e as instituições norte-americanas estão enredadas em políticas racializadas. Até mesmo os liberais – que geralmente são associados à diversidade – não conseguem superar (ou melhor, perpetuar ativamente) o ciclo de desigualdade racial baseada em classe em escala maciça, independentemente de as minorias lograrem dar o salto para o cenário político ou não (Parmar; Ledwidge, 2017; Ledwidge; Verney; Parmar, 2013; Domhoff e Zweigenhaft, 2006). Ao mesmo tempo que a desigualdade racial está incrustada no sistema de classes dos Estados Unidos, ela é obscurecida pelo mito da igualdade de oportunidades (Phillips, 2014). Já que realidades, como a anulação dos direitos de voto afro-americano da era dos direitos cívicos, estavam sendo acionadas pela direita republicana (Cohen, 2012), ficou claro que tanto os liberais

350

De Trump a Biden

quanto os direitistas – voluntariamente ou não – contribuem para o sistema de classe racial que domina a política interna.

Quando Eduardo Bonilla-Silva (2014) diagnosticou a continuação da política racializada dos Estado Unidos como "racismo sem racistas", havia poucas evidências de que o verdadeiro caráter da política interna do país condizia francamente com a sua abordagem da política externa. Possivelmente, até a presidência de Trump, os verdadeiros sentimentos dos Estados Unidos pelas potências emergentes foram mais sutilmente ocultos (Turner, 2010; Said, 1978; Maddock, 2010).

O papel da desigualdade no financiamento e capacitação

No âmago da crise de legitimidade popular está uma fonte que alimenta a chama da rede de poderoso apoio que explora as divisões raciais e de classe. Trump e as suas políticas receberam muito apoio das redes bilionárias de doadores de direita, como os irmãos Koch, junto com Sheldon Adelson e as famílias Mercer e DeVos. Eles podem não estar plenamente de acordo com todas as facetas das políticas conservadoras de Trump ou com o seu estilo único de liderança, mas havia apoio compartilhado a um governo limitado, a impostos reduzidos, ao bem-estar corporativo e ao direcionamento dos pobres (Edsall, 2018). Fazer com que tais políticas parecessem voltadas para a gente comum foi um importante objetivo dos Koch, uma vez que haviam investido bilhões de dólares, a partir de 2003, na defesa, na ideologia e nas redes de grupos de protesto da política de *astroturfing*, com uma força-tarefa de cerca de 2,5 milhões de "voluntários" (Skocpol, 2016).

O surgimento do Tea Party em 2009 resultou diretamente do apoio e do financiamento da rede Koch, um processo também facilitado pelas bases de apoio do Partido Republicano em torno de um grande número de estados, impulsionando mais para a direita os representantes eleitos do partido. Essa maquinaria foi essencialmente a que criou a plataforma para a extrema direita, o *birther* do movimento de Trump, para as exaltadas eleições de 2016, e o cultivo e a mobilização de supremacistas brancos e neonazistas nos Estados Unidos (Edsall, 2020). Embora tenha alimentado a crise de legitimidade do país, a extrema direita foi acolhida pelo Partido Republicano, que se beneficiou significativamente, nas eleições de 2010, ao desacreditar o presidente Barack Obama e os democratas como um partido de "extrema esquerda" fundamentalmente ilegítimo. Ao continuar apoiando Trump, o Partido Republicano se recusou a desafiar as suas falsificações acerca dos resultados da eleição, enquanto as lacunas entre as crenças da direita e os fatos do mundo real sepultavam os Estados Unidos nas profundezas da política da pós-verdade.

Sebastião C. Velasco e Cruz e Neusa Maria P. Bojikian (Orgs.)

Armando as redes: da advocacia à ação política

O trabalho preliminar do extremismo dirigido pelos Koch também recebeu apoio da Heritage Foundation, que patrocinou abertamente as redes midiáticas conservadoras, os órgãos de planejamento de políticas e os grupos de defesa empenhados desde a década de 1970 em diminuir o poder liberal, estabelecendo hegemonia sobre as convicções, as normas e as organizações conservadoras (Feulner, 2007). Entre os principais sucessos figuraram a Fox News, do multimilionário Rupert Murdoch, enquanto as ideias conservadoras passavam a ser empacotadas e mercantilizadas mediante a grande mídia aprimorada. A fantasia liderada pelos Koch se transformou ainda mais à medida que os bilhões do financiamento não declarado da campanha continuaram a ser investidos, com a extrema direita a utilizar a infraestrutura preestabelecida para mobilizar protestos contra vários temas, inclusive a resistência armada violenta aos *lockdowns* introduzidos para enfrentar a pandemia.

Os grupos de defesa financiados por bilionários foram uma ferramenta central na facilitação da ação política da direita nas conjunturas-chave e significativas. Por exemplo, o Council for National Policy (CNP) – um centro de conexão entre a direita cristã, doadores ricos e estratégias de republicanos de extrema direita – defendeu abertamente que os legisladores dos estados indecisos rejeitassem a vitória eleitoral de Joe Biden. Em meio ao apoio ao presidente Trump, a campanha *"Stop the Steal"* [pare o roubo] foi eleita por funcionários republicanos também financiados por leviatãs corporativos de uma infinidade de indústrias, entre as quais a Goldman Sachs, a Boeing, a Northrop Grumman, a Raytheon Amazon, a TikTok e a Comcast (O'Connor, 2021). Com a existência de fundos embolsados por trás do motim do Capitólio, é difícil descartar o acontecimento como um movimento marginal. Isso fica claro no próprio fato de o Partido Republicano, depois de Trump, ter ficado dividido entre grupos que acreditavam na utilização do apoio popular do ex-presidente para a desregulamentação corporativa, os cortes de impostos e a nomeação para a Suprema Corte, e os que pretendiam substituir o *establishment* por uma república cristã branca (Snyder, 2021). A proposta de 6 de janeiro da Comissão do Congresso com igual representação de membros do Partido Republicano sinaliza o encobrimento da profundidade do envolvimento republicano na insurreição, bem como as redes mais amplas na qual o governo Trump estava incorporado. Reafirmando esse ponto, o papel das agências de segurança que sabiam previamente, por meio das suas próprias fontes de domínio público, que a violência era altamente provável no dia 6 de janeiro também foi subestimado (Dilanian; Collins, 2021).

De ideologia distante aos motores institucionais do poder

A amplitude da crise de legitimidade preocupa muito, com a ideologia racista não só morando nas instituições dos Estados Unidos como também desempenhando um papel dominante na direção das agências de segurança pública. A jornada desde as ideias da direita financiada por bilionários até a realidade da insurreição foi sintetizada quando o *Wall Street Journal* – conhecido por apoiar tanto a autocracia de direita quanto o regime Trump – estabeleceu que nem o FBI nem o Departamento de Segurança Interna conseguira fazer uma "avaliação do perigo" das bem antecipadas manifestações do campo pró-Trump (Levy, 2021). Enquanto isso, o *Washington Post* documentou que, antes das manifestações, o Departamento da Defesa tinha chegado ao ponto de desarmar e impor restrições à Guarda Nacional de Washington, D.C., proibindo-a de receber munições, equipamento antitumulto ou mesmo de reprimir manifestantes, a não ser em legítima defesa (Sonne; Hermann; Ryan, 2021). Com pleno conhecimento de que a mobilização e o desdobramento seriam prejudicados se necessário, o Departamento da Defesa chegou até a impedir a Guarda Nacional de usar a sua vigilância e os seus recursos aéreos sem a autorização do secretário da Defesa. Naturalmente, surgem perguntas como se os mesmos protocolos e fatos teriam ocorrido em manifestações antifascistas e esquerdistas pacíficas. A crise de legitimidade doméstica se aprofunda ainda mais quando os relatórios mostram que, desde 2017, a ideologia supremacista branca passou a ingressar na polícia e em outros órgãos de segurança, tendo também inspirado as milícias de direita. A ameaça nunca foi minimizada, sendo que, em 2017, um relatório conjunto do FBI e do Departamento de Segurança Interna intitulado "O extremismo da supremacia branca representa uma ameaça persistente de violência letal" fez soar o alarme (Winter, 2017). O FBI já havia concluído que os supremacistas brancos – inclusive membros do Ku Klux Klan e outros apoiadores neonazistas – eram responsáveis pela maior parte dos atentados terroristas no país. Combater o problema parece tão problemático quanto o próprio problema, com os investigadores informados de que as milícias da supremacia branca e antigoverno têm fortes vínculos com funcionários dos órgãos de segurança. Há poucas restrições ou proibições que impeçam os órgãos de segurança de se unirem a organizações extremistas, estando o Departamento da Justiça desprovido de estratégia. Quando se considera que os manifestantes armados que invadiram o Capitólio tinham a ambição de assassinar congressistas e o vice-presidente republicano Mike Pence, além do fato de a ideologia pró-insurgência de extrema direita se estender às Forças Armadas dos Estados Unidos, fica claro que a crise de legitimidade está profundamente enraizada intelectual e militarmente (Colvin, 2021; Aratani, 2021). E, dada essa incrustação, é claro que os dois principais partidos políticos e sucessivos governos têm responsabilidade pelo dilema atual. A

Sebastião C. Velasco e Cruz e Neusa Maria P. Bojikian (Orgs.)

extrema direita desempenha obviamente uma papel-chave na economia política do poder do Estado no país.

O poder da ideologia popular nos Estados Unidos e o papel de Trump

O presidente Trump jogou gasolina na fogueira à sua intrincada maneira, criando um governo com apoio da extrema direita, com o arraigado objetivo de desafiar o Estado profundo, desconstruindo-o (Lewis, 2019). O recrutamento para o governo Trump apresentou importantes diferenças em relação aos anteriores governos pós-Guerra Fria, visto que a governança ou a experiência política anterior não era o denominador comum. Tiveram importância as nomeações oriundas da experiência das empresas privadas, além das tradicionais corporações da Fortune 500, com firmes conexões com as indústrias territoriais domésticas, inclusive a de construção, a imobiliária, a de cassinos e hotéis. Surpreendentemente, os principais nomeados do governo Trump não tinham ligação com a política externa tradicional nem com *think tanks* de segurança e instituições de planejamento de políticas (De Graaf; Van Apeldoorn, 2021). Isso explica as divergências com as perspectivas antiglobalistas da extrema direita, com firme oposição não só a normas democráticas e constitucionais, como também ao cosmopolitismo global (Hounshell, 2017). As políticas de recrutamento de Trump pareciam favorecer os nomeados afiliados a organizações de extrema direita. Um bom exemplo é Stephen Bannon, nomeado estrategista da Casa Branca, que continuou assessorando Trump mesmo depois de ter sido demitido do governo – e que antes havia trabalhado com o Center for National Policy (Lewis; Rankin, 2018). Bannon foi um dos principais apoiadores das políticas de Trump para a China, e as maquinações sobre "eleições roubadas" lhe valeram o perdão presidencial para recompensar a sua lealdade (Parmar, 2020b). Stephen Miller, nomeado assessor de Política Sênior, foi um dos principais arquitetos das políticas anti-imigração de Trump, inclusive a polêmica proibição de viagem de "muçulmanos". Seu firme apoio à supremacia branca se confirmou quando do vazamento de quase mil e-mails seus, expondo até que ponto os sentimentos racistas e anti-imigrante foram incorporados mediante uma série de comunicações com o site *Breitbart News*, de extrema direita (Hayden, 2019). Miller não é nenhuma exceção: numerosos membros do governo Trump tinham ligação com organizações semelhantes, inclusive a Act for America e a American Renaissance. Em meio às conexões, havia canais entre pelo menos nove membros do Departamento de Segurança Interna e a direitista Federation for American Immigration Reform (Fair), cujo presidente, Dan Stein, alegava que as políticas favoráveis à imigração eram métodos de retaliação por parte dos esquerdistas contra o "domínio anglo-saxão". A principal implicação de os Estados Unidos serem associados a grupos extremistas de supremacia branca de direita – como a QAnom, o VDARE e os Vigilant Patriots – é que isso contraria os valores e autoproclamações que têm sido associados à identidade do país. O fato de o Partido Republicano ter guinado para a extrema direita significa um perigo ainda maior para a legitimidade dos Estados Unidos. A supremacia branca, as teorias da conspiração e o descrédito da democracia pela oposição armada ao governo estão firmemente incorporados em facções do Partido Republicano (The Republican..., 2020). A reputação dessa agremiação leva-a a ser considerada mais anti-islâmica do que o partido húngaro Fidesz, liderado por Viktor Orban, um partido francamente autoritário (Beauchamp, 2020). Nancy Pelosi, presidente da Câmara dos Representantes, referiu-se às facções extremistas dos republicanos no Congresso como inimigos internos (Knox, 2021). No entanto, as pesquisas indicam que, apesar do ataque ao Capitólio, o apoio dos eleitores republicanos a Trump continua forte, chegando a 77% (Poll..., 2021). Independentemente dos sentimentos sinofóbicos de transferência de responsabilidade durante a pandemia e dos mais de 400 mil óbitos (na época) no país devido à covid-19, e apesar de ter renunciado à liderança global dos Estados Unidos quando o mundo mais precisava dela, Trump recebeu 74 milhões de votos nas eleições presidenciais de novembro de 2020, registrando um aumento de 11 milhões de votos desde 2016. Trump e os "ismos" a ele associados continuarão sendo poderosos e inexpugnáveis condutores na política norte-americana, muito embora ele tenha deixado a Casa Branca como o primeiro presidente dos Estados Unidos a sofrer impeachment duas vezes.

Aonde vamos? Uma síntese gramsciana e kautskiana

Embora a eleição do presidente Joe Biden sinalize uma importante vitória contra Trump, as suas políticas, os seus princípios e a sua identidade, ainda persiste uma crise de legitimidade das instituições da elite, redes e ideias que dominam o poder norte-americano. Nesse contexto, Trump tem de ser visto tanto como um sintoma dessas mesmas instituições e ideias quanto como uma resposta ativa da elite e, portanto, uma motivação contribuinte. O sucesso eleitoral de Biden aparece como uma restauração do centrismo ou da moderação/"normalidade" durante uma "crise orgânica", contudo, havia pouca confiança em que um retorno à normalidade resolvesse as causas profundas da crise. Não obstante, é em períodos como esse que a ideia gramsciana de "revolução passiva" tem um significado especial. A revolução passiva – um método fundamental para a classe dominante restaurar a hegemonia e eliminar os desafios à sua autoridade – envolve a execução de políticas que se parecem com mudanças significativas, mas

Sebastião C. Velasco e Cruz e Neusa Maria P. Bojikian (Orgs.)

que podem ser limitadas e não transformacionais (Hoare; Nowell-Smith, 1971, p.59, 106-120). As principais características desse processo envolvem reconfigurações da elite juntamente com a cooptação das demandas de baixo (políticas que fornecem segurança para os pobres e marginalizados). Em particular, o processo privilegia o papel e a influência dos "intelectuais orgânicos" para manter as classes operária e média, bem como outros estratos, subordinadas mesmo quando se podem fazer concessões significativas. Parecer diferente do seu predecessor em visão de mundo, política e ambição é uma parte normativa de qualquer processo político de transição pós-eleitoral, e, ao assinar mais ordens executivas e memorandos do que os três últimos presidentes dos Estados Unidos nos primeiros quatro meses no cargo, Biden fez exatamente isso. Quase todas as áreas das crises de legitimidade foram abordadas de algum modo, ainda que minimamente, sinalizando uma promessa inicial ao lidar com as questões do país. Por exemplo, Biden anulou sete ações do governo Trump que envolviam o corte de gastos federais em grande escala nas cidades em que houvesse protestos do Black Lives Matter (Hickey et al., 2021). Em uma firme contribuição para a política racial, Biden revogou a Comissão de 1776, que Trump estabeleceu para se contrapor ao projeto "1619" e censurar programas de história que incluíssem escravidão e raça nos estudos norte-americanos (Kelly, 2021). Outras revogações de ordens executivas de Trump incluíram expansões do Programa de Admissão de Refugiados nos Estados Unidos (Alvarez; Liptak, 2021), a anulação da ordem que justificou a separação das famílias na fronteira (Alvarez, 2021) e a restauração do poder de negociação coletiva e da proteção aos trabalhadores com bases para um novo salário mínimo (Luhby, 2021). Em uma série de mudanças internacionais, Biden revogou a retirada dos Estados Unidos da OMS (Bradner; Klein, 2021) e reincorporou o país ao Acordo de Paris (Kann e Atwood, 2021).

A história dos Estados Unidos ilustra a familiaridade com as crises, com a gestão bem-sucedida de tempos turbulentos mediante várias implementações de revoluções passivas. Nas crises orgânicas – ainda mais exacerbadas pela pandemia –, as elites dominantes dos Estados Unidos enfrentaram desafios aparentemente insolúveis para manter a sua ordem com fins lucrativos, ao passo que administrava as demandas populares e ameaças contra-hegemônicas que, no caso dos Estados Unidos, vinham de dentro e do exterior. O país passou pelo processo antes, evidenciado pelos períodos de crise da Grande Depressão da década de 1930, da transição do fordismo e do keynesianismo para as abordagens neoliberais dos anos 1960 e 1970. Biden se encaixa no caráter de uma potencial última tentativa de reviver o neoliberalismo ou de reformá-lo com o apoio do trabalhismo e das lideranças dos movimentos sociais, que o ajudarão a gerenciar alguns descontentamentos maciços, sem lhes eliminar as causas. A sociedade política (o Judiciário, o Legislativo e as forças de segurança) tem de dominar a sociedade civil (os

De Trump a Biden

movimentos trabalhistas, os sindicatos, as ONGs) para que a revolução passiva funcione, já que esta é uma parte integrante da ordem administrativa quando a hegemonia está ameaçada. Esse processo de "transformismo", como o cunhou Gramsci, depende da cooptação das classes e leva à restauração da classe dominante por meios pacíficos (Hoare; Nowell-Smith, 1971, pp. 58, 97, 109). Um recurso-chave de habilitação da revolução passiva é o papel dos intelectuais orgânicos, que, nas eleições de 2020 e depois, se apressaram a denunciar Trump e a sua política cada vez mais fascista e personalista. O exército de apoio de Biden se estendia da esquerda aos membros sêniores do *establishment* do Partido Republicano (Haltiwanger, 2020).

A revolução passiva não significa as ideias do trumpismo, nem o ressurgimento do próprio Trump como presidente é impossível ou mesmo improvável. As redes financiadas por bilionários que alimentaram as chamas do trumpismo e as bases de apoio de Trump persistem tanto no Partido Republicano quanto no seio do eleitorado republicano. Sem dúvida, a crise orgânica levou a uma revolução passiva sintetizada na agenda econômica "New Dealesca" de Biden para combater tanto a pandemia quanto as suas repercussões causadoras de mortalidade maciça e de devastação da economia e também as questões profundamente arraigadas que respaldam a crise dos Estados Unidos. Internamente, o pacote de estímulo de 1,9 trilhão de dólares ofereceu alívio imediato e um caminho para recuperar a economia e os empregos estadunidenses. Com amplo apoio ao projeto de lei de alívio da pandemia – dois terços dos norte-americanos e um terço dos republicanos –, segundo uma pesquisa da *The Economist* e da YouGov (Frankovic, 2021), Biden tem em vista uma gigantesca iniciativa multitrilionária para reparar e melhorar a infraestrutura dos Estados Unidos. A pergunta é: com a desigualdade racial e de classe aboletada, a estratégia de Biden atacará a raiz do problema?

Nesse contexto, convém levar em conta o papel das instituições da elite-chave, especialmente os *think tanks* e as grandes fundações "filantrópicas" (Parmar, 2012), que fornecem a estrutura político-intelectual para a "revolução passiva" gramsciana. Dois exemplos bastam para ilustrar a questão. O primeiro tem relação com a política externa norte-americana (o apoio de Koch-Soros ao Quincy Institute for Reponsible Statecraft); o segundo, sobretudo para as questões domésticas (os programas liderados pela Hwelett Foundation para uma ordem pós-neoliberal). As duas inciativas são elaboradas em termos de fortalecimento do poder dos Estados Unidos em um mundo cada vez mais competitivo.

O apoio conjunto de Koch-Soros ao Quincy Institute for Reponsible Statecraft é, para muitos, um desenvolvimento surpreendente. Mas não é nada surpreendente o fato de a oposição ao "globalismo" dos Estados Unidos – pintado por apoiadores e adversários como benevolência para com os pobres, os oprimidos e os fracos do mundo – estar sob o escrutínio de críticos no país e no exterior. De Fareed Zakaria, da CNN, a George Soros e ao complexo de fundações direitistas de Koch, não faltam apelos para que os Estados Unidos recuem e exerçam comedimento na política mundial. Apelos de comedimento contra o "húbris liberal" e a "hegemonia liberal" têm vindo de acadêmicos progressistas que normalmente se entusiasmam com a promoção de "democracia" etc., como Tony Smith (2017), da Universidade Tufts, sem mencionar realistas como Stephen Walt, da Universidade Harvard, e John Mearsheimer, da Universidade de Chicago. Walt e Mearsheimer se opuseram memoravelmente à Guerra do Iraque de 2003 por a considerarem "desnecessária", já que Saddam Hussein se mostrara "desencorajável" por sanções devastadoras e zonas de exclusão aérea (Mearsheimer; Walt, 2003). Em última análise, trata-se de apelos de mais restrições tanto à projeção do poder militar quanto ao chamado *soft power* em um mundo que está cada vez mais preocupado com o caráter desenfreado e ingovernável das intervenções militares e outras dos Estados Unidos.

E o surgimento de uma aliança do dinheiro de Koch com o de Soros para financiar o Quincy Institute reforça a hipótese de que algo está em andamento. Na década passada, a Charles Koch Foundation investiu cerca de 25 milhões de dólares (19 milhões de libras esterlinas) em importantes programas acadêmicos em instituições como a Harvard, o MIT e a Tufts para promover o "comedimento estratégico" e o fim da primazia norte-americana, da obsessão de manter a dominação global dos Estados Unidos (Gage, 2019). Esses programas estão treinando uma nova geração de graduados comprometidos com o realismo, prontos para ser nomeados por governos futuros (Parmar, 2019a).

Pode não ser uma revolução que feche as oitocentas bases militares norte-americanas espalhadas pelo mundo, consiga a saída da Otan ou do Indo-Pacífico, da América Latina, da África e do Oriente Próximo. Porém mesmo uma mudança relativamente pequena nas prioridades e gastos poderia sinalizar uma mudança na mentalidade de ser o "maior provedor de violência militar do mundo", como disse Martin Luther King em 1987, referindo-se aos Estados Unidos.

Quando bilionários direitistas e liberais conhecidos por apostar em vários cavalos nos seus lances de mudanças de marcha político-intelectual-ideológicas tornam a apostar nos mesmos animais, isso pode indicar uma importante redefinição capaz de reverberar em todo o sistema, um novo consenso emergente em forma embrionária. E, curiosamente, o diretor de estratégia do Quincy alega que a justificativa do presidente Biden para a retirada dos Estados Unidos do Afeganistão sinaliza o encerramento da era das "guerras sem fim". Biden justificou a decisão de se retirar com base em uma ideia mais contida dos interesses nacionais dos Estados Unidos, não mais a "construção da nação", que era a meta original no Afeganistão (Wertheim, 2021).

Nos Estados Unidos, a própria noção de "revolução passiva" dificilmente teria sido mais bem sintetizada que em um memorando da Hewlett Foundation sobre a necessidade de erigir um novo consenso *conservador-liberal da elite*, para gerar um novo "bom senso" da elite bipartidária como a base da construção de uma ordem "pós-neoliberal", no país e no exterior. E, além disso, a chefe da Iniciativa de Economia e Sociedade da Hewlett, Jennifer Harris, foi recentemente nomeada para o Conselho de Segurança Nacional do governo Biden e para o Conselho Econômico Nacional. Segundo o memorando, "na sua [nova] postagem, Jennifer se concentrará, em parte, no avanço de uma agenda econômica internacional pós-neoliberal" (Hewlett Foundation, 2021a). Ela anunciou a sua saída da Hewlett no Twitter, dizendo explicitamente que espera contribuir para uma nova "visão pós--neoliberal" enquanto estiver no Conselho de Segurança Nacional.[3]
Conforme o memorando,

> A Hewlett Foundation trabalha há três anos na formulação e promoção de um paradigma intelectual que substitua o neoliberalismo, o quadro abrangente que dominou o debate econômico e político nos últimos cinquenta anos. O nosso trabalho começou... com um esforço exploratório de dois anos e 10 milhões de dólares para investigar se a filantropia em geral e a Hewlett em particular podiam ter um papel significativo no desenvolvimento de um sucessor do neoliberalismo – uma estrutura mais adequada às condições políticas, econômicas e sociais do século XXI. A nossa investigação gerou um entusiástico "sim" àquela pergunta: o apoio filantrópico foi essencial na ascensão do neoliberalismo e tem um papel igualmente importante a desempenhar na sua substituição – inclusive apoiando atores relevantes; ajudando-os a ingressar em um movimento intelectual; e financiando o desenvolvimento, a tradução e a transmissão de novas ideias. Em dezembro de 2020, nós lançamos publicamente a Iniciativa de Economia e Sociedade com uma alocação inicial de 50 milhões de dólares ao longo de cinco anos para desenvolver um novo "bom senso" a respeito do funcionamento da economia, dos objetivos que ela deve promover e de como há de ser estruturada para atingir esses objetivos. (Hewlett Foundation, 2021a, 2021b)

O plano bipartidário da Hewlett Foundation contém o desejo de marginalizar a política do "etno-populismo" e da "esquerda". A despeito dessa aparente oposição à extrema direita, o pensamento da Hewlett revela o desejo de incluir nos seus planos de um novo bom senso os senadores republicanos Marco Rubio e Josh Hawley, além do comentarista de extrema direita da Fox News Tucker Carlson – isto é, um dos mais eloquentes

---

3 Para outras declarações acerca do fim do neoliberalismo, ver: (Perez, 2021) citando o historiador econômico dos Estados Unidos Adam Tooze; e um artigo de Chris Hughes do Roosevelt Institute (Hughes, 2021).

defensores do "mito da eleição roubada" de Trump e das subsequentes tentativas do Partido Republicano de restringir os direitos de voto nos estados controlados pelo seu partido (Hewlett Foundation, 2020, p.9-10).

O pensamento e o plano de ação da Hewlett Foundation podiam ter sido escritos por Antonio Gramsci: é o pensamento e o planejamento gramsciano – uma guerra de posição da elite dominante, que está tentando não só lidar com os sintomas da crise de legitimidade como também promover uma revolução passiva pragmática para desenvolver e implementar um novo conceito de governo. As crises são a mãe da invenção. E a lógica da posição da elite governante norte-americana, inclusive de Biden, exige radicalismo pragmático.

Conclusão

As consequências desastrosas da desigualdade interna dos Estados Unidos, do descontentamento político e das desordens políticas permitiram e foram acompanhadas pela intensificação das dinâmicas globais recentes, sendo a ascensão e o crescimento rápidos da China uma grande preocupação. As raízes dessas crises já foram observadas neste capítulo. A questão é: a elite política dos Estados Unidos, dividida como está, pode gerenciar os seus desafios internos e globais? Para alguns realistas, o *establishment* da política externa norte-americana está tão cravado nas suas mentalidades militaristas e globalistas que é mais provável que leve os Estados Unidos à guerra do que ao exercício do comedimento. A elite hegemônica liberal simplesmente não paga um centavo pelos seus desastres (Layne, 2017; Walt, 2018). Os internacionalistas liberais sugerem que, apesar das suas crises, a sua implicação histórica nas hierarquias racializadas e imperiais, os Estados Unidos renovarão com sucesso a sua promessa liberal, o propósito social na raiz do seu poder global e, muito provavelmente, reconstruirão as suas posições no sistema mundial (Ikenberry, 2020). O otimismo liberal, gravemente amolgado por crises e estudos críticos, persiste.

Sem embargo, a perspectiva gramsciano-kautskiana oferece uma análise mais crítica, sugerindo que, embora os Estados Unidos possam, tendo em conta todos os fatores, conseguir reformar e renovar, seguirão essencialmente empenhados em manter e administrar as suas posições em um sistema mundial hierárquico. No exterior, a hegemonia norte-americana está mais bem equipada para gerenciar crises, como a OLI tinha sido intrincadamente elaborada para gerenciar as ameaças à liderança dos Estados Unidos. No âmago da construção da hegemonia do país, estava a característica central da hegemonia gramsciana, um aspecto fundamental da construção da OLI comandada pelos Estados Unidos, ao mesmo tempo que administrava as "ameaças" radicais a eles (Parmar, 2019b; Bair, 2009; Golub 2013),

De Trump a Biden

especialmente ao compreender que a hegemonia norte-americana é impulsionada por redes globais de elite com ideias, pessoas e dinheiro global e regionalmente circulados. Com a relação dos Estados Unidos entre redes de conhecimento de elite e Estados regionalmente estratégicos como o Japão, a Coreia do Sul, a Indonésia, a Austrália, a Índia e a China emergente (Hodgson, 1973; Parmar, 2015; Matsuda, 2007; Brazinsky, 2009), o guarda-chuva internacional dos Estados Unidos tem um alcance profundo e, mediante redes de conhecimento de elite, está projetado para gerenciar, canalizar ou bloquear as ameaças a essa mesma ordem.[4] Portanto, o ressurgimento da China como uma potência econômica é um forte fator para a paz entre as grandes potências, devido a níveis sem precedentes de interdependência econômica entre elas. Os aliados regionais dos Estados Unidos receiam apoiar políticas que ameacem as oportunidades econômicas oferecidas pelo mercado chinês, reduzindo significativamente as possibilidades de guerra. Entretanto, deveria haver expectativa de tensão e turbulência na relação, exacerbada por imperativos políticos domésticos, e as preocupações geopolíticas e pragmáticas mais amplas dos Estados Unidos com a BRI da China, concebido para fornecer uma ponte comercial da Eurásia à Europa Ocidental.[5] A cooperação profunda e ampla entre a China e a Rússia cimenta claramente o poder da China e das agendas sino-russas na política mundial, e continua alimentando as preocupações do governo Biden com uma divisão sino-soviética reversa (Biden..., 2021).

Apesar da evidente turbulência e da sua exacerbação desde 2017 sob o governo Trump para com a China a propósito de Taiwan, da Coreia do Norte, de Hong Kong, dos direitos humanos, do comércio, do Mar da China Meridional e da sua vantagem tecnológica em 5G, é improvável que a turbulência seja capaz de quebrar as interdependências que estão arraigadas.

Atualmente, há um consenso retórico politicamente inspirado na política dos Estados Unidos, segundo o qual a China é a maior ameaça à hegemonia

---

4 Por exemplo, o papel dos Estados Unidos na região do "Indo-Pacífico" é profundo, extenso e de longa data, com a sua eficácia vista por meio de várias organizações multilaterais, como a Cooperação Econômica Ásia-Pacífico (Ceap) e o Acordo Abrangente e Progressivo para a Parceria Transpacífica (sucessor da Parceria Transpacífica). O papel global dos Estados Unidos é normalmente considerado no contexto da sua OLI, alimentando o debate sobre dinâmicas presentes e futuras, particularmente as estratégias mais ou menos hegemônicas (era Obama) ou coercitivas (Trump). Recentemente, a China emergente e o seu aparato – como a BRI – observaram que uma abordagem norte-americana da região e dos seus principais Estados tem girado em torno da dinâmica de poder específica das relações sino-americanas. A ênfase dos Estados Unidos tem sido realçar o caráter autoritário do sistema político da China, a sua estratégia econômica estatista e uma subcorrente racializada que considera a China antiquada. A política do orientalismo do "perigo amarelo" pode não conduzir a estratégia norte-americana, mas, sem dúvida, esteve presente em sucessivos governos (Turner, 2013, 2014).

5 Isso reduziria potencialmente a influência do poder naval dos Estados Unidos para impor sanções aos seus adversários e aos aliados da China (Parmar; Bhardwaj, 2020; Bhardwaj, 2020).

361

global norte-americana, e muitos comentaristas falam em uma nova "Guerra Fria" entre as duas grandes potências. Embora seja absurdo negar que a relação entre elas se tornou tensa e gelada, a competição sino-americana está longe de ser algo parecido com a Guerra Fria histórica. Não há acampamentos militares armados frente a frente, tampouco há um abismo ideológico a separá-las. Ao mesmo tempo, as economias norte-americana e chinesa são significativamente interdependentes. O sistema econômico da China tem se integrado altamente ao sistema internacional desde a morte de Mao. A China também percorreu um longo caminho depois de Mao, quando apoiava francamente as lutas de libertação nacional e anticolonialistas na África e no Oriente Próximo. Deixou de ser uma potência revolucionária na política mundial para vir a ser um dos principais interessados nela, mesmo quando constrói o que pode ser um conjunto alternativo nascente de instituições internacionais. As redes de elite norte-americanas, juntamente com outras europeias, tiveram um papel importante para garantir que a China pós-Mao se integrasse à economia mundial, investindo centenas de milhões de dólares, fornecendo empréstimos do FMI e ajuda do Banco Mundial, e a adesão final à Organização Mundial do Comércio (OMC). No processo, tendo se afastado da sua versão particular de ideologia marxista como a sua força motriz na política mundial, a China passou a ser um grande investidor na economia mundial capitalista (Gewirtz, 2017).

As redes de conhecimento de elite gramscianas combinam bem com a concepção kautskiana de "ultraimperialismo", propiciando uma explicação mais poderosa que a dos liberais e a dos realistas das trajetórias recente e futura das relações regionais e sino-americanas. Ao explicar as desigualdades crescentes nas atuais potências globais, a concepção de Kautsky argumenta que, para explorar as pessoas e os recursos do mundo, as classes dominantes formam alianças internacionais com base em classe (Kautsky, 1914). Essas mesmas alianças levam à cooperação em uma série de domínios, tal como o determinado pelo equilíbrio de poder entre os Estados dominantes. Ainda que competitivos, eles ajudam a moderar a concorrência por via de regras e normas comuns e da diplomacia oficial e inoficial. Kautsky define o ultraimperialismo como a tendência das classes dominantes domésticas a desenvolver parcerias globais para explorar conjuntamente os recursos naturais e as pessoas do mundo, processo esse que acaba levando a níveis significativos de cooperação, paralelamente à concorrência entre Estados capitalistas (Kautsky, 1914). Essa aliança corporativa/estatal capitalista é evidente em arranjos de tipo cartel e até mesmo em uma "liga de Estados" (Holloway, 1983). Em combinação, então, com a análise kautskiana dos Estados Unidos, da dinâmica de outras potências e da promessa de Biden da ordem pós-liberal mediante a revolução passiva gramsciana, pareceria haver motivos para concluir que há movimentos rumo a uma nova grande negociação. Podemos perfeitamente estar saindo do ponto mais fundo da crise do poder dos Estados

Unidos, pragmática e vagarosamente, em direção ao reconhecimento de que as distribuições do poder, bem como o neoliberalismo que sustenta a economia mundial e a ideologia da elite, já não são adequados ao propósito. Mas, assim como as acomodações e reformas internas e externas da elite do passado não lograram resolver as desigualdades fundamentais do poder, devemos esperar lutas contínuas pela hegemonia à medida que reemergem as exclusões e contradições de qualquer nova grande negociação. Isto é, o poder coercitivo "duro" seguirá sendo uma parte fundamental das estratégias da elite dos Estados Unidos para lidar com o descontentamento radical no país e com as potências e os movimentos desafiadores emergentes no exterior.

Referências

ALJAZEERA. New Report Reveals Extent of Iran's Growing Middle East Influence. *Aljazeera*, 7 nov. 2019. Disponível em: https://www.aljazeera.com/news/2019/11/7/new--report-reveals-extentof-irans-growing-middle-east-influence. Acesso em: 14 maio 2021.

_____. US Networks Pull the Plug on Trump's Live Address Due to "Lies". *Aljazeera*, 6 nov. 2020. Disponível em: https://www.aljazeera.com/news/2020/11/6/us-networks-pull-the-plug-on-trumps-liveaddress-due-to-lies. Acesso em: 14 maio 2021.

ALLINSON, J. The Necropolitics of Drones. *International Political Sociology*, v.9, n.2, p.113-127, 2015.

ALVAREZ, P. Biden Signs Immigration Executive Orders and Establishes Task Force to Reunite Separated Families. *CNN*, 3 fev. 2021. Disponível em: https://edition.cnn.com/2021/02/02/politics/biden-immigration-executive-orders/index.html. Acesso em: 14 maio 2021.

ALVAREZ, P.; LIPTAK, K. Biden Is Expected to Announce Increase in Amount of Refugees Admitted into US. *CNN*, 4 fev. 2021. Disponível em: https://edition.cnn.com/2021/02/03/politics/biden-refugee-announcement/index.html. Acesso em: 14 maio 2021.

ARATANI, L. One Dozen National Guard Troops Pulled from Inauguration Duties after Vetting. *The Guardian*, 19 jan. 2021. Disponível em: https://www.theguardian.com/us-news/2021/jan/19/us-army-national-guardmembers-biden-inauguration-right--groups. Acesso em: 14 maio 2021.

BAIR, J. Taking Aim at the New International Economic Order. In: MIROWSKI, P.; PLEHWE, D. (Org.). *The Road from Mont Pelerin:* The Making of the Neoliberal Thought Collective. Cambridge, MA: Harvard University Press, 2009. p.347-385.

BEAUCHAMP, Z. The Republican Party Is an Authoritarian Outlier. *VOX*, 22 set. 2020. Disponível em: https://www.vox.com/policy-and-politics/21449634/republicans--supreme-courtgop-trump-authoritarian. Acesso em: 14 maio 2021.

BHARDWAJ, A. Obama and Trump's Marine Machismo in the Indo-Pacific. In: TURNER, O.; PARMAR, I. (Org.). *The United States in the Indo-Pacific – Obama's Legacy and the Trump Transition*. Manchester: Manchester University Press, 2020. p.226-240.

BIDEN Calls for U.S. to Enter New Superpower Struggle. *The New York Times*, 29 abr. 2021. Disponível em: https://www.nytimes.com/2021/04/29/us/politics/biden-china-russia-cold-war.html. Acesso em: 8 jun. 2021.

BONILLA-SILVA, E. *Racism without Racists*. Lanham: Rowman and Littlefield, 2014.

BRADNER, E.; KLEIN, B. Biden Targets Trump's Legacy with First-day Executive Actions. *CNN*, 21 jan. 2021. Disponível em: https://edition.cnn.com/2021/01/20/politics/executive-actions-biden/index.html. Acesso em: 14 maio 2021.

BRAZINSKY, G. *Nation Building in South Korea*. Chapel Hill: UNC Press, 2009.

BURANYI, S. (2020) The WHO v Coronavirus: Why It Can't Handle the Pandemic. *The Guardian*, 10 abr. 2020. Disponível em: https://www.theguardian.com/news/2020/apr/10/world-health-organization-who-vcoronavirus-why-it-cant-handle-pandemic. Acesso em: 14 maio 2021.

CASTRONUOVO, C. 4 in 5 Say US Is Falling Apart. *The Hill*, 14 jan. 2021. Disponível em: https://thehill.com/homenews/news/534204-4-in-5-say-us-is-falling-apartsurvey. Acesso em: 14 maio 2021.

COHEN, A. How Voter ID Laws Are Being Used to Disenfranchise Minorities and the Poor. *The Atlantic*, 16 mar. 2012. Disponível em: https://www.theatlantic.com/politics/archive/2012/03/ how-voter-id-laws-are-being-used-to-disenfranchise-minorities-and-the-poor/254572/. Acesso em: 14 maio 2021.

COLLINS, C. Updates: Billionaire Wealth, U.S. Job Losses and Pandemic Profiteers. *Inequality.org*, 26 jan. 2021. Disponível em: https://inequality.org/great-divide/updates-billionairepandemic/. Acesso em: 14 maio 2021.

COLVIN, G. Retired Brigadier General Says Trump Loyalists in Military Need Rooting Out. *Fortune*, 8 jan. 2021. Disponível em: https://fortune.com/2021/01/08/trump-support-military-capitol-coup-attempt/. Acesso em: 14 maio 2021.

CONNOLLY, A. Canada Preparing for Possibility of Some Disruptions if U.S. Election Results Unclear. *Global News,* 8 out. 2020. Disponível em: https://globalnews.ca/news/7386254/justin-trudeau-us-election-disruptions/. Acesso em: 14 maio 2021.

COVID-19 in Yemen, Pandemic Aid Costings and Military Executions: the Cheat Sheet. *The New Humanitarian*, 8 maio 2020. Disponível em: https://www.thenewhumanitarian.org/news/2020/05/08/coronavirus-Yemen-pandemic-aid-militaryexecutions-cheat-sheet. Acesso em: 14 maio 2021.

COX, M. Comrades Putin and Xi. *LSE Blogs*, 13 abr. 2021. Disponível em: https://blogs.lse.ac.uk/cff/2021/04/13/comrades-putin-and-xi/. Acesso em: 8 jun. 2021.

DE GRAAFF, N.; VAN APELDOORN, B. Thetransnationalist US Foreign Policy Elite in Exile? A Comparative Network Analysis of the Trump Administration. *Global Networks*, v.21, n.2, p.238-264. 2021.

DELEHANTY, C. et al. Militarization and Police Violence: The Case of the 1033 Program. *Research & Politics*, 2017.

DILANIAN, K.; COLLINS, B. There Are Hundreds of Posts about Plans to Attack the Capitol. Why Hasn't This Evidence Been Used in Court? *NBC News*, 20 abr. 2021. Disponível em: https://www.nbcnews.com/politics/justice-department/we-found-hundredsposts-about-plans-attack-capitol-why-aren-n1264291. Acesso em: 14 maio 2021.

DOMHOFF, G. W.; ZWEIGENHAFT, R. *Diversity in the Power Elite*. Lanham: Rowman and Littlefield, 2006.

DUBEN, B. A. Entente of the Autocrats: Examining the Domestic Drivers of China-Russia Alignment. *LSE Blogs*, 3 jun. 2021. Disponível em: https://blogs.lse.ac.uk/cff/2021/06/03/entente-of-the-autocrats-examining-the-domestic-drivers-of-china-russia-alignment/. Acesso em: 8 jun. 2021.

EDSALL, T. Trump and the Koch Brothers Are Working in Concert. *The New York Times*, 6 set. 2018. Disponível em: from https://nytimes.com/2018/09/06/opinion/trump-koch-brothers-alliance.html. Acesso em: 14 maio 2021.

_____. Trump Has a Gift For Tearing Us Apart. *The New York Times*, 12 dez. 2020. Disponível em: https://www.nytimes.com/2019/12/11/opinion/trump-immigration.html. Acesso em: 14 maio 2021.

FEULNER, E. The Hegemony of Ideas. *The Heritage Foundation*, 3 maio 2007. Disponível em: https://www.heritage.org/report/the-hegemony-ideas. Acesso em: 14 maio 2021.

FRANKOVIC, K. Broad Support for Biden's COVID-19 Relief Legislation. *YouGov*, 11 mar. 2021. Disponível em: https://today.yougov.com/topics/politics/articles-reports/2021/03/11/broad-support-for-bidencovid-relief-bill-poll. Acesso em: 14 maio 2021.

GAGE, B. The Koch Foundation is Trying to Reshape Foreign Policy. With Liberal Allies. *The New York Times Magazine*, 10 set. 2019. Disponível em: https://www.nytimes.com/interactive/2019/09/10/magazine/charles-koch-foundationeducation.html. Acesso em: 14 maio 2021.

GERMAN, M. Hidden in Plain Sight: Racism, White Supremacy, and Far-Right Militancy in Law Enforcement. *Brennan Center*, 27 ago. 2020. Disponível em: https://www.brennancenter.org/our-work/research-reports/hidden-plain-sightracism-white-supremacy-and-far-right-militancy-law. Acesso em: 14 maio 2021.

GEWIRTZ, J. *Unlikely Partners:* Chinese Reformers, Western Economists, and the Making of Global China. Cambridge, MA: Harvard University Press.

GIROUX, H. War Culture, Militarism and Racist Violence under Trump. *Truthout*, 14 dez. 2016. Disponível em: https://truthout.org/articles/war-culture-militarism-and-racist-violence-under-donaldtrump/. Acesso em: 14 maio 2021.

GOLUB, P. From the New International Economic Order to the G20: How the "Global South" Is Restructuring World Capitalism from Within. *Third World Quarterly*, v.34, n.6, p.1000-1015, 2013.

GRAMSCI, A. *Selections from the Prison Notebooks*. Editado e traduzido por Quintin Hoare e Geofrey Nowell Smith. London: Lawrence & Wishart, 1971.

GREENHOUSE, S. Unions Discussing General Strike if Trump Refuses to Accept Biden Victory. *The Guardian*, 30 out. 2020. Disponível em: https://www.theguardian.com/us-news/2020/oct/30/us-unions-general-strike-election-trumpbiden-victory. Acesso em: 14 maio 2021.

HALTIWANGER, J. The Many GOP Speakers Endorsing Biden at the 2020 DNC Show How Deeply Trump Has Divided the Republican Party. *CNN*, 19 ago. 2020. Disponível em: https://www.businessinsider.com/republican-speakers-2020-dnc-show--how-trump-hasupended-gop-2020-8?r=US&IR=T. Acesso em: 14 maio 2021.

HAYDEN, M. Stephen Miller's Affinity for White Nationalism Revealed in Leaked Emails. *Southern Poverty Law Center*, 12 nov. 2019. Disponível em: https://www.splcenter.org/hatewatch/2019/11/12/stephen-millers-affinity-whitenationalism-revealed-leaked-emails. Acesso em: 14 maio 2021.

HENCH, V. The Death of Voting Rights: The Legal Disenfranchisement of Minority Voters. *Case Western Reserve Law Review*, v.48, n.4, 1998.

HERNDON, W.; SEARCEY, D. How Trump and the Black Lives Matter Movement Changes White Voters' Minds. *The New York Times*, 27 jun. 2020. Disponível em: https://www.nytimes.com/2020/06/27/us/politics/trump-biden-protestspolling.html. Acesso em: 14 maio 2021.

HEWLETT FOUNDATION. *Economy and Society Initiative: Grantmaking Strategy*. [S.l.], 2020. Disponível em: https://hewlett.org/strategy/economy-and-society/. Acesso em: 14 maio 2021.

_____. *Hewlett Foundation Memorandum to: Grantees and Partners of the Economy and Society Initiative From: Jennifer Harris, Brian Kettenring, and Larry Kramer Re: Progress So Far and Priorities Ahead*. [S.l.], 18 mar. 2021a. Disponível em: https://hewlett.org/wp-content/uploads/2021/03/Economy-and-Society-Initiative-memo-March-2021.pdf. Acesso em: 14 maio 2021.

_____. *An Update on Staffing Transitions and What's Ahead for the Hewlett Foundations Economy and Society Initiative*. [S.l.], 18 mar. 2021b. Disponível em: https://hewlett.org/newsroom/an-update-on-staffingtransitions-and-whats-ahead-for-the-hewlett--foundations-economy-and-societyinitiative/. Acesso em: 14 maio 2021.

HICKEY, C. et al. Here Are the Executive Actions Biden Signed in His First 100 days. *CNN*, 30 abr. 2021. Disponível em: https://edition.cnn.com/interactive/2021/politics/biden-executive-orders/. Acesso em: 14 maio 2021.

HOARE, Q.; NOWELL-SMITH, G. *Selections from the Prison Notebooks of Antonio Gramsci*. London: Lawrence and Wishart, 1971.

HODGSON, G. The Establishment. *Foreign Policy*, v.10, p.3-40, 1973.

HOLLOWAY, S. Relations among Core Capitalist States: The Kautsky-Lenin Debate Reconsidered. *Canadian Journal of Political Science*, v.16, n,2, p.321-333, 1983.

HOUNSHELL, B. Trump vs. the Globalists. *Politico*, v.13, 2017. Disponível em: https://www.politico.com/magazine/story/2017/02/donald-trump-vs-globalistsdubai-214776. Acesso em: 14 maio 2021.

HOW Will the International Covid-19 Outbreak Impact the Belt and Road Initiative? *Oxford Business Group*, 20 abr. 2020. Disponível em: https://oxfordbusinessgroup.com/news/how-will-international-covid-19-outbreak-impact-beltand-road-initiative. Acesso em: 14 maio 2021.

HUGHES, C. The Free Market Is Dead: What Will Replace It? *Time*, 26 abr. 2021. Disponível em: https://time.com/5956255/free-market-is-dead/. Acesso em: 14 maio 2021.

IKENBERRY, G. J. *Liberal Leviathan:* the Origins, Crisis, and Transformation of the American World Order. Princeton: Princeton University Press, 2012.

_____. *A World Safe for Democracy:* Liberal Internationalism and the Crises of Global Order. New Haven: Yale University Press, 2020.

IRAN Rejects US Virus Aid Offer Amid "Vicious" Sanctions. *The Economic Times*, 4 mar. 2020. Disponível em: https://economictimes.indiatimes.com/news/international/world-news/iran-rejects-us-virus-aid-offer-amid-vicious-sanctions/articleshow/74477622.cms?from=mdr. Acesso em: 14 maio 2021.

JONSSON, P. After Obama's Win, White Backlash Festers in US. *The Christian Science Monitor*, 17 nov. 2008. Disponível em: https://www.csmonitor.com/USA/Politics/2008/1117/p03s01-uspo.html. Acesso em: 14 maio 2021.

KANN, D.; ATWOOD, K. Paris Climate Accord: Biden Announces US Will Rejoin Landmark Agreement. *CNN*, 20 jan. 2021. Disponível em: https://www.cnn.com/2021/01/20/politics/parisclimate-biden/index.html. Acesso em: 14 maio 2021.

KAPLAN, F. Trump's Medical Nationalism Will Make It Harder to Defeat COVID-19. *Slate*, 7 maio 2020. Disponível em: https://slate.com/news-and-politics/2020/05/trump-vaccine-consortium-america-first.html. Acesso em: 14 maio 2021.

KAUTSKY, K. Ultra-imperialism. *Die Neue Zeit*, 1914 (Marxists' Internet Archive). Disponpivel em: https://www.marxists.org/archive/kautsky/1914/09/ultra-imp.htm. Acesso em: 20 ago. 2020.

KELEPECZ, B. The 1033 Program: Effect on Law Enforcement and the Debate Surrounding It. *Police Chief Magazine*, 2015. Disponível em: https://www.policechiefmagazine.org/the-1033-program-effect-on-law-enforcement-and-the-debatesurrounding-it/. Acesso em: 14 maio 2021.

KELLY, C. Biden Rescinds 1776 Commission via Executive Order. *CNN*, 21 jan. 2021. Disponível em: https://edition.cnn.com/2021/01/20/politics/biden-rescind-1776-commission-executive-order/index.html. Acesso em: 14 maio 2021.

KIRKPATRICK, D. Conflict with Iran Threatens Fight against ISIS. *The New York Times*, 4 jan. 2020. Disponível em: https://www.nytimes.com/2020/01/04/world/middleeast/conflict-with-iran-threatensfight-against-isis.html. Acesso em: 4 maio 2021.

KNOX, O. US Capitol Fencing Won't Keep Out What Pelosi Calls the Enemy Within. *The Washington Post*, 29 jan. 2021. Disponível em: https://www.washingtonpost.com/

politics/2021/01/29/daily-202-us-capitol-fencing-wont-keep-out-what-pelosi-callse-nemy-within/. Acesso em: 14 maio 2021.

KOCHHAR, R.; CILLUFFO, A. How Wealth Inequality Has Changed in the U.S. Since the Great Recession, by Race, Ethnicity and Income. *Pew Research Center,* 1º nov. 2017. Disponível em: https://www.pewresearch.org/fact-tank/2017/11/01/how-wealthi-nequality-has-changed-in-the-u-s-since-the-great-recession-by-race-ethnicity-and--income/. Acesso em: 14 maio 2021.

KUALA Lumpur Summit 2019: a Bid by Qatar, Turkey, Malaysia, Iran to Challenge Saudi Arabia's Standing in the Muslim World. *Memri,* 23 dez. 2019. Disponível em: https://www.memri.org/reports/kuala-lumpur-summit-2019-bid-qatar-turkey-malaysia--iranchallenge-saudi-arabias-standing. Acesso em: 14 maio 2021.

LAYNE, C. "The US Foreign Policy Establishment and Grand Strategy. *International Politics,* v.54, n.3, p.260-275, 2017.

LEDWIDGE, M.; VERNEY, K.; PARMAR, I. *Barack Obama and the Myth of a Post-racial America.* New York: Routledge, 2013.

LEVY, R. FBI, Homeland Security Intelligence Unit Didn't Issue a Risk Assessment for Pro-Trump Protests. *The Wall Street Journal,* 7 jan. 2021. Disponível em: https://www.wsj.com/livecoverage/biden-trump-electoral-college-certificationcongress/card/rghQKMAF2ju2wkrUlcj1. Acesso em: 14 maio 2021.

LEWIS, D. Deconstructing the Administrative State. *APSA Presidential Address,* jan. 2019. Disponível em: https://cdn.vanderbilt.edu/vu-my/wpcontent/uploads/sites/411/2011/12/0310333 3/presidential-address-final-030919.pdf. Acesso em: 14 maio 2021.

LEWIS, P.; RANKIN, J. Steve Bannon's Far-right Europe Operation Undermined by Election Laws. *The Guardian,* 21 nov. 2018. Disponível em: https://www.theguardian.com/world/2018/nov/21/steve-bannons-rightwing-europe-operationundermined--by-election-laws. Acesso em: 14 maio 2021.

LUHBY, T. Biden Signs Orders to Get Checks and Food Aid to Low-income Americans – Plus a Federal Pay Raise. *CNN,* 22 jan. 2021. Disponível em: https://edition.cnn.com/2021/01/22/politics/executive-orders-biden-15-dollar-minimum-wagefederal--workers/index.html. Acesso em: 14 maio 2021.

MADDOCK, S. *Nuclear Apartheid.* Chapel Hill: University of North Carolina Press, 2010.

MATSUDA, T. *Soft Power and its Perils.* Stanford: Stanford University Press, 2007.

MCEVOY, J. "Stop the Count": Protestors Surround Detroit Vote Counting Site After Trump Lawsuit. *Forbes,* 4 nov. 2020. Disponível em: https://www.forbes.com/sites/jemimamcevoy/2020/11/04/stop-the-count-protesters-surrounddetroit-vote-coun-ting-site-after-trump-lawsuit/?sh=1226435b4328. Acesso em: 14 maio 2021.

MEARSHEIMER, J.; WALT, S. An Unnecessary War. *Foreign Policy,* p.51-59, jan-fev. 2003.

MORE than 30 Countries Helped Iran Fight Coronavirus: Foreign Ministry. *Press TV,* 6 abr. 2020. Disponível em: https://www.presstv.com/Detail/2020/04/06/622422/Iran--coronavirus-United-Statessanctions. Acesso em: 14 maio 2021.

MOUSAVIAN, S. D. Sanctions Make Iran's Coronavirus More Deadly. *Aljazeera*, 8 maio 2020. Disponível em: https://www.aljazeera.com/opinions/2020/5/8/sanctions-make-irans-coronavirus-crisis-moredeadly. Acesso em: 14 maio 2021.

NORRIS, P.; INGLEHART, R. *Cultural Backlash:* Trump, Brexit and Authoritarian Populism. Cambridge: Cambridge University Press, 2019.

O'CONNOR, B. The Capitol Riot Wasn't a Fringe Uprising: It Was Enabled by Deep Pockets. *The Guardian*, 18 jan. 2021. Disponível em: https://www.theguardian.com/commentisfree/2021/jan/18/the-capitol-riotwasnt-a-fringe-uprising-it-was-enabled--by-very-deep-pockets. Acesso em: 14 maio 2021.

PARMAR, I. *Foundations of the American Century*: The Ford, Carnegie, and Rockefeller Foundations in the rise of American power. Nova York: Columbia University Press, 2012.

_____. *Foundations of the American Century:* the Ford, Carnegie, and Rockefeller Foundations in the Rise of American Power. New York: Columbia University Press, 2015.

_____. The Legitimacy Crisis of the U.S. Elite and the Rise of Donald Trump. *Insight Turkey*, v.19, n.3, p.9-22, 2017.

_____. The US-led liberal order: imperialism by another name? International Affairs, v.94, n.1, p.151-172, 2018.

_____. As US Gears Up for 2020, Elite Politics is Moving Further Away from the Electorate. *The Wire*, 12 jan. 2019a. Disponível em: https://thewire.in/world/us-politics--trumpdemocrats-electorate. Acesso em: 14 maio 2021.

_____. Transnational Elite Knowledge Networks: Managing American Hegemony in Turbulent Times. *Security Studies: Hegemony Studies 3.0: The Dynamics of Hegemonic Orders*, v.28, n.3, p.532-564, 2019b.

_____. Washington's Newest Thinktank is Fomenting a Revolution in US Foreign Affairs – and a Retreat from Interventionism. *The Conversation*, 28 fev. 2020a. Disponível em: https://theconversation.com/washingtons-newestthinktank-is-fomenting-a-revolution-in--us-foreign-affairs-and-a-retreat-from-interventionism-132214. Acesso em: 14 maio 2021.

_____. Will Steve Bannon's Return Accelerate Trump's Deconstruction? *The Wire*, 21 maio 2020b. Disponível em: https://thewire.in/world/donald-trump-steve-bannon--return. Acesso em: 14 maio 2021.

_____. George Floyd Protests Show How the US has Retreated from Its Position as a World Leader. *The Conversation*, 5 jun. 2020c. Disponível em: https://theconversation.com/george-floyd-protests-show-how-the-us-has-retreated-from-itsposition-as-a--world-leader-139912. Acesso em: 14 maio 2021.

_____. Trump's Coup and Insurrection. *Insight Turkey*, fev. 2021. Disponível em: https://www.insightturkey.com/commentary/trumps-coup-andinsurrection-bidens-challenge-and-opportunity. Acesso em: 14 maio 2021.

PARMAR, I.; BHARDWAJ, A. China-India Skirmish Part of Maritime Versus Land Power Struggle. *The Defence Post*, 2020. Disponível em: https://www.thedefensepost.com/2020/07/02/china-indiatension/. Acesso em: 20 ago. 2020.

PARMAR, I.; LEDWIDGE, M. "A Foundation-hatched Black": Obama, the US Establishment, and Foreign Policy. *International Politics*, v.54, n.3, p.373-388, 2017.

PEREZ, C. Joe Biden's Drive to End 40 Years of Neoliberal Hegemony. *El Paid*, 23 abr. 2021. Disponível em: https://english.elpais.com/usa/2021-04-23/joe-bidens-drive-to--end-40-years-of-neoliberalhegemony.html. Acesso em: 14 maio 2021.

PHILLIPS, K. *The Emerging Republican Majority*. Princeton: Princeton University Press, 2014.

POLL: Presidential Approval among GOP Voters Drops 10% after Capitol Riots. *The Hill,* 8 jan. 2021. Disponível em: https://thehill.com/hilltv/what-americas--thinking/533892-poll-presidentialapproval-among-gop-voters-drops-10-points. Acesso em: 14 maio 2021.

PRICE, C.; EDWARDS, K. Trends in Income from 1975 to 2018. Rand Corporation, 2020. Disponível em: https://www.rand.org/pubs/working_papers/WRA516-1.html. Acesso em: 14 maio 2021.

QUINTANA, C.; YANCEY-BRAGG, N.; CULVER, J. Protesters in Washington, Los Angeles, Raleigh, Portland Take to the Streets amid Election Night Vote Tallies. *USA Today*, 3 nov. 2020. Disponível em: https://eu.usatoday.com/story/news/nation/2020/11/03/election-day-protests-dc-updates-blm-protect-results/6127939002/. Acesso em: 14 maio 2021.

ROMERO, S. With Arizona too Close to Call, Trump Supporters Gather at a Vote-counting Site in Phoenix. *The New York Times*, 5 nov. 2020. Disponível em: https://www.nytimes.com/2020/11/04/us/politics/trump-supporters-protest-arizona.html. Acesso em: 14 maio 2021.

SAID, E. *Orientalism*. London: Routledge, 1978.

SCHAEFFER, K. 6 Facts about Economic Inequality in the U.S. *Pew Research Center*, 7 fev. 2020. Disponível em: https://www.pewresearch.org/fact-tank/2020/02/07/6-facts--about-economic-inequality-in-the-us/. Acesso em: 14 maio 2021.

SHAMBAUGH, D. China-Russian Relations: The New Axis. *China-US Focus*, 26 jun. 2019. Disponível em: https://www.chinausfocus.com/foreign-policy/china-russia--relations-the-new-axis. Acesso em: 8 jun. 2021.

SKOCPOL, T. Research on the Shifting U.S. Political Terrain. *Harvard University*, 31 jan. 2016. Disponível em: https://terrain.gov.harvard.edu/. Acesso em: 14 maio 2021.

SMITH, T. *Why Wilson Matters:* the Origin of American Liberal Internationalism and Its Crisis Today. Princeton: Princeton University Press, 2017.

SNYDER, T. The American Abyss. *The New York Times*, 9 jan. 2021. Disponível em: https://www.nytimes.com/2021/01/09/magazine/trump-coup.html. Acesso em: 14 maio 2021.

SONNE, P.; HERMANN, P.; RYAN, M. Pentagon Placed Limits on DC Guard Ahead of pro-Trump Protests Due to Narrow Mission. *The Washington Post*, 8 jan. 2021. Disponível em: https://www.washingtonpost.com/national-security/trump-protests-washington-guard-military/2021/01/07/c5299b56-510e-11eb-b2e8-3339e73d9da2_story.html. Acesso em: 14 maio 2021.

TARVER, E. Why Delaware is Considered a Tax Shelter. *Investopedia,* 1º jan. 2021. Disponível em: https://www.investopedia.com/articles/personal-finance/092515/4-reasons-why-delawareconsidered-tax-shelter.asp. Acesso em: 14 maio 2021.

THIS Coronavirus Crisis is the Time to Ease Sanctions on Iran. *The New York Times,* 25 mar. 2020. Disponível em: https://www.nytimes.com/2020/03/25/opinion/iran--sanctionscovid.html. Acesso em: 14 maio 2021.

THE REPUBLICAN Party Has Lurched towards Populism and Illiberalism. *The Economist,* 31 out. 2020. Disponível em: https://www.economist.com/graphic-detail/2020/10/31/the-republican-Party-haslurched-towards-populism-and-illiberalism. Acesso em: 14 maio 2021.

THOMAS, M. Empires and War – Introduction to Karl Kautsky's "Ultra Imperialism". *Workers Liberty,* 2002. Disponível em: http://www.workersliberty.org/files/ultra.pdf. Acesso em: 20 ago. 2020.

THOMPSON, D. America Is Acting Like a Failed State. *The Atlantic,* 14 mar. 2020. Disponível em: https://www.theatlantic.com/ideas/archive/2020/03/america-isnt-failing--itspandemic-testwashington-is/608026/. Acesso em: 14 maio 2021.

TURNER, O. *American Images of China.* London: Routledge, 2010.

_____. Threatening China and US Security: The International Politics of Identity. *Review of International Studies,* v.39, n.4, p.903-924, 2013.

_____. *American Images of China:* Identity,Power, Policy. London: Routledge, 2014.

WALT, S. *The Hell of Good Intentions:* America's Foreign Policy Elite and the Decline of U.S. Primacy. New York: Farrar, Straus & Giroux, 2018.

WERTHEIM, S. Biden Just Made an Historic Break with the Logic of Forever War. *Foreign Policy,* 16 abr. 2021. Disponível em: https://foreignpolicy.com/2021/04/16/biden--afghanistan-war-troop-withdrawalforever-war-end/. Acesso em: 14 maio 2021.

WHITE Supremacists See Hope in Obama Win. *CBS News,* 8 ago. 2008. Disponível em: https://www.cbsnews.com/news/white-supremacists-see-hope-in-obama-win/. Acesso em 14 maio 2021.

WIENER, J. Michael Moore: How Democrats Paved the Way to Trump. *The Nation,* 21 set. 2018. Disponível em: https://www.thenation.com/article/archive/michael--moore-how-democrats-paved-theway-to-trump/. Acesso em: 14 maio 2021.

WILLIAMSON, V.; SKOCPOL, T.; COGGIN, J. The Tea Party and the Remaking of Republican Conservatism. *Perspectives on Politics,* v.9, n.1, p.25-43, 2011.

WILSON, V. 10 Years After the Start of the Great Depression, Black and Asian Households Have Yet to Recover Lost Income. *Economic Policy Institute,* 12 set. 2018. Disponível em: https://www.epi.org/blog/10-years-after-the-start-of-the-greatrecession-black-and--asian-households-have-yet-to-recover-lost-income/. Acesso em: 14 maio 2021.

WINTER, J. FBI and DHS Warned of Growing Threat from White Supremacists Months Ago. *Foreign Policy,* 2017. Disponível em: https://foreignpolicy.com/2017/08/14/fbi--and-dhs-warned-of-growing-threat-from-whitesupremacists-months-ago/. Acesso em: 14 maio 2021.

Sobre os autores

Bamo Nouri – Professor de Relações Internacionais na University of West London e *honorary research fellow* na City, University of London. Jornalista investigativo independente e escritor com interesses na política externa norte--americana e nas políticas interna e internacional do Oriente Médio. Seu livro mais recente intitula-se *Elite Theory and the 2003 Iraq Occupation by the United States: How US Corporate Elites Created Iraq's Political System* (Routledge, 2021).

Camila Feix Vidal – Professora adjunta no Departamento de Economia e Relações Internacionais da Universidade Federal de Santa Catarina e professora titular no Programa de Pós-graduação em Relações Internacionais dessa mesma universidade. Pesquisadora do Instituto Nacional de Ciência e Tecnologia para Estudos sobre os Estados Unidos (INCT-Ineu). Membro do Grupo de Pesquisa em Assuntos Estratégicos e Política Internacional Contemporânea (GEPPIC) e o Instituto Memória e Direitos Humanos da Universidade Federal de Santa Catarina (IMDH-UFSC).

Celly Cook Inatomi – Professora e pesquisadora colaboradora do Instituto de Filosofia e Ciências Humanas da Universidade de Campinas (Unicamp) e pesquisadora do Instituto Nacional de Ciência e Tecnologia para Estudos sobre os Estados Unidos (INCT-Ineu).

Débora Figueiredo Mendonça do Prado – Professora adjunta na Universidade Federal de Uberlândia (UFU). Doutora em Ciência Política pela Universidade Estadual de Campinas (Unicamp). Pesquisadora do Instituto Nacional de Ciência e Tecnologia para Estudos sobre os Estados Unidos (INCT-Ineu).

Sebastião C. Velasco e Cruz e Neusa Maria P. Bojikian (Orgs.)

Felipe Loureiro – Professor associado e coordenador da graduação em Relações Internacionais do Instituto de Relações Internacionais da Universidade de São Paulo (IRI-USP). Pesquisador do Instituto Nacional de Ciência e Tecnologia para Estudos sobre os Estados Unidos (INCT-Ineu).

Filipe Mendonça – Professor associado do Instituto de Economia e Relações Internacionais da Universidade Federal de Uberlândia (UFU). Pesquisador do Instituto Nacional de Ciência e Tecnologia para Estudos sobre os Estados Unidos (INCT-Ineu)

Gabriel Roberto Dauer – Doutorando em Relações Internacionais pela Universidade Estadual Paulista (Unesp). Seus temas de pesquisa são: direitos humanos, política externa, ativismos e movimentos sociais, deslocamentos forçados e ditaduras de segurança nacional nas Américas.

Gustavo Oliveira Teles de Menezes – Doutorando e mestre em Relações Internacionais pelo Programa de Pós-Graduação em Relações Internacionais da Universidade Estadual Paulista, Universidade Estadual de Campinas e Pontifícia Universidade Católica de São Paulo (PPGRI-Unesp/Unicamp/PUC-SP). Pesquisador do Instituto Nacional de Ciência e Tecnologia para Estudos sobre os Estados Unidos (INCT-Ineu) e membro do Grupo de Estudos sobre Conflitos Internacionais (Geci/PUC-SP). Bolsista da Capes/Brasil.

Inderjeet Parmar – PhD por Manchester, é professor de Política Internacional na City, University of London, e professor visitante na London School of Economics. Membro da Academia de Ciências Sociais (FaCSS). Seu livro mais recente é *Foundations of the American Century: Ford, Carnegie e Rockefeller Foundations in the Rise of American Power* (Columbia University Press, 2012). Foi presidente da British International Studies Association.

Leonardo Ramos – Professor do Departamento de Relações Internacionais da PUC Minas e professor visitante da Universidad Nacional de Rosario (UNR). Pesquisador do Instituto Nacional de Ciência e Tecnologia para Estudos sobre os Estados Unidos (INCT-Ineu). Doutor em Relações Internacionais.

Marco Cepik – Professor titular do Departamento de Economia e Relações Internacionais da Universidade Federal do Rio Grande do Sul (UFRGS). Pesquisador do Instituto Nacional de Ciência e Tecnologia para Estudos sobre os Estados Unidos (INCT-Ineu)

Neusa Maria P. Bojikian – Doutora pelo Programa de Pós-Graduação em Relações Internacionais da Universidade Estadual Paulista, Universidade

Estadual de Campinas e Pontifícia Universidade Católica de São Paulo (PPGRI-Unesp/Unicamp/PUC-SP), Pesquisadora do Instituto Nacional de Ciência e Tecnologia para Estudos sobre os Estados Unidos (INCT-Ineu).

Pedro Henrique Vasques – Pós-doutorando pelo Instituto Nacional de Ciência e Tecnologia para Estudos sobre os Estados Unidos (INCT-Ineu). Pesquisador associado ao Centro de Estudos de Cultura Contemporânea (Cedec). Doutor em Ciência Política pela Unicamp e em Direito pela Universidade Estadual do Rio de Janeiro (Uerj).

Pedro Txai Leal Brancher – Doutor em Ciência Política pelo Instituto de Estudos Sociais e Políticos da Universidade Estadual do Rio de Janeiro (Iesp--Uerj). Mestre pelo Programa em Estudos Estratégicos Internacional da Universidade Federal do Rio Grande do Sul (PPGEEI-UFRGS).

Rafael R. Ioris – Professor de História e Política Latino-Americana na Universidade de Denver e pesquisador do Instituto Nacional de Ciência e Tecnologia para Estudos sobre os Estados Unidos (INCT-Ineu).

Reginaldo Mattar Nasser – Professor do Programa de Pós-Graduação em Relações Internacionais da Universidade Estadual Paulista, Universidade Estadual de Campinas e Pontifícia Universidade Católica de São Paulo (PPGRI-Unesp/Unicamp/PUC-SP) e livre docente do curso de Relações Internacionais da Pontifícia Universidade Católica de São Paulo (PUC-SP). Pesquisador do Instituto Nacional de Ciência e Tecnologia para Estudos sobre os Estados Unidos (INCT-Ineu) e coordenador do Grupo de Estudos sobre Conflitos Internacionais (GECI/PUC-SP).

Roberto Moll Neto – Professor de História da América da Universidade Federal Fluminense (UFF). Professor do Programa de Pós-graduação em Estudos Estratégicos da Defesa e da Segurança na mesma instituição. Pesquisador do Instituto Nacional de Ciência e Tecnologia para Estudos sobre os Estados Unidos (INCT-Ineu). Doutor em Relações Internacionais pelo Programa de Pós-graduação em Relações Internacionais da Universidade Estadual Paulista, Universidade Estadual de Campinas e Pontifícia Universidade Católica de São Paulo (PPGRI-Unesp/Unicamp/PUC-SP)

Rúbia Marcussi Pontes – Doutoranda em Ciência Política pelo Programa de Pós-Graduação em Ciência Política (PPGCP-IFCH), da Universidade Estadual de Campinas (Unicamp). Professora de Relações Internacionais nas Faculdades de Campinas (Facamp) e pesquisadora do Instituto Nacional de Ciência e Tecnologia para Estudos sobre os Estados Unidos (INCT-Ineu).

Sebastião C. Velasco e Cruz e Neusa Maria P. Bojikian (Orgs.)

Sebastião C. Velasco e Cruz – Professor de Ciência Política e Relações Internacionais da Universidade Estadual de Campinas e do Programa de Pós-Graduação em Relações Internacionais da Universidade Estadual Paulista, Universidade Estadual de Campinas e Pontifícia Universidade Católica de São Paulo (PPGRI/Unesp-Unicamp-PUC-SP). Coordenador Geral do Instituto Nacional de Ciência e Tecnologia para Estudos sobre os Estados Unidos (INCT-Ineu).

Solange Reis – Doutora em Ciência Política na Universidade Estadual de Campinas (Unicamp) e pesquisadora do Instituto Nacional de Ciência e Tecnologia para Estudos sobre os Estados Unidos (INCT-Ineu).

Tatiana Teixeira – Professora colaboradora do Instituto de Relações Internacionais e Defesa (Irid/UFRJ) e pesquisadora do Instituto Nacional de Ciência e Tecnologia para Estudos sobre os Estados Unidos (INCT-Ineu). Editora do Observatório Político dos Estados Unidos (Opeu).

Victória Perino Rosa – Mestranda pelo Programa de Pós-Graduação em Relações Internacionais da Universidade Estadual Paulista, Universidade Estadual de Campinas e Pontifícia Universidade Católica de São Paulo (PPGRI-Unesp/Unicamp/PUC-SP). Pesquisadora do Instituto Nacional de Ciência e Tecnologia para Estudos sobre os Estados Unidos INCT-Ineu, do Grupo de Estudos sobre Conflitos Internacionais (Geci/PUC-SP) e do Núcleo de Estudos Transnacionais de Segurança (NETS/PUC-SP). Bolsista da Capes/Brasil.

William Torres Laureano da Rosa – Professor do Programa de Pós-Graduação em Relações Internacionais da Universidade Estadual Paulista, Universidade Estadual de Campinas e Pontifícia Universidade Católica de São Paulo (PPGRI-Unesp/Unicamp/PUC-SP). Pesquisador do Instituto Nacional de Ciência e Tecnologia para Estudos sobre os Estados Unidos (INCT-Ineu) e do Instituto de Filosofia e Ciências Humanas (IFCH) da Unicamp. Doutor em Relações Internacionais pela University of Sussex (UK).

Coleção Estudos Internacionais

A Aliança para o Progresso e o governo João Goulart (1961-1964): Ajuda econômica norte-americana a estados brasileiros e a desestabilização da democracia no Brasil pós-guerra
Felipe Pereira Loureiro

A geografia do dinheiro
Benjamin J. Cohen

A política externa brasileira – 2ª edição
Tullo Vigevani, Gabriel Cepaluni

Acordos comerciais internacionais: O Brasil nas negociações do setor de serviços financeiros
Neusa Maria Pereira Bojikian

Aprendizagens do estudo sobre os Estados Unidos
Luis Maira

Contracorrente: Ensaios de teoria, análise e crítica política
Sebastião Carlos Velasco e Cruz

Controle civil sobre os militares e política de defesa na Argentina, no Brasil, no Chile e no Uruguai
Héctor Luis Saint-Pierre

Sebastião C. Velasco e Cruz e Neusa Maria P. Bojikian (Orgs.)

De Clinton a Obama: Políticas dos Estados Unidos para a América Latina
Luis Fernando Ayerbe

Economia, poder e influência externa: O Banco Mundial e os anos de ajuste na América Latina
Jaime Cesar Coelho

Educação superior nos Estados Unidos: História e estrutura
Reginaldo C. Moraes

Empresários, trabalhadores e grupos de interesse: A política econômica nos governos Jânio Quadros e João Goulart, 1961-1964
Felipe Pereira Loureiro

Ensino superior e formação para o trabalho: Reflexões sobre a experiência norte-americana
Reginaldo C. Moraes

Estados e mercados: Os Estados Unidos e o Sistema Multilateral de Comércio
Sebastião Carlos Velasco e Cruz

Linhas cruzadas sobre as relações entre os Estados Unidos e a Alemanha
Sebastião Carlos Velasco e Cruz

Modelos internacionais de educação superior: Estados Unidos, Alemanha e França
Reginaldo C. Moraes, Maitá de Paula e Silva, Luiza Carnicero de Castro

Negociações econômicas internacionais: Abordagens, atores e perspectivas desde o Brasil
Luis Fernando Ayerbe, Neusa Maria Pereira Bojikian

Novas lideranças políticas e alternativas de governo na América do Sul
Luis Fernando Ayerbe

Novas perspectivas sobre os conflitos internacionais
Reginaldo Mattar Nasser

O Brasil no mundo: Ensaios de análise política e prospectiva
Sebastião Carlos Velasco e Cruz

O direito de voto: A controversa história da democracia nos Estados Unidos
Alexander Keyssar

O pensamento neoconservador em política externa nos Estados Unidos
Carlos Gustavo Poggio Teixeira

O peso do Estado na pátria do mercado: Os Estados Unidos como país em desenvolvimento
Reginaldo C. Moraes, Maitá de Paula e Silva

O protecionismo agrícola nos Estados Unidos: Resiliência e economia política dos complexos agroindustriais
Thiago Lima

Organização internacional e mudança industrial: Governança global desde 1850
Craig N. Murphy

Os conflitos internacionais em suas múltiplas dimensões
Reginaldo Mattar Nasser

Os Estados Unidos no desconcerto do mundo: Ensaios de interpretação
Sebastião Carlos Velasco e Cruz

Petróleo e poder: O envolvimento militar dos Estados Unidos no Golfo Pérsico
Igor Fuser

Poder e comércio: A política comercial dos Estados Unidos
Tullo Vigevani, Filipe Mendonça, Thiago Lima

Sob o signo de Atena: Gênero na diplomacia e nas Forças Armadas
Suzeley Kalil Mathias

Sociologia das crises políticas: A dinâmica das mobilizações multissetoriais
Michel Dobry

Trajetórias: Capitalismo neoliberal e reformas econômicas nos países da periferia
Sebastião Carlos Velasco e Cruz

Trump: primeiro tempo – Partidos, políticas, eleições e perspectivas
Neusa M. P. Bojikian, Sebastião C. Velasco e Cruz

SOBRE O LIVRO

Formato: 16 x 23 cm
Mancha: 26 x 48,6 paicas
Tipologia: StempelSchneidler 10,5/12,6
Papel: Off-White 80 g/m² (miolo)
Cartão Supremo 250 g/m² (capa)
1ª edição Editora Unesp: 2021

EQUIPE DE REALIZAÇÃO

Coordenação Editorial
Marcos Keith Takahashi

Edição de Texto
Maurício Katayama
Tarcila Lucena

Capa
Quadratim

Editoração Eletrônica
Arte Final